동양의 역사와 철학이 집약된 결정체!!

고사성어

張 元 方 編

삼성서관

머 리 말

고사성어(故事成語)는 동양의 역사와 철학이 집양된, 그 결정이라고 풀이할 수 있다. 우리는 그 고사(故事)를 통하여 많은 것을 배우고 얻을 수 있다.

이 속에는 인간의 흥망 성쇠와 처세(處世)와 사상과 운명과 윤리가 담겨져 있다. 또한 해학과 풍자까지도 섞여 있어서 그 진가가 더욱 빛을 발한다.

그러나 고사성어(故事成語)는 그 대부분이 우리의 생활 감정이 되어 선인(先人)들의 사고(思考)를 이해하는데 커다란 도움이 되어왔다.

원래는 모두가 한문으로 짜여져 있었으나 현대에 이르러서는 그 대부분이 우리 말로 토착화하여 속담으로 사용되어지는 것도 헤아릴 수 없을 만큼 많다.

이 책에서는 고사의 성립과 그 과정을 보다 인상적이며 이해하기 쉽도록 해설했다.

그렇기 때문에 이 인상적인 이해는 자구(字句)의 이해를 도와서 한자(漢字) 학습과 고사의 기억에도 큰 도움이 될 것을 믿어 의심치 않는 바이다.

어떤 고사를 막론하고 하나의 사건으로 해설되었고 또 상호 연결을 찾을 수 있어서 더할 수 없는 흥미를 느낄 수 있다.

보편적이고 참된 다수의 책이 그렇듯이 이 책 역시 예외는 아니어서 독자의 부류를 한정할 수는 없다. 누구나 흥미롭게 읽고 새로운 지식을 더한다면 더없는 기쁨이 되겠다.

끝으로 뒷부분에 수록한 고사와 간략한 해설은 사건으로 엮어진 해설을 찾기 어려운 것들이며 해설도 그 뜻을 중점적으로 다루었기 때문에 앞부분과 중복되어 있는 것이 있으니 착오가 없기를 바란다.

편자 직

차 례

ㄱ

ㄴ

ㄷ

ㅂ

ㅅ

ㅇ

ㅈ

ㅊ

ㅌ

ㅍ

ㅎ

출전해제(出典解題)

국어(國語)

중국 춘추시대(春秋時代)의 8국의 역사를 나라별로 적은 책. 주(周)나라 좌구명(左丘明)이 찬술(撰述) 하였다 하며, 주어(周語) 3권, 노어(魯語) 2권, 제어(齊語) 1권, 진어(晋語) 9권, 정어(鄭語) 1권, 초어(楚語) 2권, 오어(吳語) 1권, 월어(越語) 2권으로 되어 있다.

논어(論語)

논어(論語)는, 송(宋)나라 사람 공자(孔子)의 가르침과 그 언행을 후대의 제자들이 집대성한 책.

공자의 이름은 구(丘)이고 , 자(字)는 중니(仲尼)이며, 그의 선조는 송(宋)나라 사람이다.

68세 때, 공자는 벼슬을 바라지 않고, '서전(書傳)' 과 '예기(禮記)' 를 서술하였고, '시경(詩經)' 을 편찬하고 풍류를 바로 잡으며 '역경(易經)' 의 단사(彖辭) · 계사전(繫辭傳) · 상사(象辭) · 설괘전(說卦傳) · 문언전(文言傳)을 서술하였다. 제자들은 3천명이 넘었고 그 중에서 육예(六藝)에 능한 자가 72명이나 되었다. 공자가 '춘추(春秋)' 를 지은 것은 71세 때였고, 73세에 세상을 떠났다.

대학(大學)

유교(儒敎) 경전(經典)의 하나, 공자(孔子)의 가르침을 정통으로 나타내는 사서(四書)의 하나로 중요한 경서(經書)이다. '예기(禮記)' 의 제42편 이었던 것을 송(宋)의 사마광(司馬光)이 처음으로 따로 떼어 '대학광의(大學廣義)' 를 만들었다.

맹자(孟子)

맹자(孟子)의 이름은 가(軻)이고 추(雛)나라 사람이다. 자사(子思)의 문하에서 수학했으며, 도(道)를 이루고 제나라로 가서 선왕(宣王)을 섬겼다. 그러나 선왕이 그를 등용하지 않자 양나라로 갔다. 그러나 양나라의 혜왕(惠王)은 맹자를 등용하겠다는 약속을 하고서는 그 약속을 지키지 않았다. 맹자의 이론이 현실과 동떨어져서 당시의 실정에 맞지 않는다고 생각했기 때문이었다.

하여, 맹자는 제자들과 더불어 시경(詩經)과 서경(書經)의 뜻을 풀이하고 공자의 뜻을 펴서 '맹자(孟子)' 를 지었다.

사기(史記)

중국 전한(前漢)시대의 역사가 사마천(司馬遷)의 저서.

상고시대의 황제(黃帝)로부터 전한의 무제(武帝:BC

159~BC 87)에 이르기까지 약 2천 수백 년간의 일을 기술한 통사(通史).
그의 부친인 사마담(司馬談)의 유언으로 BC 104년경 부터 편찬에 착수, 중도에 이능(李陵)의 사건에 연좌되어 궁형을 겪기도 했으나 BC 91년경에 초고(草稿)를 완성하였다.

서경(書經)

유가(儒家)의 경전으로 오경(五經)의 하나. 58편(篇). 상시(尙書)라고도 힌다. 우시(虞書) · 하시(夏書) · 싱시(尙書) · 주서(周書) 등 당우(唐虞) 3대(代)에 걸친 중국 고대의 기록이다. 상서(尙書)라고 하는 것은 상고(上古)의 책으로 숭상해야 하는 것이라는 뜻이다.

순자(荀子)

중국 주(周)나라 때의 유학자 순황(筍況 : 순자(荀子))의 사상(思想)을 집록한 책. 처음에는 '손경신서(孫卿新書)'라고 하였다.
순자는 공자나 맹자에서 도덕의 기초를 이루는 것으로 생각하여 온 천(天)의 권위를 부정하여 '하늘과 사람과의 분리'를 선언하였다. 또한 인성(人性)은 처음부터 악(惡)하다 라고 하여 맹자의 성선설(性善說)에 반대하는 성악설(性惡說)을 주장했다.

시경(詩經)

중국 최고(最古)의 시집이며, 유가(儒家)의 경전의 하나, 시대적으로는 주초(周初)부터 춘추(春秋) 초기까지의 것. 305편을 수록하고 있다.

국풍(國風) · 소아(小雅) · 대아(大雅) · 송(頌)의 4부로 구성되며, 국풍은 여러 나라의 민요, 아(雅)는 공식 연회에 쓰는 의식가(儀式歌), 송은 종묘의 제사에서 쓰는 악시(樂詩)이다.

십팔사략(十八史略)

중국 남송(南宋) 말에서 원(元) 초에 걸쳐 활약했던 증선지(曾先之)가 편찬한 중국 역사서. 원명은 '고금역대 십팔사략(古今歷代 十八史略)' 이다. 17종의 정사(正史)와 십팔사(十八史)의 사료 중에서, 태고(太古) 때부터 송 말까지의 사실(史實)을 발서(拔書)하여 초학자를 위한 초보적인 역사 교과서로 편찬하였다.

장자(莊子)

장자사상의 근본은 노자(老子)의 무위사상(無爲思想)을 계승하는 것이지만, 현세와의 타협을 배제하는 점에서는 더욱 철저하여 그같은 면에서 장자의 분방한 세계가 펼쳐지고 있다.

진서(晉書)

중국 당태종(唐太宗)의 지시로 방현령(房玄齡) 등이 찬(撰)한 진대(晋代)의 정사(正史).

130권 644년에 이루어졌으며 제기(帝紀) 10권, 지(志) 20권, 열전(列傳) 70권 외에 재기(載記) 30권이 있다. 진나라 시대를 이해하는데 도움이 되며 현존하는 유일한 '진대사' 라는 점에서 귀중하다.

한비자(韓非子)

중국 전국(戰國)시대 말기 한(韓)나라의 공자(公子)로 법치주의(法治主義)를 주창한 한비(韓非)와 그 일파의 논저(論著), 55편 20책에 이르는 대저(大著)로, 원래 '한자(韓子)' 라 불리웠으나 다른 것과의 혼동을 막기 위해 지금 이름으로 바뀌었다.

한서(漢書)

중국 후한(後漢)시대의 역사가 반고(班固)가 저술한 기전체(紀傳體)의 역사서, '한서' 는 전한(前漢)만을 다룬 단대사(斷代史)로, 한고조 유방(劉邦)부터 왕망(王莽)의 난(亂)까지 12대(代) 230년간의 기록이다.

회남자(淮南子)

중국 전한(前漢)의 회남왕(淮南王) 유안(劉安 : ?~123)이 저술한 서적 21권.

원래 내외편(內外編)과 잡록(雜錄)이 있었으나 내편 21권만이 전해진다.

후한서(後漢書)

중국 후한(後漢)의 정사(正史) 120권. 남북조시대에 송(宋)의 범엽(范曄)이 저술한 책으로 후한의 13대(代) 196년간의 사실(史實)을 기록하고 있다.

기(紀) 10권, 지(志) 30권, 열전(列傳) 80권으로 되어 있는데 이중에서 지(志) 30권은 진(晋)의 사마표(司馬彪)가 저술한 것이다.

ㄱ

가인박명 (佳人薄命)

아름다울 **가** · 사람 **인** · 메마를 **박** · 운명 **명**

의미 가인(佳人)이란 임금과 같이 귀한 사람을 일컫는 뜻도 있으나 통상적으로는 미인과 마찬가지로 용모가 아름다운 여자를 일컫는다. 즉, 이 성어는 여자의 용모가 너무 특출나면 운명이 기박하다는 뜻이다.

출전 소식(蘇軾)의 시(詩) 〈박명가인(薄命佳人)〉

해설 박명가인이라는 시는 칠언율시(七言律詩)로 되어 있다.

두 뺨엔 굳은 젖, 머리털엔 옻을 발랐는데
눈빛은 발로 들어와 구슬처럼 또렷하구나
원래 흰 깁으로 선녀의 옷을 만들고
붉은 연지로 타고난 바탕을 더럽히지 못한다
오나라 말소리는 귀엽고 부드러워 아직 어린데
한없는 인간의 근심은 전혀 알지 못한다
예로부터 가인은 대부분 박명이라지만

문을 닫고 봄은 다하면 버들 꽃도 지고 말겠지

이 시는 작자가 항주(杭州), 양주(楊州) 등의 지방 장관으로 있을 때 절에 갔다가 나이 삼십이 갓 넘었다는 어여쁜 여승(女僧)을 보고 그녀의 아리따왔을 소녀시절을 연상하며 미인의 운수가 기박함을 글로 쓴 것이다.

ㄱ

가정맹어호(苛政猛於虎)

독할 **가** · 정사 **정** · 사나울 **맹** · 어조사 **어** · 호랑이 **호**

의미 여기서 가정(가혹한 정치)이란 관리들의 세금을 가혹하게 징수한다는 뜻의 말로서, 이는 곧 포악하고 무분별한 정치제도는 짐승의 왕이라는 호랑이보다도 더 무섭다는 뜻이다.

출전 〈예기(禮記)〉 조궁편(檀弓篇)

해설 서서히 움직이는 수레 위에 공자(孔子)가 온화한 얼굴로 점잖게 앉아 있었다. 옆에는 공자를 중심으로 몇 사람의 제자가 따르고 있었다.

사람의 왕래가 거의 없었고 태산이 한결 높이 솟아 있었으며 근처는 죽은 듯 고요했다.

일행은 얼마 후 여인의 울음소리가 정적을 깨고 들려오는 것을 들었다. 그 울음소리는 앞에 있는 묘지에서 들려오는 듯했다. 공자는 이상히 여기며 그 소리에 귀를 기울였다.

예상한 대로 한 부인이 길가에 있는 세 개의 초라한 무덤 앞에서 울고 있었다. 그 울음소리는 비통하고도 애절해서 사람의 가슴을 찌르는 것이었다.

공자는 예의를 표하고 난 다음 제자인 자로(子路)를 시켜 까닭을 묻게 했다.

"몹시 슬퍼 보이십니다. 거듭해서 슬픈 일이 생기신 모양이군요."

"그렇습니다. 이 근처는 참으로 무서운 곳입니다. 옛날 저의 시아버님이 호랑이에게 물려 돌아가셨는데 곧 이어 저의 남편도 호랑이에게 당했습니다. 그런데 이번에는 아들까지 잡아먹혔답니다."

"그렇게 위험한 곳인데 왜 다른 곳으로 떠나지 않습니까?"

"그것도 이유가 있습니다. 이곳에 살고 있으면 마구 뜯어 가는 세금을 재촉 받을 걱정은 없으니까요."

공자는 이 말을 듣고 깊이 느끼는 바가 있어 동행하는 제자들에게 말했다.

"잘 들어둬라. 가혹한 정치는 호랑이보다 무서운 것이느니라."

ㄱ

각주구검 (刻舟求劍)

새길 **각** · 배 **주** · 구할 **구** · 칼 **검**

의미 칼이 강물에 빠지자 뱃전에 칼자국을 내어 표시해 두었다가 나중에 배가 움직인 것은 생각지도 않고 표시해 두었던 뱃전 부근에서 칼을 찾는다는 뜻으로, 전혀 융통성이 없음을 비유한 말이다.

출전 〈여씨춘추(呂氏春秋)〉 찰금편(察今篇)

해설 옛날, 초나라 사람이 배를 타고 양자강을 건너갔다. 깜박 졸다가, 손이 비었다고 생각했다. 들고 있던 보검이 미끄러져 강물에 빠졌다.

그는 당황하여 손을 뻗쳤다. 검을 주워 올리려고 했지만, 때는 이미 늦어서, 검은 물 속 깊이 가라앉았다. 탁류는 도도히 흘렀고, 검은 보이지 않았다.

검을 잃은 남자는, 단검을 빼내어 뱃전에 자국을 내고, 의아하게 여기는 다른 승객에게 말했다.

"내 검이 이곳으로 부터 떨어졌다. 표시를 해 두었기 때문에 이제 괜찮다. 건질 수 있다."

드디어 배가 건너편 강변에 도착했다. 남자는 표시를 한 뱃전으로부터 강물 속으로 들어가 검을 찾기 시작했다.

"틀림없이 이 밑 강물 속에 있다. 내 표시에는 틀림이 없기 때문이다."

그러나 검을 떨어뜨린 장소로부터 배가 떠나와 버렸기 때문에 검이 발견될 수 없었다. 그러나, 남자는 그것을 깨닫지 못했다.

남자는 구경꾼들의 조소 속에서 검을 찾기 위해 계속 강물 속을 더듬었다.

간담상조
(肝膽相照)

간 **간** · 쓸개 **담** · 서로 **상** · 비출 **조**

의미 간과 폐를 드러내 보인다는 뜻으로, 서로의 마음을 숨김없이 터놓고 거리낄 것 없이 친하게 사귐을 일컫는 말이다.

출전 한유(韓愈)의 〈유자후묘지명(柳子厚墓誌銘)〉

해설 중당(中唐)의 문인 한유(韓愈)는 맹교(孟郊)나 가도(賈島)와 같은 좋은 친구를 여러 명 사귀고 있었는데, 아마도 생애에 여러번 직면했던 곤경 속에서 참된 우정과 그렇지 못한 것을 구별할 수 있는 능력이 몸에 배어 있던 때문일 것이다. 〈유자후묘지명(柳子厚墓誌銘)〉에서는 먼저 유종원(柳宗元)의 선조의 사적부터 설명하고 그 사람됨과 재능과 정치가로서의 사업을 칭찬하고 나중에는 그 우정의 두터움을 찬양하였다.

유종원이 유주자사(柳州刺史)로 임명되었을 때 그의 친구 유몽득(柳夢得) 또한 파주자사(播州刺史)로 전출될 예

정이었다. 그 말을 들은 유종원은 몹시 슬퍼하면서,

"파주란 형편없는 지방으로 도저히 몽득 같은 사람이 살 곳이 못된다. 더군다나 노령인 모친을 모시고 부임할 수도 없을 테고 또 그 사실을 어떻게 모친에게 알릴 수 있겠는가! 모른체 할 수가 없다. 간청을 하여 몽득 대신 파주 행을 지원해야겠다. 물론 나랏말을 거역하는 일이 되겠지만 그것은 각오한 바이다." 라고 말했다고 한다.

ㄱ

강노지말(强弩之末)

강할 **강** · 쇠노 **노** · 의 **지** · 끝 **말**

의미 원문은, 「강노의 끝은 비단조차도 뚫지 못한다」로, 강한 활로부터 나온 화살도, 최후에는 힘이 없어져, 노호(魯縞 : 노에서 나는 고운 비단)조차도 뚫을 수 없게 된다는 의미이다. 전(轉)하여, 강대한 힘도 최후에는 쇠퇴하여 아무것도 할 수 없게 되어 버린다는 말이다.

출전 〈사기(史記)〉

해설 전한(前漢) 초기, 거듭되는 흉노의 침범으로 북쪽의 한족은 대단히 괴로워했다.

한(漢)의 고조(高祖)는 대군을 이끌고 출진했지만, 오히려 흉노에게 포위당하고 말았다.

신하 진평(陳平)이 꾀를 내서, 흉노왕의 비(妃)를 선물로 회유하여, 포위망의 한 구석을 풀어주게 하였다. 덕분에 고조는 겨우 탈출 할 수 있었다.

그 후, 고조는 오랜 전란 후의 국내의 휴양와 국력 회복을 위해 힘을 다했고, 흉노에 대해서는 친화술로 대처했다.

기원 전 198년 고조는 흉노왕(단우)에게 일족의 딸과 막대한 예물을 주어 형제국으로서의 약속을 했다. 게다가, 매년 선물을 주기로 결정했다.

그러나, 단우(單于)는 그 후에도 친화의 약속을 짓밟고, 때때로 북변에서 소동을 일으켰다. 한에서는 이것을 격퇴하는 것이 고작이었으므로 전면 전쟁은 불가능했다.

그로부터 50년, 한은 내정에 힘을 기울인 결과, 문제(文帝) · 경제(景帝) 때에는 국력도 회복하였고 무제(武帝) 시대가 되자, 그 힘은 하늘을 찌르게 되었다.

이 국력을 배경으로 무제는 흉노토벌을 결심하여, 기원 전 133년, 주전파 신하 왕회(王恢)가 올린 계책으로 흉노를 유도하는 계략을 신하들을 모아 놓고 토의했다.

어사대부 한안국(韓安國)이 반대했다.

"강한 활도 종말에는 비단조차 뚫지 못한다고 합니다. 한군이 강해졌다지만, 원정한다면, 승리를 확신할 수 없습니다."

왕회가 반발했다.

"땅을 선취하여 복병을 둔다면 단우를 잡을 수도 있고, 일격에 전면 승리도 가능하지 않을까요?"

무제는 이 의견에 따랐다.

그리하여, 삼십만 대군을 내서, 복병과 위장 투항 전술로 단우의 십만 기병을 유인하였으나, 기미를 눈치챈 단우는 도망쳤다.

그러나, 무제는 기세가 꺾이지 않고, 후에 위청(衛靑)과 곽거병(藿去病) 등을 출병시켰다. 두 사람은 흉노를 토벌하여 사막으로 쫓아 버렸고 비로소 북방의 근심이 없어지게 되었다.

개과천선
(改過遷善)

고칠 **개** · 허물 **과** · 옮길 **천** · 착할 **선**

의미 지나간 허물을 뉘우치고 새롭게 착한 사람이 되는 것을 뜻한다.

출전 〈진서(晋書)〉 본전(本傳)

해설 진(晋)나라 혜제 때 양선(楊羨) 지방에 주처(周處)라고 하는 괴걸(怪傑)이 있었다.

그의 아버지 주방(周紡)은 동오(東吳) 파양(鄱楊) 태수를 지냈으나 불행히도 주처가 젖먹이일 때 세상을 떠났다. 주처는 아버지의 가르침과 보살핌에서 벗어난 뒤부터 점점 망나니로 변해 하루 종일 빈둥거리거나 방탕한 생활을 하며 지냈다.

그런데다가 남달리 몸이 강인하고 힘도 보통 사람이 도무지 따르지 못할 정도여서 걸핏하면 남을 두들겨 팼기 때문에 마을 사람들은 그와 마주치는 걸 두려워했다.

그러나 철이 들어감에 따라 자신의 과오를 깨닫고 "지난 허물을 과감히 고치어 새로운 사람이 되겠다."고 굳은 결심을 하였다.

그러나 주처가 아무리 좋은 일을 해도 그에 대한 사람들의 감정은 변하지 않았다.

그래서 그는 정든 고향을 등지고 동오에 가서 대학자 육기(陸機)와 육운(陸雲) 두 형제를 만나보고 솔직담백하게 말했다.

"전에 저는 나쁜 짓을 헤아릴 수 없이 많이 했습니다. 그리니 이제부터는 뜻을 세워 착한 사람이 되려고 노력하고 있습니다. 하지만 너무 늦은 감이 있어 두렵습니다."

"자네는 나이가 아직 젊네! 절대 늦지 않았으니 굳은 의지를 가지고 지난 허물을 고쳐 새로이 착한 사람이 된다면 자네의 앞길은 무한한 것일세."

이때부터 주처는 뜻을 세워 동오에서 글을 배웠다.

이후 10여년 동안 품덕(品德)과 학문을 닦고 익혀 마침내 유명한 대학자가 되었다.

개관사정 (蓋棺事定)

덮을 **개** · 관 **관** · 일 **사** · 정할 **정**

의미 관 뚜껑을 덮고 난 뒤에야 비로소 그 사람에 대해 안다는 뜻으로, 사람은 죽고 난 뒤에야 올바르고 정당한 평가를 할 수 있다는 말이다.

출전 사보(杜甫)의 〈군불견간소혜(君不見簡蘇徯)〉

해설 다음의 시는 두보가 사천성(四川省) 동쪽 기주(夔州)의 깊은 산골로 들어가서 가난하게 살고 있을 당시 역시 거기에 들어와 살며 실의에 찬 나날을 보내고 있는 친구의 아들인 소혜(蘇徯)란 사람에게 편지 대신으로 보낸 한 편의 시이다.

그대는 보지 못 하였는가 길가에 버려진 못을
그대는 보지 못 하였는가 앞서 꺾여 넘어진 오동나무를
백년 뒤 죽은 나무가 거문고로 쓰이게 되고
한 섬 오랜 물은 교룡을 품기도 한다

장부는 관을 덮어야 일이 비로소 결정된다
그대는 아직 다행히 늙지 않았거늘
어찌 원망하리요, 초췌히 산속에 있는 것을
심산 궁곡은 살 곳이 못 되노니
벼락과 도깨비와 미친 바람까지 겸했노라

거안제미 (擧案齊眉)

들 **거** · 소반 **안** · 가지런할 **제** · 눈썹 **미**

의미 밥상을 눈 위로 받들어 올린다는 말로, 아내가 남편을 지극히 공경함을 나타낸 말이다.

출전 〈후한서(後漢書)〉 일민전(逸民傳)

해설 후한서(後漢書)의 일민전(逸民傳)에 나오는 양홍조(梁鴻條)를 요약해 보면 다음과 같다.

자(字)가 백란(伯鸞)인 양홍은 부풍군 평릉현의 사람으로 끼니를 잇지 못할 정도로 가난하였으나 절개가 곧았다. 같은 현의 맹가(孟家)에 맹광(孟光)이라는 딸이 하나 있었는데 몸이 비대하고 얼굴이 못 생긴데다 살색까지 검은 추녀였다. 그러나 힘은 돌절구를 들 정도로 세었다.

나이 서른이 되었는데도 들어오는 혼처(婚處)를 모두 물리치고 시집을 가려 하지 않자 걱정이 된 부모가 그 이유를 물었다.

"양백란님 같은 훌륭한 분을 고르고 있습니다."

처녀는 잘라 말했다. 양홍이 그 말을 전해 듣고 정식으로 그녀에게 청혼을 하였다. 그렇게 하여 결혼을 하였는데 7일이 지나도록 양홍이 새색시를 외면하자 새색시가 침대 아래에 무릎을 꿇고 애원하였다.

"제가 알기로 당신께서는 이상이 높으셔서 어느 누구의 청혼도 거절하셨다 하더이다. 그러나 지금 겨우 저를 선택하여 주셨는데 저의 어디가 마음에 드시지 않는지요?"

양홍이 대답했다.

"나는 누더기를 입고 함께 산으로 들어가서 살아갈 여자를 원하였던 것이오. 그런데 지금 그대는 아름다운 비단옷을 입고 분을 바르고 눈썹을 그리고 있소. 그러한 여자는 내가 바라던 바가 아니오."

그러자 새색시는 머리를 아무렇게나 돌려 묶고 무명옷을 입고 실과 바늘을 가지고 나왔다. 양홍이 크게 기뻐하며 별명을 짓기를 덕요(德曜)라고 하였다.

그들은 둘이서 패릉의 산속으로 들어가 막일을 하며 살았다. 그러나 양홍이 왕실을 비방하는 시를 지어 장제(章帝)에게 쫓기게 되자 성과 이름을 바꾸고 오(吳)나라로 건너갔다.

오나라에 이르자 고백통(皐伯通)이라는 명문 대가를 찾아가 방앗간의 일을 거들며 지냈다. 일이 끝나고 돌아오면 아내가 밥상을 들고 눈썹 높이로 들어 바쳤다.

백통은 그것을 보고 생각하였다.

“남편을 극진히 대하는 것을 보니 필시 보통 사람이 아니다.”

백통은 양홍 일가를 자기 집안에 들어와 살게 하였다. 생활이 안정되자 양홍은 십수편의 책을 저술할 수 있었다. 양홍이 죽자 백통 등은 그를 오나라의 요리(要離) 곁에 묻었다.

건곤일척 (乾坤一擲)

하늘 **건** · 땅 **곤** · 한 **일** · 던질 **척**

의미 하늘과 땅을 한 번에 내던진다는 뜻으로 천하를 잃느냐 얻느냐, 죽느냐 사느냐와 같이 사생결단을 건 최후의 한판 승부를 뜻하는 성어이다.

출전 한유(韓愈)의 시(詩) 〈과홍구(過鴻溝)〉

해설 홍구(鴻溝)란 지금의 하남성(河南省) 고노하(賈魯河)로 진(秦)이 멸망한 뒤 천하통일이 이루어지지 않자 초(楚)의 항우(項羽)와 한(漢)의 유방(劉邦)이 이곳에 선을 긋고 천하를 나누어 가졌다. 이 시는 당시를 추억한 것이다.

용은 피로하고 호랑이는 곤하여 천원을 서로 나누니
모든 백성들이 성명을 보존하였다
누군가가 한왕에게 군사와 말을 돌이키길 권하며
진실로 천하를 건 한판의 도박을 벌였구나

격물치지
(格物致知)

궁구할 **격** · 만물 **물** · 이를 **치** · 알 **지**

의미 〈대학(大學)〉의 교과를 닦아 체득하는 일로 사물이 지니고 있는 이치에 인간의 인식이 도달하여 궁극적인 지(知)에 이르는 것, 또는 의념(意念)이 움직이는 모양을 살펴 그 부정을 바로잡고 양지(良知)를 한껏 발휘하는 일을 뜻한다.

출전 〈대학(大學)〉 팔조목(八條目)

해설 "예전의 밝은 덕을 천하에 밝히려고 하는 사람은 먼저 그 나라를 다스리고, 그 나라를 다스리려는 사람은 먼저 그 집안을 정돈하고, 그 집안을 정돈하려고 하는 사람은 먼저 그 몸을 닦고, 그 몸을 닦으려고 하는 사람은 먼저 그 마음을 바르게 하고, 그 마음을 바르게 하려는 사람은 먼저 그 뜻을 정성스럽게 하고, 그 뜻을 정성스럽게 하려고 하는 사람은 먼저 그 아는 것을 극진히 해야 할 것이니 아는 것을 극진히 하는 것은 사물의 이치를 연구하는데 있다."

이상은 대학의 팔조목에 나오는 말이다.

ㄱ

견아상제 (犬牙相制)

큰개 **견** · 어금니 **아** · 서로 **상** · 억제할 **제**

의미 개의 이가 어긋나게 물려 교착해 있는 것처럼, 국가와 국가의 국경이 뒤얽혀 복잡하게 접해 있는 것을 말한다. 서로 견제시키기 위해 이렇게 했다. '견아상착(犬牙相錯)'이라고도 한다.

출전 〈한서(漢書)〉 경13왕전(景十三王傳)

해설 한(漢) 고조는, 건국 후, 여러 장수들을 각지(各地)의 왕으로 봉했다. 이들 왕은 각지에서 패권을 다투었고, 심한 곳에서는 반란을 꾀했기 때문에, 고조는 이들을 하나씩 멸망시켰다.

그래서, 성이 다른 자는 왕이 되지 못하도록 정하고, 일족을 차례로 왕으로 봉했다. 일족이 힘을 합하여 한(漢)의 왕실을 융성시키도록 했다.

그런데, 경제(景帝) 시대가 되자, 강대해진 동성(同姓)의 왕은 중앙과 대립하게 되어, 기원 전 154년에는 오왕(吳王)을 우두머리로 하는 오초칠국(吳楚七國)의 반란이 일어났다.

다행히도 태위(太尉) 주아부(周亞夫)가 36인의 장수를 이끌고 출정하여, 겨우3개월 만에 7왕의 난을 평정했기 때문에, 한 왕실은 무사했다.

그러나, 그 밖에도 동성의 나라가 많이 있어서, 아무리 해도 인접한 성과 영지의 소유 문제는 여전히 조정의 골치 거리가 되었다.

그 대책으로, 다음 황제인 무제 때, 대신들은 전제(前帝) 시대의 「영지 삭감안」을 실시하기로 했다. 그 때문에 제후들의 죄상을 차례로 고발하여, 무제에게 선처를 청했다.

제후들은 황급히 와서 말했다.

"우리들은 황실과 골육, 선제(先帝)가 영지의 경계를 개의 이처럼 교착해서 봉한 것은 서로 힘을 모아 황실을 지키라는 것이다."

"무실의 죄, 인정할 수 없다."

라고 소리친 최강경파 중의 유승(劉勝)과 유등(劉登)은, 기원 전 138년, 석명(釋明)을 위해 장안(長安)으로 갔다. 무제는 향연을 베풀어 환대했다.

드디어 가무(歌舞)가 시작되자 유승은 울며 무제에게 말했다.

"폐하, 우리들의 골육의 정을 없애려고 하는 참언을 결코 믿지 마십시오."

무제는 유승을 위로했다. 그 후, 추은령(推恩令)을 발하여 제후들의 영토를 자식들에게 나누어 주었다.

그래서, 큰 나라가 작은 나라로 분할되어 약체화 되었고, 중앙집권의 기초가 굳어졌다.

결초보은(結草報恩)

맺을 **결** · 풀 **초** · 갚을 **보** · 은혜 **은**

의미 풀을 엮어서 은혜를 갚는다는 뜻으로 죽어서까지도 은혜를 잊지 않고 갚는 것을 뜻한다.

출전 〈춘추좌씨전(春秋左氏傳)〉 선공 15년조(宣公 15年條)

해설 춘추 시대 때 진(晋)나라에 위무자(魏武子)라는 사람이 있었는데 사랑하는 첩을 거느리고 있었다. 그런데 그들 사이에는 자식이 없었다. 그래서 무자는 병이 들자 아들인 과(顆)를 불러 말했다.

"반드시 다른 곳으로 시집보내도록 하여라."

세월이 흘러 병이 악화되자 이번에는 이렇게 말했다.

"죽여서 내 곁에 묻도록 하라."

아버지가 돌아가시자 위과는 그녀를 죽이지 않고 시집보내면서 말했다.

"병이 심해질 적에는 머리에 혼란이 일어나는 것이다.

나는 병세가 악화되기 전의 아버님 말씀에 따르는 것이다."

그후 선공(宣公) 15년 7월에 진(秦)의 환공(桓公)이 진나라를 쳐서 군대를 보씨(輔氏)에 주둔시켰다. 이 보씨의 싸움에서 위과는 진의 이름난 역사(力士) 두회를 사로잡았다. 한 노인이 두회의 발 앞에 풀을 엮어서 걸려 넘어지게 했으므로 그를 잡을 수 있었던 것이다.

그날 밤 위과의 꿈속에 그 노인이 나타나서 말했다.

"나는 그대가 시집보내 준 여자의 아비 되는 사람이오. 그대가 선친의 바른 유언에 따랐기 때문에 내가 은혜를 갚은 것이외다."

경국지색 (傾國之色)

기울일 **경** · 나라 **국** · 의 **지** · 색 **색**

의미 한 나라를 위태롭게 할 정도의 미인이란 뜻으로, 아름다운 여인을 이르는 말이다. 「경국」이라고 줄여서 말하기도 한다.

출전 〈한서(漢書)〉 이부인전(李夫人傳)

해설 한무제(漢武帝)를 모시고 있는 가수(歌手) 중에 이연년(李延年)이란 자가 있었는데 음악적 재능이 풍부하고 노래와 춤 솜씨도 대단해서 신곡을 만들거나 편곡을 할 때마다 사람들을 감동시켰으므로 무제의 총애를 한 몸에 받고 있었다. 그러한 그가 황제 앞에서 춤을 추며 노래했다.

북방에 가인(佳人) 있어
절세로 단 한 사람 뿐
일고(一顧)하면 성을 기울게 하고(傾城)

재고(再顧)하면 나라를 기울게 했다(傾國)
어찌 경성 경국을 모르리요마는
가인은 두 번 다시 얻기 어려우리

무제는 노래를 듣고 나서 한숨을 내쉬며 말했다.

"아아, 세상에 그런 여인이 존재할 수 있을까?"

"연년에게는 누이동생이 있거든요."

무제의 누이인 평양공주(平陽公主)가 귀엣말로 속삭였다.

무제는 곧 연년의 누이동생을 불러들였는데 그녀는 표현키 어려울 만큼 예뻤고 춤솜씨도 대단했다. 무제는 그녀를 본 순간 완전히 마음이 사로잡히고 말았다.

경원 (敬遠)

공경할 **경** · 멀리할 **원**

의미 공경하나 이를 멀리한다는 뜻으로, 공경하면서도 그것에 친숙해지지 않는 것을 나타냈으나 현대에 이르러서는 겉으로는 존경하는 체하면서 속으로는 꺼리고 피하는 것을 말한다.

출전 〈논어(論語)〉 옹야편(雍也篇)

해설 "군자는 괴, 력, 난, 신을 말하지 않는다."

"군자는 괴이(怪異)와 무용(武勇)과 세상의 어지러움과 신에 대해서 말하지 않았다."는 뜻으로 괴와 신이란 초월자에 대해서는 따르는 이외의 태도를 하지 않는다는 말이다.

더구나 공자는 이와 같은 태도야말로 바로 지(知 : 英知)라고 확신 하였다.

"제자인 번지(樊遲)가 지에 대해서 물었다. 자가 말하기를 자기 자신이 해야 할 일에만 노력하고, 귀(鬼)나 신(神)은 공경하면서 멀리 해 둔다. 이렇게 하는 것이 지라고 할 수 있다."

여기에서 "공경하면서 멀리해 둔다."란 공경하면서도 그것에 친숙해지지 않는 것, 요컨대 신에 의존하지 않는 것을 뜻하며, 바로 여기에서 공자가 초월자의 객관적 공정성에 대해서 절대적으로 신뢰함을 엿볼 수 있다.

계륵 (鷄肋)

닭 **계** · 갈빗대 **륵**

의미 닭의 갈비뼈는 먹을 만한 곳이 없지만 버리기에는 아깝다. 즉, 아무런 도움은 못 되나 버리기에는 아까와서 이러지도 저러지도 못하는 난처한 상황을 뜻한다.

출전 〈후한서(後漢書)〉 양수전(楊修傳), 〈진서(晋書)〉 유령전(劉伶傳)

해설 삼국 정립시대(三國鼎立時代)가 나타나기 1년 전, 즉 후한 헌제(獻帝)의 건안 24년의 일이다. 익주(益州)를 영유한 유비(劉備)는 한중(漢中)을 평정시킨 다음, 위(魏)의 조조(曹操)를 맞아 역사적인 한중 쟁탈전(漢中爭奪戰)을 벌이고 있었다.

싸움은 쉴새없이 계속되었다. 유비의 병참은 후방 근거지의 제갈량이 확보하고 있는데 반해 병참이 혼란에 빠져 매우 어려운 지경에 처해 있었다.

그러던 어느 날 저녁 조조에게 계탕(鷄湯)이 바쳐졌고 갈비가 눈에 뜨였다. 먹자 하니 먹을 것이 없고 버리자 하니 아깝고, 닭의 갈비가 꼭 오늘의 자기 처지와 같다는 생각이 들었다.

이때 그의 장수 하우돈이 야간 군호를 하달해 달라고 하기에 조조는 무심코 "계륵"이라고 소리 질렀다. 그러자 부하들은 무슨 소리인지 몰라 어리둥절해할 뿐이었다.

그런데 주부(主簿)인 양수(楊修)는 조조의 이 고함을 듣자 혼자서 부지런히 장안으로 돌아갈 준비를 서둘렀다. 모두들 어리둥절한 채로 그 까닭을 묻자 양수는 이렇게 대답했다.

"닭의 갈비뼈는 먹을 만한 데가 없다. 그렇다고 내버리는 것도 아깝다. 한중을 이에 비유했으므로, 왕께서는 귀환하기로 결정하신 것이다."

과연 조조는 위의 전군을 한중에서 철수시켰다.

계명구도 (鷄鳴狗盜)

닭 **계** · 울 **명** · 개 **구** · 도적 **도**

의미 닭의 울음소리나 개가 짖는 흉내를 잘 내어 좀도둑질을 잘 한다는 뜻으로, 한 가지 기술에 능하긴 하지만 비천한 사람을 말한다. 또 아무리 미천한 사람이라도 어떤 면에 있어서는 남이 하지 못하는 장점과 특징을 지니고 있음을 의미한다.

출전 〈사기(史記)〉 맹상군전(孟嘗君傳)

해설 기원 전 330년 경에서 기원 전 260년 경까지는 진(秦)의 세력이 동쪽의 육국(六國)을 압도해 간 시기였는데 육국측에서도 뒤지지 않으려고 노력했을 것은 당연한 일이다.

그래서 당시의 실권자들은 인재를 자기편으로 만드는데 온갖 열의를 기울였다.

그 중에서도 제(濟)나라의 맹상군은 유별난 데가 있어서 설사 범죄자라 할지라도 일기일예(一技一藝)에 뛰어나기만 하면 모두 받아들이니, 그의 문중은 항상 3천 명을 헤아렸다고 한다.

제민왕(濟湣王) 25년에 맹상군은 왕명으로 진(秦)나라에 가게 되었다. 진의 소왕은 맹상군의 사람됨을 보고 자국의 재상으로 초치하려고 했다. 그러나 거기에는 강경한 반대 의견이 분분했다.

"맹상군은 당대의 어진 사람이며, 또 제나라는 왕국입니다. 그러한 그가 국정을 맞게 되면 틀림없이 제나라의 이익을 생각하고 진나라를 나중으로 미룰 것이니 그 점도 염두에 두어야 할 것입니다."

이리하여 소왕은 자신의 생각을 버리고 맹상군을 잡아 가두어 기회를 보아 암살하려고 했다. 이를 눈치챈 맹상군은 소왕의 애첩에세 사람을 보내어 풀려날 수 있도록 힘써 주기를 부탁했다. 그러자 애첩은,

"그대가 가지고 있는, 여우의 겨드랑이 흰털로 만든 고급 피의가 탐이 난다."고 했다.

맹상군은 원래 값이 수천 금이나 되는 천하일품인 물건을 가지고 왔었는데 진나라에 와서 그것을 소왕에게 헌상해 버렸기 때문에 낙담하지 않을 수가 없었다. 그래서 식객들과 의논을 거듭했지만 이렇다 할 묘안이 나오지 않았다.

이때 한쪽 구석에서 좀도둑의 명수라는 사나이가 나서서 말했다.

"제가 해결하겠습니다."

사나이는 밤이 되자 개의 흉내를 내면서 궁중의 창고로 숨어들어가 용케도 그 물건을 훔쳐 가지고 나왔다.

이것을 애첩에게 바치자 애첩은 소왕에게 간청하여 맹상군을 석방했다.

석방된 맹상군은 곧 진나라에서 탈출하고자 위장을 한 후 한밤중에 함곡관(函谷關)에 도착했다.

한편, 소왕은 뒤늦게 모든 사실을 눈치 채고 역마를 보내어 뒤쫓게 했다.

맹상군은 함곡관까지 왔으나, 관법(關法)에 의해 첫닭이 울기 전에는 문을 열어 사람을 보내지 않으므로 다시 곤경에 처하게 되었다.

그런데 이번에는 식객 중에 닭울음 소리를 잘 내는 자가 있어 그가 흉내를 내자 근방의 모든 닭들이 따라서 함께 울게 되었다. 마침내 관문이 열리고 맹상군 일행은 쉽게 탈출할 수 있었다.

ㄱ

계포일낙
(季布一諾)

철 **계** · 베 **포** · 한 **일** · 승낙할 **낙**

의미 계포가 승낙한 한 마디의 말이란 뜻으로 일단 약속을 한 이상 어떠한 일이 있어도 지킨다는 것을 뜻한다.

출전 〈사기(史記)〉 계포전(季布傳)

해설 초(楚)나라 사람인 계포는 젊었을 적부터 어떤 일에든지 "좋다(諾)"하고 한번 내뱉은 이상은 그 약속을 반드시 지켰다. 훗날 서초(西楚)의 패왕 항우(項羽)가 한(漢)나라의 유방(劉邦)과 천하를 걸고 싸웠을 때, 초나라 대장이 되어 유방을 여러 차례에 걸쳐 괴롭혔으나, 항우가 망하고 유방이 천하를 통일하자 쫓겨다녀야하는 신세가 되었다. 그러나 그의 성품을 아는 자는 그를 밀고하지 않았으며, 도리어 그를 고조(高祖 ; 劉邦)에게 천거해 주었다. 덕택에 사면이 되어 낭중(郎中)이란 벼슬에 있다가 다음 혜제(惠帝) 때에는 중랑장(中郎將)의 벼슬에 올랐다.

고굉지신 (股肱之臣)

넙적다리 **고** · 팔뚝 **굉** · 의 **지** · 신하 **신**

의미 다리와 팔뚝에 비겨도 될 만한 신하라는 뜻으로 임금이 가장 가까이하며 신임하는 중신(重臣)을 일컫는 말이다.

출전 〈서경(書經)〉 익패편(益稗篇)

해설 순임금이 말했다.

"신하들이여, 옆에 있으면서 도와주오. 어려울 때 도와준 사람이 진실로 참된 신하로다."

우가 그 말을 받았다.

"옳으신 말씀입니다."

순임금은 차분한 어조로 다시 말을 이었다.

"그대들과 같은 신하들은 짐의 팔다리요 눈과 귀로다. 내가 백성들을 돕고자 하니 그대들도 힘써 참여해 달라. 내가 위엄을 온 천하에 떨치려 하거든 그대들이 대신해 달라. 내가 잘못하고 있을 때에는 그대들이 나를 보필하여 규정(規正)해 달라. 내 앞에서 순종하는 척하고 물러간 후에 뒷얘기를 할 것이 아니라 나의 면전에서 직접 충고해 달라. 그리고 전후좌우의 동료들을 서로 공경하여 서로 예의를 갖추도록 하라. 관리들은 백성들의 뜻을 나에게 전하는 것이 임무이니 올바른 이치를 세상에 크게 퍼지도록 할 것이며, 잘못을 뉘우치는 자가 있으면 용서하고 그렇지 않은 자에게는 철퇴를 가해 나라의 위엄을 보이도록 하라."

이와 같이 순임금은 신하들이 자신을 잘 보좌하여 올바른 정치를 할 수 있도록 힘써 줄 것을 당부했다.

고복격양(鼓腹擊壤)

두드릴 **고** · 배 **복** · 칠 **격** · 흙덩이 **양**

의미 배를 두드리며 박자를 맞추어 격양놀이를 한다는 뜻으로, 백성들이 그와 같이 태평함을 즐기므로 바로 그 시절이 태평성대라는 뜻이다.

출전 〈18사약(十八史略)〉 권일(卷一)의 요제조편(堯帝條篇)

해설 천하의 성군(聖君)으로 꼽히는 요(堯) 임금이 천하를 통치하기 시작한 지 50년이 지난 어느 날, 나라가 계속해서 태평성대를 누리자 도리어 요의 마음에는 불안한 생각이 들었다.

"도대체 천하는 지금 진정으로 잘 다스려지고 있는 것일까? 백성들은 나를 천자로 받드는 것을 행복으로 생각하고 있을까?"

요는 그것을 자기 눈으로 직접 보고 귀로 확인해 보고 싶었는데 마침 한 무리의 어린이들이 서로 손을 잡고 놀면서 이런 노래를 부르고 있었다.

우리 백성 살리심이
임의 덕 아님 없네
제 자신도 모르는 체
임의 덕 따르나니

어린이들의 순진무구한 노랫소리는 요 임금의 가슴속 깊이 스며들었다.

다시 걸음을 옮기다가 무심코 곁을 보니 백발노인 한 사람이 음식을 우물거리면서 격양놀이(옛날 중국에서 하던 유희의 하나)를 하는데, 배를 두드려 박자를 맞추면서 즐겁게 하고 있었다.

해 뜨면 일하고
해지면 잠들며
우물을 파서 마시고
밭 갈아서 먹나니
임금의 덕 따위야 무엇하리요

이번에야 말로 요 임금의 마음은 구석구석까지 환하게 밝아졌다.

고침안면
(高枕安眠)

높을 **고** · 베게 **침** · 편안 **안** · 잘 **면**

의미 베개를 높게 받치고 편안한 잠을 잔다는 뜻으로, 마음이 한가하고 여유가 있어 아무런 근심이 없는 상태를 나타낸다.

출전 〈사기(史記)〉 〈전국책(戰國策)〉

해설 전국 시대 중엽, 소진(蘇秦)과 장의(張儀)가 활약하던 때의 일이다.

소진은 합종(合從)을 외치며 진을 제외한 6개국이 동맹하여 진(秦)에 대항할 것을 설득했다. 그러나 장의는 여섯 나라가 각각 동맹해서 진을 따르기를 주장했다.

장의는 진의 힘을 배경으로 이웃 나라들을 침략했다. 진혜왕(秦惠王) 10년, 장의는 스스로 위(魏)를 침략한 것을 시발로 위의 재상이 되었다. 뿐만 아니라 위양왕(魏襄王)과 애왕(哀王)에게 연횡을 따를 것을 권했으나 뜻대로 되지 않았다. 그래서 진은 본때를 보여주기 위해 한(韓)

을 토벌하여 8만의 군사를 죽임으로써 제후들을 떨게 했다. 장의는 그 기회를 잡아 다시 애왕을 설득했다.

우선 위는 천리사방도 없고, 병졸도 얼마 되지 않은 약국이란 것을 지적하며 열국의 통로가 될 가능성이 많다는 것과 남은 초, 서는 한, 북은 조(趙), 동은 제(齊)와 국경을 이웃해서 그 어떤 나라와 동맹을 맺는다 해도 다른 나라의 원한을 사게 되므로 그런 방법은 사분오열(四分五裂)이라고 설득했다.

그런 다음 합종을 비난하여, 형제의 맹방을 맺었다 한들 친형제끼리도 금전상의 다툼이 생기는 것을 보면 합종이란 허울 좋은 사기라고 말하며 진을 섬기지 않으면 어떻게 될지 아느냐고 위협조로 따졌다. 즉 진이 위와 조의 길을 끊고 한을 권유해서 함께 위를 공격할 것이라고 했다. 계속해서 이번에는 진을 섬기면 어떤 이로움이 있는지 아느냐고 달랬다.

진을 섬기면 곧 초와 한은 함부로 대하지를 못한다. 그렇게 되면 대왕은 베개를 높이 베고 누울 수 있으니 반드시 근심이 없어질 것이다.

또한 진의 목적은 초에 있으므로 위와 함께 초를 공격하여 초를 나누어 갖자고 설득했다.

고희 (古稀)

옛 **고** · 드물 **희**

의미 "예로부터 매우 드물다"는 뜻으로 70세를 고희라고 한다.

출전 사보(社甫)의 〈곡강(曲江)〉

해설 당(唐)나라의 수도 장안(長安)의 동남쪽 끝에 곡강(曲江)이란 연못이 있었다. 그 남쪽으로는 부용원(芙蓉苑)이란 궁원도 있어 경치가 몹시 아름다웠고 봄에는 꽃을 관상하는 장안 시민들로 붐볐다. 이 곡강 변에서 두보가 몇 수의 시를 남기고 있다. 그의 대표작 가운데 하나인 곡강이수(曲江二首)라는 시 속에는 고희라는 말이 나온다.

조정에서 돌아오면 날마다 봄옷을 입고

(朝回日 日典春衣)

하루같이 강가에서 만취해 돌아온다 (每日江頭盡醉歸)
술빚은 예사로서 도처에 있고 (酒債尋常行處有)
인생 칠십은 예로부터 드문 것이라 (人生七十古來稀)

이 시에서 '인생칠십고래희' 가 전해져 내려오는 속언이 아닌가도 생각된다.

곡학아세 (曲學阿世)

굽힐 **곡** · 학문 **학** · 아부할 **아** · 세상 **세**

의미 요사스럽게 왜곡된 학문을 하여 세상에 아첨한다는 뜻으로, 평소의 자기 신조나 소신, 철학 등을 저버리고 권세나 시세에 아첨함을 말한다.

출전 〈사기(史記)〉 유림전(儒林傳)

해설 원고생(轅固生)은 전한(前漢) 4대 경제 때의 학자로서 특히 시경에 밝아 박사로 임명된 적이 있었다. 그런데 5대 무제(武帝) 때에 다시 부름을 받게 되었다.

그러나 이 강직한 노학자가 나타나게 되면 별 볼일 없게 될 엉터리 학자들이 어떻게든 황제의 뜻을 되돌려 보려고 고생의 험담을 늘어놓았다.

"그 늙은이는 이제 옛날과는 다릅니다. 시골에서 그냥 지내게 내버려 두어 손자들이나 돌보게 하는 것이 좋을 것입니다."

하지만 무제는 들은 척도 않고 고생을 등용하였다. 고

생과 함께 산동의 공손홍(公孫弘)이라는 소장 학자도 부름을 받았다. 공손홍은 아무것도 모르는 영감이라는 눈초리로 고생을 대했으나 고생은 조금도 개의하지 않고 이렇게 말했다.

"지금 학문의 도가 흔들려서 속설이 유행하고 있네. 이대로 방치해두면 유서깊은 학문의 전통이 마침내는 사설(邪說) 때문에 참모습을 잃게 될 것이야. 자네는 다행히도 젊고 학문을 좋아하는 선비라고 알고 있네. 부디 올바른 학문을 연구, 공부하여 세상에 펴주게. 결코 자기가 믿는 학설을 숨기면서 세상의 속물들에게 아부하지 말게나."

이 말을 들은 공손홍은 어떠한 상황 하에서도 절조를 굽히지 않는 고생의 훌륭한 인격과 풍부한 학식에 감동되어 크게 뉘우치고 자신의 잘못을 사과한 뒤 그의 제자가 되었다.

공중누각 (空中樓閣)

하늘 **공** · 가운데 **중** · 다락 **루** · 다락집 **각**

의미 공중에 떠 있는 누각이란 뜻으로, 현실성이 없는 일이나 뼈가 없는 이야기 또는 글을 지칭하는 성어이다.

출전 심괄(沈括)의 〈몽계필담(夢溪筆談)〉

해설 심괄(沈括)이 지은 〈몽계필담〉이란 책에 다음과 같은 내용이 있다.

"등주(登州)는 사면이 바다로 둘러싸여 있는데 늦은 봄부터 여름에 걸쳐 멀리 수평선 위로 누각들이 줄줄이 이어져 있는 도시가 보인다. 지방 사람들은 이것을 해시(海市)라고 한다."

그 뒤에 청(淸)나라 적호(翟灝)는 그가 지은 〈통속편(通俗篇)〉 속에 심괄의 이 글을 인용, 수록한 다음 "지금 말과 행동이 허황된 사람을 가리켜 공중누각이라고 하는데 바로 이것을 말하는 것이다."라고 기록하였다.

관포지교 (管鮑之交)

관 **관** · 절인어물 **포** · 의 **지** · 사귈 **교**

의미 중국 제(齊)나라 때 관중(管仲)과 포숙(鮑叔)의 두터운 우정을 얘기한 것으로, 친구 사이의 두터운 우정이나 교우 관계를 의미한다.

출전 〈사기(史記)〉 관중열전(管仲列傳)

해설 관중(管仲)은 영수(潁水) 근처에서 태어난 사람이다. 포숙(鮑叔)하고는 죽마지우(竹馬之友)로, 두 사람은 무엇을 하든 같이 했는데 포숙은 관중의 뛰어난 재능을 존중했다. 관중은 집안이 가난했기 때문에 곧잘 포숙을 속였다. 그러나 포숙은 한 마디의 불평도 하지 않았을 뿐더러 우정 역시 변하지 않았다.

얼마 후에 포숙은 제(齊)나라의 공자(公子) 소백(小白)을 섬기게 되었고, 관중은 공자 규(糾)를 섬기게 되었다. 소백이 즉위해서 환공(桓公)이 되자 경쟁자였던 규는 싸움에 져서 죽음을 당하고 관중은 포로의 몸이 되었다.

그래서 포숙은 친구인 관중을 등용하도록 환공에게 진언했다. 그리하여 관중은 제나라 국정을 맡게 되었고, 환공은 패자(覇者)가 될 수 있었다.

제후를 규합해서 천하를 하나로 통일할 수 있게 된 것은 어쩌면 관중이 솜씨를 보였기 때문이었는지도 모른다.

ㄱ

괄목상대 (刮目相對)

비빌 **괄** · 눈 **목** · 서로 **상** · 대할 **대**

의미 눈을 비비고 다시 보며 상대를 대한다는 뜻으로, 한동안 보지 못한 사이에 상대가 깜짝 놀랄 정도의 발전을 보인다는 것을 뜻한다.

출전 〈삼국지(三國志)〉 오지(吳志) 여몽전주(呂蒙傳注)

해설 삼국이 정립(鼎立)하여 대립상태가 계속되고 있던 무렵 오(吳)나라 손권(孫權)의 부하 중에 여몽(呂蒙)이라는 장수가 있었다. 무식하긴 했으나 싸움을 잘 해서 계속 승진을 하였으며 마침내 장군이 되었는데, 어느 날 손권이 그에게 공부를 하도록 충고했다.

얼마 후 손권의 부하 중 학식이 뛰어난 노숙이 여몽을 찾아갔다. 여몽과는 오랜 친구 사이였던 노숙은 이야기하는 사이에 여몽의 박식함에 깜짝 놀라고 말았다.

"언제 그렇게 공부했는가? 이제 학식이 대단하니 이미 오(吳)의 시골 구석에 있던 여몽이 아니로군."

교언영색
(巧言令色)

공교할 **교** · 말씀 **언** · 아름다울 **령** · 낯 **색**

의미 교언(巧言)이란 남의 비위에 거슬리지 않게 하는 교묘한 말이요, 영색이란 좋은 얼굴빛이란 뜻으로 소인배들의 교묘한 수단과 아첨을 일컫는 말이다.

출전 〈논어(論語)〉 학이편(學而篇), 양화편(陽貨篇)

해설 공자(孔子)는 학이편에서 "교묘한 말과 아첨하는 얼굴빛에는 인(仁)이 적다.(巧言令色鮮矣仁)"라고 하였고, 양화편에서도 똑같은 말을 한 뒤,

"나는 자줏빛이 붉은 빛을 뺏는 것을 미워하고, 정나라 음악이 아악(雅樂)을 어지럽힌 것을 미워하며, 약삭빠르게 둘러대는 말이 나라를 뒤엎음을 미워한다.(惡紫之奪朱也 惡鄭聲之亂雅樂也 惡利口之覆邦家者)"라고 하였다. 여기서 이구(利口)란 교언(巧言)과 상통하는 말이라 할 수 있을 것이다.

ㄱ

교주고슬 (膠柱鼓瑟)

붙을 **교** · 기둥 **주** · 탈 **고** · 거문고 **슬**

의미 비파나 거문고의 기러기발을 풀로 붙여 놓고 거문고를 탄다는 뜻으로, 어떤 규칙에 얽매여 전혀 융통성이 없는 것이나 고집불통을 나타낼 때 쓰는 말이다.

출전 〈사기(史記)〉 염파 인상여열전(簾頗 藺相如列傳)

해설 조나라 명장 조사(趙奢)에게 괄(括)이라는 아들이 있었다. 그는 어릴 때부터 병서를 많이 읽어 가끔 아버지와 전술에 관해 토론을 했으며 그럴 때마다 아버지가 이론에 몰리곤 하였다. 그러자 조사의 부인이 아들의 총명함을 보고 장군의 집에 장군이 났다면서 기뻐하는 것을 보며 조사는 이렇게 타일렀다.

"전쟁이란 이론만 가지고 승부가 결정되는 것은 아니오. 철없이 이론만 가지고 자신감을 갖는 것은 장수로서 가장 삼가야 할 일이오. 앞으로 괄이 장군이 된다면 조나라는 큰 변을 당하게 될 터이니 그것이 걱정이오."

그 뒤 진나라가 조나라를 침략해 왔다.

명장 염파가 나가 싸웠으나 싸움은 조나라에 불리하게 전개되었다. 염파는 중과부적임을 깨닫고 방어에 전 병력을 동원했다.

그러자 진나라는 첩자를 들여보내 헛소문을 퍼뜨렸다.

"진나라 사람들은 조사의 아들 조괄이 조나라 대장이 되면 싸움에 질 것이라며 겁을 먹고 있다. 염파는 이제 늙어서 방어만 하고 있기 때문에 조금도 두렵지가 않다."

이 헛소문에 귀가 솔깃해진 조나라 왕은 즉시 조괄을 대장에 임명하려 했다. 그때 인상여가 진언하고 나섰다.

"대왕께서 소문만 믿고 조괄을 쓰려 하시는 것은 마치 기둥을 아교로 붙여 두고 거문고를 타는 것과 같습니다. 괄은 그의 아버지가 전해 준 책을 읽었을 뿐으로 때에 맞추어 변통할 줄을 모릅니다."

그러나 임금은 뜻을 굽히지 않고 조괄을 대장에 임명했다. 조괄은 대장이 되는 그날로 자기가 읽은 병서의 가르침에 따라 전부터 내려오는 군령들을 전부 뜯어 고쳤다.

그리고 참모들이 말하는 작전과 의견 모두를 병법을 들어 반박하고 자기주장대로만 밀고 나갔다.

그러다가 결국 조괄은 대참패를 당하고 조나라는 위험에 직면하게 되었다.

ㄱ

교토사양구팽 (狡兎死良狗烹)

교활할 **교** · 토끼 **토** · 죽을 **사** · 좋을 **량** · 개 **구** · 삶을 **팽**

의미 교활한 토끼가 잡히자 충실한 사냥개가 삶겨져 먹힌다는 뜻으로, 쓸모가 없어지자 언제 그랬냐는 듯 없애버림을 뜻한다.

출전 〈사기(史記)〉 준음후열전(准陰侯列傳)

해설 초패왕(楚霸王) 항우(項羽)가 망하고, 천하는 한(漢)에게 돌아갔다. 한왕 유방(劉邦)이 제위에 올라 한고조가 되었고 그 이듬해의 일로서 조서가 제후에게 내려졌다.

"짐은 이제부터 운몽포(雲夢浦)로 여행을 하리라. 그대들은 수행차비를 갖추고 초(楚)의 진에 모여라."

여기에는 까닭이 있다. 당시 한신(韓信)이 초왕으로 봉해져 있었으나 그 한신의 밑에는 항우의 용장이었던 종리매(鍾離眛)가 있었다.

그 전 싸움에서 종리매 때문에 고전한 경험이 있던 고

조는 한신에게 그를 체포할 것을 명했으나, 전부터 종리매와 친교가 있던 한신은 오히려 종리매를 감싸고 돌았다. 이 사실을 알고 있는 고조는 진평(陳平)의 책략에 따라 여행을 구실로 제후의 군을 소집한 것이다.

위험을 느낀 한신은 "나에게는 아무런 죄도 없다."고 생각하고 자진해서 고조 앞에 나가려고 했다. 그러자 약삭빠른 가신이 한신에게 속삭였다.

"종리매의 목을 가지고 가시면 폐하도 기뻐하시고, 주군께서도 우려하실 사태가 없어지실 것입니다."

옳다고 생각한 한신은 그 말을 종리매에게 했다. 그러자 종리매는,

"고조가 초를 침범하지 못하는 것은 자네 밑에 내가 있기 때문이다. 그런데 자네가 나를 죽여 고조에게 아양을 부린다면 자네도 얼마 안 가서 당할 것일세. 지금까지 자네를 믿었던 내가 부끄럽네."하고는 스스로 자진을 해 버렸다.

한신은 종리매의 목을 가지고 진으로 갔으나 과연 모반자라는 죄목으로 체포되었고 한신은 분에 못이겨 다음과 같이 울부짖었다.

"아아, 교토가 죽자 양구가 삶겨지고, 비조(飛鳥)가 없어지자 양궁이 감추어지고, 적국이 파멸되어 모신이 망한다고 하더니 참으로 그렇구나."

ㄱ

구상유취 (口尙乳臭)

입 **구** · 오히려 **상** · 젖 **유** · 냄새 **취**

의미 입에서 아직 젖냄새가 난다는 뜻으로, 상대가 어리고 말과 행동이 유치함을 얕잡아 일컫는 말이다.

출전 〈사기(史記)〉 고조기(高祖紀)

해설 한왕이 한신을 시켜 위왕 표를 치게 하면서 물었다.

"유나라의 대장이 누구인고?"

누군가가 대답했다.

"백직(柏直)입니다."

그러자 한왕이 말했다.

"입에서 젖비린내가 나는구나. 어찌 우리 한신을 당해낼 수 있겠는가?"

국사무쌍 (國士無雙)

나라 **국** · 선비 **사** · 없을 **무** · 쌍 **쌍**

의미 한 나라 안에서 경쟁할 만한 상대가 없는 사람이란 뜻으로, 뛰어난 인재를 이르는 말이다.

출전 〈사기(史記)〉 준음후열전(准陰侯列傳)

해설 진(秦)이 멸망하고 초패왕 항우와 한왕 유방이 천하를 다투고 있을 때의 일이다. 초군의 위세에 눌려 파촉(巴蜀)의 땅에 몰리고 있었던 한군 속에 한신이란 사람이 있었다.

처음에 한신은 초군에 속해 있었으나 항우가 자신을 인정해 주지 않자 한군에 투신했다. 그 뒤 유방에게는 알려질 기회가 없었으나 우연히 부장(部將) 하후영(夏候嬰)의 눈에 들어 치속도위(治粟都尉)로 추거되었다. 병량(兵糧)을 관리하는 직책으로 그는 다시 승상인 소하(簫何)와 친해지게 되었다. 한신은 야망이 큰 사람이었으며 또 그에 걸맞는 재능을 겸비하고 있었는데, 역시 소하는 그것을 알아보고 은근히 기대를 걸었다.

그 무렵, 유방을 따르는 부장들 중에 향수에 젖어서 도망치는 자가 나날이 늘어났다.

한신도 벼슬에 불만을 품고 도망을 쳤는데 한신이 도망했다는 소식이 전해지자, 소하는 급히 그 뒤를 쫓았다. 그러자 소하도 함께 도망친 것이라고 판단한 한 사람이 유방에게 그 사실을 보고했다.

유방은 팔 한쪽을 잃은 것같이 낙담하였다. 그런데 이틀쯤 지나 소하가 돌아왔다. 그 얼굴을 보고 유방은 기뻤으나 화를 내며,

"승상인 자가 왜 도망을 쳤나?"

"도망친 것이 아닙니다. 도망친 한신을 잡으러 갔었습니다."

"뭐, 한신? 지금까지 부장으로서 도망친 자가 10명 정도나 되는데 경은 그 중 한 사람이라도 뒤쫓은 일이 있는가? 그런데 이름도 없는 한신의 뒤를 쫓다니, 거짓말이겠지?"

"이제까지 도망친 부장들 정도의 인물이라면 얼마든지 많이 있습니다. 그러나 한신은 실로 국사무쌍이라고 칭찬할 만한 인물입니다. 주공께서 이 파촉을 영유하시는 걸로 만족하신다면 한신이란 인물은 필요하지 않습니다

만 동방으로 진출해서 천하통일을 희망하신다면 한신 이외에는 같이 군략을 꾀할 사람이 없습니다. 한신이 필요한지 아닌지는 주공이 천하를 바라시는지 아닌지에 따라 결정될 것입니다."

이렇게 해서 한신은 한의 대장군이 되었다.

국척 (跼蹐)

구부릴 **국** · 살살걸음 **척**

의미 머리가 하늘에 닿는 것이 두려워 몸을 움츠리고 땅이 꺼질 것이 두려워 조심스럽게 발걸음을 내딛는다는 뜻으로, 겁이 많아서 몸 둘 바를 모르는 상태를 비유한 말이다.

출전 〈시경(詩經)〉 소아정월(小雅正月)

해설 국척이란 말은 〈시경〉 속의 소아(小雅)라는 주나라 조정의 아가(雅歌)를 수록한 것 중 "정월(正月)"이란 시의 구절(句節)로,

하늘이 제 아무리 높다 해도
몸굽히지 않고는 살 수 없다네
제 아무리 땅이 단단하고 두텁다 해도
감히 조심해서 걷지 않을소냐
여기에 이렇게 말하는 것은
뜻이 있었기 때문이니

슬픔은 오늘날 사람들의
도마뱀 모양 떨고 있음이여

라고 되어 있어 간신들이 국정을 어지럽히고, 뜻있는 선비가 몸을 굽히고, 조심스럽게 걸으며 화를 입지 않으려고 겁을 먹고 있다는 뜻으로 쓰이고 있다.

ㄱ

군계일학
(群鷄一鶴)

무리 **군** · 닭 **계** · 한 **일** · 학 **학**

의미 많은 닭 가운데 한 마리의 학이란 뜻으로 유독 뛰어난 것, 즉 많은 사람 속에 한 사람의 뛰어난 인물이 섞여 있는 것을 비유하는 말이다.

출전 〈보서(普書)〉 혜소전(嵇紹傳)

해설 혜소(嵇紹)의 자는 연조(延祖)라 하는데, 죽림칠현(竹林七賢)의 한 사람으로서 유명한 위(魏)의 중산대부(中散大夫) 혜강(嵇康)의 아들이다.

소(紹)는 10세 때, 아버지가 무고한 죄로 사형을 당하자 칠현(七賢)의 한 사람인 산도(山濤)가 당시 이부(吏部)에 있을 때 무제(武帝)에게 상주하였다.

"강고(康誥)에 부자의 죄는 서로 미치지 않는다고 적혀 있습니다. 혜소는 혜강의 아들이긴 하나 그 영특함이 춘추시대의 진(晋)나라 대부인 극결(郤缺)보다 더하면 더했지 못하지는 않습니다. 부디 부르셔서 비서랑(秘書郞)을 시키십시오."

"경이 추천하는 사람 같으면 승(丞)이라도 족하겠지. 반드시 낭(郎)이 아니라도 좋지 않겠는가."

황제는 그를 비서랑보다 한 등급 위인 비서승(秘書丞)이란 관직에 오르게 했다.

그 후 소가 처음으로 낙양에 들어갔을 때 어떤 사람이 칠현의 한 사람인 왕융(王戎)에게 말했다.

"어제 많은 사람들 틈에 섞여 있는 계소를 보았는데 의기도 높은 것이 아주 늠름하며, 독립불기(獨立不羈)한 들학이 닭 무리 속으로 내려앉은 것 같았네."

군자삼락 (君子三樂)

스승 **군** · 남자 **자** · 석 **삼** · 즐거울 **락**

의미 군자의 세 가지 즐거움이란 뜻으로 이를 인용하여 인생에 있어서의 가장 큰 세 가지 즐거움이라고 하여 인생삼락(人生三樂)이라고 하기도 한다.

출전 〈맹자(孟子)〉 진심장(盡心章)

해설 "군자에겐 세 가지 즐거움이 있다. 그러나 천하를 다스리는 왕이 되는 것은 그 속에 끼지 못한다. 부모가 모두 살아 계시고 형제가 무고한 것이 첫째 즐거움이요, 하늘을 우러러 부끄럼이 없고 사람을 굽어보아도 부끄럽지 않음이 둘째 즐거움이요, 천하의 영재를 얻어 교육하는 것이 셋째 즐거움이다."

권토중래
(捲土重來)

말 **권** · 땅 **토** · 거듭 **중** · 올 **래**

의미 흙먼지를 날리며 다시 온다는 뜻으로, 실패한 사람이 다시 분기하여 세력을 되찾는다는 말이다.

출전 두목(杜牧)의 시(詩) 〈제위강정(題爲江亭)〉

해설 다음의 시는 두목(杜牧)의 시로 항우를 읊은 시 중에서는 특히 유명하다.

승패는 병가도 기할 수 없는 것
수치를 참을 수 있음이 바로 남아라
강동의 자제에는 준재가 많으니
흙먼지를 일으키며 다시 왔으면 승패는 없었을 터인데

이 시에는 "강동의 부형에 대한 수치를 참고 견디었더라면 우수한 자제가 많은 곳이므로 만회할 수 있었을지도 모르지 않는가."하고 항우를 애석하게 여기는 정이 넘쳐흐르고 있음을 알 수 있다.

금상첨화(錦上添花)

비단 **금** · 윗 **상** · 더할 **첨** · 꽃 **화**

의미 비단 위에 꽃을 더한다는 뜻인바, 좋은 일에 또 좋은 일이 겹친다는 말이다.

출전 왕안석(王安石)의 〈즉사(卽事)〉

해설 다음의 시는 왕안석이 만년에 정계(政界)를 떠나 남경(南京)의 한적한 곳에 은거해 살 때에 지은 것으로 추측된다.

강은 남원을 흘러 언덕 서쪽으로 기우는데
바람엔 맑은 빛이 있고 이슬에는 꽃이 있다
문 앞의 버들은 옛사람 도령의 집이요
우물 가의 오동은 전날 총지의 집이다
좋은 모임에서 잔 속의 술을 비우려 하는데
고운 노래는 비단 위에 꽃을 더한다

문득 무릉의 술과 안주를 즐기는 손이 되어
내의 근원엔 응당 붉은 노을이 적지 않으리라

이 시에서의 비단은 술자리와 근처 풍경을 이르는 것이며 꽃은 고운 노래를 말함이다.

금성탕지 (金城湯池)

쇠 **금** · 성 **성** · 끓을 **탕** · 못 **지**

의미 단단한 쇠로 된 성곽과, 그것을 둘러싼 열탕(熱湯)의 끓는 못. 방비가 견고하여 난공불락인 것을 이르는 말이다. '금성철벽(金城鐵壁)'이라고도 한다.

출전 〈한서(漢書)〉 괴통전(蒯通傳)

해설 진(秦) 말기, 진승(陣勝)은 진현(陣縣)에서 진 타도의 병사를 모은 후, 무신(武臣)에게 3천 병사를 주고, 황하(黃河)를 건너 하북(河北) 각지를 공격시켰다.

무신은 각지에서 진의 폭정을 비난했기 때문에 하북의 민중도 속속히 궐기하여 금세 수만의 대군으로 팽창했다. 무신은 무신군(武臣君)이라 부르도록 하였다.

궐기군은 곧 십여성을 함락시켰지만 항복하지 않은 성도 있었다. 범양(范陽)도 그 중 하나로, 현령(縣令) 서공(徐公)은 방비를 굳히고 저항했다.

범양에 괴통(蒯通)이라는 웅변가가 있었다.

그는 서공을 찾아가 말하였다.

"귀하의 생명은 길지 않습니다만, 나의 말을 들으면 장생할 수 있습니다."

"무슨 말입니까?"

"귀하가 지금까지 많은 사람을 죽였기 때문에 백성들이 모두 원망하고 있습니다. 백성이 일어나서 진(秦) 조정(朝廷) 타도에 출전할 때에 귀하를 죽일 것입니다."

서공은 당혹해하였다.

"어찌하면 좋을까요?"

"무신군의 군대가 가까이 오고 있습니다. 한시 빨리 나아가서 항복하십시오."

서공은 항복하기로 결심하고, 괴통을 무신군에게 보냈다. 괴통은 무신군에게 말했다.

"전쟁을 하지 않고도 천리의 땅을 평정하는 좋은 방법이 있습니다."

"어떤 방법이 있습니까?"

"범양의 현령 서공이 왜 항복하지 않는지, 그 이유를 아십니까? 그것은 귀하가, 항복한 10여 성의 진의 관리들을 죽였기 때문입니다."

"그렇게 모두 죽임을 당하기보다는 금성탕지(金城湯池)의 수호를 굳게 하고 있는 것입니다. 무신군께서 서공의 항복을 우대한다면 다른 성도 기뻐하여 항복할 것입니다."

무신군은 괴통의 진언을 듣고, 항복한 서공을 우대했다. 그 일을 전해들은 30여 성도 항복을 자청하여, 무신군은 싸우지 않고 하북을 평정했다.

ㄱ

금슬상화 (琴瑟相和)

거문고 **금** · 비파 **슬** · 서로 **상** · 화할 **화**

의미 금(琴)은 거문고, 슬(瑟)은 비파로 이들을 동시에 탈 때 음률이 잘 어울려 양자의 울림이 잘 화합한다는 뜻으로, 흔히 부부간의 애정을 여기에 비유한다.

출전 〈시경(詩經)〉 소아(小雅) 상체편(常棣篇)

해설 소아(小雅) 상체편(常棣篇)은 한 집안의 화합함을 노래한 8장으로 된 시로, 이 시의 제7장을 옮겨본다.

처자가 좋게 합하는 것이 (妻子好合)
비파와 거문고를 타는 것과 같고 (如鼓瑟琴)
형제가 이미 합하여 (兄弟歸翕)
화락하고 또 즐겁다 (和樂且湛)

여기서 금슬을 슬금이라고 바꿔놓은 것은 운(韻)을 맞추기 위함이다. 거문고와 비파를 타면 음률이 어울려 서로 화합해서 즐거운 분위기를 자아내듯 아내와 뜻이 잘 맞음을 말하는데, 여기서 처자란 아내와 자식의 뜻으로도 해석될 수 있다.

ㄱ

금의야행 (錦衣夜行)

비단 **금** · 옷 **의** · 밤 **야** · 다닐 **행**

의미 비단옷을 입고 컴컴한 밤길을 간다는 말로, 아무리 출세하고 잘 차려 입어도 주위에서 알아주지 않음을 뜻한다.

출전 〈한서(漢書)〉 항적전(項籍傳)

해설 유명한 홍문연(鴻門宴)이 있은 지 수일 후의 일이다. 유방(劉邦)과 진(秦)의 수도인 함양(咸陽) 입성을 다투다가 드디어 목적을 이룬 항우가 득의만만하여 함양으로 입성했는데, 이때 그의 유방과는 대조적인 성격이 잘 나타난다.

그는 유방과 달리 난폭했으며 누가 진언을 해도 듣지 않고 자기 뜻대로 모든 일을 처리했다.

그러한 그를 보고 모장(謨將) 범증(范增)이 말렸으나 그는 듣지 않았다. 더군다나 오랜 싸움 끝에 그는 망향의 그리움에 사로잡히고 말았다. 그래서, 진에서 약탈한 재물과 미녀를 다 거두어 고향으로 돌아가고자 했던 것이다. 그러자 한생(韓生)이란 자가 간했다.

"관중(關中)은 천연적으로 사면이 막혀 있어 지세가 견고할 뿐 아니라 토질도 비옥하니 이곳을 도읍으로 정하여 천하의 패권을 잡고 제후들에게 호령해야 합니다."

그러나 항우에 눈에 비친 함양은 불타다 남은 궁전, 형편없이 파괴된 황량한 초토일 뿐이었다. 그보다도 빨리 고향으로 돌아가 자기의 성공을 과시하고 싶었다.

그래서 그는 동쪽 하늘을 바라보며 말했다.

"부귀를 이루고도 고향으로 돌아가지 않는 것은 비단옷을 입고 밤에 걷는 것과 같다. 누가 이것을 알소냐."

"비단옷을 입고 밤에 간다."는 〈한서〉의 항적전(項籍傳)에 기재된 말이며, 〈사기〉의 항우본기(項羽本紀)에서는 '금(錦)' 이 수(繡)로 되어 있다.

기우 (杞憂)

나라 **기** · 근심 **우**

의미 기인지우(杞人之憂)의 준말로 기(杞)나라 사람의 근심이란 뜻으로, 공연히 쓸데없는 걱정이나 아무런 이익도 없는 근심을 말한다.

출전 〈열자(列子)〉 천서편(天瑞篇)

해설 기국(杞國)에 어떤 사나이가 있었다. 그 사나이는 만약 하늘이 무너지고 땅이 꺼지면 몸둘 곳이 없어진다고 걱정하며 밤에도 잠을 이루지 못하고 식음을 전폐한 채 걱정만 하고 있었다. 그러자 사정을 딱하게 여긴 친구가 찾아와 이렇게 설명하였다.

"하늘은 공기가 쌓인것 뿐으로 공기가 없는 곳이란 있을 수 없지. 몸을 구부렸다 폈다 하는 것도 언제나 하늘속에서 하고 있는 것이니, 하늘이 무너진다는 걱정은 할 필요가 없네."

"왜 대지는 파괴되지 않지?"

"대지는 흙덩이가 쌓인 것 뿐이라네. 그것이 사방에 꽉 차서 흙이 없는 곳은 없지. 뛰거나 달리거나 항상 지상에 있지 않은가. 왜 대지가 파괴될 거라고 걱정하나?"

그러자 비로서 사나이는 속이 후련해져 크게 기뻐했다고 한다.

기호지세 (騎虎之勢)

탈 **기** · 호랑이 **호** · 의 **지** · 기세 **세**

의미 호랑이를 타고 가다가 도중에 내리게 되면 잡혀 먹히고 만다는 것으로, 일을 계획하고 시작한 이상 도중에 중단해서는 안 되며, 또 그만둘 수도 없는 상태를 말한다.

출전 〈수서(隋書)〉 독고황후전(獨孤皇后傳)

해설 남북조 시대를 북조 최후의 왕조인 북주(北周)의 선제(宣帝)가 죽자 외척인 한인(漢人) 양견(楊堅)은 뒤처리를 하기 위해 궁중으로 들어갔다. 양견은 재상으로서 정치를 총괄하고 있었으나 언제나 자기 나라가 이민족에게 점령당하고 있는 것을 원통하게 생각하며, "기회만 있으면 다시 한인의 천하로 만들겠다."고 마음속으로 벼르고 있었다.

"그러던 차에 선제가 죽었다. 아들이 아직 어리고 그리 영특하지도 못했으므로 제위를 양도시켜 수(隋)나라를 세웠다. 때는 서력 581년으로 양견은 그로부터 8년 후에 남조의 진(陳)을 멸망시켜 천하를 통일했는데 그가 수의 고조 문제(文帝)이다.

이 문제의 황후인 독고황후(獨孤皇后)는 전부터 남편의 대망을 들어 알고 있었으므로 선제가 사망하고 남편이 마침내 북주의 천하를 빼앗기 위해 궁중으로 들어가 분주획책(奔主劃策)하고 있을 때 사람을 보내어 말을 전했다.

"하루 천리를 달리는 호랑이를 탄 이상 도중에서 내릴 수는 없습니다. 도중에 내리면 잡혀 먹히고 말 것입니다. 호랑이와 함께 최후까지 가지 않으면 안 됩니다. 이미 대사를 일으키시고자 착수한 이상 도중에 꺾여서는 안 됩니다. 반드시 목적을 달성하시도록 애써 주십시오."

양견이 용기를 북돋아 주는 처의 말에 격려된 것은 말할 나위도 없다.

기화가거 (奇貨可居)

기이할 **기** · 재화 **화** · 옳을 **가** · 쌓을 **거**

의미 기화(奇貨)는 기이한 보화라는 뜻이니 진기한 물건을 사서 잘 보관해 두면 뒤에 큰 이익을 본다는 말인데 죄를 범할 수 있는 좋은 기회의 뜻으로도 쓰인다.

출전 〈사기(史記)〉 여불위열전(呂不韋列傳)

해설 전국 시대 말기에 조(趙)의 수도 한단(邯鄲)은, 나라가 쇠퇴해 가는데도 불구하고 중원 문화의 정수를 모아 상업이 번창하고 왕래하는 다른 나라 사람들도 많았다. 여불위(呂不韋)는 한(韓)의 수도 양적(陽翟)의 거상으로 한단에 갈 기회가 많았는데 우연히 진(秦)나라의 태자 안국군(安國君)의 서자인 자초(子楚)가 인질로 이곳에 살고 있다는 것을 알았다.

자초는 안국군의 아들 20여 명 중 하나로, 진이 조나라를 침략하지 않는다는 조건으로 인질로 와서 살게 된 것이다. 그러나 진나라가 약속을 저버리고 조나라를 자주 침략했기 때문에 자연히 자초에 대한 조의 대우가 갈수록 나빠져만 갔다.

이 사실을 안 여불위는 문득 한 가지 꾀를 생각해냈다.

"이 기회를 잡아두자. 이것은 뜻밖의 횡재이다. 잡아 두면 멀지 않아 큰 이익이 될 것이다."

여불위는 자초의 집을 찾아가 자초에게 말했다.

"소양왕도 이제 많이 늙었으니 멀지 않아 당신의 아버님이신 안국군께서 진왕이 되실 건 분명한 이치입니다. 그러나 정비 화양부인에게는 자손이 없습니다. 당신까지 합쳐 20여명의 서자 분들이 계시지만 그 중에서 누구를 태자로 택하겠습니까? 솔직한 말로 당신은 유리한 입장에 놓여 있다고는 할 수 없습니다. 그러니 지금부터 당신을 태자로 세울 운동을 해야 합니다."

이렇게 하여 자초와 뒷날을 굳게 약속한 여불위는, 진으로 가서 그를 화양부인의 아들로 입양시켜 안국군의 후사를 잇게 하는 데 성공했다.

ㄴ

낙양지가귀 (洛陽紙價貴)

서울이름 **낙** · 볕 **양** · 종이 **지** · 값 **가** · 귀할 **귀**

의미 낙양(洛陽)의 종이값이 오른다는 뜻으로, 저서가 호평을 받아 매우 잘 팔리는 것을 일컫는 말, 즉 베스트셀러가 되는 것을 말한다.

출전 〈보서(普書)〉 문원전(文苑傳)

해설 삼국 시대 다음의 서진(西晋) 때에 좌사(左思)라는 사람이 있었다. 생긴 것도 변변치 않은데다 말재간도 없어, 남들과 상종을 않고 혼자서 쓸쓸하게 살고 있었다. 그러나 자기 고향인 제(齊)나라 지방에 대한 "제도의 부(齊都之賦)"라는 서사시를 지어 이름이 알려지자 모든 일에 자신이 생긴 듯, 이번에는 "삼도의 부(三都之賦)"를 지어 보겠다고 결심했다.

삼도란 삼국시대의 세 개의 도읍, 곧 위나라의 업(鄴), 오나라의 건업, 촉나라의 성도(成都)를 말한다. 10년에 걸쳐 온갖 노력을 한 결과 마침내 "삼도의 부"가 완성되었고 그 때의 유명한 시인이 서문을 쓰고 또 주를 달기에 이르렀으니, 귀족이나 부자들은 앞을 다투어 "삼도의 부"를 복사했다. 붐은 붐을 불러일으켜 마침내는 도읍지인 낙양의 종이 값이 올라가고 말았다는 것이다.

난형난제 (難兄難弟)

어려울 **난** · 맏 **형** · 어려울 **난** · 아우 **제**

의미 형 노릇하기도 어렵고 동생 노릇 하기도 어렵다는 뜻으로 어느 편이 낫다고 말하기가 곤란한 경우에 인용하는 말이다.

출전 〈세설신어(世說新語)〉 방정편(方正篇)

해설 후한 때의 일로 진식(陳寔)의 아들 진군이 어렸을 때의 이야기이다.

언젠가 진심의 아들 진충(陳忠)과 사촌끼리 자기 아버지의 공적과 덕행을 자랑하며 서로 자기 아버지가 더 훌륭하다고 주장을 했으나 결말이 나지 않았다.

그래서 할아버지인 진식에게 판정을 내려줄 것을 요구했다.

"원방도 형 되기가 어렵고 계방도 동생 되기가 어렵다." 하고 진식은 말했다.

결국 형도 그런 훌륭한 동생의 형 노릇 하기가 어렵고

동생도 그런 훌륭한 형의 동생 노릇 하기가 어려운 형편이니 누가 훌륭하고 누가 못하다는 것을 가릴 수 없다는 이야기이다.

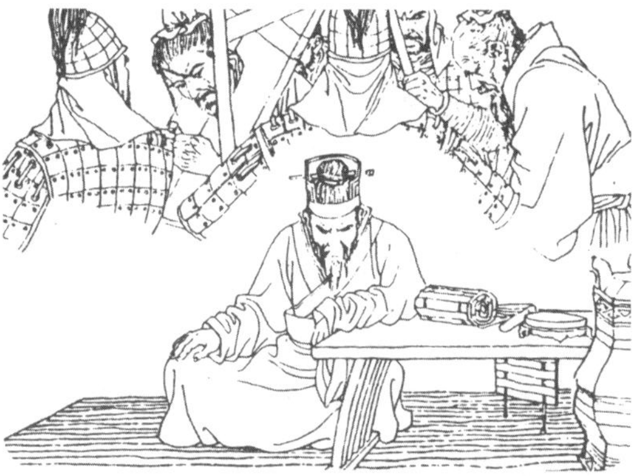

ㄴ

남가일몽 (南柯一夢)

남쪽 **남** · 가지 **가** · 한 **일** · 꿈 **몽**

의미 남쪽으로 뻗은 나뭇가지 밑에서 꾼 꿈이란 뜻으로서 널리 꿈의 대명사로 쓰이게 되었는데 언제부터인가 한때의 부귀와 권세는 꿈과 같다고 하여 사람의 덧없는 일생과 부귀영화에 비유되어 쓰이기도 한다.

출전 계공좌(季公佐)의 〈남가기(南柯記)〉

해설 강남(江南) 양주(楊州) 교외에 순우분(淳于芬)이란 협객이 있었다. 그의 집 남쪽에 큰 느티나무가 있어 그 아래서 친구들과 술을 마시며 어울리고 있었는데, 그 날도 친구들과 술을 마신 후 나무 그늘 아래서 잠이 들었다. 그때 자주빛 옷을 입은 두 사람이 나타나 "저희들은 괴안국(槐安國) 국왕의 사자이온데, 당신을 모시고 오라는 명을 받들고 왔습니다." 하였다.

순우분은 그들을 따라가서 국왕의 사위가 되고 남가군(南柯郡)의 태수가 되어 20년 동안 태평성대를 이루니 왕도 그 소식을 듣고 재상으로 삼았다. 재상이 된지 얼마 안 되어 단라국(檀羅國)의 군대가 침입을 해와 3만의 군대로 용감히 싸웠으나, 패하여 많은 군사가 전사하고 아내도 병으로 세상을 떠났다.

그는 낙담을 하여 관직을 사직하고 서울로 왔으나, 그의 명성에 많은 사람들이 모여들어 세력이 날로 커지자 괴안국 왕은 불안을 느꼈다.

"자네도 고향을 떠나온 지 오래 되었으므로 한번 다녀오는 것이 어떤가?"

왕이 순우분에게 물었다.

"저희 집은 여기인데 어디로 간단 말입니까?"

"자네는 원래 속세의 사람으로 여기는 자네의 집이 아니네."

그리하여 그는 왕의 사자를 따라 자신의 옛집으로 돌아오게 되었다.

깜짝 놀라 눈을 떠보니 그는 느티나무 아래서 지금까지 꿈을 꾸고 있었던 것이다.

그는 남가일몽(南柯一夢)의 덧없음을 깨닫고 도술(道術)에만 전념하게 되었는데, 3년 후에 순우분도 세상을 떠났다.

바로 괴안국 왕과 약속한 3년 기한의 해였다.

ㄴ

남상 (濫觴)

띄울 **남** · 잔 **상**

의미 큰 배를 띄울 수 있는 큰 강물도 그 첫 물줄기는 겨우 술잔을 띄울 정도의 적은 물이라는 이치에서 나온 말로, 모든 사물이나 일의 시초, 근원을 의미한다.

출전 〈순자(荀子)〉 자도편(子道篇)

해설 자로(子路)가 화려한 옷을 입고 공자를 찾아뵈었다. 공자는 자로의 화려함을 훑어보고 자로가 사치와 교만에 빠져드는 것이 아닌가 하여 말을 건넸다.

"자로야, 너의 그 화려함이 웬일인가?"

공자는 이렇게 묻고 나서 다음과 같은 이야기를 들려주었다.

"예로부터 양자강은 민산(岷山)에서부터 시작되는데 그 근원은 술잔을 띄울 정도의 적은 물에 지나지 않는다고 한다. 그것이 흐르고 흐르다보면 물도 물살도 빨라져 배를 띄우지 않으면 건너갈 수 없게 되고, 바람이 없는 날을 택하지 않으면 건너가지도 못하게 된다."

공자는 사물의 시초가 중요하며 처음이 나쁘면 뒤로 갈수록 심해진다는 점을 알리고 싶었던 것이다.

남풍불경 (南風不競)

남쪽 **남** · 바람 **풍** · 아니 **불** · 다툴 **경**

의미 남방 지역의 풍악은 힘과 생기가 없다는 말로, 흔히 힘이나 기세를 떨치지 못할 때 비유하여 쓴다.

출전 〈춘추재씨전(春秋在氏傳)〉 양공 18년조(襄公 18年條)

해설 춘추 시대도 말엽에 가까운 주영왕(周靈王) 10년, 노양공(魯襄公) 18년의 일이었다.

정(鄭)의 자공(子孔)은 큰 야심을 품고 있는 자였다. 그래서 그는 방해가 되는 여러 대부(大夫)를 제거하고 국권을 장악하려고 꾀했다.

당시 제후들은 진(晋)을 맹주로 삼고, 대두해 온 제(齊)에 대한 토벌군을 일으켜 그 포위진을 압축시키고 있었다. 그래서 그 기회를 이용해 자공은 진에 반기를 들고 남쪽의 명문인 초(楚)의 군대를 사주하여 야망을 달성시키고자 생각했다. 사신을 초의 영윤(令尹)인 자경(子庚)

에게 보내어 자신의 계획을 알렸으나 자경은 들어주지 않았다. 그런데 초강왕(楚康王)이 그 소리를 듣고 자경에게 사람을 보내어 자기의 뜻을 전했다.

"내가 사직(社稷)을 맡아서 지킨 지 5년, 아직 군대를 파견한 예가 없었소. 국민들은 나를 가리켜 스스로 안일에 젖어서 선군의 유업을 잊었다고 생각할는지 모르오. 대부, 어떻게 다시 생각해 주기 바라오."

이렇게 하여 군대는 출동했고, 진나라에서도 초군이 출동했다는 소문이 퍼지고 있었다. 그러나 사광(師曠; 진의 樂官)이 말하기를,

"뭐 대단한 일은 없을 것이다. 나는 전부터 남방의 노래, 북방의 노래를 연구했는데 남방의 음조는 미약해서 조금도 생기가 없으니 초군은 반드시 실패할 것이다."

동숙(董叔 ; 曆數家)도,

"금년 운수와 이달의 운 역시 서북방에 유리하다. 남군은 때를 얻지 못하고 있으니 성공을 거두지 못할 것이다."

하고 예언을 했다.

ㄴ

낭자야심(狼子野心)

이리 **낭** · 아들 **자** · 들 **야** · 마음 **심**

의미 늑대의 새끼는 작아도 흉포한 짐승의 속성이 있어서, 키우기 어려운 일이다. 그것과 마찬가지로, 흉포한 사람의 마음을 교화하기란 어렵다는 말이다.

출전 춘추좌씨전(春秋左氏傳)

해설 춘추시대, 초나라의 투자문(鬪子文)은 약오씨(若敖氏)의 후예로, 전설에 따르면 태어나서 곧 들에 버려졌는데, 호랑이가 주워서 키웠다고 한다. 후에 발견한 사람이 "이 아기에게는 복이 있다."고 말하고 안고 돌아왔다.

투자문은 후에 초의 총리대신으로 출세했다. 그 사람 됨됨이가 공정하여 법의 집행도 공명정대했다. 어느 때, 그의 일족 중의 한 사람이 죄를 지었지만 담당 관리가 투자문의 체면을 생각해서 석방했다.

그 사실을 안 투자문은 즉시 관리에게 말하였다.

"나라는 법률을 만들어 담당 기관을 설치하고 있기 때

문에, 법의 집행자가 법을 무시하고 죄인을 석방해서는 안 된다. 설령 내 일족이라 할지라도."

그래서, 그 일족의 사람을 불러들여서 공정한 심판을 받게 하든가, 그렇지 않으면, 스스로 자해(自害)하도록 명령하여 백성의 비난을 피하려고 했다. 그래서, 담당 관리는 그 사람을 법에 따라서 처벌했다.

이 말을 전해들은 초의 성왕(成王)은, 곧 그의 가족을 방문하여 경의를 전했다. 초의 백성들은 그 일을 전해 듣고 구구하게 말했다.

"모두가 투자문 같으면 어찌 나라가 잘 다스려지지 않는다고 염려할까?"

투자문의 동생이며 국방상인 투자량의 아들 월초(越椒)를 보러 간 투자문은 말했다.

"저 아기를 빨리 죽여라. 그는 늑대새끼다. 성장한다면 내가 약오씨의 화를 받을 것이다. 속담 중에는 낭자야심(狼子野心)이라는 말이 있다."

그러나, 투자량은 아들을 죽이지 않았다. 염려한 자문은 죽을 때, 가족에게 유언했다.

"월초가 권력을 잡거든 피해 떠나거라."

투자문은, 장래에 월초가 일족을 손아귀에 넣어 모조리 죽일 것을 두려워했던 것이다.

그가 죽은 후, 아들 반이 총리가 되고, 월초도 아버지를 이어서 국방상이 되었다. 기원 전 626년, 성왕의 아들 상신(商臣)은 부왕을 시해하고 왕이 되었다. 목왕(穆王)이었다. 반은 사실을 알고 있었지만, 목왕을 탄핵하지 않았다.

월초는, 이 기회에 총리의 지위를 빼앗으려고 반을 목왕에게 중상모략했다. 목왕은, 월초와 건설상인 위가(蔿賈)의 말을 믿고, 반을 죽였다. 그리고 월초를 총리에, 위가를 국방상에 각각 발탁하였다.

월초는 20여 년간 총리를 역임했다. 그 동안에 목왕이 죽고 장왕(莊王)이 즉위했다. 그는 장왕을 내심 경멸했다. 장왕이 위가를 등용하여 그의 권력을 제거하려고 하고 있는 것을 원망하다가 모반을 꾀했다.

드디어 그 날이 왔다. 월초는 장왕이 원정(遠征)을 간 틈을 타서 약오씨 일족의 사람과 군사를 끌어들여 위가를 습격했다. 위가를 포박하여 감금시켰다가 후에 죽여 버렸다.

이어서, 월초는 장왕을 토벌하려 했다. 그것을 안 왕은, 투씨의 전날의 공적을 생각하여, 월초에게 사죄시키고 사태를 수습하려 했다. 아들을 인질에서 구해내려 했지만 월초는 이를 거부했다.

어느 해 7월경 월초와 장왕과의 양군이 고호(皐滸)에서 교전했다. 월초는 스스로 활을 당겨 장왕을 쏘았다.

화살은 핑하는 소리를 내며 왕의 수레채 위를 지나 북을 건 대에 꽂혔다.

그 때, 장왕은 스스로 북을 두들겨 싸우고 있었다. 북소리와 함께 화살 꽂히는 소리가 났기 때문에 좌우의 사람들은 당황하여 큰 우산으로 왕을 감쌌다. 그곳으로 제 2의 화살이 날아와서 왼쪽 우산에 구멍을 냈다.

장왕의 군대는 놀라 당황하여 진을 버리고 후퇴하려고 했다. 그것을 본 장왕은 노하여 말했다.

"월초는 대조(大朝; 왕조를 높여 이르는 말)의 화살 두 개를 훔쳤지만, 지금 두 개를 다 쏘았다. 무서워할 것 없다."

장왕의 기세에 눌려 군사들의 동요가 수습되었고, 진지도 정비되었다. 왕은 힘차게 출격을 명령하였다.

사기를 높이는 북소리가 울리고, 장왕의 군사는 용감하게 출격하여, 월초의 군을 산산이 무찔렀다.

그 후 장왕은 약오씨 일족을 모두 죽였다.

월초의 "낭자야심"은, 결국 여기까지 발전하여, 투자문의 염려대로 약오씨 일족에게 큰 재난을 가져오게 하였다.

낭중지추(囊中之錐)

주머니 **낭** · 가운데 **중** · 의 **지** · 송곳 **추**

의미 주머니 속에 든 송곳은 그 끝이 뾰족하여 주머니를 뚫고 나오는 것과 같이, 포부와 역량이 있는 사람은 많은 사람 중에 섞여 있을지라도 쉽게 드러난다는 말이다.

출전 〈사기(史記)〉 평원군열전(平原君列傳)

해설 진이 한단을 포위하자 조나라에서는 평원군을 초나라에 보내어 구원을 청하고 합종하려 하였다. 평원군은 문하 중에서 용기가 있고 문무(文武)의 덕을 겸비한 20인과 동행할 것을 조왕과 약속했다.

어명을 받은 평원군은 자신의 문하 중에서 수행하는 인사 19명을 뽑았으나 나머지 한 명은 적격자가 없어 고심하고 있었다.

그런데 문하에 모수(毛遂)라는 자가 찾아와 평원군에게 자천했다.

"듣자오니 수행할 인사가 한 사람이 모자란다고 하니

제발 저를 수행원 속에 넣어서 가게 해 주십시오."

평원군이 물었다.

"그대는 나의 문하에 얼마나 있었소?"

"3년 쯤 되었습니다."

"무릇 현명한 선비가 세상에 있으면 주머니 속에 든 송곳처럼 그 끝이 즉시 나타나는 법이오. 지금 그대는 나의 문하에 있은 지 3년이 되었지만 그대에 관해서 들은 바가 없소. 이것은 그대가 지닌 바 재능이 없는 까닭이오. 그대는 수행할 만한 능력이 없으니 머물러 있기 바라오."

"저는 오늘 비로소 주머니 속에 넣어 주기를 청원했을 뿐입니다. 저를 좀 더 빨리 주머니 속에 넣어 주셨더라면 자루까지 나왔을 것입니다. 결코 그 끝만 나오고 말지는 않았을 것입니다."

평원군은 마침내 모수와 함께 가기로 했다. 열아홉 사람은 모수를 경멸하여 눈길도 주지 않았으나 초에 이르는 동안 모수는 열아홉 사람과 얘기를 나눈 끝에 결국 모두를 복종시키고야 말았다.

마침내 평원군은 모수의 힘에 결정적인 도움을 입어 초왕을 설득하는 데 성공하게 되었다. 그 일이 있은 후부터 그는 모수를 상객(上客)으로 삼았으며, 다시는 인물을 함부로 평가하지 않겠노라는 맹세까지 하였다 한다.

노마지지(老馬之知)

늙을 **노** · 말 **마** · 의 **지** · 지혜 **지**

의미 모르는 것이 없다고 잘난 체해도 때때로는 늙은 말이나 개미만도 못할 수가 있다는 말로, 아무리 하찮은 인간이라도 자기 나름대로의 장점과 특징을 지니고 있음을 뜻한다.

출전 〈한비자(韓非子)〉 설림(設林)

해설 기원 전 662년 봄, 제(齊)의 항공(恒公)은 병사를 이끌고 고죽(孤竹)을 정벌했다. 공을 따르던 자 중에 재사 관중(菅仲)도 있었다. 그는 지식이 많았고 지혜는 발군이었다.

출병할 때는 봄이었으나 싸움이 끝나 개선할 때는 이미 겨울이었다. 한겨울 경치 속에서 길을 알지 못하는 제의 군대는 길에서 헤매이게 되었다.

밤이 되었다. 깜깜한 어둠 속에 안개가 깔리고 바람도 불었다. 곧 안개는 걷혔지만 횃불을 밝혀도 방향조차 판단할 수가 없었다.

전진하는 것이 위험하다고 생각한 관중은 전군에게 정지를 명령하였다. 그 곳에서 야숙하기로 했다. 날이 밝아지면 길도 알게 될 것이라고 생각했다.

아침이 되어 주위를 보고 놀랐다. 어둠 속을 지나오는 동안에, 양쪽에 험한 산이 이어진 계곡으로 들어와 버렸던 것이다.

당황하여, 척후병을 내서 길을 찾으려 했지만, 산은 높고 계곡은 깊어서 도무지 길을 찾을 수 없었다.

항공은 어찌하면 좋을지 판단할 수가 없었다. 그러자, 관중이 제안했다.

"이런 때는 노마(老馬)의 지혜가 쓸모 있죠."

그래서 늙은 말 한 마리를 골라 고삐를 풀어 주었다.

노마는 꼬불꼬불한 길을 익숙하게 달리기 시작했다. 군사들은 말 뒤를 좇았다. 그래서, 전군은 가까스로 위기를 벗어날 수 있었다.

노익장 (老益壯)

늙을 **노** · 더욱 **익** · 씩씩할 **장**

의미 늙었어도 젊은이 못지않게 건장하다는 말이나 사람은 늙을수록 뜻을 더욱 굳게 해야 한다는 의미도 담겨져 있다.

출전 〈후한서(後漢書)〉 마원전(馬援傳)

해설 서한(西漢) 말년 부풍군(扶風郡)에 마원이라는 상사가 있었다. 어려서부터 야망을 품고 글을 배우고 예절을 익혔으며 무예에도 특출하여 그의 형은 그를 대기만성(大器晩成)형이라고 말했다. 그러나 불행히도 그의 형이 젊은 나이로 죽게 되자 마원이 상례(喪禮)를 정중히 모셔 치른 후 예를 다하여 형수를 받들었다.

그 후 마원은 광무제 때 대장수가 되어 혁혁한 전공(戰功)을 세웠다.

마원이 항상 입버릇처럼 중얼거린 말이 있었다.

"무릇 대장부가 뜻을 품었으면 어려울수록 굳세어야 하며 늙을수록 건강해야 한다."

녹림(綠林)

푸를 **녹** · 수풀 **림**

의미 푸른 숲이란 뜻으로 원래는 산의 이름이었으나, 세상을 등진 호걸들이 있는 도적의 소굴을 일컫는 말이다.

출전 〈한서(漢書)〉 왕망전(王莽傳), 〈후한서(後漢書)〉 유현전(劉玄傳)

해설 전한(前漢)과 후한(後漢) 사이에 왕망(王莽)의 신(新)이란 나라가 15년간 계속된 일이 있었다.

왕망은 한나라 천하를 빼앗아 스스로 황제가 된 다음 나라 이름을 신이라 고치고 모든 제도를 뜯어고치고 새로운 정책을 실시했다.

그러나 왕망에게는 황제가 될 만한 자질도 없는 데다 너무 급격한 개혁이었기 때문에 나라는 혼란의 구덩이 속으로 빠지고 말았다.

이리하여 극도의 생활고(生活苦)에 빠진 백성들은 새 정부에 불만을 품은 호걸들과 합세하여 각처에서 반란을 일으켰다.

그러한 반란군들은 도적의 무리가 되어 지주의 창고를 습격하고 관원을 공격하더니 급기야 형주(荊州)의 녹림산(綠林山)을 본거지로 삼아 녹림병이라 칭했다.

논공행상
(論功行賞)

의논할 **논** · 공 **공** · 행할 **행** · 상줄 **상**

의미 공로의 대소를 비교 검토해서 거기에 대응하는 상을 주는 것을 말한다.

출전 "사기(史記)" 숙상국세가(蕭相國世家)

해설 고담(顧譚)은, 삼국시대 오나라의 명상 고옹(顧雍)의 손자로, 어릴 때부터 수재로 알려져 일을 척척 잘 처리했고, 더욱이 사물을 보는 방법이 독창적이어서 사람들로부터 존경받았다.

그는 꾸밈없는 성품으로 솔직한 생각을 말했다. 군주 손권(孫權)에게도 생각을 말한 일이 있다. 손권은 식사 중이었지만, 그 말을 듣고 관심을 가져, 그 후에 때때로 불러서 이야기를 했다.

어느 때, 노나라 왕 손패가, 같은 어머니 형제인 오나라의 태자 손화와 대우를 같이 받고 싶다고 손권에게 요구해 왔다. 고담은 역사상의 형제의 싸움을 인용해서 손패의 요구를 물리치라고 손권에게 진언했다.

그 이후, 손패는 고담을 미워했다. 그 때, 같은 시기에 고담과 교제하려다가 거절당한 사람 중에, 위장군 전종의 아들 전기가 있었다. 손패와 전기는 손을 잡고 고담의 실각을 꾀했다.

기원 241년, 손권은 전종(全琮)을 대장으로 삼아 위의 회남으로 출병하여, 위의 장수 왕릉과 작파(芍陂)에서 격전했지만, 오군은 대패하여 중랑장 진광 등 십여 명의 장군이 전사했다.

당시, 고담의 동생 고승과 장휴 두 장수는 수춘에서 작전 중이었다. 작파의 패전을 듣고, 곧 구원을 떠나 위의 왕릉군을 저지했다.

전종의 두 사람의 조카 전세와 전서도 오군의 부장으로 종군했지만, 위군의 추격이 저지당했다고 알고 공격으로 옮겼다. 위군은 그 공격에 견디지 못하고 흩어져 모두 패주하였다.

전투가 끝나자 오의 수도 건업에서 논공행상이 행해졌다. 많은 사람이 위를 저지한 공을 세웠고, 반격한 공도 있었기 때문에, 손권은 고승과 장휴에게 정장군(正將軍), 전제와 전서에게 편장군(偏將軍)의 칭호를 수여했다.

그래서, 전종, 전기 부자는 고담형제에게 더욱 원한이

깊어졌다. 그래서, 손패를 통해 손권에게 진언했다.

"고승과 장휴는 전군(典軍) 진순과 친했기 때문에 공을 거짓 전달하여 주군을 속였습니다." 손권은 조사를 하지 않고, 이 말을 믿어 장휴를 포박하고, 고승의 처분은 보류하였다. 그리고, 뒷날 고담에게 사죄시키려 했다. 어느 날, 고담에게 말했다.

"동생을 어떻게 할까?"

담은 사죄할까? 오히려 나쁜 말을 믿은 손권을 책망했다. 손권은 화가 나서 형제를 지방으로 좌천시켰다. 고담은 비분의 정을 "신언(新言)" 20편에 이어 썼지만, 2년 후 지방에서 병사했다.

농단 (壟斷)

언덕 **농** · 절단할 **단**

의미 본래 높이 솟은 언덕이란 뜻이나, 시장에서 좋은 자리를 차지하고 혼자의 이익만 생각하는 등 이익이나 권력을 혼자 독점하는 것을 말한다.

출전 〈맹자(孟子)〉 진심편하(盡心篇下)

해설 옛날 아주 먼 옛날, 천지는 평화가 감돌고 사람들은 다 순박하기 짝이 없을 때의 일인데 광장에서 장이 섰다. 곡식을 가지고 와서 모피와 바꾸거나 생선을 소금과 바꾸거나 하는 식으로 물물 교환을 하는 장으로 넓은 광장은 발디딜 틈이 없을 정도로 사람들로 매우 붐볐다.

그런데 수완이 좋은 한 사나이가 여기서 한밑천 잡아보려고 생각했다.

그는 진기한 물건을 잔뜩 가지고 장이 서는 광장으로 오자, 우선 높은 곳에 자리를 잡았다. 높은 곳이어야만 어디서든지 잘 보이기 때문이었다.

아무도 장사를 하려는 생각이 없는데다 좋은 자리를 독차지하였으므로 물건을 대지 못할 정도로 잘 팔렸다.

이 사나이는 그 후 언제나 이 농단(壟斷)을 차지하고 물건을 팔았다.

사람들은 이 사나이가 시장의 이익을 독점해 갔으므로 이 사나이에게 세금을 물리기로 했다.

여기에서 장사치에게 세금을 물리는 일이 비롯되었다.

누란지위 (累卵之危)

포갤 **루** · 알 **란** · 의 **지** · 위험할 **위**

의미 누란(累卵)은 높이 쌓아올린 알이란 뜻으로 조금만 건드리거나 흔들려도 와르르 무너져 깨지고 마는 상태, 즉 아주 조급하고 위험한 상태에 직면해 있는 것을 말한다.

출전 〈사기(史記)〉 범수채택열전(范雎蔡澤列傳)

해설 전국 시대, 위(魏)나라에서 억울한 죄명으로 인하여 구사일생으로 살아난 범수(范雎)는 장록(張祿)이란 가짜 이름으로 행세하여 마침 위나라에 사신으로 왔다가 돌아가는 진(秦)나라 사신 왕계(王季)의 도움을 받아 진나라로 망명을 하게 된다.

왕계는 진왕에게 장록에 대하여 보고했다.

"위나라에 장록이란 사람이 있는데 그는 누구도 따르지 못할 변사(辨士)였습니다. 그가 말하기를 〈진나라는 지금 알을 쌓아 둔 것보다도 더 위험하다. 나를 얻으면 안전하게 될 수 있다. 그러나 이것을 글로는 전할 수 없다.〉고

하는 터라 신과 함께 왔습니다."

이렇게 하여 범수는 진왕에게 원교근공(遠交近攻)의 대외정책을 진언하는 등 맹위를 떨쳤다.

ㄴ

능서불택필 (能書不擇筆)

능할 **능** · 쓸 **서** · 아니 **불** · 택할 **택** · 붓 **필**

의미 글씨에 통달한 사람은 붓을 가리지 않는다는 뜻으로, 진정한 실력가는 종이나 붓 같은 재료를 두고 트집을 잡지 않는다는 말이다.

출전 〈당서(唐書)〉 구양순전(歐陽詢傳)

해설 〈후산담총(後山談叢)〉에 "선서(善書)는 지필을 택하지 않는다. 묘심(妙心)은 손에 있다."는 말이 있고, 〈왕긍당필진(王肯堂筆塵)〉에도 "능서불택필이라고 하나 이 말도 구양(歐陽)까지이고, 그 이후의 사람들은 종이와 붓을 문제 삼게 되었다."라는 말이 있다.

다기망양 (多岐亡羊)

많을 **다** · 갈림길 **기** · 잃을 **망** · 양 **양**

의미 갈림길이 많아서 양을 잃어버렸다는 뜻으로, 학문이나 어떤 재주를 배우는 데 있어서 그 본뜻이나 목적을 망각하고 그 외의 부수적인 것에 구애를 받게 되면 얻고자 하는 것을 얻을 수 없다는 말이다.

출전 〈열자(列子)〉 설부편(說符篇), 〈장자(莊子)〉 변무편(騈拇篇)

해설 양자(楊子, 楊朱)는 전국시대의 유명한 사상가이다. 어느 날, 그 이웃집의 양 한 마리가 도망쳐 나갔다. 집안의 사람이 모두 나서서, 도망친 양을 찾았지만, 양은 보이지 않았다.

그래서, 양자 집의 하남에게 도움을 청하러 왔다.

"양 한 마리가 도망쳤는데, 이렇게도 많은 사람이 필요합니까?"

라고 양자가 묻자, 이웃 사람이 말했다.

"갈림길이 너무 많기 때문입니다."

양자는 하남을 보냈다. 후에, 하남이 돌아왔기 때문에,

"찾았느냐?"
하고 묻자,
"찾지 못했습니다."
하고 대답했다.
"그것은 어째서냐?"
"갈림길을 가자 또 갈림길이 있어, 양이 어느 길로 도망쳤는지 알 수 없게 되었습니다. 아무리 찾아도 소용없습니다. 이제 단념했습니다."
듣고 있던 양자는 골똘히 생각에 빠졌다. 그 때 심도자(心都子)라는 사람이 와서 말했다.
"학문의 길도 마찬가지다. 참으로 다기망양이다. 진실의 길을 안다는 것이 얼마나 어려운 일인가!"

다다익선 (多多益善)

많을 **다** · 많을 **다** · 더욱 **익** · 착할 **선**

의미 많으면 많을수록 좋다는 뜻. 다다익변(多多益辨)도 이와 똑같은 뜻으로 쓰인다.

출전 〈사기(史記)〉 회음후열전(淮陰候列傳)

해설 한고조(漢高祖) 유방(劉邦)은 천하를 통일했으나, 항우와 싸웠던 맹장들이 언젠가는 한(漢)을 위협하는 존재가 되지 않을까 걱정하고 있었다.

고조는 한신이 항우의 장이었던 종리매(鍾離昧)를 숨겨 주었다는 이유로 한신을 잡아 강등시켜 회음후(淮陰候)로 봉했다.

어느 날 고조는 한신과 여러 장수들의 능력에 대해 이야기하다가 이렇게 물었다.

"나는 도대체 어느 정도의 군사를 거느릴 수 있다고 보는가?"

"글쎄요, 폐하께서는 기껏 10만 정도가 아닌가 봅니다."

"그래, 그럼 귀공은 어떤가?"

"신은 다다익선(多多益善)으로 많으면 많을수록 좋습니다."

그러자 고조는 큰 소리로 웃고 나서 말했다.

"다다익선이라면 어째서 내 밑에 있나?"

"그건 이야기가 다릅니다. 폐하는 병의 장수로는 능하지 못하나 장수들은 잘 거느리십니다. 이것이 신이 폐하 밑에 있게 된 이유입니다. 그리고 폐하의 힘은 소위 하늘이 주신 것으로 인력이 미칠 수는 없습니다."

단기지교
(斷機之敎)

끊을 **단** · 베틀 **기** · 의 **지** · 가르칠 **교**

의미 학업을 중도에 포기하는 것은 짜던 베의 날을 끊는 것과 같아 아무런 이익이 없다는 뜻으로, 학업을 중단해서는 안 된다는 것을 나타낸 말이다.

출전 〈후한서(後漢書)〉 열녀전(烈女傳)

해설 맹자가 집을 떠나 유학을 하게 된 지 얼마 지나지 않아서 뜻밖에도 집을 찾아온 적이 있었다.

맹자의 어머니는 마침 베틀에 앉아 베를 짜고 있었다.

오래간만에 집에 돌아온 귀한 아들인 만큼 반색을 하며 기뻐해야 할 어머니인데도 전혀 내색을 하지 않고 이렇게 물었다.

"공부는 모두 끝마쳤느냐?"

"벌써요? 어머님이 뵙고 싶어 잠시 다녀가려고 왔습니다."

맹자의 어머니는 아무 말 없이 옆에 있던 가위를 집어

들어 짜고 있던 베를 잘라 버렸다. 북이며 바디며 잉앗대가 바닥으로 떨어져 흩어졌다.

맹자는 어머니의 그러한 행동에 깜짝 놀라 물었다.

"어떻게 된 일입니까, 어머니?"

"네가 공부를 도중에 그만둔다면 내가 짜던 베를 다 마치지 못하고 끊어 버리는 것과 다를 것이 없다."

맹자의 어머니는 태연히 잘라 말했다.

단장
(斷腸)

끊어질 **단** · 창자 **장**

의미 창자가 끊어진다는 뜻으로, 보통 창자가 끊어질 듯 한 슬픔을 비유하는 말이다.

출전 〈세설신어(世說新語)〉

해설 진나라의 환온이라는 사람이 촉나라로 가던 도중 삼협을 지날 때의 일이다.

환혼을 따르는 종자가 숲에 들어갔다가 원숭이 새끼 한 마리를 붙잡아 가지고 배로 돌아왔다.

그런데 어미 원숭이가 뒤를 따라와 물속으로는 차마 뛰어들지 못하고 강가에서 슬프게 울어댔다.

그러나 배는 그대로 떠났다.

어미 원숭이는 강기슭을 따라 배를 계속 쫓아오면서 처절하게 울부짖었다.

이윽고 백리도 더 간 곳에서 배가 기슭에 닿자 어미 원숭이는 배로 뛰어 들었으나 끝내 그대로 죽고 말았다.

그 때 종자들이 원숭이의 배를 갈라 보니 너무나도 슬퍼했던 나머지 장이 토막토막 잘라져 있었다고 한다.

이때부터 참을 수 없는 슬픔을 단장이라고 하게 되었다.

ㄷ

담소자약 (談笑自若)

말씀 **담** · 웃을 **소** · 스스로 **자** · 같을 **약**

의미 위험이나 곤란에 직면해서도, 보통과 변함없이 유연하게 있는 모습. 자약은 "자약고(自若故)"의 줄임말. 비슷한 말로, "태연자약(泰然自若)"이 있다.

출전 〈삼국지(三國志)〉 오서(吳書) 감녕전(甘寧傳)

해설 삼국시대 오의 무장 감녕은 용기와 역량이 뛰어나, 적벽전(赤壁戰)에서는 발군의 공을 세웠다. 그 후 대도독(大都督) 주유(周瑜)의 명령에 따라 한수(漢水)를 건너 남군(南郡)으로 향했다.

남군을 수비하고 있던 위(魏)나라의 조인(曹仁)은 오(吳)의 선봉장 장흠(蔣欽)을 무찔렀다. 주유는 격노하여 조인과의 결전을 주장했는데, 감녕의 진언을 듣지 않고, 이릉(夷陵)의 공략을 감녕에게 명령했다.

이릉의 성 밑에 다다른 감녕은, 성에 있는 위의 조홍과 격전을 20여 차례나 했다.

조홍은 패하여 성을 버리고 패주했고, 감녕은 이릉성에 입성하여 오나라의 기를 달았다.

감녕은 곧 승리를 주유에게 보고했고, 아울러 신병을 모집하여 천여 명을 얻었다. 그리고, 적의 공격에 준비하기 위해, 부하에게 성문을 지키게 하고 자신은 성안을 순찰했다.

결국, 그 날 저녁 조순(曹純)과 조홍의 위군 오천여 명이 이릉성 탈환을 위해 성을 공격해 왔다. 감녕군의 운명은 여기까지라고 보였다.

위군은 사닥다리를 만들어 성벽을 오르려고 했지만, 감녕군에게 사닥다리를 뒤집혀서 쓸모없게 되고, 위군의 수가 줄어 맹렬한 공격을 할 수 없게 되었다.

다음날 아침 일찍, 위군은 방법을 바꾸어서, 흙을 운반해 와서 높은 성채를 쌓았다. 성채 위에서 보면 성안의 모습은 손바닥 보는 것과 같았다. 그 성채로부터 화살이 비 오듯 쏟아져 많은 오군이 살상되었다.

생각도 못한 위군의 전법에 오군은 두려워 떨었다. 보기에도 피해가 막심한 상황이었지만 감녕은 태연자약했다. 평소와 변함없이 부하 장수들과 담소를 했다.

감녕은 부하에게 명령하여 화살을 모아오도록 시켰다. 수만 개의 화살을, 궁술의 명수를 뽑아, 위군을 향해 쏘도록 시켰다.

위군은, 성 안의 오군의 몇 배였지만, 감녕의 군은 수비에 저지당해, 아무리 해도 함락할 수 없었다.

그런 때에 주유의 원군이 도착했기 때문에 위군의 동요가 일어났다.

그것을 본 감녕은, 성문을 열고 공격해나가, 주유군과 힘을 합하여 위군을 산산이 격파했다.

감녕의 '담소자약'은 후세까지 말하여지고 있다.

ㄷ

당랑지부
(螳螂之斧)

사마귀 **당** · 사마귀 **랑** · 의 **지** · 도끼 **부**

의미 당랑이란 사마귀를 말하며 부(斧)란 도끼로, 사마귀가 넓적한 앞다리를 쳐드는 모습이 마치 도끼를 휘두르는 것 같은 데에서 비롯된 말이다. 자기 힘이 어느 정도인지도 모르고 강적 앞에서 겁 없이 날뛰는 것에 비유해서 쓴다. 당랑거철(螳螂拒轍)도 같은 뜻으로 쓰이는데 사마귀가 수레의 앞길을 가로막는다는 뜻이다.

출전 〈한시외전(韓詩外傳)〉

해설 제나라의 장공(莊公)이 수레를 타고 사냥을 나갔다가 한 마리의 사마귀가 금방 수레 밑에 깔릴 지경인데도 앞발을 치켜들고 장공의 수레를 향하여 덤벼들려고 하는 모습을 보았다.

"호오, 기세가 대단한 놈이로구나. 저게 무슨 벌레인고?"

마부가 대답했다.

"사마귀라는 벌레이온데 저놈은 전진만 알고 후퇴라는 건 모릅니다. 자기 힘도 생각지 않고 오직 적에게 덤빌

뿐이지요."

장공은 고개를 끄덕였다.

"저 벌레가 만약 인간이었다면 천하에 비할 데 없는 용사였을 것이다."

그리고는 수레를 돌려 사마귀를 피해갔다고 한다.

당비당차(螳臂當車)

사마귀 **당** · 팔 **비** · 마땅할 **당** · 수레 **차**

의미 '당'은 사마귀가 앞다리를 들어 수레바퀴에 덤비다가 눌려버리고 마는 것처럼. 자신의 역량도 모르고 일을 하다 실패한다는 의미이다.

출전 〈장자(莊子)〉 인간세(人間世)

해설 춘추시대 말경, 노나라의 명사 안합(顔闔)은 위나라로 여행했다. 위나라 군주 영공(靈公)은 그를 극진히 대접하고 아들의 스승으로 삼으려고 생각했다.

안합은, 영공의 아들이 난폭하여 아무렇지도 않게 사람을 죽여서, 백성들이 무서워하고 있다는 사실을 알고 있었기 때문에, 곤란하여 위나라의 대부인 거백옥에게 의논하러 갔다.

"그 아들을 바로 잡는 것이 중요하기 때문에 그대로 방치해 둘 수 없습니다. 어찌하면 좋을까요?"
하고 말하자, 거백옥이 말했다.

"자기의 훌륭한 말이 벌레에게 물렸을 때, 갑자기 벌레를 때려잡으면 말이 깜짝 놀라 날뛰어, 그 사람은 말에게 밟혀 죽게 됩니다. 그것과 같은 것입니다."

백옥은 계속해서 하나의 예를 들어 말했다. 언젠가 외출했을 때, 길 위에 있던 사마귀가 화가 나서 양 앞다리를 들어, 마차가 가는 것을 저지하려고 했다.

"그러나, 사마귀 같은 것이 어떻게 저지하겠는가? 마차가 그대로 나아가서, 가엾게도 그 사마귀는 수레바퀴에 깔려 몸이 가루가 되고 말았습니다."

백옥은 말했다.

"그것은 자신의 힘을 몰랐기 때문으로, 지금의 당신과 같습니다. 자신의 능력을 자만하면 반드시 실패하여 나쁜 결과를 맺을 것입니다."

안합은 그 교훈을 받아들여, 영공의 부탁을 거절하고 서둘러서 위를 떠났다. 그 후, 영공의 아들은 다른 사람과 싸움을 하다 죽었다.

대기만성 (大器晩成)

큰 **대** · 그릇 **기** · 늦을 **만** · 이룰 **성**

의미 큰 그릇은 오랜 시간에 걸쳐서 많은 노력을 들인 뒤에라야 완성된다는 뜻으로, 큰 일이나 큰 인물은 쉽게 이루어지는 것이 아니라 각고 끝에 이루어진다는 말이다.

출전 〈노자(老子)〉 제41장

해설 "최대의 사각은 지나치게 커서 그 모퉁이가 보이지 않을 정도인 것과 같이 최고의 가치가 있는 그릇은 오랜 시간 동안 공을 들인 후라야 완성된다. 가장 힘이 강한 소리는 소리가 나지 않는 것같이 생각된다. 절대적인 불변의 참된 도(道)는 너무나도 광대해서 그 정체를 포착하지 못하기 때문에 참된 도인 것이다."

노자의 말로서, 여기서의 도는 유교가 말하는 사람이 지켜 행해야하는 도와는 다르다.

원문에서 나온 대기만성의 본래의 의미는 큰 그릇은 덜 된 것처럼 보인다고 말하고 있다.

즉, 원래 위대하고 훌륭한 것은 보통 사람의 눈이나 생각으로는 어딘가 덜된 것 같고, 그 반대인 것처럼 느껴진다는 것이다.

대의멸친 (大義滅親)

큰 **대** · 옳을 **의** · 멸할 **멸** · 친할 **친**

의미 중대한 일을 위해서는 육친의 정도 희생시켜야 한다는 뜻으로, 국가나 사회 전체에 미치는 대의명분을 위해서는 사사로운 정은 버려야 한다는 말이다.

출전 〈춘추좌씨전(春秋左氏傳)〉 은공 3·4년조(隱公 3·4年條)

해설 때는 춘추 시대 주환왕(周桓王) 원년, 노은공(魯隱公) 4년(기원 전 719년)의 일이다.

위(衛)나라에서는 공자 주우(州吁)가 주군 환공을 죽이고 위(位)에 올랐다.

선군인 장공(莊公)시대부터 그는 환공에 대해 불만을 품고 있었다. 장공이 애처 장강(莊姜)에게 사주되어 첩에게서 난 그를 태자로 세우려고 하지 않았기 때문이다.

환공도 장공의 실자(實子)는 아니었다.

대부 석작(石碏)이 전에 장공에게 간한 일이 있었다.

“주우 도련님을 귀엽다고 생각하시거든 빨리 태자로 정

하십시오. 전쟁을 좋아하시는 성격이라 늦어지면 난이 미칠 것입니다."

그러나 장공은 따르지 않았다. 석작은 자기 아들 후(厚)가 주우와 어울리는 것을 금할 정도로 순충한 신하로서, 환공이 등극하자 은퇴했었다.

환공을 없앤 주우는 제일 처음으로 제후의 신임을 얻음과 동시에 민심을 수습하고자 계획했다.

그러기 위해서는 선군 이래의 적국이었던 정(鄭)나라를 공격해서 공명을 세우는 수밖에 없다고 판단했다. 때마침 송나라와 정나라 사이에 분쟁이 있는 것을 이용하여 위(衛)하고는 사이가 좋은 진(陣) 및 채(蔡) 양국과 교제를 해서 사국연합(四國連合)에 성공, 정나라 토벌군을 일으켜 상당한 무명(武名)을 올렸다.

그러나 그런 무단공벌(武斷攻伐)의 행동만으로는 좀체로 민심을 얻을 수 없었다.

석작의 아들 후는 주우가 만인이 인정할 수 있는 정통의 위군(衛君)으로서 인정받는 방법을 아버지에게 물었다.

"역시 주왕실을 찾아뵙는 것이 최고일 것이다."

"어떻게 하면 찾아뵙게 되겠습니까?"

"진환공이 주왕실과 가깝다. 진국은 우리 위하고도 친한 사이이다. 그러니 진공(陣公)을 통해 부탁하면 일은 쉽게 성사될 것이다."

후가 주우를 따라 진으로 떠난 후, 석작은 몰래 사람을 진으로 보내어 알렸다.

"우리 위나라는 국력이 결핍하고 또 소생도 늙어서 이젠 아무것도 할 능력이 없고. 이 두 사람은 우리 환공을 죽인 반역자이니 부디 적절한 처치를 부탁합니다."

진나라에서는 곧 두 사람을 잡아 각각 입회인을 위에 청한 다음 주살했다.

이 때 석작은 혹시 자기 체면을 생각해서 아들 후를 살려둘 것이 염려되어 자기의 가로(家老)를 입회시켰다.

그래서 이심(二心)이 없는 순신(純臣)으로서 사가(史家)는 대의멸친이라고 이 석작을 칭송하고 있다.

ㄷ

대재소용(大材小用)

큰 **대** · 재목 **재** · 작을 **소** · 쓸 **용**

의미 큰 인물을 시시한 일에 사용하는 것. 사람의 사용 방법이 틀렸음을 말한다.

출전 〈육유(陸游)〉

해설 신기질(辛棄疾)은 남송의 훌륭한 애국자였다. 그가 태어난 산동성은 당시, 동북의 여진족이 건국한 금(金)의 점령 하에 있었다. 그는 일찍부터 항금의용군(抗金義勇軍)에 가담했다.

후에, 남송 정부에서 일하며, 각지의 안무를 역임했지만, 항상 금에 대한 저항을 제창하여 많은 전투적인 시문을 만들었다. 영토 회복, 국가 통일을 외침과 함께 지도층의 소극적 자세에 대해 계속 투쟁했다.

그 때문에 평화파로부터 압력을 받아, 기원 1181년부터 두 차례에 걸쳐 관을 면직당하고 강서성에 은거했다. 그

불우한 생활은 18년이나 되는 오랜 기간이었지만, 그는 조금도 기세가 꺾이지 않았다.

기원 1203년, 남송의 정권을 잡고 있던 한탁위는, 실은 신기질을 자기 정권의 지속을 위해 기용하려는 생각으로 절동안무사에 기용했다.

그 때 그는 64세로 재임명되었다.

당시 유명한 애국 시인 육유(陸游)는 80세의 고령으로 소흥에 살고 있었다. 기질과 사이가 좋아서 기질은 언제나 육유를 방문해서 함께 국가의 대사를 논했다.

이듬해 봄. 남송의 황제 영종은 갑자기 기지를 수도 임안(臨安)에 불러 칙령을 내렸다. 그의 올해의 계획인 금토벌에 대해서 의견을 듣고 싶다는 것이었나. 그의 가슴은 뛰었다.

그는 그 일을 우선 친구인 육유에게 알렸다. 육유도 기뻐하여,

"이것은 북벌에 대한 자네의 평소의 의견을 조정에 전할 수 있는 좋은 기회네. 꼭 다녀오게."
하고 격려했다.

그 때, 육유는 시를 한 수 지어 기질에게 주었다. 그 시에 "대재소용을 옛날보다 더 한탄한다…."라는 구절이 있다. 그를 절동안무사에 임명한 것은 실로 그 좋은 예라고, 임안행을 격려했던 것이다.

용감하게 임안에 들어간 기질은, 한탁위에게, 북벌에 대한 적극적인 의견을 몇 번이나 아뢰었다. 그러나, 한탁위는 그의 명성만 이용하고 있었기 때문에, 그의 의견을 그다지 중요시하지 않았다.

그렇지만 황제의 이름으로 부른 상대방을 생각하여 한탁위는 기질을 진강부의 부지사로 임명했다. 그래서, 그는 진강에 살게 되었고, 정치를 위해 열심히 일했다.

동시에 북벌 작전에 필요한 인원, 물품의 준비를 하는 것도 그의 중요한 일이 되었다. 우선 일만 명의 군사를 준비했고, 신병을 모집하여 북벌군을 편성하려 했다.

게다가 그는 스파이를 보내어 금의 내정을 탐색했다. 병력의 상황, 주둔지, 장수의 성명, 군수품의 상황 등 적의 사정을 정확히 파악하여 작전을 세우고 한발 한발 잃은 땅을 되찾으려 하였다.

그런데, 한탁위는 여기에 반대하여 호언장담할 뿐으로, 아무런 조사도 없이 공론을 즐기는 무리를 모아 놓고 북벌을, 차 마실 때 하는 잡담 화제로 삼을 뿐, 진정으로 대처하려 하지 않았다.

때문에, 아무리 기질이 진정으로 군사력 강화를 의견으로 알려도 조금도 귀를 기울이지 않았다. 그 결과는 곧 나타났다. 1206년, 북벌작전에 대패했던 것이다.

이 패배는 기질을 대단히 침통하게 만들었다. 이보다 1

년 전, 그는 한탁위에게 모든 직무를 박탈당하고, 진강을 떠나 고향집에 돌아가 한거하고 있었다.

북벌 실패로 한탁위도 당황했다. 신기질을 다시 등용하여 반금 태세를 세우려고 했다. 그러나, 그 때 기질은 중병으로 앓아 누워 일을 할 수 없었다.

곧, 이 애국의 영웅은 나라의 앞날을 걱정하면서 세상을 떠났다. 육유의 '대재소용'의 넉자(四字)는, 만일 '대재대용' 했다면…, 하는 느낌을 준다.

ㄷ

도불습유 (道不拾遺)

길 **도** · 아니 **불** · 주을 **습** · 잃을 **유**

의미 나라가 부강하고 편해서 백성이 길가에 떨어진 남의 물건을 주워 가지지 않는다는 뜻으로, 나라가 태평하게 잘 다스려짐을 비유한 말이다.

출전 〈사기(史記)〉 상군전(商君傳) · 공자세가(孔子世家)

해설 노(魯)의 정공(定公)) 14년, 56세가 된 공자는 대사구(大司寇:법무장관)에 임명되어 재상으로서 직무를 보았다.

직무를 맡은 지 3개월이 지나자 공자의 덕화정책은 노나라 구석구석에까지 미쳤다.

물건을 사고 팔 때 에누리를 하지 않고, 남녀가 보행할 때 길을 달리해서 문란한 일이 없고, 사람들은 길에 떨어진 것을 줍지 않고, 제나라의 여행자가 노나라에 이르면 관(官)의 손을 빌지 않고 사람들이 물품을 주어 그를 만족시켰다고 한다.

상앙(商鞅)의 준열 가혹한 법치정책과 공자의 덕화정책은 크게 상반되는 정치체제이지만 두 가지 모두 도불습유의 대표적인 이야기이다.

도원결의 (桃園結義)

복숭아 **도** · 동산 **원** · 맺을 **결** · 의 **의**

의미 복숭아 나무가 무성한 정원에서 의를 맺는다는 뜻으로, 전혀 다른 인격체들이 사사로운 욕심이나 야망을 앞세우지 않고 몸과 마음을 어떤 목적을 향해 같이 하는 것을 의미한다.

출전 〈삼국지연의(三國志演義)〉

해설 전한(前漢)은 외척(外戚)에 의해 망했고 후한(後漢)은 환관(宦官)에 의해 망했다고 한다.

그러나 후한의 직접적인 붕괴를 가져 오게 한 것은 황건적(黃巾賊)에 의해서다.

어지러워진 국정에 거듭되는 흉년으로 당장 먹을 것이 없어 아사 직전의 백성들은 태평도(太平道)의 교조 장각(張角)의 깃발 아래로 모여들어 누런 수건을 머리에 두르고 황건적이 되었는데, 그 수는 무려 50만을 헤아렸다.

황건적을 진압하기 위해 정부에서는 각 지방의 장관에게 의용병을 모집하라는 지시를 내렸다.

유주(幽州) 탁현(涿縣)에도 의용군 모집의 안내문이 여기저기 나붙었다.

게시판 앞에 발길을 멈춘 유비(劉備)는 나라 일을 걱정하며 자신도 모르게 한숨을 내쉬었다. 이때,

"왜 나라를 위해 싸울 생각은 않고 한숨만 쉬고 있는 거요?"하고 고함을 치는 자가 있었다.

다름 아닌 장비(張飛)였다.

두 사람이 서로 인사를 교환한 다음 가까운 주막으로 들어가 함께 나라 일을 걱정하고 있는데 한 거한이 들어왔다.

기골이 장대한 모습이 예사 인물 같지 않은지라 자리를 같이할 것을 청하고 통성명을 하였다.

그는 운장(雲長) 관우(關羽)였다.

이들 셋은 자리를 같이하고 술을 나누며 이야기하는 동안 서로 뜻이 맞아 함께 천하를 위해 손잡고 일하기로 결심을 했다.

이리하여 장비의 청으로 유비의 집 후원 복숭아나무 아래에서 세 사람이 형제의 의를 맺고 힘을 합쳐 천하를 위해 일하기로 맹세하게 되었다.

도주지부 (陶朱之富)

질그릇 **도** · 붉을 **주** · 의 **지** · 부자 **부**

의미 도주공(陶朱公)의 부(富)란 뜻으로 수억만대의 큰 부를 일컫는데 '도주' 대신에 의돈(猗頓)을 써서 '의돈지부' 라고도 한다.

출전 〈사기(史記)〉 화식열전(貨殖列傳)

해설 도주(陶朱)란 월(越)나라의 명신 범려(范蠡)의 늙었을 적 이름이다.

주경왕(周敬王) 26년(기원 전 497년) 월왕 구천(勾踐)은 범려의 간곡한 만류를 듣지 않고, 오왕 부차(夫差)와 싸워 크게 패했다.

구천은 늦게나마 범려의 간언을 듣지 않았던 것을 후회하고 그에게 조언을 구했다.

범려는 어떠한 굴욕이라도 참고 화해를 청하여 후일 재기할 것을 권했다.

구천은 그 말을 따라 오에게 항복했다.

이후 범려는 구천을 도와 오로지 부국강병에 힘써 20년이 지난 후에도 드디어 오를 멸망시키고 천하의 패자가 되게 했다.

구천이 패자가 되자 범려는 상장군이 되었으나, "제후 밑에서는 오래 있을 수가 없다. 구천과는 환난은 같이 해도 태평 세월은 보내기 어렵다."고 하며 그 일족과 함께 월에서 떠나 제(齊)나라로 갔다.

제에서 범려는 성명을 바꾸어 치이자피(鴟夷子皮)라 하며 장사를 해서 수천만의 부를 쌓았다.

제나라에서는 그의 재질을 아껴 재상으로 맞이하고자 했으나, 그는 "집은 천금의 부를 누리고 벼슬에 있어서 경상(卿相)이 됨은 영화의 극(極), 오래 존경을 받는 것은 몸에 좋지 않다."고 하여 그것을 거절함과 동시에 수천만의 재산을 가난한 사람들에게 나누어 준 다음 다시 도(陶)로 떠났다.

여기서 그는 이름을 주(朱)로 바꾸고, 거래선을 잘 골라 기회를 잡아 장사를 시작하니 다시 수천만의 부(富)를 쌓아 도주공(陶朱公)이라 불리게 되었다.

도청도설 (道聽塗說)

길 **도** · 들을 **청** · 진흙 **도** · 말할 **설**

의미 길에서 듣고 길에서 얘기한다는 뜻으로, 새겨서 듣지 않고 또 그 들은 것을 깊이 생각하거나 실천하는 일 없이 그 자리에서 다시 써먹기에 급급한 경박한 행동을 말한다. 또 유언비어를 곧이곧대로 받아들인다는 뜻도 있다.

출전 〈논어(論語)〉 양화편(陽貨篇)

해설 "도(道)에서 듣고 도(塗)로 설(說)하는 것은 덕(德)을 버리는 것이다."

"앞의 길에서 들은 좋은 말을 새기고 새겨서 자기 수양의 길잡이로 하지 않고, 그 자리에서 다른 사람에게 말해버리는 것은 스스로 그 덕을 버리는 것과 같은 것이다. 좋은 말은 전부 마음에 잘 간직해서 자기 것으로 하지 않으면 덕을 쌓을 수가 없다."

공자는 말하기를 "사람을 보고 말을 택하지 말고 말을 가지고 사람을 택하지 말라."고 했다.

정신병자의 말도 성인이 택한다고 했으며, 말하는 것만

가지고 그 사람을 그대로 평가한다는 것도 경솔하다고 지적했다.

도탄지고 (塗炭之苦)

진흙 **도** · 숯불 **탄** · 의 **지** · 괴로울 **고**

의미 흙탕물 속이나 숯불 속에 떨어진 것 같은 괴로움을 나타낸 말로, 참을 수 없는 심한 고통과 포악한 정치 속에 빠져 있음을 뜻한다.

출전 〈서경(書經)〉 중훼지고(仲虺之誥)

해설 남북조시대, 부국 강성을 자랑하던 전진(前秦)도 점점 국력이 쇠퇴하여 기원 385년에는 후연(後燕)과 후진(後秦)에게 공격받아 수도 장안(長安)에서는 인육(人肉)을 먹을 정도로 식량이 부족했다.

군주 부견(符堅)은 오장산으로 도피하였지만 후진군에게 붙잡혀서 신하 십수 명과 함께 신평으로 압송되어 어느 사원에 감금당했다.

후진의 왕 요장(姚萇)은 사자를 부견에게 보내어, 그 나라의 옥쇄를 빼내려고 교섭시켰지만, 부견은 이를 거부하고 요장을 욕하고 비난하였기 때문에, 요장은 부견을 죽여 버렸다.

부견의 아들 부비(苻丕)는 그 당시, 업(鄴)에 있었는데, 전진의 유주칙사 왕영(王永)은 부견의 죽음을 전해 듣자, 사자를 보내 부비에게,

"진양(晋陽)까지 행차하시오."

라고 진언했다.

진양에 도착한 부비는 거기서 처음으로, 장안이 함락된 것과 아버지의 죽음을 알게 되었다. 왕영들의 간절한 바램으로 곧 황제의 자리에 올랐다.

그 이듬해 6월 부비는 왕영을 좌승상에 임명했다. 왕영은 격문을 작성하여, 전진 각지의 군사력을 모아서, 후진과 후연을 정벌할 것을 주장했다. 그 격문에서 말했다.

"선왕은 적에게 붙잡혔고, 수도는 곤궁해서 야만인의 거처가 되었고, 나라도 황폐하여, 백성도 도탄의 고생 속에 빠져 있다."

이 격문을 읽은 관리들은 각지에서 군사를 모았다.

이렇게 해서, 진양에 대군이 모였고, 왕영은 이를 지휘하여 반격했지만, 전세가 불리하여 기원 394년, 후진군에게 패하여 전진은 멸망했다.

도행역시 (倒行逆施)

넘어질 **도** · 다닐 **행** · 거스를 **역** · 베풀 **시**

의미 도리를 따르지 않고 무리하게 행하거나 상식에 어긋나는 행동을 하는 것을 말한다.

출전 〈사기(史記)〉 오자서열전(伍子胥列傳)

해설 춘추시대, 초(楚)의 오자서 일가(一家)는, 평왕(平王)의 박해를 받아 아버지와 형이 죽임을 당했다. 오자서는 스스로 유랑자가 되어 오(吳)나라로 피하기로 했다.

오나라로 가는 도중에, 오자서는 친구 신포서(申包胥)를 만났다. 오자서가

"초를 멸하여 원수를 갚겠다."

라고 말하자, 신포서는

"가능하면, 나는 초를 구하겠다."

라고 말했다. 그리고 두 사람은 헤어졌다.

도중에 말할 수 없는 고충이 있었지만, 오자서는 결국

오나라에 갔다. 오나라에서, 오자서는 대부(大夫)로 출세하여 오왕(吳王) 합려(闔閭)에게 초를 공격하도록 청하여 승낙받았다.

출병한 오군은 진격을 계속하여 초의 도읍 영(郢 : 湖北省)에 돌입했다. 평왕은 이미 죽고, 다음 왕인 소왕(昭王)은 도읍을 버리고 도망쳐, 간 곳을 알 수 없게 되었다.

오자서는, 화가 풀리지 않아, 평왕의 무덤을 파헤쳐서 그 시체를 3백 번이나 채찍질하였고, 뼈를 부수어, 아버지와 형의 원수를 갚았다.

계속해서, 오자서는 부하에게 명령하여 소왕의 행방을 탐색시켰다.

그 때, 친구 신포서가 편지를 보내어 "자네가 하는 짓은 너무 참혹하지 않은가?"하고 책망했다.

거기에 대해, 오자서는 답장을 썼다. "해야 할 일은 많고, 나에게 남겨진 시간은 적다. 때문에, 상식에 어긋나는 행동을 했을 뿐이다."

신포서는 진(秦)으로 가서, 구원군을 청했다. 그는 7일 밤낮 동안 울며 간청하였다. 진의 애공(哀公)은 신포서의 열성에 감복하여 구원군을 보내 줄 것을 약속했다.

진군(秦軍)이 출동할 부렵, 오나라 국내에서는 반란이 일어났다. 오자서는, 소왕 추격과 진군 침공을 내버려두고, 군대를 오나라로 돌려서 반란을 진압했다.

몇 년 후, 오왕 합려가 죽고, 아들 부차(夫差)가 즉위(卽位)하여 월(越)을 공격하여 구천(勾踐)을 크게 격파했다. 오자서는 단번에 월을 멸명시켜야 한다고 말했지만, 부차는 받아들이지 않았다.

이후, 오자서는 점점 부차에게서 경원당하였다. 동료 백비(伯嚭)의 참언까지 더해져서, 결국, 자결할 것을 명령받고, 부차를 저주하면서 자살하기에 이르렀다.

독안룡
(獨眼龍)

홀로 **독** · 눈 **안** · 용 **용**

ㄷ

의미 애꾸눈으로 용기가 있는 사람, 사납고 용감한 장수를 일컫는 말이다.

출전 〈오대사(五代史)〉 당기(唐記)

해설 당(唐)의 의종(懿宗) 말년(873) 산동(山東), 하남 지방은 대홍수를 만났으며 다음 해에는 희종(僖宗)의 건부 원년(乾符元年)으로 다시 큰 가뭄을 당하는 불행을 만났다. 그런데다 주현(州縣)의 막중한 세금징수는 농민들의 반감을 사게 되었다. 그러자 산동 일대의 농민 봉기의 기세를 타고 황소(黃巢)가 난을 일으켰다.

어렵지 않게 병력 수십만을 헤아리게 된 황소는 광명 원년(廣明元年) 11월, 낙양을 함락하고 드디어 수도 장안으로 진격, 대중들의 열렬한 환영을 받으며 입성하였다.

그리고 황소는 스스로 제제(齊帝)라고 칭하고 대제국

(大齊國)을 세웠다.

한편, 흥원(興元)에서 성도로 피신해 있던 희종은 돌궐 출신인 이극용(李克用)을 기용하여 반격 태세를 갖추어 나갔다. 이극용은 4만의 병사를 이끌고 하중(何中)으로 진군했다.

이 이극용에 대해 〈오대사〉에는 다음과 같이 기록되어 있다.

“이극용, 젊어서부터 효용(驍勇)하여 군중을 일컬어 이아아(李鴉兒)라 했다. 그 한눈이 애꾸였으므로 그가 귀하게 되자 다시 독안룡이라 호(號)하다.”

또 〈당서〉에는 이렇게 기록되어 있다.

“희종 때 황소 반하다. 이극용 이를 평정시키다. 사람들은 그의 한 눈이 애꾸이고 용기 있으므로 ‘독안룡’이라 호하다.”

이것으로 보아 상당한 용장이었음을 알 수 있다.

동병상련 (同病相憐)

한가지 **동** · 병 **병** · 서로 **상** · 불쌍히 여길 **련**

의미 같은 병을 앓고 있는 사람끼리 서로 연민의 정을 품는다는 뜻으로, 비슷한 경우에 처해 있는 사람끼리 더욱 더 상대를 잘 이해하고 동정한다는 말이다.

출전 〈오월춘추(吳越春秋)〉

해설 아버지와 형이 역적의 누명을 쓰고 죽자 초나라에서 오나라로 망명해 온 오자서(吳子胥)는 공자광(公子光)을 만나 마침내 초나라에, 아버지와 형에 대한 복수를 하게 된다.

오자서를 공자광에게 추천한 사람은 관상을 잘 보는 피리(被離)란 사람이었다. 피리는 오자서가 거지 행세를 하며 갈 곳 없이 거리를 떠돌고 있을 때 예사 인물이 아님을 알았던 것이다.

결국 공자광은 오자서의 도움을 받아 오나라의 왕이 되었으며 이름을 합려(闔閭)로 고쳤다.

오자서가 합려왕의 덕으로 오나라의 실권을 잡게 되었을 때 초나라에서 백주리(伯州犁)의 아들 백비(伯嚭)가 찾아왔다. 백비의 아버지도 오자서의 아버지를 죽게 만든 비무기(費無忌)란 간신에 의해 억울하게 죽었기 때문에 백비는 오자서의 도움을 받기 위해 찾아온 것이다. 오자서는 그를 합려왕에게 천거하여 대부란 벼슬 자리에 앉게 했다.

그러자 대부인 피리가 물었다.

"백비를 겨우 한 번 보았을 뿐인데 어찌 그리 신임하시오?"

"그는 나와 같은 처지에 있기 때문이오. 강가 사람들이 부르는 노래를 듣지 못했소."

같은 병은 서로 불쌍히 여기고
같은 근심은 서로 구원한다
놀라 나는 새는
서로 따라 날고
여울 아래 물은
다시 함께 흐른다

득롱망촉 (得隴望蜀)

얻을 **득** · 땅이름 **롱** · 바랄 **망** · 고을이름 **촉**

의미 농서지방을 얻고 또다시 촉을 탐낸다는 뜻으로, 끝이 없는 인간의 욕심을 나타낼 때 쓰인다.

출전 〈후한서(後漢書)〉 광무기(光武紀)

해설 후한(後漢)의 세조 광무제(光武帝)가 비로소 제위에 올라 낙양으로 들어가 그곳을 수도로 정했을 무렵이다.

경시제(更始帝)는 적미(赤眉)의 적에게 쫓겨 장안으로 도망치고 있었다. 이때 광무제는 경시를 휴양왕(睢陽王)으로 봉했으나, 적미와 대항 한번 못해보고 곧 항복하여 살해되었다.

그 무렵 국내에는 장안에 웅거하고 있는 적미를 비롯하여 농서(隴西)에는 외효(隗囂), 하서(河西)에는 두융(竇融), 촉(蜀)에는 공손술(公孫述)이 있고, 다시 휴양(睢陽)

에는 유영(劉永), 여강(盧江)에는 이헌(李憲), 임치(臨淄)에는 장보(張步) 등이 할거하고 있었는데 그 중 적미의 유분자(劉盆子), 휴양의 유영, 여강의 이헌, 촉의 공손술 등은 황제의 칭호를 쓰고 있었다.

광무제는 먼저 적미인 유분자를 토벌하고, 이어 유영, 이헌, 장보 등을 차례로 토벌해 갔다.

두융은 시키는대로 하겠다는 뜻을 표했으므로 남은 것은 농서에 있는 외효와 촉에 응거하고 있는 공손술 두 사람이었다.

외효는 앞서 광무제와 손을 잡고 서주 상장군(西州上將軍)의 칭호를 받고 있었으나 나날이 강성해지는 광무의 기세에 겁을 먹고 촉의 공손술과 손을 잡고 이에 대항하려 했다.

그러나 이미 나라를 세워 제위에 오른 공손술은 외효가 보낸 사신까지도 함부로 대하고 있었으므로 외효는 공손술과 수호(修好)할 생각을 버리고 오히려 광무에게 사람을 보내어 그와의 결탁을 더욱 두텁게 했다.

그러나 외효는 광무제에게 신사(臣事)할 것을 요구받자 이를 거절하고 배반을 했는데, 건무(建武) 9년에 이르러 광무와 대립 상태인 채 병몰하고 이듬해에는 그 아들 구순(寇恂)이 항복해서 마침내 농서의 땅은 완전히 평정되었다.

이때 광무제는 "인생이란 만족을 모른다. 이미 농서를 얻었으니 다시 촉을 얻어야겠다."하고 그 웅대한 계획을 세웠다.

남아 있는 것은 촉의 공손술 뿐이다. 건무 13년, 광무제는 대군을 일으켜 촉을 엄습, 이를 대파하여 전국의 평정을 끝내고 후한 제국의 기초를 굳게 했다.

득어망전 (得魚忘筌)

얻을 **득** · 고기 **어** · 잊을 **망** · 통발 **전**

의미 고기가 잡히면 고기를 잡을 때까지 썼던 통발을 잊어버린다는 말로, 어떤 목적이 달성되면 그 동안 도움이 되던 것을 까맣게 잊고 그 은혜에 보답하는 일조차 잊는다는 뜻이다.

출전 〈장자(莊子)〉 외물편(外物篇)

해설 "전(筌)은 고기를 잡기 위한 것이나 고기가 잡히면 전은 잊어버리게 된다. 제(蹄:덫)는 토끼를 잡기 위한 것이나 토끼가 잡히면 잊어버린다. 말은 뜻을 나타내는 것, 뜻을 다 알게 되면 그 말은 잊어버린다."고 장자는 세 가지 보기를 들고 난 뒤 말했다.

"나는 참된 뜻을 깨달은, 말 같은 것은 잊어버려 얽매이지 않은 사람과 만나 이야기해 보고 싶다."

그 마음의 밑바닥에는, 참된 뜻이란, 말로는 전할 수 없는 것이라는 생각이 흐르고 있다.

등고자비(登高自卑)

오를 **등** · 높을 **고** · 스스로 **자** · 낮을 **비**

ㄷ

의미 높은 곳에 오르려면 낮은 곳에서부터 올라가야 한다는 뜻으로 무슨 일이든지 순서가 있음을 일컫는 말이다.

출전 〈중용(中庸)〉 제14장

해설 군자(君子)의 도는 비유컨대 먼 곳을 감에는 반드시 가까운 곳에서부터 출발함과 같으며, 높은 곳에 오름에는 반드시 낮은 곳으로부터 출발함과 같다.

등용문(登龍門)

오를 **등** · 용 **용** · 문 **문**

의미 어려움을 극복하고 용이 되어서 하늘로 올라가는 문이란 말로 입신출세의 관문이란 의미로 쓰인다.

출전 〈후한서(後漢書)〉 이응전(李膺傳)

해설 후한(後漢) 말 환제(桓帝) 때의 일이다.

"발호장군(跋扈將軍)"이란 횡포한 외척 양기(梁冀)가 제거되고 대신 선초(禪超) 등 소위 '오사(五邪)'의 환관이 포학을 자행하기 시작했을 때, 일부 정의파 관료들은 이에 대해 과감한 항쟁을 전개해서 소위 "당고(黨錮)의 화"라는 대규모적인 탄압을 불러일으키게 되는데, 이 항쟁의 선봉장 격의 정의파 관료 중 영수로 지목되는 인물로서 이응(李膺)이라는 사람이 있었다.

이응은 원례(元禮)라고 하며 영천 양성(潁川襄城) 태생이다. 궁정은 환관의 발호로 강기 퇴폐가 심했으나, 이응은 홀로 명교(名敎)의 호지자(護持者)로 자처하고 절조를 지켰으므로 명성이 더욱 높아져 태학의 청년 학생들은 그를 가리켜 '천하의 모범은 이원례'라 일컬었거니와 신진 관료사인(官僚士人)들도 그와 친분을 갖거나 추천을 받는 것을 대단한 명예로 삼아 이것을 '등용문(登龍門)'이라 칭했다.

용문(龍門)이란 황하 상류에 있는 협곡의 이름으로서 하진(河津)이라고도 하는데 이 근처는 아주 흐름이 빨라서 그 흐름을 거슬러 오르는 대어(大魚)도 타고 넘지 못한다.

어쩌다 이 급류를 타고 넘으면 그 물고기는 곧 용으로 화한다고 전해지는 곳이다. 따라서 용문으로 오른다는 것은 대단한 난관을 돌파해서 약진하는 기회를 얻는 것을 뜻한다.

마이동풍 (馬耳東風)

말 **마** · 귀 **이** · 동녘 **동** · 바람 **풍**

의미 말의 귀를 스치는 동풍이란 뜻으로, 다른 사람의 의견이나 충고 등을 완전히 무시하거나 이쪽에서 아무리 떠들어도 상대에게 아무런 영향도 끼치지 못하게 한다는 뜻이다.

출전 이백(李白)의 〈답왕거일한야독작유회(答王去一寒夜獨酌宥懷)〉

해설 "마이동풍"이란 이백(李白)의 "왕거일(王去一)의 한야(寒夜)에 독작(獨酌)하고 회포에 잠긴다에 답하다."라는 시(詩)에 나온다. 시제목이 말하듯, 이 시는 거일이란 친구가 "한야에 독작해서 회포가 있다."라는 시를 보내온 데 대한 회답시로 장단구(長短句)를 섞은 장시이다.

마혁과시 (馬革裹屍)

말 **마** · 가죽 **혁** · 쌀 **과** · 시체 **시**

ㅁ

의미 말가죽으로 시체를 싼다는 뜻으로, 전쟁터에 나가 싸우다가 죽겠다는 용장(勇將)의 각오를 가리키며 전사함을 일컫기도 한다.

출전 〈후한서(後漢書)〉 마원전(馬援傳)

해설 마원은 후한 광무제 때의 복파장군(伏波將軍)으로 교지(交趾)를 평정하고 돌아온, 용맹과 인격을 겸비한 명장이었다.

교지에서 돌아온 그는 신식후(新息侯)로 3천 호의 영지를 받았음에도 불구하고 계속해서 남부지방 일대를 평정하고 건무(建武) 20년(44년) 가을, 수도 낙양으로 개선해 돌아왔다.

이때 마원을 환영하기 위해 많은 사람들이 성 밖까지 나와 맞았는데 그 속에 지모가 뛰어난 맹익(孟翼)도 끼어 있었다.

맹익은 많은 사람들 사이에 끼어 통상적인 축하의 인사만을 건넸다.

그러자 마원은 맹익을 보고 이렇게 말했다.

"나는 그대가 가슴에 사무치는 충언을 해줄 것으로 기대하고 있었는데 겨우 남과 같은 형식적인 인사만을 한단 말인가. 옛날 복파장군(伏波將軍) 노박덕(路博德)은 남월(南越)을 평정하여 일곱 군(郡)을 새로 만드는 큰 공을 세우고도 겨우 수백 호의 작은 영토를 받은 데 불과했네. 그런데 지금 나는 하찮은 공을 세웠을 뿐인데 큰 고을을 봉읍으로 받게 되었네. 공에 비해 은상이 너무 크니 도저히 이대로 오래 영광을 누릴 수는 없을 것 같으니 그대에게 무슨 좋은 생각이 없는가?"

맹익이 별다른 반응을 보이지 않자 마원은 다시 말을 계속했다.

"지금 흉노와 오환(烏桓)이 북쪽 변경을 넘나들고 있네. 이들을 정벌할 것을 청하리라. 사나이는 마땅히 변경 싸움터에서 죽어야만 하네. 말가죽으로 시체를 싸서 돌아와 장사를 지낼 뿐이야. 어찌 침대 위에 누워 여자의 시중을 받으며 죽을 수 있겠는가?"

막역지우
(莫逆之友)

저물 **막** · 거스릴 **역** · 의 **지** · 벗 **우**

ㅁ

의미 마음에 조금도 거리낄 것이 없는 친구란 뜻으로, 더할 나위 없이 친한 허물없는 친구를 일컫는다.

출전 〈장자(莊子)〉 대종사편(大宗師篇)

해설 자사(子祀), 자여(子輿), 자리(子犁), 자래(子來) 등 네 사람이 서로 말했다.

"누가 능히 무(無)로써 머리를 삼고 삶(生)으로써 등을 삼고 죽음으로써 궁둥이를 삼겠는가. 누가 죽고 살고 있고 없는 것이 하나(一體)라는 것을 알겠는가. 내가 그와 더불어 친구가 되리라."

이렇게 말하고는 네 사람이 서로 바라보며 웃었다.

"마음에 거슬림이 없어 서로 친구가 되었다."라는 것이다.

만가(挽歌)

이끌 **만** · 노래 **가**

의미 수레를 끌면서 부르는 노래라는 뜻인데 상여를 메고 갈 때 죽은 사람을 애도하며 부르는 노래를 말한다.

출전 〈춘추좌씨전(春秋左氏傳)〉

해설 한의 유방이 초의 항우를 해하(垓下)에서 격파하고 즉위하여 한고조(韓高祖)가 되었을 때의 일이다. 이전에는 유방과 화목을 맺은 직후, 한신(韓信)에게 급습을 당해 화목사로 온 세객 역이기(酈餌其)를 자살(煮殺)시켜버린 제왕(齊王) 전횡(田橫)은 고조가 즉위하자 주살을 겁내어 부하 5백 명을 거느리고 섬으로 피신했다.

고조는 전횡이 세력을 키운 후에 반란을 일으킬까 겁내어 낙양 못미쳐 30리까지 왔을 때 포로가 되어 한왕(漢王)을 섬기는 것을 수치스럽게 생각하고 자결하였다.

그래서 그 목을 고조(高祖)에게 바쳤는데 그 두 명의 사신도 전횡의 뒤를 따라 스스로 목을 잘라 순사했다.

섬에 남아 있던 5백여 명도 전횡의 높은 절개를 사모해서 모두 순사했다.

이렇게 되자 전횡의 문인이 해로(薤露), 호리(蒿里) 두 장의 상가(喪家)를 지었다.

그 중 하나인 해로의 내용은 다음과 같다.

해상(薤上) 해는 부추에 내린 이슬, 어찌 그리 쉽게 마르는가

이슬은 말라도 내일 아침에는 다시 내린다

사람은 죽어 한번 가면 언제 다시 돌아올소냐

만사휴의
(萬事休矣)

일만 **만** · 일 **사** · 쉴 **휴** · 어조사 **의**

의미 어떤 일에 직면해서 그것에 대해 어떠한 방책도 강구할 수 없는 상태나 뜻하지 않은 실패를 맛보아 되돌릴 수 없게 된 경우의 절망과 체념의 상태를 말한다.

출전 〈송사(宋史)〉 형남고씨세가(荊南高氏世家)

해설 당나라 말년, 황소의 난이 일어나 천하는 몹시 어지러워 전란 30년으로 당의 명맥이 끊어지고, 송이 새로 일어나기까지 50여 년 동안 왕조가 무려 다섯 차례나 바뀌었다. 더구나 그동안 지방에 할거한 소국은 10개국이나 되고, 계속 무력에 의한 항쟁찬탈(抗爭簒奪)이 행해졌다. 군주란 무장 출신이 아니면 도적이나 이민족이고, 초대에는 무력을 배경으로 군림하나 2, 3대가 되면 배경이 없어져 대개 그 힘이 약해져 버리고 만다.

더구나 소국 중에는 대국의 보호 아래 유지되는 곳도 있는 형편이었다.

형남(荊南)도 그런 소국의 하나였다. 개조(開祖)인 고계흥(高季興)은 후량(後梁)의 태조를 따랐고 무공에 의해 형남 절도사(荊南節度使)가 되었으며, 다시 발해왕(渤海王)에 봉해졌다.

후량이 망하고 후당(後唐)의 세상이 되자 장종(蔣宗)에 의해 남평왕(南平王)으로 봉해졌으나, 명종(明宗)에게 공격을 받아 오(吳)에 의지하고 지냈다.

그 아들 종회(從誨)는 영리하고 꾀가 많아 다시 후당에 붙어 남평왕이 되고 남한(南漢), 민(閩), 촉(蜀)이 모두 제위에 오르자 그들에게 신(臣)이라 칭했으므로 각국에서는 그를 천시하여 고무뢰(高無賴)라고 불렀다.

종회의 뒤는 아들인 보융(保融), 그 후는 보융의 동생인 보훈(保勛)이 자리를 이었으나, 그 무렵에는 후주도 망하여 송(宋)이 되고, 보훈도 송에 신종(臣從)하고 있었다.

보훈은 유아일 때, 종회의 총애를 받고 자랐기 때문에 사람이 화를 내는 것을 보면 웃음으로 얼버무려서 그 사람의 기분을 맞추곤 했다.

그래서 형남 사람들은 '만사휴의(萬事休矣)' 모든 것은 끝장이다하고 생각했었다.

망국지음(亡國之音)

망할 **망** · 나라 **국** · 갈 **지** · 소리 **음**

의미 망한 나라의 음악 또는 나라를 망하게 하는 음미(淫靡)한 음악이란 뜻으로, 쓸데없는 일에 지나치게 빠져드는 것을 말한다.

출전 〈한비자(韓非子)〉 십과편(十過篇)

해설 주실(周室)의 위광(威光)이 쇠퇴하여 제후간에 분쟁이 끊임없던 춘추 시대의 이야기이다. 위영공(衛靈公)이 진(晋) 나라로 가는 도중 복수(濮水) 근처에서 밤을 지내게 되었다.

풀벌레까지도 잠이 든 고요한 한밤중에 일찍이 들어본 적이 없는 절묘한 음악이 들려 왔다. 음색이나 가락이 어찌나 절묘한지 영공(靈公)은 동행하던 악사장인 사연(師涓)에게 명하여 그 악보를 익히게 했다.

이윽고 진에 도착한 영공은 진평공(晋平公)에게 도중에 배운 새로운 음악이라고 하면서 사연에게 거문고를 타게 하여 밤중에 들었던 음악을 들려주었다. 그 무렵 진에는 사광(師曠)이라는 악사장이 있었는데, 그가 음악을 연주하면 학이 춤을 추고 흰 구름이 너울거린다고 하는 명인이었다.

한창 음악이 연주되고 있을 때 사광이 황급히 사연의 손을 잡으며 말했다.

"잠시 기다려 주시오. 그것이 새로운 음악이라니 말도 안 되오. 이것이야말로 망국지음입니다."

깜짝 놀라며 의심쩍어하는 양군(兩君)에게 사광은 그 까닭을 다음과 같이 설명했다.

"옛날 사연(師涓)이라는 유명한 악사장이 있었습니다. 은나라 주왕(紂王)의 악사장으로 있으면서 왕을 위해 신성백리(新聲百里)니 미미지악(靡靡之樂)이니 하는 음탕한 곡을 지어 연주하였던바 왕은 그 곡에 빠져 밤낮을 가리지 않고 들었습니다. 주왕은 아시는 바와 같이 악덕무도해서 주무왕에게 멸망당했습니다. 주왕을 잃은 사연은 악기를 안고 복수까지 와서 자결을 하였습니다. 죽은 사연의 혼이 허공을 헤매면서 이 곡을 연주하고 있는 것이오며 사람들은 망국지음이라 하여 귀를 막고 지나다닙니다."

ㅁ

망양지탄
(望洋之歎)

바랄 **망** · 큰바다 **양** · 갈 **지** · 탄식할 **탄**

의미 광대한 바다를 보고 탄식하다. 사람의 위대함에 감탄하고, 자신이 도달할 수 없음을 부끄러워하는 것이다. 후에, 역부족으로 손을 쓸 수가 없고, 어찌해야 좋을지 모르는 것을 의미하게 되었다.

출전 〈장자(莊子)〉 추수(秋收)

해설 아주 옛날, 황하에 강의 신이 있어서 하백(河伯)이라 불리웠다. 그는 오랫동안 황하(黃河) 중류 맹진(孟津: 하남성(河南省)) 부근에서 살았고, 그 곳에서 멀리 떠난 일이 없었다.

어느날 아침, 태양이 떠올라 수면에 금빛을 비추어 주었다. 하백은 언덕에서, 반짝이는 물결을 바라보다가 흥분했다.

"이렇게 큰 강은 둘도 없겠지!"

그런데, 등 뒤에서,

"틀립니다."

라는 소리가 들렸다. 보니, 한 마리의 늙은 거북이였다.

"뭐라고? 황하보다 더 큰 강이 있다는 겐가?"

거북은 먼 동쪽을 가리키며 말했다.

"태양이 떠오르는 곳에 북해라는 바다가 있는데, 세상의 강과 바다가 항상 출입하고 있어, 그 넓이는 황하의 몇 배나 되지요."

"본 적이 없는 것을 나는 믿을 수 없네. 그렇게 큰 바다가 있다는 것은."

하백이 말하자, 거북은 크게 한숨을 쉬고 유유히 헤엄쳐 갔다.

가을이 되어, 연일 내리는 비로 강과 바다는 분류했고, 황하도 몇 배나 커졌다. 그것을 본 하백은 소리쳤다.

"장관이다! 황하가 더욱 커졌다!"

그는 문득, 지난 날에 늙은 거북이 했던 말을 생각해 내고, 이 기회에 강을 타고 내려가 북해라는 곳에 가보려고 결심했다. 하백은 강물의 흐름을 따라 강 하구까지 갔다.

그 때, 북해의 신이 나타나 하백에게,

"잘왔다. 북해의 관광을 환영한다."라고 말하고, 소매를 한번 흔들었다. 물결이 곧 멈추고, 눈앞에 거울 같은 해면이 나타났다.

그 끝없는 광활함에 하백은 멍해졌다.

"세상에는 황하 이외에도 이렇게 넓은 세상이 있구나!"

하백은 지금까지의 자신이 부끄럽게 느껴졌다.

하백은 말했다.

"나는 지금까지, 북해의 광활함을 들었으나 믿지 않았습니다. 오늘 여기서 보지 않았다면, 나의 짧은 안목으로 사람들의 웃음거리가 되었겠습니다."

북해의 신은 웃으며 말했다.

"우물 안 개구리다. 큰 바다를 보지 않으면 견식이 얕은 사람으로 끝나 버려, 도리도 알지 못한다. 너는 지금 그것으로부터 벗어났다."

맥수지탄 (麥秀之嘆)

보리 **맥** · 빼어날 **수** · 갈 **지** · 탄식할 **탄**

ㅁ

의미 맥수(麥秀)란 보리가 무성하다는 말로 옛날에 영화가 넘치던 도읍에 보리가 무성해 있는 것을 보고 고국의 멸망을 탄식한 데에서 비롯된 성어이다.

출전 〈사기(史記)〉 송미자세가(宋微子世家)

해설 중국 고대의 황금기를 대표하는 것이 요순의 정치(堯舜政治)라면 그 반대인 쇠망기(衰亡期)의 상징이라고도 할 수 있는 것은 걸주의 폭정(桀紂之暴政)이다.

그 주왕(紂王)의 비행에 대해 충심으로 간한 신하들에 대해 공자가 "은(殷)에 삼인(三仁)이 있다."고 감탄했는데 미자(微子), 기자(箕子), 비간(比干)의 세 사람이 바로 그 주인공들이다.

미자는 주왕의 숙부뻘로 여러 차례 간언했지만 끝끝내 들어주지 않았으므로 절망 끝에 국외로 망명했고, 기자 역시 간언의 효과가 없자 망명해서 미친 사람처럼 쏘다니다가 마침내는 노예로까지 전락했으며, 왕자 비간은 극간한 나머지 육시 처참을 당했다.

후에 주왕조(周王朝)의 세상이 되어 미자는 은(殷)의 혈통을 보존하는 뜻에서 송(宋)의 국왕으로 봉해졌고 기자도 주무왕(周武王)의 자문에 응해서 정치의 요체를 말하고 후에 조선왕에 봉해졌다.

기자는 주왕의 도읍으로 가던 도중 은의 옛성 근처를 지나게 되었는데 전에는 부귀와 영화가 함께 했던 자리이건만 이제는 폐허가 되어 황폐해진 궁전터에 보리와 벼가 무성해 있는 것을 보고 금석지감에 젖어 맥수지시(麥秀之詩)를 지어 읊었다.

옛 궁궐터에는 보리만이 무성하고
벼와 기장들도 잎이 기름지도다
저 교동이
나의 말을 듣지 않았음이 슬프구나

여기에서 망국지탄(亡國之歎)을 맥수지탄이라 말하게 되었다.

맹모삼천지교(孟母三遷之敎)

맏 **맹** · 어미 **모** · 석 **삼** · 옮길 **천** · 의 **지** · 가르칠 **교**

ㅁ

의미 맹자(孟子)의 어머니가 맹자를 교육시키기 위해 세 번 이사를 하였다는 뜻으로 자식의 교육을 위해서는 어떤 어려운 일도 행할 수 있다는 뜻을 말한다.

출전 〈후한서(後漢書)〉 열녀전(烈女傳)

해설 처음 맹자가 살던 집은 공동묘지 부근이었다. 어린 맹자는 눈만 뜨면 보게 되는, 상여를 메고 가는 상여꾼들의 흉내를 내며 땅을 파고 관을 묻은 다음 둥그렇게 봉분을 짓는 장난을 하며 놀았다.

"여기는 자식을 기를 만한 곳이 못 되는 구나."

이렇게 생각한 맹자의 어머니는 곧 시장 근처로 이사를 했다. 그러자 이번에는 장사꾼들의 장사하는 흉내를 내며 놀았다.

"여기도 역시 자식을 기를 곳이 못 된다."

맹자의 어머니는 여러 가지로 생각한 끝에 이번에는 학

교 근처로 이사를 했다. 그러자 맹자는 학생들이 공부하는 모습과 제사상을 차리는 법, 예의를 갖춰 인사하고 행동하는 광경들을 본대로 흉내 내며 노는 것이었다.

"여기가 참으로 자식을 두고 기를 만한 곳이다."

하고 맹자의 어머니는 그곳에서 자리를 잡고 살았다.

맹인모상 (盲人摸象)

장님 **맹** · 사람 **인** · 찾을 **모** · 코끼리 **상**

ㅁ

의미 눈 먼 소경이 코끼리를 만지는 식으로 사물의 일부만을 알면서 함부로 전체에 대한 결론을 내리는 좁은 견해를 말한다.

출전 〈열반경(涅槃經)〉

해설 옛날 인도의 한 국왕이 신하들에게 말했다.

"누가 가서 코끼리 한 마리를 끌고 오시오. 그리고 소경들을 불러 제각기 코끼리를 만져 보게 하시오. 그들이 소위 본다는 것은 손으로 만지는 것이니까."

코끼리가 도착하자 모여든 모든 소경들은 코끼리의 곁으로 다가섰다. 과연 소경들은 손으로 그 큰 코끼리를 조심스럽게 어루만지기 시작했다.

잠시 후 국왕은 코끼리를 만졌던 소경들을 가까이 불러 물었다.

"너희들이 방금 만져본 코끼리는 무엇과 비슷하다고 생

각하느냐?"

소경들 중에서 코끼리의 이빨을 만져본 소경이 앞으로 나서며 대답했다.

"국왕 전하께 아뢰옵건대 코끼리의 형상은 굵고 큰 무와 같습니다."

코끼리의 귀를 만져본 다른 소경이 말했다.

"코끼리의 형상은 쌀을 까부는 키와 같습니다."

코끼리의 등을 만져본 다른 소경이 나섰다.

"제가 보기엔 흡사 평탄한 침대와 같습니다."

코끼리의 배를 만져본 소경은 이렇게 말했다.

"코끼리의 형상은 둥그스름한 옹기와 같습니다."

그러자 마지막으로 코끼리의 꼬리를 만져본 소경이 비웃음이 담긴 표정으로 말했다.

"천만의 말씀이옵니다. 모두 틀렸습니다. 코끼리의 형상은 굵은 밧줄과 꼭 같습니다."

아무튼 이들은 설왕설래하면서 각기 자기의 견해가 옳다고 주장했던 것이다.

모수자천 (毛遂自薦)

털 **모** · 드릴 **수** · 스스로 **자** · 천거할 **천**

ㅁ

의미 모수가 스스로를 천거했다는 뜻으로, 재주를 갖고 있는 데도 남이 추천해 주는 사람이 없어 기다리다 못해 스스로 자청해서 나서는 경우를 말한다. 염치불구하고 자기를 내세우는 사람을 비웃어 쓰는 때가 많다.

출전 〈사기(史記)〉 평원군열전(平原君列傳)

해설 전국 시대 말기에 조나라가 진나라의 침략을 받아 멸망의 위기에 처하게 되었다.

이때 조나라의 재상인 평원군(平原君)이 초나라로 구원병을 청하러 가게 되었다. 평원군은 식객(食客)을 3천 명이나 거느리고 있는 당대의 어진 공자로 이른바 사군(四君) 중의 한 사람이었다.

그는 초나라로 떠나기에 앞서 함께 떠날 사람 20명을 식객 중에서 고르기로 하고 엄격한 심사를 거쳐 19명을 뽑았으나 나머지 한 사람을 뽑기가 힘들었다. 이때 모수(毛遂)라는 사람이 자진해 나서며 평원군에게 청했다.

"저를 함께 데려가 주십시오."

평원군은 그의 얼굴조차 처음 보는듯하여 물었다.

"그대는 내 밑에 있은 지 몇 해나 되었소?"

"3년쯤 되었습니다."

"무릇 현명한 선비가 세상에 있으면 송곳이 주머니 속에 들어 있는 것과 같아서 자연스럽게 그 끝이 밖으로 자타나게 마련이오. 그런데 3년이나 내 밑에 있는 동안 그대에 대해 이렇다할 얘기를 들은 바가 없으니, 그대는 무리일 것 같소."

그러자 모수가 말했다.

"그러니 저를 오늘 주머니에 넣어 주십사 하는 겁니다. 저를 일찍 주머니 속에 넣어 주셨더라면 지금쯤은 자루까지 밖으로 내밀어 보였을 것입니다."

이리하여 모수도 20명 속에 끼어 초나라로 가게 되었다. 그러나 평원군의 끈덕진 설득에도 불구하고 초왕은 진나라가 겁이 나는지라 쉽게 답변을 하지 못했다. 아침 일찍부터 시작한 회담이 낮이 기울도록 진전이 없었다.

이때 단 아래 있던 모수가 위로 올라와서 평원군에게 그 까닭을 물었다.

그러자 초왕이 평원군에게 물었다.

"이는 누구요?"

"저를 수행한 사람입니다."

"과인이 그대 주인과 이야기를 하고 있는데 무슨 참견인가? 어서 물러가지 못하겠는가?"
하고 초왕이 불쾌하다는 표정으로 꾸짖었다.

이때 모수가 차고 있던 칼자루에 손을 걸친 채 당당하게 앞으로 나아가 말했다.

"대왕께서는 신을 꾸짖는 것은 초나라 군사가 많은 것을 믿기 때문입니다. 그러나 지금 대왕과 신과의 거리는 극히 짧습니다. 지금 초나라는 땅이 넓고 군사가 강한데도 두 번 세 번 진나라에 패해 사기가 땅에 떨어져 있는 실정입니다. 이런 것을 볼 때 조나라와 초나라가 동맹을 맺는 것은 조나라를 위한 것이 아니라 초나라를 위한 것입니다."

이렇게 해서 결국 초왕은 모수의 용기와 설득에 굴복하여 조나라에 구원병을 보낸다는 맹세를 하게 되었다.

모순
(矛盾)

창 **모** · 방패 **순**

의미 창과 방패란 말로, 말이나 행동의 앞뒤가 서로 맞지 않는 것을 뜻한다.

출전 〈한비자(韓非子)〉 난일(難一) · 난세편(難勢篇)

해설 전국 시대에 주실(周室)의 위령(威令)이 땅에 떨어져 군웅이 천하에 난립하여 서로 패를 다투고 있는데 어느 도시의 길가에서 방패(盾)와 창(矛)을 땅에 늘어놓고 파는 사나이가 있었다.

바쁘게 왕래하는 사람을 끌기 위해 여러 가지 물건을 파는 장사치의 외침이 요란했으나 그 소리를 누르는 듯한 이 사나이의 굵은 목소리가 울려 퍼졌다.

"자, 모두들 구경하시오. 내가 팔고 있는 방패(盾), 이것은 언뜻 보기에는 보통 방패와 다름없으나 명인이 만들어 낸 것으로 아무리 날카로운 창으로 찔러도 끄떡도 하지 않습니다. 적이 언제 공격해 올는지 모르지 않소. 그때 가서 당황해도 때는 이미 늦으니 하나씩 사시오, 사요.”

이렇게 방패를 선전한 사나이가 이번에는 곁에 놓아두었던 창을 집어 들고 붉은 술이 달린 창날을 햇빛에 번쩍거리며 방패를 선전할 때보다 한층 큰 소리로 떠들었다.

“자아, 여러분, 이 창을 보시라. 눈이 시릴 듯 서릿발이 시퍼런 날, 정말 천하일품이오. 이 창을 사용하면 제 아무리 튼튼한 방패라도 뚫리고 말지요. 이 창을 이겨낼 방패가 있다면 여러분 중 누구라도 좋으니 가져와 보시오.”

처음부터 말없이 듣고 있던 한 노인이 심하게 기침을 하고 나서며 입을 열었다.

“과연 그대가 가지고 있는 방패와 창은 천하일품일세. 그런데 내 나이가 많은 탓인지 머리가 나쁜 탓인지 이해할 수 없는 일이 하나 있네. 그대가 자랑하는, 어떤 방패라도 당해내지 못하는 창으로, 어떤 창도 뚫지 못하는 방패를 찌르면 도대체 어느 쪽이 이기는 건가? 그 점을 다시 한 번 설명해 보게나.”

사나이는 말문이 콱 막혀버렸다.

무릉도원 (武陵桃源)

호반 **무** · 큰언덕 **릉** · 복숭아 **도** · 근원 **원**

의미 속세와 완전히 분류가 된 별천지, 곧 이상향(理想鄕)의 의미로 쓰인다.

출전 〈도연명(陶淵明)〉 도화원기(桃花源記)

해설 진(晋)나라 태원(太元:孝武宰) 때 무릉(武陵)에 한 어부가 살고 있었다. 어느 날, 어부는 여느 때와 다름없이 작은 배를 타고 고기를 잡으러 산협의 강을 따라 올라갔다.

한참 후에 그는 아주 낯선 곳에 다다랐다. 일대에 넓이가 수백 보나 됨직한 복숭아나무 숲이 펼쳐져 있는데, 감미로운 향기를 풍기며 복사꽃 잎이 휘날리고 있었다.

보기 드문 경관에 어부는 잠시 정신을 잃고 있다가 숲의 저쪽 끝이 궁금해져 계속 배를 저어갔다. 그러나 수원(水源) 근처에서 산과 마주쳤다. 그 산에는 굴이 있었는데 굴속은 어둡지 않았으므로 어부는 배에서 내려 굴속으로 들어갔다. 처음에는 겨우 사람 하나 지날 정도의 넓이가 한참을 들어가다 보니 환하게 넓어졌다.

부신 눈을 크게 뜨고 앞을 바라보니 넓은 평야가 나타나는데 집들이 정연하게 늘어서 있고, 비옥한 전답이 있으며 갖가지 나무들도 무성하게 자라고 있었다. 닭과 개의 울음소리가 들리고 밭일을 하는 사람이나 왕래하는 사람들은 모두 이국인과 같은 복장을 하였는데, 백발의 노인도 어린이들도 희희낙락 한없이 즐거워 보였다.

멍하니 서 있는 어부를 본 사람들은 놀라며 어디서 왔느냐고 물었다.

어부가 자세하게 대답하자 곧 그를 어느 한 집으로 안내하고 크게 환대했다. 며칠 동안 머무르며 환대를 받고 그곳을 떠나올 때 그들은 다른 사람에게 말하지 말아달라고 부탁하였으나 어부는 돌아오는 길에 다시 찾을 수 있도록 표시를 남겨두었다.

집으로 돌아온 어부는 곧 군의 태수를 찾아가 자기가 경험한 이야기를 했다. 태수도 크게 흥미가 일어나 사람을 동원해 다시 그곳을 찾게 하였으나 돌아올 때 표시해 두었던 것이 전부 없어져 며칠 동안 헤매었지만 다시 찾을 수가 없었다.

무산지몽(巫山之夢)

무당 **무** · 산 **산** · 의 **지** · 꿈 **몽**

의미 무산에서 꾼 꿈이란 뜻으로, 남녀의 밀회나 정교를 일컫는 고사이다.

출전 〈문선(文選)〉 송옥(宋玉)의 고당부(高唐賦)

해설 전국 시대인 초양왕(楚襄王) 때, 양왕이 송옥(宋玉)과 함께 운몽(雲夢)에서 놀고 고당관(高唐館)에 간 적이 있었다. 관(館) 위를 쳐다보니 이상한 구름이 끼고 그것이 뭉게뭉게 피어오르는 가 했더니 갖가지 모양으로 변하는 것이었다.

양왕이 송옥에게 물었다.

"저것은 무슨 구름인가?"

"조운(朝雲)이라고 합니다."

송옥은 대답한 뒤 다음과 같이 이야기를 했다.

옛날 선왕이 고당에서 향연을 즐기다가 잠시 누워 낮잠

을 잤다. 어렴풋이 잠이 들었을 때 비몽사몽간에 요염하게 단장을 한 여인이 나타났다.

'아니, 대체 누구일까!'

하고 생각하는데 그 여인이 왕의 곁으로 다가와 말했다.

"저는 무산(巫山)에서 사는 여자이온데 고당에 와 보니 당신께서도 이곳에 계시다는 말을 듣고 이렇게 찾아뵙고자 왔습니다. 부디 함께 잠들게 해 주십시오."

왕은 꿈속에서나마 그 여인과 동침을 하였다. 얼마 후 이별할 때가 되자 그녀는 이런 말을 남긴 다음 어디론가 사라져 버렸다.

"저는 무산 남쪽 험준한 곳에 사는데 아침에는 구름이 되어 산에 걸리고 저녁에는 비가 되어 산을 내려와 아침저녁으로 양대(陽臺)기슭에 있습니다…."

이튿날 아침 잠에서 깬 왕이 무산 쪽을 바라보니 꿈속에 선녀가 말한 대로 무산에는 아름다운 빛을 받은 구름이 두둥실 떠 있었다.

왕은 그 선녀를 생각하고 묘를 세워 그것을 "조운묘(朝雲廟)"라고 이름 지었다 한다.

무양
(無恙)

없을 **무** · 병 **양**

의미 〈병이 없다, 탈이 없다〉는 뜻으로 평안무사(平安無事)함을 의미하는 성어이다.

출전 〈전국책(戰國策)〉 제책(齊策)

해설 제나라 왕이 조나라 위태후(威太后)에게 사신을 보내어 안부를 묻게 하였다.

위태후는 사신이 올리는 글을 뜯어보기도 전에 먼저 이렇게 물었다.

"해도 무양한가. 백성도 무양한가. 왕도 무양한가."

해가 무양하다는 말은 농사가 순조롭게 잘 되어 가고 있느냐는 뜻이다. 그러자 위태후의 심중을 모른 사신은 임금의 안부부터 묻지 않고 해와 백성에 대해 먼저 묻고 임금의 안부를 나중에 묻는 것은 순서가 바뀐 것이 아니냐고 불평을 말했다. 그러자 태후는,

"풍년이 들고 난 다음이라야 백성은 그 생활을 유지할 수가 있고, 백성이 편안한 뒤라야 임금은 그 지위를 보존할 수가 있소. 그 근본부터 먼저 묻는 것이 어찌 순서가 바뀐 것입니까?"
하고 타일렀다는 것이다.

ㅁ

무용지용(無用之用)

없을 **무** · 쓸 **용** · 의 **지** · 쓸 **용**

의미 아무 쓸모 없이 보이는 것이 경우에 따라서는 어느 것보다 더 유용하게 쓰인다는 뜻이다.

출전 〈장자(莊子)〉 인간세편(人間世篇), 외물편(外物篇), 산목편(山木篇)

해설 인간세편(人間世篇)에 보이는 초나라의 은사(隱士)인 광접여(狂接輿)가 공자에 대해서 비평한 것 중에는 다음과 같은 말이 들어있다.

"무릇 산의 나무는 쓸모가 있으므로 벌목이 되어 자기 몸에 해를 입는다. 등불은 밝기 때문에 불이 붙여져 자기 몸을 태운다. 육계(肉桂)는 식료가 되고 옻(漆)은 도료가 되므로 벌목도 당하고 꺾이기도 한다. 사람은 다 유용한 용만 알고 무용의 용을 알려고 하지 않는다. 참으로 가련한 일이다."

무위이화 (無爲而化)

없을 **무** · 할 **위** · 말이을 **이** · 될 **화**

ㅁ

의미 그대로 두어도 저절로 된다는 뜻으로, 아무것도 하지 않아도 저절로 잘 고쳐져 나가고 또 감화된다는 말이다.

출전 〈노자(老子)〉 59장(章)

해설 "천하에 행해서는 안 된다고 정해진 일이 많으면 많을수록 백성은 가난해진다. 백성들에게 편리한 문명의 도구가 풍부하면 풍부할수록 나라는 혼란해진다. 인간은 지혜나 기술이 향상되면 될수록 괴상한 것들이 나타나고 법률이 정밀해지면 해질수록 죄인은 많아진다. 그러므로 성인은 말한다. '내가 하는 것이 없으면 백성은 스스로 화하고 내가 움직이지 않고 가만히 있으면 백성은 스스로 바르게 된다.' 내가 일없이 있으면 백성은 저절로 잘 살게 되고 내가 욕심이 없으면 백성은 저절로 소박해진다."

또 노자(老子)는 다음과 같은 말도 쓰고 있다.

"도는 언제나 무위이면서도 하지 않는 것이 없다. 일체를 하고 있다."

묵수 (墨守)

잠잠할 **묵** · 지킬 **수**

ㅁ

의미 묵자가 끝까지 성을 지킨다는 말로, 자기 의견이나 주장, 소신 따위를 굽히지 않고 끝까지 지키는 것을 뜻한다.

출전 〈묵자(墨子)〉 공수편(公輸篇)

해설 묵자가 제(齊)나라에서 초(楚)나라로 떠난 지 10일 만에 초나라의 수도인 영(郢)에 도착했다.

왜냐하면 공수반(公輸盤)이 초나라를 위해 운제계(雲梯械: 사다리를 성에 대고 높이 올라가는 기계)를 만들어 송나라를 공격하려고 한다는 소리를 들었기 때문이다.

묵자는 공수반을 방문했다.

"북방에 나를 경멸하는 자가 있어 당신의 힘으로 죽여 주시기를 바랍니다만…"

그러자 공수반이 답변했다.

"나는 의를 생각하는 마음으로 사람을 죽일 수는 없소

이다.”

묵자는 공손히 절을 하면서 말했다.

“초나라는 땅이 넓은 데 반해서 사람은 모자랄 정도입니다. 그런데 영지가 부족한 송나라를 공격해도 좋습니까? 더구나 아무 죄도 없는 송나라를 말입니다. 겨우 한 사람을 죽이는 것도 의라고 했는데 송나라의 많은 사람을 죽이는 것은 의라 할 수 없을까요?”

공수반은 묵자에게 공박을 당하자 묵자의 청을 받아들여 초왕에게 안내했다.

묵자는 여기서도 예를 들어 말했다.

“아주 화려하게 꾸민 수레의 주인이 옆에 있는 하찮은 수레를 훔치려고 하거나, 비단옷을 입은 사람이 옆집의 누더기 옷을 훔치려고 하거나, 진수성찬을 먹는 사람이 옆집의 술 찌꺼기를 훔치려고 든다면, 그것을 어떻게 생각하십니까?”

“그것은 도벽이 있는 사람이겠지.”

“그럼 사방이 5천리나 되고 부족할 것이 없는 초나라가 사방이 5백리밖에 안 되고 식량이 부족하며 장목(長木)도 없는 송나라를 공격한다면 이것과 뭐가 틀리겠습니까?”

초왕이 이 질문에 궁한 대답을 했다.

“그건 나보다 공수반의 재주를 살려 볼까 해서 그랬지.”

그래서 공수반이 얼마나 머리가 좋은가를 보아야겠다고 생각한 묵자는 초왕 앞에서 아주 기묘한 승부를 하였다.

묵자는 띠를 풀고 성(城)처럼 버티고서 작은 나뭇조각을 방패 대신인 기계로 만들었다.

공수반은 9회에 걸쳐 갖가지 장치를 만들어 공격했으나, 묵자는 9회를 다 굳게 지켰다.

마침내 공수반의 공격 무기는 바닥이 났으나 묵자의 수비에는 아직도 여유가 있었다.

마침내 공수반은 손을 들고 말았다.

묵자는 초왕에게 고했다.

"공수반은 나를 죽이려 했고, 나를 죽이면 송을 공격할 수 있다고 생각했을는지 모르오나 내 제자들은 내가 수비했던 기계를 가지고 송으로 가서 초의 침입을 기다리고 있습니다. 나를 죽여도 항복시킬 수는 없습니다."

묵자가 선수를 치는 바람에 초왕은 결국 송을 공격하지 않겠다고 약속했다.

이렇게 해서 묵자는 미연에 초의 침략을 막았던 것이다.

ㅁ

문경지교 (刎頸之交)

목벨 **문** · 목 **경** · 의 **지** · 사귈 **교**

의미 생사(生死)를 같이 하여 목이 잘려도 한이 없다는 뜻으로 아주 친밀한 교제를 일컫는다.

출전 〈사기(史記)〉 인상여열전(藺相如列傳)

해설 인상여(藺相如)는 조혜문왕(趙惠文王)의 총신인 무현(繆賢)의 식객에 지나지 않았으나 화씨의 벽(和氏之璧)을 잘 보존하고 귀국한 공으로 상대부(上大夫)가 되었다. 다시 3년 뒤 진왕(秦王)과 조왕(趙王)이 면지(澠池)에서 회합했을 때 조왕이 수치를 당하는 것을 구해 준 공 때문에 상경(上卿)에 임명되었다.

상여의 지위는 조의 명장인 염파(廉頗)보다도 위가 되었다. 그러자 염파는 분개했다.

"나는 공성야전(攻城野戰)에서 큰 공을 세웠는데, 상여는 말 한마디로 나보다 위가 되었다. 그 녀석은 원래 신분이 천한 놈이다. 그런 놈 밑에 있는다는 것은 수치스럽기 짝이 없다. 이번에 상여를 만나게 되면 반드시 욕을 보여주겠다."

이 말을 들은 상여는 염파와 만나는 것을 피했다. 상여의 부하 중에는 비위가 거슬려 이렇게 말하는 자도 있었다.

"내가 당신을 모시고 있는 것은 당신의 높은 뜻을 사모했기 때문입니다. 그런데 지금 당신은 염장군을 누구보다도 무서워하고 있습니다. 더구나 당신은 상경의 신분이 아닙니까. 이 이상 참을 수가 없으니 나는 떠나겠습니다."

상여는 그 부하를 꽉 붙잡고 말했다.

"염장군과 진왕 중 어느 쪽이 더 무서운가?"

"물론 진왕입니다."

"나는 그런 진왕의 위력에도 두려워하지 않았는데 염장군을 두려워하겠는가. 그러나 생각해 보면 강국인 진이 조를 공격해 오지 않는 것은 염장군과 내가 있기 때문일 것이다. 양호(兩虎)가 서로 싸운다면 그 어느 한쪽은 쓰러지는 법이다. 내가 염장군을 피하는 것은 국가의 위급을 먼저 생각하고, 개인의 원한을 뒤로 하기 때문이다."

염파는 이 이야기를 전해 듣고 크게 부끄러워하며 상반신을 벗고 가시막대를 짐으로써 알몸에 그 매를 받겠다

ㅁ

는 결의를 나타내고 상여의 집을 찾아갔다.

"정말 미안했습니다. 천한 집 출신이어서 당신의 관대한 마음을 몰랐었습니다."

그는 진심으로 사죄했다. 이후부터 두 사람은 친교를 거듭해서 문경지교를 맺었다고 한다.

문일지십
(聞一知十)

들을 **문** · 한 **일** · 알 **지** · 열 **십**

ㅁ

의미 하나를 알려주면 열을 안다는 뜻으로, 한 부분을 통해 전체를 알 수 있다는 말. 곧 총명함을 일컫는다. 여기서 하나란 시작의 수이며 열이란 끝을 나타내므로 시작을 알면 끝도 알 수 있다는 뜻이 된다.

출전 〈논어(論語)〉 공치장편(公治長篇)

해설 공자가 자공(子貢)에게 물었다.

"너는 안회(顔回)와 견주어 볼 때 누가 더 낫다고 생각하느냐?"

공자의 제자가 3천 명이나 되었고 후세에 이름을 남긴 제자가 72명이나 되지만 당시 재주로는 자공을 첫째로 꼽고 있었다. 실상 안회는 자공보다 비교도 안 될 만큼 나은 편이었지만, 공자가 말했듯이 그는 그러한 기색을 내보이지 않는 바보 같은 사람이기도 했다.

그래서 공자는 스스로 재주를 자부하고 있는 자공이 안회를 어떻게 생각하고 있는가 궁금하여 물었던 것이다.

자공은 서슴치 않고 이렇게 대답했다.

"사(賜: 자공의 이름)가 어찌 감히 회를 바랄 수 있겠습니까? 회는 하나를 들으면 열을 알고 사는 하나를 들으면 둘을 알 뿐입니다."

공자는 자공의 솔직한 다답에 만족했다.

역시 자공은 자기 자신을 알고 있었다.

문전성시
(門前成市)

문 **문** · 앞 **전** · 이룰 **성** · 시장 **시**

ㅁ

의미 문 앞이 저자를 이룬다. 세도가의 집 앞이 찾아드는 방문객들로 시장처럼 붐빈다는 뜻으로, 세상인심의 덧없음을 보여주는 말이라 할 수 있겠다.

출전 〈한서(漢書)〉 손보전(孫寶傳) · 정숭전(鄭崇傳)

해설 전국시대, 제(齊)에 추기(鄒忌)라는 호남자가 있었다. 어느날, 추기는 거울을 보고 생각했다.

"나는, 미남자로 유명한 서공(徐公)에는 미치지 못한다."

그래서, 아내에게 물었다.

"나와 서공과 어느 쪽이 미남자인가?"

아내는 단호하게 대답했다.

"틀림없이 당신 쪽이 더 잘 생겼습니다."

아내의 말은 신용할 수 없다고 생각한 추기는 첩에게도 꼭같이 물었다. 첩은,

"물론 당신이 더 잘 생겼습니다."
라고 대답했다.

다음날, 친구가 찾아왔기에 추기는 친구에게도 똑같은 질문을 했다. 추기에게 부탁할 일이 있어서 온 그 친구가 대답했다.

"서공 따위는 자네에게 미치지 못하네. 정말이네!"

친구의 칭찬의 말에도 추기는 납득할 수 없었다. 그 다음날, 서공이 추기의 집을 방문했다. 추기는 서공을 이리저리 자세히 살펴보고, 또 뚫어지도록 서공을 보며 생각했다.

"역시 내 쪽이 떨어진다."

서공이 돌아간 후에, 추기는 자신과 서공과를 객관적으로 비교해보려고 거울을 들여다보았다. 보면 볼수록 자신이 서공보다 못 생겼다고 생각되었다.

그날 밤, 그는 생각했다.

"왜 모두 내가 더 잘생겼다고 말하는 걸까?"

곰곰이 생각한 끝에 추기는 깨달았다.

"아내는 나를 사랑하기 때문이고, 첩은 나를 두려워하기 때문이고, 친구는 나에게 부탁할 것이 있어서였다."
라고.

자신이 이 지경이라면, 왕은 더 많은 아부의 소리에 둘러싸여 있을 것이라고 생각했다. 추기는 위왕(威王)을 알현하여 자신의 체험을 이야기했다. 칭찬하는 말보다, 비판하고 충고하는 말이야말로 들을 가치가 있다고 진언했다.

위왕은 그 말을 옳게 여기어 즉시 공포했다.

"관리와 백성을 막론하고, 나에게 직간(直諫)하는 자에게는 상등(上等)의, 상서(上書)하여 간하는 자에게는 중등(中等)의, 마을에서 비판하는 자에게는 하등(下等)의 상을 준다."

예상대로, 왕에게 간언하려고 온 자가 줄을 이었기 때문에, 왕궁의 뜰은 저자처럼 사람으로 가득 차게 되었다. 물론, 상서도 쇄도하였고, 마을에서도 왕을 비판하는 소리로 떠들썩하게 되었다.

왕은 그들의 비판을 받아들여서 정치를 개혁해 갔다. 수개월이 지났다. 비판자는 두드러지게 줄어들었고, 1년 후에는 비판하는 자가 없게 되었다. 비판의 씨앗이 없어져 버린 것이다.

위왕은 이런 노력으로 제나라의 힘을 강하게 하였다. 주위의 여러 나라들이 모두 제나라를 존경하여 사자를 파견했다. 역사가는 이것을 논평하여 말했다.

"위왕은 군사를 사용하지 않고 승리를 얻었다."

문전작라
(門前雀羅)

문 **문** · 앞 **전** · 참새 **작** · 벌일 **라**

의미 작라(雀羅)란 참새를 잡는 그물로 문 앞에 작라를 설치한다는 말은 세도가 몰락하여 새들이 모여들 정도로 사람들의 왕래가 끊어져 한산하다는 것을 나타낸 말이다.

출전 〈사기(史記)〉 급(汲) · 정열전(鄭列傳)

해설 한무제(漢武帝) 때의 현명한 신하들 가운데 급암과 정당시라는 두 사람이 있었다.

급암은 학문을 좋아하고 의협심이 있어 지조를 지키고 평소에 행동 또한 결백하였다.

직언하기를 좋아하여 여러 번 무제(武帝)와 대신들을 무안하게 만들기도 하였다.

신하들은 그를 책망 하면서 이렇게 말했다.

"천자께서는 공경(公卿) 등과 같은 보필하는 신하를 두셨는데, 어찌 신하된 자로서 아첨을 하며 뜻대로 따르기만 하여 옳지 못한 곳으로 빠지게 하였는가? 또 그러한 지위에 있으면 설령 자기 한 몸을 희생시켜서라도 어찌 조정을 욕되게 하겠는가?"

그리고 정당시는 자칭 협객이라고 하였고, 덕성이 중후한 인물을 흠모하며 매사에 신중했다.

그는 자기를 찾아오는 손님이 있으면 지위 고하를 막론하고 문 앞에서 기다리는 일이 없도록 했다.

태사공(太史公) 사마천(司馬遷)은 급암과 정당시의 전기를 쓰고 난 다음에 다음과 같은 말을 덧붙였다.

도대체 급(汲), 정(鄭) 같은 현인이라도 세력이 있으면 빈객이 40배나 되나, 세력이 없으면 곧 떠나 버린다.

하규의 적공(翟公)의 경우는 이러했다. 처음 적공이 정위(廷尉)가 되자, 빈객은 문 안에 넘쳐 흐를 정도로 많았으나, 직위에서 파면되자 빈객은 하나도 찾아오지 않았다. 문전은 한산해져 참새 떼가 모여들어 새그물을 칠 정도이다.

이윽고 적공이 다시 정위가 되자 빈객들은 또 모여들었다. 적공은 문에 크게 써붙였다.

일사일생(一死一生) 즉 교정(交情)을 알고,
일빈일부(一貧一富) 즉 교태(交態)를 알며,
일귀일천(一貴一賤) 교정(交情)이 나타난다.
이 어찌 슬픈 일이 아니겠는가.

미망인 (未亡人)

아닐 **미** · 잃을 **망** · 사람 **인**

의미 남편을 따라서 죽었어야 할 아내가 죽지 않고 있다는 뜻으로, 홀로 된 여자가 자기를 낮추어서 하는 말이었으나 지금은 당연하게 쓰이고 있다.

출전 〈춘추좌씨전(春秋左氏傳)〉 장공(莊公) 28년조(年條)

해설 춘추 시대 노(魯)나라에서는 성공(成公)이 위(位)에 있었는데, 노의 백희(伯姬)가 송공(宋公)에게 시집가게 되어 계문자(季文子)가 백희를 송으로 호위해 갔다.

계문자가 임무를 마치고 노로 돌아와 성공에게 복명했으므로, 성공은 날을 잡아 그를 위해 위로연을 베풀었다.

석상에서 계문자는 〈시경〉의 말을 빌어 주군 성공과 송공을 찬양하고 송의 땅은 좋은 곳으로 틀림없이 백희도 즐겁게 지낼 것이라는 뜻을 노래했다.

이 말을 들은 희의 어머니 목강(穆姜)은 크게 기뻐하며 감사의 말을 잊지 않았다.

"정말 수고가 많으셨습니다. 당신은 선군(先君) 때부터 충성이 지극하여, 이 미망인(未亡人)까지 잘 돌봐 주셔서 진심으로 감사드립니다."

그리고 역시〈시경〉의 녹의(綠衣)의 최후의 장을 만족의 정을 붙여 노래하고, 자기 방으로 돌아갔다.

미봉
(彌縫)

기울 **미** · 꿰맬 **봉**

의미 틔어진 곳을 임시로 얽어맨다는 뜻으로, 임시변통으로 꾸며대어 그 순간만을 모면하고자 하는 것을 말한다.

출전 〈춘추좌씨전(春秋左氏傳)〉 주환왕전(周桓王傳)

해설 춘추 시대 초기 주(周)의 환왕은 쇠약해진 주의 세력을 다시 한번 복구하고자 애썼다. 그 무렵 정(鄭)의 장공(莊公)은 한창 기세를 올리고 있었으므로 주왕(紂王)은 장공을 토벌해서 명예를 만회하고자 했다. 환왕은 장공에게서 종래 왕조의 경사(卿士)로서 맡기고 있던 정치상의 실권을 박탈하였다.

이를 못마땅하게 생각한 정장공은 왕실에 대한 조공을 일체 중지해 버렸다. 환왕은 이 기회에 정나라를 쳐서 주나라 위신을 회복할 생각이었다.

환왕은 괵(虢), 채(宋), 위(衛), 진(晋) 등 네 나라 군대도

함께 거느리고 정나라로 진격했다. 정장공은

"내란이 생겨 진나라 군사는 싸울 경황이 없을테니 먼저 진나라를 치면 달아나게 되고 그렇게 되면 연합군도 혼란이 올 것이다. 그 다음 왕이 지휘하는 군사를 집중 공격하면 승리는 우리의 것이다."

하고 전차 부대를 앞세우고 보병이 뒤따르게 하여 보병으로 하여금 전차의 틈을 연결시키는 오승미봉(伍承彌縫) 전법을 사용하여 토벌군을 무너뜨렸다.

도망가는 연합군을 계속 추격하려고 하자 장공은 추격을 멈추고

"군자란 약자를 업신여겨서는 안 된다. 하물며 천자를 업신여겨서는 더욱 안 된다. 나라의 안전만 보전하면 그만 두어야 한다."

이 싸움으로 장공의 이름은 천하에 떨치게 되었고 뒤에 제환공(齊桓公)에 의해 실현된 패자(覇者)의 길을 열게 되었다.

전차부대를 앞세우고 보병을 전차의 틈사이에 이어서 미봉(彌縫)하게 했다.

미봉은 곧 떼워 붙인다는 뜻이었는데 지금은 실패나 결점을 일시 얼버무리는 뜻으로 쓰인다.

미생지신 (尾生之信)

꼬리 **미** · 날 **생** · 의 **지** · 믿을 **신**

의미 우직한 믿음이란 뜻으로, 쓸데없는 명목에 구애된 나머지 너무 고지식하여 융통성이 전혀 없이 하나만 알고 둘은 모르는 사람을 비유해서 쓴다.

출전 〈장자(莊子)〉 도척편(盜跖篇)

해설 노(魯)나라에 미생(尾生)이라는 아주 정직한 사람이 있었다. 남하고 약속을 하면 그 약속에 한해서는 꼭 지키고야 마는 그런 인물이었다.

그런데 그 사나이가 어느 다리 밑에서 연인을 만나기로 약속을 하였다.

정확한 시간에 그는 약속 장소로 나갔다. 그러나 아무리 기다려도 여자는 나타나지 않았다.

그러는 동안에 개울물이 불어서 그의 몸은 점점 물에 잠기게 되었다.

곧 키가 넘을 것 같은데도 그는 단념하지 않았다. 결국

물이 머리 위까지 올라와 교각에 매달렸으나 피신하지 않고 끝내 그곳에서 익사해 버리고 말았다고 한다.

반근착절
(盤根錯節)

소반 **반** · 뿌리 **근** · 섞일 **착** · 마디 **절**

의미 구부러진 뿌리가 많이 내려 마디가 얽혀 있다는 뜻으로, 세력이 뿌리 깊이 박혀 당파가 잘 단결되어 있어 이를 제거하기가 어려울 때 쓰이는데, 무슨 일을 하다가 곤란할 때 흔히 사용한다.

출전 〈후한서(後漢書)〉 우후전(虞詡傳)

해설 후한의 우후는, 어려서 아버지를 여의고, 할머니가 90세에 돌아가실 때까지 효도를 다했다. 조모가 돌아가신 후 처음으로 세상에 나와, 태위(太尉)인 이수(李修)의 초대에 응하여 관청에서 일하게 되었다.

당시, 경계가 허술한 곳부터 강족(羌族)이 침입하기 시작하여, 병주(并州)와 양주(凉州) 지방이 동시에 위협을 받고 있었다.

대장군 등즐(鄧騭)은 양면 작전은 곤란하기 때문에 서방은 버려두고 북방을 도와야 한다고 주장했다.

우후는 이 제안에 반대했다.

"앞사람들이 고생해서 개척한 땅을 버릴 이유가 없고, 만약에 서방을 버린다면 장안(長安)이 위험하게 됩니다. 게다가, 서방 사람은 군대에 오래 있었기 때문에 적도 무서워하여 침입하지 않을 것입니다."

"서방 사람은 잘 방위하고 있을 것이고, 저는 왕실과도 인연이 깊습니다. 서방을 내버려 두면, 백성이 내지(內地)로 이사해 와서 토박이들과 싸움을 일으킬 것이므로 수습하기 어렵습니다."

등즐은, 이 의견에 반대했기 때문에 불쾌하게 생각하고 우후를 모함하려고 생각했다. 얼마 후, 하남의 조가(朝歌)에서 반란이 일어나 지방관을 죽였다. 그래서, 등즐은 우후를 조가의 현령으로 임명했다.

우후의 친구들은 모두 그의 부임이 위험하다고 말했지만, 우후는,

"이것은 나의 직무다. 나무를 벨 때에도 반근착절에 접하지 않으면 도끼질의 맛을 알 수 없지 않은가?"
라고 말하고 태연히 부임했다.

우후는 우선 상급 관청의 태수를 만났다. 태수는, 문인(文人)에 지나지 않는 우후를 어떻게 조가의 현령으로 보냈는가 하고 이상하게 생각하였다. 우후는 그런 태수의 염려 따위는 염두에 두지 않았다.

후에, 우후는 많은 관직을 역임했지만, 탐관오리와 부

정을 지나치게 적발하였기 때문에 귀족과 권력자의 미움을 사서 죄를 세 번, 견책을 아홉 번이나 받았다.

그러나, 우후의 강직한 성격은 그의 전 생애를 통해서 변함이 없었다.

발본색원 (拔本塞源)

뽑을 **발** · 근본 **본** · 막을 **색** · 근원 **원**

의미 뿌리를 뽑아 근원을 막는다는 뜻으로, 근본적으로 어떤 폐단을 해결하는 것을 말한다.

출전 〈춘추좌씨전(春秋左氏傳)〉 소공(昭公) 9년조(年條)

해설 "나는 백부(伯父)에게 있어서 마치 옷에 갓이 있고, 나무와 물에 뿌리와 근원이 있고, 백성들에게 집주인이 있어야 하는 것과 같다.

백부가 만일 갓을 찢어 버리고 뿌리를 뽑고 근원을 막으며 집주인을 아주 버린다면 비록 저 오랑캐들이라도 나 한 사람을 우습게 볼 것이다."

ㅂ

방약무인
(傍若無人)

결 **방** · 같을 **약** · 없을 **무** · 사람 **인**

의미 곁에 아무도 없는 것과 같이 남의 입장이나 형편을 전혀 고려하지 않고 언행을 제멋대로 하는 것을 일컫는다.

출전 〈사기(史記)〉 자객열전(刺客列傳)

해설 전국 시대 위(衛)나라에 형가(荊軻)라는 자가 있었다.

선조(先祖)는 제(齊)나라 사람이었으나 그는 위(衛)로 옮겨 살며 경경(慶卿)이라 불렸는데, 문무를 겸비한 사람이었다.

그는 국사에도 마음을 쓰고 있었으므로 위의 원군(元君)에게 정치에 대한 의견을 진언했으나 받아들여지지 않자 그 후로는 유랑생활을 하며 각지에서 현인, 호걸들과 사귀었다.

그때의 이야기로서 다음과 같은 것이 전해진다.

여러 곳을 떠돌아다니던 형가가 어느 때인가 연(燕)나라로 갔다. 거기서 사귄 사람이 개백정과 축(筑)의 명수인 고점리(高漸離)였다.

축은 거문고 비슷한 악기로서 대(竹)로 현을 퉁겨서 소리를 낸다.

이 두 사람과 형가는 하루도 거르지 않고 큰 길로 나가 술을 마셨다.

취기가 돌면 고점리는 축을 퉁기고 형가는 여기에 맞추어 노래하며 함께 즐겼다.

그러다가 감상이 극도에 달하면 울기조차 하였는데 그 모습이 마치 곁에 아무도 없는 것 같았다.

배반낭자 (杯盤狼藉)

잔 **배** · 소반 **반** · 어지러울 **낭** · 자리 **자**

의미 술잔과 안주 접시가 아무렇게나 뒤섞여 있다는 말로 주연(酒宴)이 고비에 오르면 그 자리가 난잡해지는 것을 말한다.

출전 〈사기(史記)〉 골계열전(滑稽列傳)

해설 전국 시대 초기, 제위왕(齊威王) 때였다. 난장이처럼 작은 사나이로 익살을 잘 부리는 순우곤(淳于髡)이란 수다쟁이가 있었다. 때마침 제(齊)가 초(楚)의 공격을 받게 되어 조(趙)로 원병을 청하게 되었다. 그때 곤이 제의 사신으로 조나라에 가서 10만 정병을 얻는데 성공하자 초는 제의 침공 계획을 포기할 수 밖에 없게 되었다.

그리하여 제나라의 후궁에서 축하연이 베풀어졌다.

그 자리에서 제왕은 곤에게 물었다.

"그대는 얼마나 마시면 취하는가?"

"저는 조금 마셔도 취하고 많이 마셔도 취합니다."

곤은 수수께끼를 좋아하는 제왕에게 애매모호한 대답을 했다. 제왕은 곧 그 설명을 재촉했다.

"조금 마시고 취하는 사람이 어떻게 많은 술을 마신단 말인가, 어서 말해보게."

"먼저 대왕에게서 술을 받는데, 제 옆에는 법의 집행관이 있고 뒤에는 재판관이 있다고 가정합시다. 그때 저는 황공해 하며 마시게 되므로 조금만 마셔도 취하게 될 것입니다. 또 제 친척으로 근엄한 손님의 상대를 할 때는 몸을 바르게 하고 마시며 자주 잔을 올리게 되므로 제 양껏 마시지 못하고 취할 것입니다. 그러나 오래 만나지 못했던 친구하고 우연히 만나 환담하면서 마시면 많은 양을 마셔야 취할 것입니다."

곤의 이야기는 점차 열을 띠기 시작했다.

"만약 어떤 회합이 있어 남녀가 섞여 앉아 술을 마시며 갖가지 놀이를 하면서 손을 잡아도 좋고 물끄러미 쳐다보아도 좋고, 제 곁에 귀고리나 비녀 등이 떨어져 있다면 저는 그만 기뻐서 주는 대로 받아 마시고 취기가 돌 것입니다. 다시 날이 저물어 주연이 마침내 절정에 이르면 술통을 치우고 남녀는 무릎을 맞대며 신발이 흩어져서 배반낭자(杯盤狼藉)가 되지요. 집안의 등불은 꺼지고 주인이 나를 머물게 하고서 손님은 돌려 보내는데 그러한 때 내 곁에서 얄팍한 비단옷의 가슴팍이 풀어지고 은근한

ㅂ

체취가 풍기면 나는 그만 하늘에라도 오른 듯 술을 있는 대로 마실 것입니다."

이렇듯 술과 여자를 좋아하는 제왕을 기쁘게 해 놓고, 교묘하게 간하는 것이었다.

"술이 극도에 달하면 어지러워지고 즐거움이 극도로 달하면 슬퍼진다고 합니다만, 그렇게 되면 나라가 쇠해집니다."

그때부터 제왕은 철야의 주연을 그만두고 곤을 제후의 주객으로 삼아 연석에서는 반드시 자기 곁에서 앉게 했다고 한다.

배수지진
(背水之陣)

등 **배** · 물 **수** · 의 **지** · 진 **진**

ㅂ

의미 물을 등지고 진을 친다는 뜻으로, 목숨을 걸고 어떤 일에 대처하는 경우를 비유하는 말이다. 배수진이라고도 한다.

출전 〈사기(史記)〉 회음후열전(淮陰候列傳)

해설 한고조(韓高祖)가 제위에 오르기 2년 전(기원 전 240년)의 일이다. 한군의 일지대(一支隊)를 이끌고 있던 한신(韓信)은 위(魏)를 격파한 여세를 몰아 조(趙)로 진격했다.

한신의 내습을 안 조왕헐(趙王歇)과 성안군 진여(陣余)는 급히 20만의 군사를 정경(井陘)의 협로 입구에 집결시키고 견고한 방어태세를 마치고 기다리고 있었다.

미리 내보냈던 첩자로부터 광무군 이좌차(李左車)의 한군이 정경의 협로에 들어오기 시작했을 때 단숨에 격멸해야 한다는 진언이 채택되지 않았다는 것을 안 한신은,

정경의 협로를 맹진(猛進)해서 그 출구 10리쯤 되는 곳에서 밤이 될 때까지 휴식을 취한 뒤 한밤중에 다시 진군했다. 먼저 2천 명의 경기병(輕騎兵)을 골라, 각자 붉은 기를 한 자루씩 들게 했다.

"조군의 성채 근처 산에 숨으라. 내일의 전투에서 우리 군은 작전상 패주한다. 조군은 전력을 다해 추격해 올 것이다. 그때 제군은 조의 성채로 들어가 조의 기를 뽑아 버리고 한의 붉은 기를 세우라."

그런 다음 만여 명의 군사를 정경의 출구에서 진격시켜 하수를 등지고 진을 치게 했다. 끝으로 본대를 협로 맨끝으로 진격시켰다.

조군은 하수를 등지고 진을 치고 있는 한신의 군대를 보고 크게 조소했다.

얼마 후 한신은 대장기를 앞세운 본대를 이끌고 북소리도 우렁차게 진격해 나아갔다.

조군도 성채에서 나와 응전했다.

여러 차례의 각축전을 벌인 끝에 한신은 작전대로 기고(旗鼓)를 버리고 퇴각하여 하수의 진과 합류했다.

사기가 오른 주군은 한신의 수급(首級)을 차지하고자 전군이 추격해 왔다.

따라서 성채는 텅 비게 되고 아무런 저항도 없이 매복했던 군사들이 침입해서 성벽의 기를 바꾸었다.

한편 하수를 등지고 있는 한신의 군대는 분전(奮戰)에 분전을 거듭한 끝에 조의 대군을 격퇴시켰다.

그래서 뒤로 밀린 조군이 성채로 들어가려 하니 한나라의 적기(赤旗)가 휘날리고 있었다.

이리하여 조군은 더욱 혼란에 빠지고 그 틈을 탄 한군이 총 공격을 퍼부어 대패시켰다.

싸움이 끝나고 축연이 벌어졌을 때 부장들은 한신에게 물었다.

"병법에는 산을 등지고 물을 앞에 두고서 싸우라고 했습니다. 그런데 이번에는 물을 등지고 싸워 마침내 승리를 거두었습니다. 이것은 대체 어떻게 된 일입니까?"

"이것도 병법의 한 수로 제군들이 미처 깨닫지 못했을 뿐이오. 병서에 자신을 사지(死地)에 몰아넣음으로써 살길을 찾을 수가 있다고 적혀 있지 않소. 그것을 잠시 응용한 것이 이번의 배수진(背水陣)이오. 원래 우리 군은 원정에 원정을 계속하여 보강한 군사들이 대부분이니 이들을 생지에 두었다면 그냥 흩어져 달아나 버렸을 것이오. 그래서 사지에다 몰아넣은 것 뿐이오."

배중사영 (杯中蛇影)

잔 **배** · 가운데 **중** · 뱀 **사** · 그림자 **영**

의미 잔속에 비친 뱀의 그림자라는 뜻으로, 아무것도 아닌 일에 의심을 품으면 쓸데없는 걱정을 하게 된다는 일이다.

출전 〈진서(晋書)〉 악광전(樂廣傳)

해설 진(晋)나라에 악광(樂廣)이란 사람이 있었다. 악광은 집안이 가난하여 혼자서 글을 익혔다고 한다.

무슨 일에든 서두르지 않고 남의 이야기를 귀담아 듣는 성격이었다.

후에 인정을 받아 수재로 지목되어 관(官)에 기용되었으나 역시 성격에는 변함이 없었다.

또 그가 말하는 것을 들은 많은 병사들은 그의 말을 평해서 "수경(水鏡)과 같이 깨끗하고 명료하여 구름이 걷힌 푸른 하늘을 보는 것과 같다."고 감탄했다고 한다.

이러한 악광이 하남(河南)의 장관으로 있었을 때의 일

이다.

친한 친구가 있었는데 오랫동안 찾아오지 않아 이상히 여긴 광(廣)은 그를 찾아가 까닭을 물어보았다.

"일전에 찾아뵙고 술대접을 받았을 때의 일입니다. 술을 마시려고 하는데 잔속에 실뱀이 보이지 않겠습니까? 기분이 나빴지만 그냥 마셨더니 그 후부터 몸이 나빠졌습니다."

이해할 수 없는 일이라고 광은 생각했다. 요전에 마신 곳은 관청의 한 방이었다.

그 곳 벽에는 활이 걸려 있었는데 그 활에는 뱀의 그림이 그려져 있었다.

광은 다시 그 사람을 불러 그전과 같은 곳에서 술을 마셨다. 잔에 술을 붓고 친구에게 물었다.

"잔속에 또 보입니까?"

"그래요, 전과 같군요."

"그 뱀은 저 활의 그림자요."

친구는 의혹이 풀려 병이 나았다고 한다.

백년하청
百年河清

일백 **백** · 해 **년** · 하천 **하** · 맑을 **청**

의미 중국의 황하는 물이 항상 누렇게 흐려 있기 때문에 백년에 한번 물이 맑아질 둥 말 둥 한다는 것으로, 아무리 기다려도 소용이 없다는 뜻으로 쓰인다.

출전 〈춘추좌씨전(春秋左氏傳)〉 양공(襄公) 8년조(年條)

해설 정(鄭)나라 주영왕(周靈王) 7년의 일이다. 초나라가 정나라로 쳐들어오자 정의 6경이라고 일컬어진 지도자들이 도성에 모여 회의를 열었는데, 항복을 하자는 측과 진(晋)나라의 구원을 기다려 저항을 해야 한다는 측이 맞서 의견의 일치를 보지 못하고 있었다. 이 때 항복을 주장하는 측의 자사(子駟)가 나서며 말했다.

"주나라의 시에 이르길 황하가 맑아지기를 기다린다는 것은 한이 없어 사람의 짧은 목숨으로는 도저히 부족하다. 점쳐서 꾀하는 일이 많으면 새가 그물에 얽힌 듯 갈피를 못 잡는다고 했습니다. 그러니 우선 급한 대로 항복을 해서 그들의 말을 따르면 그만입니다. 우리는 그들을 맞이할 선물이나 준비해 두고 기다리는 것이 마땅할 듯 하옵니다.”

이 말은 어느 세월에 진나라의 구원병이 오길 기다리겠느냐는 뜻으로 황하가 맑기를 기다리는 것과 똑같다는 것을 역설한 것이다.

백문불여일견 (百聞不如一見)

일백 **백** · 들을 **문** · 아니 **불** · 같을 **여** · 한 **일** · 볼 **견**

의미 설명을 백번 듣는 것보다 한번 실제로 보는 것이 좋다는 말이다. 백은 '수가 많다.'의 의미. 이문(耳聞)은 '목견(目見)과 같지 않다.'(귀로 듣는 것은 눈으로 보는 것과 같지 않다.)라고도 한다.

출전 〈한서(漢書)〉 조충국전(趙充國傳)

해설 전한의 선제(宣帝) 시대, 서북방 이민족 오랑캐가 한의 국경을 침략하여 성을 공격하고, 이곳을 강탈하였다. 목숨을 걸고 지키려는 관리와 백성을 죽이는 사건이 발생했다.

선제는 군신을 소집하여 대책을 협의한 결과, 토벌군을 파견하기로 결정하고, 그 사령관에 조충국을 임명하였다. 그때 충국의 나이 76세.

노령이지만, 이전에 수십 년이나 국경에서 오랑캐와 싸운 경험이 있다. 선제는 충국에게 물었다.

"어느 정도의 병력이 필요한가?"

충국은 대답했다.

"백 번 듣는 것은 한번 보는 것과 같지 않습니다. 그 곳에의 계략을 여기서는 짜기 어렵기 때문에 현지로 가서 알리겠습니다."

선제는 동의했다.

군사를 이끌고 현지에 도착한 충국은 사기를 북돋우기 위하여 오랑캐 소부대를 전멸시켰고, 많은 병사를 포로로 잡았다. 부하는 좋은 징조라고 진격을 주장했지만 충은 거기서 멈추었다.

"함부로 진격했다가, 복병이라도 있으면 어떻게 하는가? 작은 승리로 흥분해서는 안된다." 부하는 그의 견식에 감복했다.

충국은 지세와 적의 정세를 정찰하고, 전향한 포로로부터 정보를 입수한 후, 오랑캐를 격파할 면밀한 작전 계획을 세워서 선제에게 알렸다.

이렇게 해서, 그는 순식간에 오랑캐의 소요를 평정했다. 그것은 현지를 알고 나서 대책을 세운 착실한 작전의 성과였다.

백미
(白眉)

흰 **백** · 눈썹 **미**

의미 원뜻은 흰 눈썹을 지닌 사람으로 여럿 가운데 가장 뛰어난 자를 이르는 말이나 흔히 예술 작품 중에서 뛰어난 것을 지칭할 때에 쓴다.

출전 〈삼국지(三國志)〉 촉지(蜀志) 마량전(馬良傳)

해설 촉한(蜀韓)의 유비(劉備)는 적벽대전(赤壁大戰) 이후에 군사(軍師)인 제갈량의 계책에 의해 형주(荊州), 양양(襄襄), 남군(南郡)을 얻자 마음이 무척 흡족하였다.

그리하여 군신들을 모아놓고 구원지계(久遠之計)를 묻는데 문득 한 사람이 계책을 올리고자 청(廳)위로 올라왔다. 지난날에 두 번이나 유비를 구하여 준 이적(伊籍)이었다.

유비는 예우를 갖춰 즉시 그에게 자리를 내주고 계책을 물었다. 그러자 이적이 말했다.

"형주의 구원지계를 아시려고 하면 어찌하여 먼저 어진

선비를 찾으시려 하지 않으십니까?"

"어진 선비가 누구요?"

"형양(荊襄) 땅 마량(馬良)의 다섯 형제가 모두들 재명(才名)이 있는데 가장 어진 이는 양눈썹 사이에 흰 털이 난 양(良)으로 자는 계상(季常)이라고 합니다. 향리에서 평판이 자자한데 〈마씨집 오상(五常)이 모두 뛰어나지만 그 중에서도 백미가 있는 마량이 제일 뛰어나다.〉고 하더이다. 공께서는 어찌하여 청하여다 물으시지 않으십니까?"

이에 현덕은 즉시 명하여 그를 청하여 오게 하였다.

백발백중(百發百中)

일백 **백** · 쏠 **발** · 일백 **백** · 가운데 **중**

의미 백번 쏘아 백 번 맞힌다는 것이 본래의 뜻으로 활의 경우에 쓰던 말이었으나, 요즘에는 일이나 계획하고 있던 바가 생각했던 대로 들어맞았을 때 흔히 사용한다.

출전 〈사기(史記)〉 주기(周紀)

해설 춘추 시대 초(楚)나라에 활의 명수인 양유기(養由基)라는 사람이 있었는데 그에 대해 〈사기〉에는 이렇게 쓰여 있다.

"초나라에 양유기라는 사람이 있었는데 활을 잘 쏘는 사람이었다. 버드나무 잎을 백 보 떨어진 곳에서 쏘면 백 번 쏘아 백 번을 다 맞히었다."

백아절현(佰牙絕絃)

말 **백** · 어금니 **아** · 끊을 **절** · 줄 **현**

의미 백아가 거문고 줄을 끊어 버렸다는 뜻으로, 서로 마음 속 깊은 곳까지 샅샅이 이해하고 있는 친구를 일컫는 말이다.

출전 〈열자(列子)〉 탕문편(湯問篇)

해설 춘추 시대 때 백아(伯牙)라는 거문고의 명수가 있었다.

친구인 종자기(種子期)는 백아가 거문고를 타서 높은 산의 모습을 표현하려고 하면,

"야, 굉장하다. 높이 치솟는 느낌인데, 마치 태산 같구나."하고 칭찬해 주었으며, 흐르는 물의 기상을 표현하려고 하면,

"정말 좋다. 유유하게 물이 흐르는 느낌인데, 마치 장강이나 황하같구나."하고 기뻐해 주었다.

두 사람은 그만큼 마음이 맞는 친구였다. 그런데 불행

ㅂ

하게도 종자기는 병을 얻어 죽고 말았다.

그러자 백아는 그토록 거문고에 정혼을 기울여 일세의 명인으로 일컬어졌음에도 불구하고, 목숨보다도 중요시하던 거문고를 부숴 버리고 줄을 끊어 죽을 때까지 두 번 다시 거문고를 손에 들지 않았다.

그것은 종자기라는 얻기 어려운 친구, 다시 말해서 자기 거문고 소리를 틀림없이 들어 주는 친구를 잃은 비탄에서였다고 한다.

백안시 (白眼視)

흰 **백** · 눈 **안** · 볼 **시**

의미 흘겨본다는 말로, 남을 나쁘게 여기거나 우습게 대하는 경우에 쓰는 말이다.

출전 〈진서(晋書)〉 완적전(阮籍傳)

해설 위(魏)나라때 죽림칠현(竹林七賢)의 완적(阮籍)은 가문 좋은 집안에 태어나 학문이 뛰어났으나, 위나라가 진나라로 바뀌면서 세상이 어지럽자 속세를 등지고 자연을 벗하며 노장 사상에 심취하면서 술 속에 살았다.

어느날 모친상을 당하게 되었다. 상주로서 예를 갖추거나 어머니를 잃은 슬픔은 팽개치고, 평소 품어오던 선비들에 대한 자신의 감정을 까만 눈동자와 흰 눈동자로 표시했다.

통속적인 예절을 지키는 선비를 만나면 흰 눈으로 흘겨보았다.

백주지조
(柏舟之操)

잣나무 **백** · 배 **주** · 의 **지** · 지조 **조**

의미 편백나무의 지조란 뜻으로 과부의 굳은 정조, 곧 남편을 잃은 처가 정절을 지키는 것을 말한다.

출전 〈시경(詩經)〉 용풍(鄘風)

해설 서주(西周) 말기에 들어서자 세상은 이미 음풍(淫風)이 성행하여 올바른 예의의 전통을 전하고 의(義)를 지키는 풍습은 온데 간데가 없는 상태였다.

그런 세태 속에서 홀로 정절을 지킨 공강(共姜)이란 여인이 있었다.

공강은 남편의 명복을 빌면서 혼자 조용히 여생을 보내려고 했으나 주위에서 그냥 내버려두지 않았다.

강의 어머니는 무슨 일이 있어도 딸을 재가 시키려고 온갖 노력을 다 기울였다.

어머니는 딸의 앞날을 걱정하며 재혼을 권유했지만 젊

은 강으로서는 그런 현실적 득실(得失)을 애정이나 정절과 바꾸려는 처사를 도저히 용납할 수가 없었다.

그래서 스스로의 맹세를 써서 노래한 것이 바로 다음과 같은 시였다.

범연히 뜬 동백나무 배
큰 강 가운데 있네
두 갈래의 더벅머리
참된 내 배우자
죽어도 따르오리다
어머니의 은혜는 하늘과도 같지만
어찌하여 내 마음 몰라줄까요

ㅂ

병입고황 (病入膏肓)

병 **병** · 들 **입** · 염통밑 **고** · 명치 **황**

의미 고(膏)는 심장 밑에 잇는 얇은 뼈, 황(肓)은 그 밑의 황경막으로 신체의 가장 깊숙한 부분이다. 따라서 병이 깊고 무거워져 회복할 가망이 없음을 말한다. 또 나쁜 버릇이나 습관 등이 고칠 수 없는 지경에 이르렀을 때를 비유해서 쓰기도 한다.

출전 〈춘추좌씨전(春秋左氏傳)〉 성공(成公) 10년

해설 춘추 시대에 다섯 강국(5패) 중에서도 당시 진(晋)은 첫째가는 강대한 나라였다. 그 진나라의 경공(景公)이 어느 날 아주 큰 유귀(幽鬼)를 꿈에 보았다.

땅에 흐트러진 긴 머리를 끌며 가슴을 두드리고 발을 구루면서 유귀는 외쳤다.

"내 자손을 잘도 죽였구나. 천제(天帝)의 허락이 내렸다. 자아, 오너라."

유귀는 궁전의 문들을 부수면서 쫓아왔다.

혼비백산한 경공은 방안으로 도망쳐 들어왔으나 그 문 역시 두드려서 부숴 버렸다.

그때 꿈이 깼다.

경공은 병이 들어 나날이 악화되었다. 서쪽에 있는 진(秦)나라에 명의를 부탁하자 진나라에서는 고완(高緩)을 보내겠다고 전해 왔다.

고완이 아직 도착하기 전에 경공은 또 꿈을 꾸었다. 그런데 병이 두 어린이가 되어 의논을 하고 있는 것이었다.

"명의한테 걸리면 죽을 거야. 어디로 도망가지?"

"심장 아래 횡경막 위로 도망치면 아무렇지도 않을 거야"

의사 고완이 도착하여 진찰을 하고 난 뒤 말했다.

"병은 고칠 수가 없습니다. 심장 아래 횡경막 위로 들어가 있으므로 아무리 노력을 해도 소용이 없습니다. 침도 닿지 못하고 약도 통하지 않습니다. 어떻게 할 수가 없습니다."

부득요령 (不得要領)

아니 **부** · 얻을 **득** · 중요로울 **요** · 옷깃 **영**

의미 '요령을 얻지 못하다.'라는 뜻으로, 아주 긴요한 일을 달성시키지 못하는 것을 일컫는 말이다.

출전 〈한서(漢書)〉 장건전(張騫傳)

해설 한(漢)나라 무렵까지 만리장성 서쪽은 숨겨진 세계였다. 한무제(漢武帝) 때, 흉노가 침략을 일삼았으므로 한은 그것이 큰 걱정거리였다.

그래서 무제(武帝)는 대월지국과 손을 잡고 숙적인 흉노를 협공하기 위해 대월지국으로 갈 사신을 모집했는데 이 결사적인 모험을 맡고 나선 이가 바로 장건(張騫)이라는 낭관(浪官)이었다.

장건은 기원 전 139년 흉노 출신인 감부(甘父)라는 자를 안내자로 하여 백여 명의 일행을 이끌고 출발했는데, 농서(隴西)에서 흉노의 영토로 들어선 직후 그들에게 체포되어 선우(單于; 임금을 일컫는 흉노의 말) 앞에 나아가게 되었다.

거기서 그는 10년이 넘게 억류되어 있으면서 흉노의 여인과 결혼하여 아들까지 두었으나 자기의 사명을 항상 잊지 않고 있었다. 그러던 중 그는 기회를 얻어 처자와 수행원을 데리고 탈출에 성공하여 대원국(大宛國)에 도달할 수 있었다.

대원국의 왕은 한과의 물자 교역을 원하고 있었으므로 장건을 위해 안내자를 붙여 대월지국까지 보내 주었다.

그때 대월지국은 왕이 흉노와의 싸움에서 죽은 직후라 태자가 왕위에 올라 있었다.

신왕(新王)은 대하국(大夏國)을 정복하여 그곳에 거주하고 있었는데 땅이 비옥하여 농산물의 생산이 많았으므로 매우 만족스러워 했다.

그래서 흉노에 대한 복수심도 누그러져 갔고, 멀리 떨어져 있는 한과의 국교 같은 것에는 관심조차 보이지 않게 되었다.

그리하여 장건은 끝내 대월지국 왕의 동의를 얻지 못하고, 그 나라에 1년 남짓 머물다가 귀국길에 올랐다.

부마(駙馬)

곁말 **부** · 말 **마**

의미 원래 예비로 준비한 말을 뜻했으나 한무제 때 공주의 남편을 부마도위(駙馬都尉)란 관직에 임명한 데서 천자의 사위를 뜻하는 말로 쓰이게 되었다.

출전 〈수신기(搜神記)〉

해설 옛날 농서(隴西)에 신도탁(辛道度)이라는 자가 있었다. 지방에 유학했으나 돈이 떨어져 아무것도 먹지 못한 채 옹주(雍州)의 서쪽 5리 지점까지 이르렀다. 비틀거리면서 걷다 보니 앞에 큰 저택이 있고 문에 하녀 같은 여인이 서 있었다.

신도탁이 사정을 이야기 하고 음식을 청하자 하녀는 아무 대답도 없이 안으로 들어갔다가 곧 다시 나와 그를 안주인이 있는 방으로 안내했다.

그는 거기서 필요이상으로 후한 대접을 받았다. 식사가 끝나자 여주인이 말했다.

"저는 진(秦)나라 민왕(閔王)의 딸이었는데 조(曺)나라로 시집갔다가 불행하게도 남편과 헤어져, 그 후 23년 동안 쭉 혼자 이곳에서 지내고 있습니다. 이렇게 우리 집을 찾아 오셨으니 부디 저하고 부부가 되어주십시오."

신도탁은 펄쩍 뛰며 거절했으나 여인의 간곡한 청에 못 이겨 인연을 맺었다. 그로부터 3일째 되는 날 여자는 슬픈 듯 신도탁에게 말했다.

"언제까지나 당신과 지내고 싶지만 3일 이상은 안 됩니다. 더 이상 지내면 화가 미치게 되므로 이별하지 않으면 안 됩니다만, 이별해 버리면 저의 진심을 보일 수가 없게 되는 것이 슬픕니다. 그러하오니 이것이라도 표적으로 드리고 싶습니다."

여자는 신도탁에게 금베개를 내주고 하인을 시켜 대문까지 전송하게 했다.

대문을 나선 신도탁이 뒤를 돌아다보니 저택은 흔적도 없이 사라지고 그 자리는 풀이 무성한 들판으로 무덤 하나가 있을 뿐이었다.

그러나 품에 손을 넣어 보니 여자가 준 금베개는 그대로 있었다.

그는 그 베개를 팔아 음식으로 바꾸었다. 그 후 진의 황비가 금 베개를 시장에서 발견하고 출처를 조사하여 신도탁을 찾아내 경위를 알게 되었다.

황비가 믿을 수 없었던지 무덤을 파헤쳐 관을 열어보니 장례 때 넣어준 물건이 고스란히 있었으나 오직 금 베개만이 없었다.

황비는 비로소 신도탁의 이야기가 진실이란 것을 알고 사위대접을 하고 부마도위의 벼슬을 내렸으며 금백거마(金帛車馬)를 하사하여 본국으로 돌아가게 했다.

이 일로 해서 사위를 부마라고 하게 된 것이다.

분서갱유 (焚書坑儒)

불사를 **분** · 책 **서** · 구덩이에 묻을 **갱** · 선비 **유**

ㅂ

의미 책을 불사르고 선비들을 생매장 한다는 말로, 흔히 서적이나 인사들을 탄압하는 행위나 독재자들을 뜻한다.

출전 〈사기(史記)〉 진시황본기(秦始皇本紀)

해설 진시황 34년 함양궁에서 술자리가 베풀어졌다. 이때 군현제도(郡縣制度)를 주장하는 복사(僕射) 주청신(周靑臣)과 봉건제도의 부활을 주장하는 박사(博士) 순우월(淳于越)이 시황 앞에서 대립된 의견을 놓고 다퉜다.

승상 이사(李斯)는 순우월의 의견을 못마땅하게 생각했다. 그는 봉건제도는 임금의 권위를 떨어뜨리고 당파를 조성하는 결과를 가져오게 되므로 이를 일체 금해야 한다고 말하였다.

또한 사관(士官)이 맡고 있는 진나라 기록 이외의 것은 태워 없애야 하며 의약, 복술, 농경 등에 관한 서적을 제

외하고 30일 이내의 책을 태워 없애지 않는 사람은 목형에 징역형을 처하라고 하면서, 만일 법령이나 학문을 배우고자 하는 사람은 관리에게 배우게 하자고 했다.

시황은 이사의 말을 채택하여 실시케했는데 이것이 분서(焚書)다.

이듬해인 35년전에 진시황이 불로장생을 원한 나머지 신선술을 가진 방사(方士)들을 불러모았는데 그 중에서도 후생(侯生)과 노생(盧生)을 우대했다.

후한 대접을 받은 이 사람들이 시황제를 비난하면서 도망쳐 버리자 화가 머리 끝까지 치민 시황제에게 정부를 비난하는 수상한 학자가 있다고 보고가 들어왔다.

시황은 어사(御史)를 시켜 학자들을 모두 잡아다가 심문하게 했다. 사실상 학자들은 비난한 일이 없지도 않은지라 서로 책임전가를 하며 자기만 빠지려 했다.

그 결과 법에 저촉된 사람이 460여 명이나 되었으며 이들은 모두 함양성 안에 구덩이를 파고 묻게 했다.

이것이 바로 갱유(坑儒)라고 불리는데 두 사건을 합쳐 분서갱유(焚書坑儒)라고 한다.

불구대천지수(不俱戴天之讐)

아니 **불** · 함께 **구** · 일 **대** · 하늘 **천** · 의 **지** · 원수 **수**

ㅂ

의미 함께 하늘을 질 수 없는 원수라는 뜻으로, 세상에 함께 살아 있을 수 없는, 즉 둘 중 하나가 죽어야 할 원수를 일컫는다.

출전 〈예기(禮記)〉 곡례상(曲禮上)

해설 어버이의 원수는 함께 하늘을 질 수 없다. 반드시 죽여야 한다. 형제의 원수는 집에 가서 무기를 가져온다는 식의 여유를 가져서는 안 된다.

언제나 무기를 휴대하고 있다가 지체 없이 죽여야 한다. 친구의 원수는 나라를 같이 하고 살 수 없다. 역시 죽여야 한다.

이렇듯 〈주례(周禮)〉에서는 당연한 복수를 한 사람은 죄를 주지 않는다고 했다.

당시에는 이러한 것이 하나의 윤리관으로 인정되고 있었던 모양이다.

불요불굴 (不撓不屈)

아니 **불** · 굽힐 **요** · 굽을 **굴**

의미 곤란한 상황에 빠져도 굽히지 않는 것. '불굴불요' 라고 도 한다.

출전 〈한서(漢書)〉 서전 · 하(敍傳 · 下)

해설 전한(前漢)의 성제(成帝) 건시(建始) 3년(기원 전 30년) 가을, 나라의 수도 장안에서는 홍수가 닥쳐온다는 소문에, 무서워서 백성들이 피난하는 큰 혼란이 발생했다.

성제는 신하들을 소집하여 협의했지만, 성제의 장인 대장군 왕봉(王鳳)은 조사도 하지 않고 사실이라고 보고하고, 황족은 한시라도 빨리 배를 타도록 진언했다.

신하들은 모두 왕봉의 의견에 찬성했지만, 제상 왕상(王商)만은,

"헛소문이다."

라고 반대하여 백성들이 안정을 되찾도록 명했다.

장안의 민심은 점차 안정되었고, 질서도 차차 회복되어 갔다.

조사한 결과, 홍수는 근거없는 소문으로 판명되었다.

성제는 왕상이 다수에 유혹되지 않고 정론을 바로 잡은 것을 칭찬하였고, 왕봉을 불신하였다.

왕봉은 자신의 경솔함을 반성하는 한편, 왕상에게 한을 품었다.

왕봉의 일족인 낭아군의 태수 양유가 정치에 서툴러서 백성에게 큰 고통을 준 일이 있다.

왕상은 양유를 벌해야 한다고 주장했다.

그것에 대해 왕봉은 양유를 변호하여, 그 실정을 잘 처리해서 처벌을 하지 않는 것이 좋겠다고 요청했지만, 왕상은 듣지않고 상서하여 양유를 파면했다.

"한서(漢書)"의 작자 반고(班固)는 그를 이렇게 평했다.

"그 사람됨이 소박하고 성격은 불요불굴했기 때문에, 오히려 다른 사람의 원한을 사게 되었다."

불입호혈부득호자(不入虎穴不得虎子)

아니 **불** · 들 **입** · 호랑이 **호** · 굴 **혈** ·
아닐 **부** · 얻을 **득** · 호랑이 **호** · 아들 **자**

의미 범의 굴에 들어가지 않으면 범의 새끼를 얻을 수 없다는 말로, 큰 결과를 얻기 위해서는 그만큼 큰 위험을 무릅쓰고 행해야 한다는 뜻이다.

출전 〈후한서(後漢書)〉 반초전(班超傳)

해설 전한(前漢)의 역사책인 〈한서〉의 편찬을 시작한 사람은 후한(後漢)의 반표(班彪)였는데, 그의 뜻을 이어받아 완성시킨 것은 장남인 반고(班固)와 딸 반소(班昭)였다.

반표는 변설이 능숙한 인물로 형식에 구애받지 않고 언제나 큰 인물이 되고자 하였다.

그러던 중 반초는 서쪽의 선선(鄯善-樓蘭)에 사자(使者)로 떠나게 되었다.

처음에는 선선왕이 정성껏 후대를 했으나 날이 지남에 따라 숙사(宿舍)에서 묵게 한 후 냉대했다.

이유는 틀림없이 북쪽 흉노에게서 사신이 왔기 때문에 우리들을 적당히 취급하고 있는 것이라고 생각한 반초는, 어느 날 왕의 시종을 불러내어 흉노의 사신이 묵는 곳을 알아냈다.

그날 밤 반초는 부하 36명을 불러 모아 술자리를 베풀고 나서 말했다.

"요즘 우리가 냉대를 당하는 것은 여러분도 다 아는 일, 자칫 잘못하면 우리를 흉노에게 넘겨서 포로로 만들 수작이다. 호열에 들어가지 않으면 호자를 얻지 못한다.

이제 길은 단 하나, 밤을 타서 흉노의 사신을 화공(火功)해 버리자.

그렇게 하면 선선왕도 혼쭐이 나서 우리들을 무서워 할 것이다."

부하중에는 반대하는 이도 있었으나 결국은 그의 뜻대로 되어 소기의 성과를 올릴 수 있었다.

ㅂ

붕정만리(鵬程萬里)

붕새 **붕** · 길 **정** · 일만 **만** · 마을 **리**

의미 붕(鵬)이란 상상의 큰 새로 붕이 가야할 길은 수만리라는 뜻인데, 보통사람으로는 생각도 미치지 않는 원대한 사업이나 계획을 비유하는 말이다.

출전 〈장자(莊子)〉 소요유편(逍遙遊篇)

해설 북해(北海) 끝에 곤(鯤)이란 이름의 고기가 있다. 곤의 크기는 몇 천리인지 모른다.

곤이 변해서 붕(鵬)이란 이름의 새가 된다. 붕의 등도 몇 천리인지 모른다.

이 새가 한 번 날면 그 날개는 하늘 전체를 뒤덮는 구름처럼 여겨지고, 해면이 한꺼번에 뒤집힐 듯 한 대풍(大風)이 불면 그 바람을 타고 북해 끝에서 남해 끝까지 날려고 한다.

제해(齊諧)라는 이름의, 이 세상의 불가사의를 잘 아는 사람의 말에 의하면

"붕이 남해로 옮기자면 바닷물이 날갯짓을 3천리, 회오리바람을 타고 오르기 9만리, 6개월 동안 계속 난 다음 비로소 그 날개를 쉰다고 한다."
라고 씌어 있다.

비육지탄 (髀肉之嘆)

넓적다리 **비** · 살 **육** · 의 **지** · 탄식 **탄**

의미 무사가 오랫동안 전장에 나가지 않아 말을 탈 기회가 없었으므로 허벅지에 살만 찐다는 뜻으로, 세상에 나와 공명을 떨치지 못함을 스스로 한탄하는 말이다. 즉 자신의 재주나 수완, 역량을 발휘할 기회가 없음을 탄식하는 말이다.

출전 〈삼국지(三國志)〉 촉지(蜀志)

해설 한실의 부흥을 외치며 관우, 장비와 도원결의를 하여 일어선 유비는, 힘이 약했기 때문에 조조(曹操)에게 쫓겨 기주(冀州), 여남(汝南) 등지로 전전하다가 끝내는 형주(荊州)의 유표(劉表)에게 몸을 의탁하여 신야(新野)라는 작은 성(城) 하나를 맡아 보고 있었다.

어느 날 유표가 유비를 청했다.

그의 후계자 문제를 상의하기 위해서였다. 상의를 하던 도중에 유비는 자리에서 일어나 측간(側間)으로 갔는데 무심코 넓적다리에 두둑히 오른 살을 보게 되었다.

그러자 자신의 신세가 한스러워 저도 모르게 두 줄기

눈물이 뺨을 타고 내렸다.

그가 다시 자리로 돌아오자 유표가 의아한 듯이 쳐다보며 물었다.

"얼굴에 눈물 흔적이 있는데 웬일이오?"

현덕은 가라앉은 목소리로 대답하였다.

"전에는 하루라도 몸이 말안장을 떠나지 않아 넓적다리에 도무지 살이 없더니 이제는 오랫동안 말은 타지 않으니 살이 올랐습니다 그려.

세월은 덧없이 가건만 이제껏 공업(功業)을 쌓지 못하였으니 이점이 서러울 뿐입니다."

ㅂ

빈계지신 (牝鷄之晨)

암컷 **빈** · 닭 **계** · 의 **지** · 새벽 **신**

의미 암탉이 울어서 새벽을 알린다는 뜻으로 음양의 이치가 바뀌어 집안이 망할 징조를 뜻한다. 곧 아내가 남편을 무시하고 남편의 권리를 빼앗는 것을 비유하는데 쓰인다. 빈계사신(牝鷄司晨)이라고도 한다.

출전 〈서경(書經)〉 목서편(牧誓篇)

해설 빈계지신이란 주(周)나라 무왕이 상(商:殷)나라 주왕(紂王)의 죄상을 폭로하는 가운데 나오는 성어인데, 여기서 주왕이 달기의 말만 듣고 국정을 그르친 사실을 열거하고 있다. 이 대목이 〈서경〉의 목서편에는 다음과 같이 되어 있다.

왕이 말하였다.

"옛 사람이 이르되 암탉은 아침에 울지 않는 법이다. 또 암탉이 새벽에 울면 집안이 망한다고 했다. 그런데 오늘날 상왕(商王)인 수(受)는 여인의 말만을 듣고 있다. 조상의 제사를 전혀 돌보지 않고 한 조상을 모신 백이(伯夷)

와 숙제(叔齊) 형제들도 전혀 돌보지 않으며 그들을 임용(任用)하지도 않았다. 다만 방방곡곡에서 많은 죄를 짓고 여기저기서 도망쳐 온 자들을 높이고 기르며 믿고 임용했다. 심지어는 이자들을 대부(大夫)와 경사(卿士)로 삼아 백성들에게 포악한 일을 저지르게 하여 상(商)나라가 범죄로 인하여 문란해지게 하였다. 이제 나 발(發)은 삼가 하늘의 벌을 대행코자 한다."

빈자일등(貧者一燈)

가난할 **빈** · 사람 **자** · 한 **일** · 등불 **등**

의미 가난한 사람이 밝힌 등불 하나라는 뜻인데, 이는 가난 속에서 보인 작으마한 성의가 부귀한 사람들의 많은 도움보다도 가치가 있다는 것으로 정성의 소중함을 일컫는 말이다.

출전 〈현우경(賢愚經)〉 빈녀난타품(貧女難陀品)

해설 석가세존(釋迦世尊)께서 사위국(舍衛國)의 어느 정사(精舍)에 기거하고 있을 때의 일이다. 사위국에 난타(難陀)라는 한 가난한 여인이 있었는데 몸을 의지할 곳이 없어 구걸을 해서 연명했다.

그녀는 많은 사람들이 각각 신분에 맞는 공양을 석가와 그 제자들에게 하고 있는 것을 보고 스스로 한탄하며 중얼거렸다.

"전생에 범한 죄 때문에 가난하고 천한 몸으로 태어나 모처럼 고마우신 스님을 뵙게 되었는데 아무 공양도 할 수가 없구나."

이렇게 한탄하며 열심히 거리를 돌아다니면서 구걸을 한 끝에 겨우 돈 한 푼을 얻게 되었다.

그녀는 그 돈 한 푼을 얻자마자 기름집으로 달려갔다.

기름을 사서 등불을 만들려는 것이었다.

그러나 기름집 주인은 한 푼어치의 기름을 팔려고 하지 않았다. 난타는 마음속에 있는 뜻을 다 이야기 했다.

그러자 기름집 주인은 딱한 생각에 돈 한 푼을 받고 몇 배나 되는 기름을 주었다.

난타는 기뻐 어쩔 줄을 모르며 등을 하나 만들어 석가가 계신 정사로 달려갔다.

이를 석가에게 바치고 불을 밝혀 불탄 앞에 있는 훌륭한 등불 속에 놓아 두었다.

그런데 이상하게도 난타가 바친 등불만이 새벽까지 홀로 타고 있었다.

일부러 끄려 해도 꺼지지를 않았다. 뒤에 석가가 난타의 정성을 알고 그녀를 비구니로 받아들였다고 한다.

ㅂ

빙탄불상용 (氷炭不相容)

얼음 **빙** · 숯 **탄** · 아니 **불** · 서로 **상** · 받아드릴 **용**

의미 얼음과 불은 성질이 정반대여서 서로 가까이 하지 못한다. 즉 성질이 서로 상반되어 도저히 화합될 수 없음을 뜻하는 말이다.

출전 〈사기(史記)〉 골계전(滑稽傳) 〈초사(楚辭)〉 칠간(七諫)

해설 〈초사〉에는 칠간(七諫)이 수록되어 있는데 동방삭이 굴원을 추모하여 지은 것으로 여기에 빙탄불상용이란 어구가 나온다.

인사의 불행을 슬퍼하면서
수명은 천명에 속한 바 함지에 위임 한다
몸은 병들어 쾌유되지 않은 채 있고
마음은 들끓어서 뜨거운 물과도 같다
얼음과 숯이 서로 같이 할 수 없음이여
내 처음부터 목숨이 길지 못한 것을 알았노라

홀로 고생하다 죽어 낙이 없음이여
내 나이를 다하지 못함을 안타까와 하노라

ㅂ

사면초가
(四面楚歌)

넉 **사** · 쪽 **면** · 초나라 **초** · 노래 **가**

의미 사방에서 초나라 노랫소리가 들린다는 뜻으로, 적에게 완전히 포위당하여 고립 상태에 빠진 것을 의미한다.

출전 〈사기(史記)〉 항우본기(項羽本紀)

해설 초패왕 항우(項羽)는 한왕 유방(劉邦)과 5년 동안에 걸쳐 천하의 패권을 다투었으나 힘과 기세만을 믿은 나머지 범증(范增)과 같은 모장(謨將)까지도 등을 돌렸고 마침내 유방과 천하를 양분하기로 강화를 체결했다.

그러나 장량(張良), 진평(陣平)의 계략에 의해 동(東)으로 돌아가는 도중 해하(垓下)에서 한신(韓信)이 지휘하는 한군(漢軍)에게 포위되고 말았다.

항우는 싸움에 패하여 지칠 대로 지쳐 있었다. 그런데 밤이 되자 어디서인지 노랫소리가 들려왔다.

귀를 기울이니 초나라의 노래가 사방에서 들려왔다.

이것은 장량의 계략으로 한군에 항복한 초나라 병사들에게 부르게 했던 것이다. 그러자 초나라 병사들은 전쟁에 시달리던 중 그리운 고향의 노랫소리를 듣자 고향 생각이 간절해서 전의를 잃고 탈주해 갔다.

항우는 노랫소리를 듣고 당황하여 말했다.

"한은 이미 초를 점령했단 말인가? 어찌 이렇게도 많은 초인(楚人)이 있단 말이냐?"

모든 것이 끝났다고 생각한 항우는 자리에서 일어나 장막 안으로 들어가서 결별연(訣別宴)을 열었다.

항우의 군중에 우미인(虞美人)이라는 총희(寵姬)가 있었는데 그림자와 같이 언제나 항우의 곁에서 떠나지 않았다. 또 추(騅)라는 준마(駿馬) 오추마가 있어 항우는 언제나 이 말을 타고 다녔다. 항우는 이런 모든 것들을 생각하며 스스로 시를 지어 노래했다.

힘(力)은 산을 뽑고 기(氣)는 세상을 덮는다
때는 불리하고 추(騅)는 가지 않는다
추는 가지 않으니 어찌할 것인가
우(虞)야 우(虞)야 너는 어찌할 것인가

노래를 반복하자 우미인도 이별의 슬픔을 가득 담고 애절하게 따라 불렀다.

한병(漢兵)은 이미 땅을 차지해
사방에 초가(楚歌)의 소리
대왕의 의기도 다 되니
천첩이 어찌 살아 남으리요

기세가 등등했던 항우의 얼굴에 몇 줄기 눈물이 흘러내렸다. 좌우도 다 울어 누구 하나 고개를 드는 자가 없었다. 비분(悲憤)의 기운이 당(堂)에 넘치고 우미인은 항우의 품속에 기댄 채 항우의 보검을 빌어 스스로 자결했다.

그날 밤 겨우 8백여 기를 이끌고 탈출한 항우는 이튿날 한군(漢軍)에 돌입, 스스로 제 목을 쳐서 31세의 젊은 나이로 죽었다.

고향이 그리워 일단 오강(烏江)까지 달려가긴 했으나 패군지장으로서 차마 돌아가지 못하고 자결한 것이었다.

사불급설
(駟不及舌)

사마 **사** · 아니 **불** · 미칠 **급** · 혀 **설**

의미 사(駟)는 네 마리의 말이 끄는 빠른 수레로 곧 아무리 빠른 수레라도 혀에는 미치지 못한다는 뜻으로, 소문이 삽시에 퍼지는 것을 비유한 말이다. 그런가하면 한번 내뱉은 말은 주워 담지 못한다는 뜻도 포함되어 있다.

출전 〈논어(論語)〉 안연편(顔淵篇)

해설 극자성(棘子成)이란 사람이 자공에게 말했다.

"군자는 바탕만 있으면 그만이지 문(文)이 무엇 때문에 필요하겠습니까?"

"안타깝도다! 그대의 말이 군자다우나 사(駟)도 혀를 미치지 못한다. 문이 질과 같고 질이 문과 같다면 호랑이나 표범의 가죽이 개나 양의 가죽과 같단 말인가?"라고 자공은 그의 경솔한 말을 반박했다.

〈논어〉에서 뿐만 아니라 말을 조심해야 한다는 경계의 말은 예로부터 많이 전해오고 있다.

사이비 (似而非)

같을 **사** · 말이을 **이** · 아닐 **비**

의미 겉으로 보기에는 똑같은 것 같으나 실제로는 아주 다른 가짜를 가리키는 말이다.

출전 〈맹자(孟子)〉 진심장구하(盡心章句下)

해설 맹자는 제자 만장(萬章)과 이런 문답을 하고 있다. 만장이

"한고을 사람들이 다 그를 훌륭한 사람이라고 칭찬한다면 어디를 가나 훌륭한 사람이 아닐 수 없을 터인데, 공자께서 그런 사람을 '덕을 해치는 사람' 이라고 말씀하신 것은 무엇 때문입니까?"

맹자가 말씀하셨다.

"그를 비난하려 해도 특별히 비난할 것이 없고 세상 풍속에 동조하고 집에 있으면 성실한 것 같고 세상에선 청렴결백한 것 같아 사람들이 다 그를 좋아하고 스스로 옳

다고 생각하지마는, 그런 사람과는 요와 순의 올바른 도에 함께 들어갈 수 없기 때문에 '덕을 해치는 사람' 이라고 말씀하신 것이다."

또

"사이비(似而非)란 것을 미워한다. 강아지풀이 곡식과 섞이는 것, 말이 많아 신의를 혼란시키는 것, 정나라 음악이 아악을 혼란시키는 것을 미워한다. 군자는 법도로 돌아갈 따름이니, 법도가 바로 잡히면 일반 백성들에게도 착한 기풍이 일어나고, 백성들에게서 착한 기풍이 일어나면, 곧 간사한 것이 없어지는 법이다."

공자는 본성이 인의(仁義)에 뿌리박지 못하고, 겉만 번드르 하고 처세술에 능한 사이비(似而非) 군자를 '덕을 해치는 사람' 으로 미워하신 것이다.

사자후 (獅子吼)

사자 **사** · 아들 **자** · 울 **후**

의미 사자의 부르짖음이란 뜻으로 오늘날에는 열변이나 웅변을 토한다는 의미로 많이 쓰이고 있다.

출전 〈불경(佛經)〉 소동파(蘇東坡)의 시(詩)

해설 석가모니는 태어나자마자 한 손으로는 하늘을 가리키고 한손으로는 땅을 가리키며 일곱 걸음을 옮겨 놓더니 사방을 둘러 보고

"하늘 위 하늘 아래에 오직 나만이 홀로 높다."고 했다는 이야기가 〈전등록(傳燈錄)〉에 나오는데

"석가모니 부처님께서 도솔천(兜率天)에 태어나 손을 나눠 하늘과 땅을 가리키며 사자후 소리를 질렀다."고 쓰고 있다.

또 〈유마경(維摩經)〉에는 석가의 설법은 그 위엄있는 것이 마치 사자후와 같다고 하였다.

사족(蛇足)

뱀 **사** · 발 **족**

의미 뱀의 발이란 뜻으로 하지 않아도 될 일을 공연스레 하는 것 또는 필요 이상의 것을 말한다.

출전 〈사기(史記)〉 초세가(楚世家), 〈전국책(戰國策)〉 제책(齊策)

해설 초나라에 어떤 귀족이 있었다. 어느 날 조상에게 제사를 지냈다. 그 의식이 끝나고 나서, 위로하기 위해 부하에게 한 병의 미주(美酒)를 주며 나누어 마시라고 말했다.

부하들은 상의했다. 어떤 사람이 말했다.

"여러 사람이 마시기에는 모자라지만 한사람은 충분히 취할 수 있다. 어떻게 할까? 경쟁으로 뱀을 그리고, 먼저 그리는 사람이 마시는 게 어떨까?"

모두 이 제안에 찬성했다. 제각기 가까운 곳의 나뭇가지를 꺾어 땅바닥에 주저앉아 뱀의 그림을 그리기 시작

ㅅ

했다.

그 중에 대단히 빨리 그리는 사람이 있어서 금세 능숙하게 그렸다. 그는 옆에 있는 술병을 잡고 마실 준비를 했다.

그러다가 그는 생각했다. 이것으로는 자신의 기량을 뽐낼 수 없었다. 그래서,

"뱀에 다리까지도 그려 넣을 수 있다."고 하며, 술병을 왼손으로 잡고 오른손으로 계속 그렸다.

그런데, 그가 뱀의 다리를 다 그리기 전에 다른 사람이 뱀을 다 그렸다.

그래서, 그로부터 술병을 뺏아 들고, 깜짝 놀란 얼굴을 하고 있는 그에게 유쾌한 듯이 말했다.

"원래 뱀에게는 다리가 없는데 자네는 왜 쓸모없는 다리를 덧붙이나? 이 그림은 뱀이라고 할 수 없기 때문에 가장 먼저 그린 사람은 바로 나네."

그리고, 멍청히 있는 그를 힐끗 보고는 혼자서 맛있게 술을 마셨다.

그 후, "사족"은 웃음거리가 되었고 쓸데없는 것의 의미로 사용되게 되었다.

사지
(四知)

넉 **사** · 알 **지**

의미 넷이 안다. 곧 하늘과 땅 그리고 너와 내가 안다는 의미로 이 세상에 아무도 모르는 비밀은 없다는 뜻이다.

출전 〈십팔사약(十八史略)〉 양진전(揚震傳)

해설 후한(後漢)의 양진(楊震)은 그의 해박한 지식과 청렴결백함을 인정받아 관서공자(關西公子)라는 칭호를 들었다고 한다.

그가 동래(東萊) 태수로 부임할 때의 일이다. 그는 동래로 가던 도중 창읍(昌邑)이란 곳에서 하룻밤을 묵게 되었다. 이때 창읍 현령인 왕밀(王密)이 그를 찾아왔다.

그는 양진이 형주(荊州) 자사로 있을 때 무재(茂才)로 추천을 했던 사람이었다.

밤이 되자 왕밀은 품속에서 10금(金)을 꺼내 양진에게 주었다.

ㅅ

양진이 이를 거절하면서 점잖게 타일렀다.

"나는 당신을 정직한 사람으로 생각하고 대해 왔는데 당신은 나를 이렇게 대한단 말인가?"

"지금은 밤중이라 귀신도 모를 것이옵니다."

양진은 그의 말을 받아 이렇게 나무랐다.

"아무도 모르다니, 하늘이 알고 땅이 알고 그대가 알고 내가 아는데 어째서 아는 사람이 없단 말인가?"

사해형제 (四海兄弟)

넉 **사** · 바다 **해** · 맏 **형** · 아우 **제**

의미 사해(四海)란 곧 온 천하를 뜻하는 말로, 천하의 뭇사람들은 모두 동포요 형제라는 뜻이다.

출전 〈논어(論語)〉 안연편(顔淵篇)

ㅅ

해설 공자의 제자 중에 사마우(司馬牛)라는 사람이 있었다. 그런데 사마우에게는 환퇴(桓魋)라는 포악무도한 형이 있었다. 환퇴는 공자를 죽이려고 한 적도 있었다.

사마우는 그 사실을 매우 슬퍼하며,

"남에게는 다 형제가 있으나 나만이 형제를 잃고 혼자입니다."라고 말했다.

공자의 수제자인 자하(子夏)가 그를 위로하고자 다음과 같이 말했다.

"죽고 사는 것은 하늘에 달렸고 부귀 역시 천운에 의한다는 말을 들었다. 군자는 공경해서 잃지 않고 남에게 공손히 해서 예(禮)가 있으면 사해(四海)가 모두 형제이다. 그러므로 군자라면 형제가 없는 것을 걱정하지 않는다."

살신성인
(殺身成人)

죽일 **살** · 몸 **신** · 이룰 **성** · 사람 **인**

의미 자신의 몸을 희생하여 인(仁)을 이룩한다는 뜻으로, 몸을 바쳐서라도 도리를 행하는 것을 일컫는다.

출전 〈논어(論語)〉 위영공편(衛靈公篇)

해설 공자가 말하였다.

"뜻이 있는 선비와 인자(仁者)는 삶을 구하여 인(仁)을 해치는 일이 없고 몸을 죽여 인을 이루는 일은 있느니라."

여기서 지사(志士)란 굳은 뜻을 지닌 선비요, 인인(仁人)은 덕을 이룬 사람을 일컫는다.

이치에 따라 마땅히 죽어야하는데 삶을 구하면 곧 그 마음에 편치 못한 것이 있을 것인 즉 이것은 곧 그 마음의 덕을 해치는 것이요, 마땅히 죽을 때에 죽으면 그 마음이 편안하고 덕이 온전할 것이다.

또 정자(程子)는 여기에 대해 이렇게 말하고 있다.

"실질적인 이치를 마음에 얻어서 스스로 분별하는 것이니 실질적인 이치라는 것은 실제로 옳은 것을 보며 실제로 그른 것을 보는 것이다. 옛사람이 몸을 버리고 죽은 자가 만일 실제로 얻은 것을 보지 못하면 어찌 능히 이와 같겠는가? 모름지기 실제로 삶이 의보다 중하지 아니한 것을 보면 삶이 죽는 것보다 편안치 못하다. 그러므로 몸을 죽여서 어진 것을 이루는 것은 다만 한 개의 옳은 것을 이룰 뿐이다"

결론적으로 지사(志士)나 인자(仁子)의 마음은 항상 인(仁)을 위해서 존재하는 것임을 강조한 말이라고 할 수 있겠다.

삼령오신
(三令五申)

석 **삼** · 명령할 **령** · 다섯 **오** · 알릴 **신**

의미 '세 번 명령하고, 다섯 번 알린다.' 세 번이고 다섯 번이고 자꾸 반복한다는 말로, '삼령오신'은 몇 번이고 같은 것을 명령하기도 하고 규정하기도 하는 것을 의미한다.

출전 〈사기(史記)〉 손자오기열전(孫子吳起列傳)

ㅅ

해설 옛날, 유명한 병법가인 손무(孫武; 병법서(兵法書) 손자병법(孫子兵法)의 저자)라는 사람이 있었다.

병법가 손무의 병법서를 읽은 오왕(吳王)은 감탄하여 손무를 궁전으로 불러 말했다.

"한번 내 시녀들을 훈련시켜 보시지 않겠습니까?"

"좋습니다."

오왕은 시녀 80명을 선발하여 손무에게 맡겨 훈련시키게 했다.

손무는 시녀들을 두 패로 나누고 오왕이 총애하는 두 후궁을 각 대장으로 임명하고 말했다.

"앞이라 명령하면 앞쪽을, 왼쪽이라 하면 왼쪽을, 오른쪽이라 하면 오른쪽을, 뒤라 하면 뒤를 보아라."

그리고, 손무는 작은 도끼와 큰 도끼의 용도를 설명했다. 도끼는 처형의 도구이다.

손무는 같은 명령을 세 번 명령하고 다섯 번 말하였다.(결국, 몇 번이고 반복하여 말했다.)

손무는 큰 북을 두드리고,

"우!"

하고 호령했다. 그러나, 시녀들은 서로 얼굴을 마주보며 웃을 뿐, 조금도 호령에 따르지 않았다.

이 광경을 본 손무는 자신을 책망하여 말했다.

"호령이 철저하지 않은 것은 지휘관답지 못한 내 책임이다."

그래서 호령의 내용을 반복하여 설명했다.

그렇게 한 후, 그는 다시 북을 치고,

"좌!"

하고 호령을 붙였다. 그러나, 이번에도 시녀들은, 호령에 따르려고 하다가, 역시 얼굴을 마주 쳐다보며 웃을 뿐이었다.

손무는 이제 자신을 책망하지 않았다.

"이미 호령의 내용은 분명하기 때문에, 이것에 따르지 않는 것은 대장된 자의 책임이다."

라고 말하고, 각 대장에 임명된 두 후궁을 참수하려고 했다.

오왕은 놀라 소리쳤다.

"두 사람은 모두 내가 총애하는 후궁이오, 두 사람을 잃으면 나는 크게 낙심할 것이오. 장군의 용병력을 잘 알았소. 두 후궁을 살려 주오."

손무는 오왕을 향해 말했다.

"나는 왕으로부터 장군으로 임명받았습니다. 군대에서는 장군이 최고 권위자이고, 왕명이라 해도 지휘를 위해서는 듣지 않을 수가 있습니다."

라고 왕의 간청을 거부하고, 두 명의 후궁을 참수했다.

그리고 새로운 대장을 선발하여 임명한 후, 다시 호령을 했다. 이번에는 전원이 정연히 훈련에 임했다.

손무의 용병의 재능은 오왕에게 인정받게 되었고, 오나라는 춘추시대의 강국이 되었다.

삼십육계주위상책(三十六計走爲上策)

석 **삼** · 열 **십** · 여섯 **육** · 꾀 **계** · 달아날 **주** · 삼을 **위** · 윗 **상** · 꾀 **책**

의미 36가지나 되는 많은 꾀 가운데서 도망치는 것이 제일 좋은 꾀라는 뜻으로, 겁이 많은 자를 놀릴 때 쓰기도 하고 자신 없는 일은 주저할 것 없이 얼른 포기해 버리거나 피해 버리는 게 상책이라는 의미로 쓰이기도 한다.

출전 〈자치통감(資治通鑑)〉 책(策)141권(卷)

해설 송나라를 꺾고 제(濟)나라를 세운 고조(高祖) 소도성(蕭道成)은 자손들에게, 자기 손에 비참하게 멸망한 송(宋)나라의 전철을 밟지 말도록 유언을 하고 죽었지만 그럼에도 불구하고 제나라는 겨우 30년 만에 망하고 말았다.

고조의 조카인 명제(明帝) 소란(蕭鸞)은 갖은 음모와 횡포로 황제의 자리를 강탈한 다음 반란과 보복이 두려워 자기를 못마땅하게 여겨 온 형제와 조카들을 두 달 동안에 14명이나 죽였다.

그런 피바다위에 용상을 차지한 소란은 황제가 된 지 3

년 남짓해서 우연히 병을 얻어 자리에 눕게 되었다. 병상에 있던 그는 아직 살아남은 고조 소도성의 혈통을 받은 10명의 왕족들이 마음에 걸렸다.

그래서 그는 후환을 없애기 위해 심복을 시켜 그들 10명을 한꺼번에 없애 버렸다.

이때 건국공신인 왕경칙(王敬則)은 소란이 자기를 없애기 위해 장괴(張瓌)를 평동장군(平東將軍)에 임명하여 자기가 태수로 있는 회계(會稽)와 경계를 맞대고 있는 오군(吳郡)으로 파견한 것을 알자 즉시 반기를 들고 일어났다. 겨우 만여 명밖에 안되는 약한 군사였지만 행군 도중 몽둥이와 괭이를 든 농민들이 가담하자 얼마 안 가서 열 배 이상으로 불어났다.

회계를 출발한 반란군은 10여 일만에 벌써 무진(武進)을 넘어 흥성(興盛)에 다다랐다. 서울인 건강(健康; 南京)까지는 얼마 남지 않게 된 것이다.

반란군의 침공 소식을 들은 조정은 큰 혼란에 빠져 있었다. 태자인 보권(寶劵)은 정신을 못 차리고 측근을 누대 위로 올려 보내 동정을 살피게 하는 것이 전부인 형편이었다.

때마침 도성 북쪽에 있는 정로정(征虜亭)에 불이 나서 연기가 올라오자 누대에 가 있던 사람이 달려와서 황급히 보고를 했다.

"반란군이 벌써 정로정까지 쳐들어왔습니다."

보권은 어디로 피해야 할지를 몰라 허둥대고만 있을 뿐이었다.

이 소문을 전해들은 왕경칙은 만족한 듯이 웃으며,

"단공의 서른여섯 가지 꾀 중에는 달아나는 것이 상책이 된다고 했다. 이제 너의 부자도 다만 달아나는 길만이 있을 뿐이리라."하고 말했다는 것이다.

그러나 왕경칙은 흥성을 포위했을 때 관군으로부터 기습을 받아 무기다운 무기를 갖지 못한 농민군이 혼란에 빠짐으로써 패해 죽고 말았다.

삼인성호 (三人成虎)

석 **삼** · 사람 **인** · 이룰 **성** · 호랑이 **호**

ㅅ

의미 세 사람이 똑같이 말하게 되면 존재하지 않은 호랑이도 나타난 줄로 믿게 된다는 것으로, 거짓말이라도 여러 사람이 하면 참말로 믿게 된다는 뜻이다.

출전 〈전국책(戰國策)〉 위편(魏篇)

해설 전국 시대의 위혜왕(魏惠王) 때, 방총(龐葱)이란 자가 위(魏)의 태자와 함께 조나라의 한단(邯鄲)으로 인질로 가게 되었을 때 방총이 혜왕에게 말했다.

"여기 한 사람이 있어 시장에 호랑이가 나왔다고 하면 왕께서는 그 말을 믿을 수 있겠습니까?"

"누가 믿겠는가!"

"그럼 두 사람이 똑같이 시장에 호랑이가 나왔다고 하면 믿으시겠습니까?"

"그것도 의심스럽지!"

"시장에 호랑이가 나온다는 것은 있을 수 없는 일입니

다. 그러나 세 사람씩이나 같은 말을 하면 시장에 틀림없이 호랑이가 나온 것이 됩니다(三人言成虎). 저는 지금부터 양(梁)을 떠나 한단으로 갑니다만, 한단은 양에서 시장보다는 훨씬 멉니다. 더구나 제가 떠난 뒤 제 일에 대하여 이러쿵저러쿵 말을 하는 사람이 아마도 세 사람은 훨씬 넘을 것입니다. 대왕께서는 부디 믿지 말아 주시옵소서."

"안심하라! 나는 내 자신의 눈밖에 믿지 않으니까."

이렇게 하여 혜왕과 헤어진 방총이 출발하자마자 바로 왕에게 참언하는 자가 나타났다.

그리하여 후일 인질이 풀려 귀국한 것은 태자뿐이었고, 방총은 혜왕의 의심을 받아 영영 위로 돌아오지 못하는 몸이 되고 말았다.

상가지구 (喪家之狗)

초상 **상** · 집 **가** · 의 **지** · 개 **구**

의미 초상집 개, 즉 주인 없는 개란 뜻으로 여위고 몹시 지쳐서 수척한 사람을 비유하여 일컫는다.

출전 〈사기(史記)〉 공자세가(孔子世家)

ㅅ

해설 노정공(魯定公) 14년, 공자는 노나라에서 선정을 펴고 있었으나 왕족인 삼환씨(三桓氏)와 의견 대립이 심해 노나라를 떠나고 말았다.

이리하여 그때부터 공자는 십 수년 동안 위(衛), 조(曺), 송(宋), 정(鄭), 채(蔡) 등지를 돌아다니며 자신의 이상을 실현할 수 있는 곳을 찾았다.

공자가 정나라로 갔을 때의 일이다. 제자들과 길이 어긋난 공자는 뾰족한 수가 떠오르지 않자 성곽 동문에 멀거니 서서 제자들이 찾으러 오기를 기다리고 있었다.

그때 그 모습을 본 어느 정나라 사람이 스승을 찾고 있는 제자들을 보자 말했다.

“동문 곁에 서 있는 사람은 이마(額)가 요(堯)와 비슷하고, 목은 고요와 같으며, 어깨는 자산(子産; 공자보다 좀 앞선 시대의 정나라 賢相)과 옛날 성현이라 불리던 사람들과 아주 비슷합니다. 그러나 허리에서 아래는 우(禹)에 미치지 못하기를 3치, 그 피로하고 지친 꼴은 집 잃은 개와 같았습니다.”

제자들은 동문으로 달려가 보았다. 역시 공자가 서 있었다. 제자가 정나라 사람이 한 말을 공자에게 전하자 공자는 빙그레 웃으면서 이렇게 말했다.

“생김새에 대한 비평은 꼭 맞는다고는 할 수 없으나, 집 없는 떠돌이 개란 정말로 맞는 말이구나.”

상전벽해 (桑田碧海)

뽕나무 **상** · 밭 **전** · 푸를 **벽** · 바다 **해**

의미 뽕나무밭이 바다로 바뀐다는 말로, 곧 세상이 몰라볼 정도로 바뀐 것을 비유한 말이다.

출전 유연지(劉延芝)의 〈대비백발옹(代悲白髮翁)〉

해설 옛날, 왕방평(王方平)이라는 선인(仙人)이 채경(蔡經)의 집에 초대되었다. 왕방평의 도착시간이 가까워지자, 그 징조로 북소리, 피리소리, 인마(人馬)의 소리가 하늘로부터 들려왔다.

채경의 집에 온 왕방평의 모습은 머리에 원류관(遠遊冠)을 쓰고, 주의(朱衣)를 입고, 호랑이 머리 장식이 붙은 활통을 걸치고, 다섯 마리의 용이 끄는 마차를 탔는데, 대장군과도 같았다.

채경이 뜰에서 황공하여 마중했다. 왕방평 일행은 기를 뒤집고 내려왔다. 시종 중에 여자는 없었다.

왕방평만이 채경의 부모 형제를 보았다.

드디어, 왕방평은 하늘에 올라서 사자(使者)를 불러, 마고를 부르도록 명했다.

채경의 가족은 마고가 어떤 선인일까 하고 목을 빼고 기다렸다.

곧 사자가 돌아와서 말했다.

"마고는 봉래(蓬萊; 東海의 仙島)에 일이 있어 갔기 때문에, 잠시 후에 올 것입니다."

잠시 후에 마고가 왔다. 18 · 9세의 미녀로, 머리를 틀어 올렸고, 남겨진 머리는 허리까지 늘어졌다.

그 의복에는 아름다운 무늬가 수 놓여 있었고, 반짝임 때문에 더욱 화려했다.

집에 들어온 마고는 왕방평을 보자 정중하게 인사를 했다. 왕방평도 일어서서 답례했다.

상쾌한 분위기가 실내에 감돌았다.

이윽고, 자리가 정해지자, 왕방평은 가져온 음식을 비교했다. 온통 금쟁반과 옥배였고, 음식이 많고 과일도 많았는데, 그 향기가 코에 스몄다.

마고는 말했다.

"동해가 세 번 뽕나무 밭으로 변하는 것을 보았습니다. 봉래의 바다도 얕게 되어 땅이 되려 하고 있습니다."

흥겨운 이런저런 이야기를 하는 동안에 잔치가 끝났다.

왕방평과 마고는 각각 마차를 타고 승천했다.

북소리 피리소리 등이 울렸으며, 그 장중한 광경은 올 때와 같았다.

새옹지마(塞翁之馬)

변방 **새** · 늙은이 **옹** · 어조사 **지** · 말 **마**

의미 새옹의 말에 얽힌 이야기에서 나온 것으로 인간만사의 길흉화복(吉凶禍福)은 변화무쌍하며 예측할 수가 없다는 말이다.

출전 〈회남자(淮南子)〉 인간훈(人間訓)

해설 옛날 중국 북방의 오랑캐들이 사는 호지(胡地)와의 국경에 점술에 능한 노인이 살고 있었다. 그런데 어느 날 아무 까닭도 없이 노인의 말이 호지로 달아나 버렸다.

사람들은 그 딱한 사정을 위로해주기 위해 찾아왔다. 그러나 노인은 조금도 걱정하는 빛이 없이 말했다.

"전화위복이란 말이 있지 않습니까. 크게 걱정할 필요는 없겠지요."

그로부터 몇 달이 지난 어느 날, 도망쳤던 말이 호지의 좋은 말을 벗 삼아 함께 돌아왔다.

이번에는 많은 사람들이 축하하러 왔다.

"이게 또 무슨 화근이 될지 모르지요."

옹은 조금도 반가운 기색을 보이지 않았다.

그런데 말 타기를 좋아하는 그의 아들이 호지에서 온 말을 타다가 낙마하여 불구의 몸이 되고 말았다.

그래서 동내 사람들은 또다시 위로를 하러 왔다.

"아닙니다. 이 일이 또 어떤 다행한 일이 될지 모르지요."

옹은 그야말로 천하태평이다.

그 후 1년쯤 지나서 호인(胡人)이 쳐들어왔다.

몸이 성한 젊은이들은 모두 전쟁터로 나가 싸우다 거의가 전사했다. 그러나 노인의 아들은 불구자였으므로 무사했다고 한다.

이 새옹지마(塞翁之馬)라는 성어는 새옹득실(塞翁得失), 새옹화복(塞翁禍福) 또는 인간만사 새옹지마(人間萬事 塞翁之馬)라는 말로도 사용되고 있다.

ㅅ

선발제인
(先發制人)

먼저 **선** · 필 **발** · 누를 **제** · 사람 **인**

의미 본래는, 전쟁에서 상대방을 먼저 제압하는 편이 이기는 것을 말하지만, 나중에는, 먼저 손을 쓰는 편이 이긴다는 의미로 사용되었다.

출전 〈한서(漢書)〉 항적전(項籍傳)

해설 진나라 말기의 하상(下相) 사람인 항량(項梁)은 살인의 죄를 범했기 때문에 조카 항우(項羽)를 데리고 남몰래 나라 밖으로 도망하여 오나라로 옮겨갔다.

항량은 재주가 많아서, 그 지역 명사들과 교류를 가지면서 약간의 식객을 두었고, 시간이 있으면 항우에게 병법을 가르쳤다. 두 사람은 함께 오나라에서 대단히 평판이 높았다.

기원 전 209년 진나라에서는 진승과 오광이 농민을 이끌고 봉기를 일으켰다. 여기에 자극받은 일부 지방관들도 함께 진나라 타도의 군사를 일으켜 천하는 소란으로 시끄러워졌다.

회계 군수 은통(殷通)은 전부터 항량과 항우의 명성을 듣고 있었기 때문에, 두 사람을 초대하여, 함께 대사를 의논했다. 결국, 그도 진나라 타도의 군사를 일으키고 싶다는 것이었다. 항량은 말했다.

"지금 강서 각지에서 진나라 타도의 궐기가 보입니다. 진을 토벌하는데 좋은 기회입니다. 그러니, 먼저 하면 다른 사람을 제압할 수 있습니다."

항량은 그렇게 말하고 은통에게 군사를 일으킬 것을 급히 주장했다.

은통도 찬성했고, 항량 · 항우와 환초, 세 명이 군사를 이끌기를 바랬다. 항량은 말했다.

"환초는 지금 다른 곳에 도망시켜 놓고, 조카 항우에게 그가 가는 곳을 알아 두었다가 부르러 보냅시다."

실은 항량은 은통이 우유부단하여 함께 대사를 거행할 상대가 아니라고 보았던 것이다. 그는 항우에게 암시하여 은통을 살해했다. 관리들은 항우의 용맹함을 두려워하여 저절로 그의 지휘 하에 들어갔다.

이렇게 해서 항량과 항우는 군사를 모았고, 각 군과 현의 젊은이들을 모집해서 젊은 병사 팔천 인을 얻었다. 항량은 이들을 인솔하여 진나라 타도의 깃발을 세우고 양자강을 건너 북상을 개시했던 것이다.

선입견 (先入見)

먼저 **선** · 들 **입** · 견해 **견**

의미 미리 들은 어떤 말로 생각을 정해서 그 외의 어떤 의견도 받아들이지 않는 것. 곧 먼저 들은 이야기가 마음속에 차지하고 있어 나중에 듣는 이야기를 거부하려는 것을 말한다.

출전 〈한서(漢書)〉 식부궁전(息夫躬傳)

해설 한(漢)나라 애제(哀帝) 때 식부궁(息夫躬)이라는 아주 말을 잘 하는 자가 있었다.

춘추 전국 시대 소진, 장의처럼 말로써 출세 길을 달려온 세객(說客)이라는 것이 있어 왔는데 식부궁도 말하자면 그런 부류의 인물이었다.

그는 애제의 장인 되는 공향후 부안(傅晏)과 동향이자 친구인 관계로 교제 범위가 대단히 넓었다.

어느 날 그는 애제를 만나 특유의 웅변을 토했다.

흉노가 침공해 올 것이 분명함으로 곧 대군을 변방에 배치해야 한다는 것이 그의 주장이었다.

황제는 논리가 맞는 그의 변설에 혹하여 정말 그럴 것 같은 생각이 들었다.

그래서 승상 왕가(王嘉)를 불러 상의하였다. 왕가는 그것이 근거 없는 말임을 강조하고 나서 이같이 덧붙였다.

"무릇 정치를 논의하는 사람은 아첨하는 말, 부정하고 음험한 말, 너무 아름다운 변설(辯舌) 등으로 인하여 괴로움을 당하기 쉽습니다. 아첨하는 말은 군왕의 덕을 깨고, 부정하고 음험한 말은 아랫사람들로 하여금 원한을 품게 하며, 아름다운 변설은 쉽게 정도(定道)를 파괴하고, 심히 각박한 주장은 군왕의 은혜를 손상시킵니다. 옛날 진(秦)의 목공(穆公)은 현신인 백리해(百里奚), 건숙(蹇叔)의 주장을 물리치고 욕심에 눈이 어두워져 정(鄭)을 치려 한 까닭에 도리어 효(殽)에서 진군(晋軍)에게 격파되고 말았습니다. 그래서 뉘우친 목공은 남을 그르치기 쉬운 교언(巧言)의 무리를 되도록 멀리하고 경험 많은 노인의 말을 존중했기 때문에 결과적으로 좋은 군주가 돼 존경을 받았습니다. 부디 폐하께서는 고래의 교훈에 주목하셔서 거듭 생각하시기 바랍니다. 먼저 들으신 말만이 절대로 옳다고 생각을 고정시키는 일이 없도록 하시옵소서."

그러나 애제는 왕가의 충고를 받아들이지 않았는데 그로부터 얼마 지나지 않아 식부궁의 말이 변설에 불과했

ㅅ

다는 것을 알게 되었다.

이리하여 식부궁은 옥사(獄死)를 하게 되었다.

선종외시 (先從嵬始)

먼저 **선** · 쫓을 **종** · 높을 **외** · 비로서 **시**

의미 먼저 나부터 시작하라는 뜻으로, 큰 뜻을 이루려면 우선 하찮은 일에서부터 시작하라는 말이다.

출전 〈전국책(戰國策)〉 연책(燕策)

해설 전국 시대, 연(燕)이 제(齊)에게 패하여 영토의 태반이 제의 지배 아래 있게 되었다. 당시 왕위에 오른 연의 소왕(昭王)은 힘을 다하여 국위 선양과 실지 회복에 힘쓰고, 특히 인재와 이재(異才)를 구하는 데 열과 성을 다했다.

어느 날, 소왕이 재상 곽외(郭隗)에게 나라를 일으키는 데 충분한 인재는 어떻게 하면 얻을 수 있겠느냐고 물었다. 그러자 곽외는 이렇게 대답했다.

"옛날 어느 군공(君公)이 천금을 내걸고 천리마(千里馬)를 구하려고 했으나, 3년이 지나도록 천리마는 나타나지

ㅅ

않았습니다. 그때 한사람의 연인(涓人; 궁중의 연락이나 청소를 하는 사람)이 자원하고 나섰으므로 천금을 내주며 말을 구해 오라고 했습니다. 그 사나이는 3개월쯤 걸려 천리마가 있는 곳을 알아냈으나, 아깝게도 그 사나이가 도착하기 전에 말이 죽어 버렸습니다. 그래서 죽은 말의 뼈를 5백금에 사가지고 왔다 합니다. 군공은 크게 노하여 '내가 원했던 것은 산말이다. 죽은 말을 5백금이나 주며 누가 사오라고 했는가?' 하고 호통을 쳤습니다. 그러자 사나이는 '아닙니다, 잠시 제 말씀을 들어주십시오. 천리마라면 죽었더라면 5백금으로 샀으니 산 말이라면 얼마나 많은 돈을 줄 것인가, 하고 사람들은 생각할 것입니다. 이제 멀지 않아 반드시 희망하시는 말이 찾아올 것입니다.' 하고 대답했다고 하는데, 그의 말은 적중해서 1년도 채 지나지 않아 천리마를 끌고 온 자가 세 사람이나 있었다고 합니다. 지금 왕께서 진정한 현재를 구하시는 것이라면 먼저 이 외로부터 시작하십시오. '외 같은 사람도 저렇게 후대를 받고 있는데 하물며 그보다 어진 사람들이야 이를 것이 있겠는가?' 하고 현인들은 앞을 다투어 찾아올 것입니다."

이리하여 소왕은 외를 위해 황금대(黃金臺)라는 궁전을 세우고 스승으로 대우했다.

이 사실이 순식간에 제국(諸國)에 전해지자 천하의 현

재들은 앞을 다투어 연으로 모여들었다.

조(趙)의 명장 악의(樂毅)가 오고, 음양설의 시조인 추연(鄒衍)이 오고, 대정치가인 극신(劇辛)까지도 찾아왔다.

선즉제인 (先卽制人)

먼저 **선** · 곧 **즉** · 누를 **제** · 사람 **인**

의미 선수를 치면 남을 제압할 수 있다는 말로, 무슨 일에든지 선수를 쳐서 하면 유리하다는 뜻으로 쓰인다.

출전 〈사기(史記)〉 항우본기(項羽本紀)

해설 진(秦)의 2세 원년(기원 전 209년) 7월 안휘성 대택향(大澤鄕)에서 진의 폭정에 반항하여 봉기한 진승(陳勝), 오광(吳廣)의 농민군은 하남성에서 구6국(舊六國)의 귀족 등과 합세하여 그 힘이 극에 달하자 거칠 것 없이 진(秦)의 수도 함양(咸陽)을 향해 진격하고 있었다.

강동(江東)의 회계군 군수였던 은통(殷通)도 농민군에 호응하고자, 군도(郡都)인 오중(吳中)에서 유력자인 항량(項梁)을 불러 의논했다. 항량은 진군(秦軍)에게 패사한 초(楚)의 명장 항연(項燕)의 아들이었으나, 사람을 죽이고 조카 항우와 함께 오중으로 피신해 와 있었는데 타고

난 재주인 병법을 교묘하게 이용하여 부역 등에서 중인을 구사하여 장사인 항우와 함께 오중에서 대접을 받고 있는 막강한 실력자였다.

"이제 강서 지방은 다 반기를 들었는데, 그 형세를 보면 이미 하늘이 진을 멸망시킬 시운이 되었다고 본다. 자고로 선즉제인(先則制人)이고 후즉제어인(後則制於人)이 된다는 말이 있다. 그래서 그대와 환초(桓楚) 두 사람에게 거병의 지휘를 위임하고 싶다."

은통은 시류(時流)에 따라 초의 귀족이고 병법에도 능통한 실력자인 항량을 이용하려고 했으나 환초가 도망하여 행방불명이었으므로 뜻을 이루지 못했다. 그러자 항량은 그 기회를 이용했다.

"환초가 어디에 숨어 있는지 아무도 모릅니다. 오직 조카 항우만이 알고 있습니다."

그렇게 말한 뒤 항량은 방에서 나가 항우와 무슨 말인가를 나누고 다시 방으로 들어와 앉았다.

"항우를 불러 환초를 불러오도록 명령을 내려 주십시오."

"그렇게 하지."

항량은 항우를 불러들였다. 잠시 후 항량은 항우에게 눈짓을 했다.

항우는 획 칼을 뽑아 은통의 목을 잘랐다.

人

"선수를 치면 곧 남을 제압하고, 후수가 되면 남에게 제압을 당한다."는 것을 실제로 행한 것은 은통이 아니라 항량과 항우였다.

그리하여 항량은 스스로 회계 군수가 되어 군서(郡署)를 점령했고, 8천의 정병을 고스란히 손에 넣어 기세등등하게 거병하였다.

성중형외 (誠中形外)

정성 **성** · 가운데 **중** · 형상 **형** · 바깥 **외**

의미 마음 속에 성실함이 있으면 반드시 외형(外形)으로 나타난다는 뜻으로, 속마음에 들어 있는 것은 숨기려 해도 자연히 밖으로 나타나게 된다는 말이다.

출전 〈대학(大學)〉 성의장(誠意章)

해설 "이른바 그 뜻을 정성스럽게 한다고 하는 것은 스스로를 속이지 않는 것이니 나쁜 냄새를 싫어하는 것과 같이 하며, 좋은 색(色)을 좋아하는 것과 같이 하는 것으로 스스로 마음 편하게 하는 것이다. 그러므로 군자는 반드시 그 홀로 있을 때를 조심한다. 소인이 한가하게 있을 때엔 착하지 않은 일을 하되 하지 않는 것이 없다가 군자를 보면 싫어하여 그 착하지 않는 것을 가리고 그 착한 것만 나타내려 하니, 사람이 자기를 보는 것이 그 간과 폐를 보듯이 하는데 무엇이 유익하겠는가? 이것이 마음을 정성스럽게 하면 밖에 드러난다고 하는 것이다. 고로 군자는 반드시 그 홀로 있을 때를 조심한다."

원래는 성어중 형어외(誠於中 形於外)였던 것이 성중형외로 줄어든 것이다.

또 여기에 나오는 "스스로를 속이지 않는다."는 무자기(毋自欺)와 "스스로 마음이 편하다."는 자겸(自謙)과 "홀로 있을 때 조심 한다."는 신독(愼獨)이라는 말은 자주 쓰이는 낱말들이다.

성하지맹(城下之盟)

성 **성** · 아래 **하** · 어조사 **지** · 맹세 **맹**

의미 적군이 성 밑까지 쳐들어왔을 때 항복하고 체결하는 굳은 약속으로, 곧 대단히 굴욕적인 강화(講和)나 항복을 말한다.

출전 〈춘추좌씨전(春秋左氏傳)〉 환공(桓公) 12년조(年條)

ㅅ

해설 기원 전 700년, 초(楚)는 교(絞) 나라를 노리고 공격하여, 대군을 이끌고 국경을 돌파하였다. 교의 성 남쪽 문으로 쇄도하여, 물샐틈없는 진형(陣形)으로, 남쪽 문을 집중 공격했다.

교의 병사들도 성을 잘 지켜서, 문을 굳게 닫고, 공격해 나오지 않았다. 초군은 몇 번이나 총공격을 시도했지만, 그때마다 성벽 위로부터의 빗발 같은 화살을 맞고는 퇴각했다.

공격에 지친 초군의 대장은, 조급하게는 공격할 수 없다고 판단했다. 공격을 중지하고, 군대를 남문 부근에 주둔시켰다. 한편, 사자를 초의 무왕(武王)에게 보내어 전황을 보고하고, 대책에 대한 지시를 기다렸다.

장군은 어려움과 책략을 말하였다.

“교는 약소하기 때문에 계략에는 오래 견디지 못합니다. 그들의 그런 약점을 이용하는 것이 어떻겠습니까? 이런 방법이라면 이길 수 있습니다.”

무왕은 동의했고, 그 책략을 채용했다.

다음날 많은 초군의 병사가 나무꾼으로 변장하여, 교의 성 가까이까지 가서 나무를 베고, 땔감을 묶기 시작했다. 오는 사람, 가는 사람, 다발을 묶는 사람, 운반하는 사람, 모두 바쁘게 일하고 있었다.

이 광경을 본 교의 장군은 화가 나서 부하에게, 성으로부터 나가 나무꾼들을 체포하라고 명령했다. 성 밖으로 나간 병사는 곧 30여 명의 나무꾼, 즉, 초군 병사를 포박해 왔다.

교의 장군은 기뻐서 부하 병사에게 상을 주었다.

다음날 아침, 또 다른 초병의 나무꾼이 와서 나무를 베기 시작했다. 포박하면 포상 받을 것을 알고 있는 교의 병사는, 명령도 받지 않고, 앞을 다투어 성 밖으로 나아가 나무꾼들을 포박하려고 했다.

이 때, 북문 밖에 대기하고 있던, 초군의 복병이, 그 기회를 잡아 성으로 돌입하였다.

순식간에 성을 함락시켰고, 교의 성하에서 교에게 있어서는 굴욕적인 강화를 맺게 하였다.

소리장도 (笑裏藏刀)

웃을 **소** · 안 **리** · 감출 **장** · 칼 **도**

의미 겉으로는 웃음을 띠어 온화하지만, 내심으로는 음험하여 악랄한 것을 의미한다. "입에 꿀, 배에 칼"과 같은 뜻이다.

출전 〈구당서(舊唐書)〉 이의부전(李義府傳)

해설 당 태종 때, 이의부라는 사람이 있었다. 문장이 능하고, 사무(事務)에도 정통했다. 어느 때, "승화잠(承華箴)"을 써서 태종(太宗)으로부터 40필의 비단을 상으로 받았다.

고종(高宗) 즉위 후, 이의부는 더욱 벼슬이 높아졌다. 고종 즉위 6년 후, 무측천(武側天)을 황후로 하려할 때, 의부는 극력 찬동하여 황제의 신임을 얻었다.

이의부가 겉으로는 온화하고 겸손하여 항상 미소를 잃지 않았지만, 대신들은 모두, 그의 마음 속이 음험하다는 것을 알고 "소중유도(笑中有刀)"라고 소근 대고 있었다.

이의부는 자기에게 거역하는 사람을 죄로 다스렸다. 어느 때, 감옥안의 사형수 중에 미녀가 있었기 때문에 간수에게 명하여 죄를 용서하고, 출옥시켜서 첩으로 삼았다.

대리사(大理寺; 最高檢)의 책임자는 이 사실을 알고 고종에게 상서했다. 때문에, 죄수 여인을 석방한 간수는 죄를 두려워하여 자살했지만, 의부에게는 죄가 미치지 않았다.

어사(御史) 왕의방(王義方)은 이 일이 공정하지 못하다 하여, 이의부를 탄핵했다. 고종은 이의부의 죄를 불문에 붙이고 오히려 왕의방을 벌하여 지방으로 좌천시켰다.

쫓아내려 한 왕의방에게 이의부가,

"부끄러운 줄을 알아라."

하고 욕하자, 왕의방은,

"어사로서 간신을 제거할 수 없는 것이 부끄럽다."

고 응대했다.

이의부는 자신에게 아첨하는 자들을 모아 놓고, 일족에게도 재물을 받기를 권했다. 관직을 바라거나 이익을 위해서 이의부의 집에 모이는 자가 점점 늘어갔다.

마침내, 고종도 이의부 일족들이 하는 짓을 보다 못해,

"짐은 지금까지 당신을 대단히 감싸 왔으나. 더 이상 그럴 수 없다."

라고 반성을 촉구했다.

人

그러자, 이의부는 화가 나서 물었다.

"누가 그런 일을 고했습니까?"

이의부가 상대에게 보복하려 한다고 여긴 고종은,

"짐이 그렇게 생각할 뿐이다."

라고 대답하기에 이르렀다.

그러나, 이의부는 황제의 힐책에 전연 개의하지 않았다. 어느 날, 이의부는 새 인사명부(人事名簿)를 보고, 또 좋은 돈줄이 생겼구나하고 기뻐하며, 그것을 베껴 놓았다.

집에 돌아온 이의부는 아들에게 명하여, 승진될 것으로 새 인사명부에 기록되어 있는 사람을 부르게 했다.

"너는 출세하고 싶지 않은가?"

라고 말하여, 칠백 관의 돈을 뇌물로 받았다.

며칠 후, 새로운 인사(人事)가 발표 되었다. 이의부에게 뇌물을 준 사람은 승진했지만, 일부 대신들은, 이의부가 인사비밀을 악용하여 돈을 받고 있다는 것을 알고, 고종에게 상서했다.

"인사의 비밀을 누설하고, 폐하의 은총을 돈으로 팔았습니다. 백번 죽어 마땅합니다."

고종도 이번만은 감싸 주지 않고 이의부 부자를 유배시키도록 명했다.

이의부의 수 많은 악업은 하급관리로부터 백성에 이르

기까지 행해졌으므로, 관민 모두 이의부 부자의 유배 처분을 기뻐하여 손뼉 치지 않는 자가 없었다.

기원 666년, 고종은 천하에 대사면을 발하였다. 이의부는 권토중래의 좋은 기회가 왔다고 기뻐했지만, 유배 중인 자는 도시로 돌아올 수 없다고 전해 듣자 실의에 빠져 병사했다.

도시의 관리들은 이의부가 죽었다는 사실을 알고 안심하였다. 백여년 후의 시인(詩人) 백거이(白居易; 白樂天)는, "자네가 보지 못하는…웃음 속에 칼이 있고…"라고 읊어, 이 말을 유명하게 했다.

소심익익(小心翼翼)

작을 **소** · 마음 **심** · 날개 **익**

의미 세심하게 마음을 쓴다는 뜻이나 오늘날에는 담력이 없는 것을 나타내는 말로 쓰인다.

출전 〈시경(詩經)〉 대아편(大雅篇)

해설 소심익익은 〈시경〉에 나오는 시로, 이 시는 주선왕(周宣王)이 대부인 중산보(仲山甫)에게 명하여 제(齊)나라 도성을 쌓게 했을 때, 역시 같은 주조(周朝)의 명신 윤길보(尹吉甫)가 그 행사를 빛내기 위해 지어서 보낸 것이라고 한다.

사마천(司馬遷)의 〈사기〉에 의하면 "선왕(宣王)은 그 29년 강씨(姜氏)라는 이민족과 천묘(千苗)에서 싸워, 남방에서 모았던 군을 잃고 말았으므로 태원(太原) 지방에서 가가호호 점검을 하여 새로 군사를 징집하고자 했다.

그러자 중산보가 '덮어놓고 징집해서는 안 됩니다.' 하고 간하였으나 왕은 듣지 않았다."라는 기사가 보인다.

이것은 선왕이 만년이 되어 점차 폭군화한 사실의 하나를 일례로 삼아 기록한 것이다.

그만큼 선왕을 모시고 공론을 계속 주장한 중산보에게는 자연히 인망(人望)이 모였으리라.

증민(蒸民)은 주조(周朝)의 정치를 돕기 위해 하늘이 중산보를 낳게 한 것이라 칭송하고 중산보의 덕을 이렇게 노래하고 있다.

人

중산보의 덕이야말로
부드럽고 아름답고 법도가 있어
위의와 용모가 아름답구나
만사를 조심하여 처리하고
옛날의 가르침을 본받아
위의를 갖추기에 힘을 썼고
천자의 어지를 받들어 모셔
어명을 천하에 널리 폈다

송양지인 (宋襄之仁)

송나라 **송** · 오를 **양** · 의 **지** · 어질 **인**

의미 송나라 양공(襄公)이 베푼 자애라는 뜻으로, 아무런 이익도 없는 정이나 필요 없는 동정을 비유하여 쓴다.

출전 〈춘추좌씨전(春秋左氏傳)〉

해설 춘추 시대 약소국 중의 하나인 송(宋)나라에서 환공이 죽고 태자 자부(玆父)가 즉위했다.

그가 바로 양공(襄公)이다. 양공은 이복형인 목이(目夷)를 재상으로 맞아들였다.

양공 7년 송나라에는 천변지이(天變地異)가 계속되니 그 이듬해 제환공(齊桓公)이 죽었다. 그러자 양공은 환공을 대신해서 패자가 되려는 야심을 품었다. 4년 후(양공 12년) 봄, 영내인 녹상(鹿上)으로 초왕(楚王)을 초청해서 자기가 제후의 맹주가 되는 데 대해 양해를 구했다. 초성왕(楚成王)은 그것을 인정한다고 대답했다.

그러나 재상인 목이가 이의를 제기했다.

"소국에는 소국으로서 갈 길이 있습니다. 맹주가 되려고 하면 반드시 화를 초래하게 될 것입니다."

양공은 목이의 간언을 무시하고 그해 가을 제후들을 영내인 우(盂)로 불러 회맹했다. 목이는 그 허황한 야망을 한사코 말렸는데 과연 염려한 대로 초왕(楚王)은 회맹 석상에서 양공을 잡아놓고 송에 공격을 가해 왔다. 그해 겨울이 되어 제후가 박(亳) 땅에서 즉위 했을 때에야 겨우 양공은 석방되었다. 이듬해인 13년 여름, 양공은 초의 속국인 정을 공격했다. 이 일에 대해 목이는 절망했다.

"아아, 이제 송도 끝장이로구나."

과연 가을이 되자 초(楚)는 정을 도와 송을 공격해 왔다. 양공은 응전 태세를 갖추었다.

"하늘은 이미 오래 전에 우리 상(商; 殷나라를 말함. 송은 그 후예)을 버렸습니다. 아무리 몸부림을 쳐도 가망이 없습니다."

목이가 필사적으로 말렸으나 양왕은 듣지 않았다.

11월, 양왕이 인솔하는 송군은 초군(楚軍)과 홍수(泓水) 근처에서 마주쳤다. 미처 포진(布陣)을 못한 초군이 겨우 도하를 시작했다.

이 광경을 본 목이가 앞으로 나와 말했다.

"적은 우세하고 아군은 열세이니 정면으로 충돌을 하면

人

전멸을 당하게 됩니다. 적이 강을 건너기 전에 공격을 가해야 합니다."

그러나 양공은 그 말을 무시했다. 결국 초군은 도하를 끝내고 진형을 정비하기 시작했다. 여기서 다시 목이가 공격을 진언했으나 양공은 좀체로 공격 명령을 내리지 않았다.

결국 적의 임전태세가 완료된 다음 송군은 공격을 가하기 시작했다. 결과는 참패였다. 양공 자신까지 허벅다리에 화살이 꽂혀 부상을 당한 형편이었다.

"도대체 무엇을 하고 있는 거냐!"

양공을 비난하는 소리로 온 나라 안이 떠들썩했으나 양공은 뉘우치는 기색이 전혀 없었다.

"적이 전투태세도 갖추지 않은 틈을 노려 공격하는 것은 군자가 취할 길이 아니다. 상대의 진형이 정비되지 않았는데 어찌 진격 명령을 내릴 수가 있겠는가."

목이는 이런 양공의 생각을 드러내놓고 비판했다.

"싸움이란 이기는 것이 목적인데 어찌 평시의 예의가 적용되겠습니까. 그런 생각이라면 처음부터 싸우지 말고 노예가 돼버리는 게 낫지요."

그래도 양공은 그 야망을 버리지 못했으나 2년 후 여름, 홍수싸움에서 입은 상처가 원인이 되어 세상을 떠나고 말았다.

수구초심 (首丘初心)

머리 **수** · 언덕 **구** · 처음 **초** · 마음 **심**

의미 여우는 구릉(丘陵)에 굴을 파고 사는데 죽을 때는 장소가 어디든간 그 머리를 자기가 살던 구릉 쪽에 둔다. 이것은 곧 그 근본(根本)을 잊지 않기 때문이다. 따라서 이 성어는 그 근본을 잊지 않는 것 또는 고향을 절실히 그리는 향수 등을 일컫게 되었다.

출전 〈예기(禮記)〉 조궁상편(槽弓上篇)

ㅅ

해설 "태공(太公)은 영구(營丘)에 봉하여졌는데 계속해서 5대에 이르기까지 도리어 주(周)의 호경(鎬京)에서 장사지내졌다. 군자께서 이르시길 음악은 그 자연적으로 발생하는 바를 즐기며 예(禮)란 그 근본을 잊어서는 안 되는 것이다. 옛사람의 말에 이르되 여우가 죽을 때에 머리를 자기가 살던 굴 쪽으로 바르게 향하는 것은 인(仁)이라고 하였다."

여기서 태공(太公)은 태공망(太公望), 즉 문왕과 무왕을 도와서 은나라를 멸하고 주(周)나라를 일으킨 여상(呂尙)을 가리키며, 영구(營丘)란 제(齊)나라에 있던 곳을 말한다.

수서양단(首鼠兩端)

머리 **수** · 쥐 **서** · 두 **양** · 첫 **단**

의미 구멍에서 머리를 내밀고 나갈까말까 망설이고 있는 쥐라는 말로, 애매한 태도를 가리킨다.

출전 〈사기(史記)〉 위기무안열전(魏其武安列傳)

해설 전한(前漢) 제4대 경제(景帝)부터 제5대 무제(武帝)에 걸쳐 위기후(魏其候) 두영(竇嬰)과 무안후(武安候) 전분(田蚡)은 세력 다툼에 여념이 없었다. 위기후는 제3대 문제(文帝)의 오촌(五寸)이고, 무안후는 경제의 황후 동생으로 한실(漢室)로서는 관계가 깊은 사이였다.

그런데 두영의 배경이던 두태후(竇太后)가 죽고 전분의 배경인 왕태후(王太后)가 오르자 위기후는 차츰 몰락해 갔다. 어느 날 무안후는 새 장가를 들고 축하연을 베풀었다. 그 자리에서 무안후는 위기후 쪽의 사람들에 대해 차별대우를 하였다. 그것에 불만을 품은 위기후의 친구인

용장 관부(灌夫)가 술김에 행패를 부리게 되었다.

무안후는 관부를 옥에 가두고 불경죄(不敬罪)라는 명목으로 사형에 처하고 가족까지 몰살시키려 했다. 그러자 위기후가 관부를 두둔하고 무제(武帝)에게 상소를 올림으로써 이 문제는 조신(朝臣)들의 공론에 붙이게 되었다. 이때 어사대부(御史大夫) 한안국(韓安國)이 중립적인 태도로 말했다.

"양쪽 말에 다 일리가 있어 판단하기 곤란합니다. 따라서 폐하의 재단(裁斷)을 바랄 뿐입니다."

또 동석하고 있던 내리(內史)인 정(鄭)은 처음에 위기후의 편을 들었으나 형세가 무안후 쪽으로 기울자 뚜렷한 의견을 말하지 않았다.

그래서 무제는 내리를 나무라며 토론을 중단하고 말았다. 무안후는 조정에서 나오자 어사대부를 불러 호통을 쳤다.

"왜 너는 구멍에서 머리만 내밀고 나갈까말까 하며 망설이는 쥐처럼 뚜렷안 의견도 없이 주춤거리고 있느냐?"

어사대부는 그 말에는 답변을 하지 않고 잠시 생각하고 있다가 말했다.

"명안이 있습니다. 우선 재상 자리에서 물러난 후 이렇게 말씀하십시오. '위기후를 나쁘게 말하고, 고집을 세워 폐하께 심려를 끼친 점 진심으로 죄송스럽게 생각하며

ㅅ

삼가 책망을 기다리고 있습니다. 이렇게 부족한 제가 재상 자리에 앉아 있다는 것은 과분한 일입니다. 그러하온즉, 처분만을 기다리겠습니다.' 그렇게 하면 제(帝)는 틀림없이 당신의 겸양을 덕으로 보고 결코 파면시키지는 않을 것입니다. 그러면 위기후는 부끄러움을 못 이겨 자살을 하겠지요. 두 분이 서로 욕하고 험담하는 것은 어른답지 못한 짓이라고 생각되지 않으십니까?"

무안후는 결국 어사대부의 꾀에 의해 제의 신임을 얻었다.

이렇게 하여 결국 위기후와 관부는 일족까지 모조리 처형을 당하였다.

수석침류 (漱石枕流)

이닦을 **수** · 돌 **석** · 베게 **침** · 흐를 **류**

의미 돌로 양치질하고 흐르는 물을 베개로 삼는다는 뜻으로, 남에게 지기 싫어하는 마음이 유별남을 비유하는 말로 흔히 쓰인다.

출전 〈진서(晋書)〉 손초전(孫楚傳)

해설 진(晋)나라 초기 손초(孫楚)라는 이름의 사나이가 있었다. 자는 자형(子荊)이었는데 문재(文才)가 뛰어났다.

당시에는 노장학이 성해서 속세를 피해서 숨을 만한 곳을 구하는 경향이 강했고 세속적인 도덕 명분을 경시하여 노장의 천리를 논하는 것이 중시되었다.

이것은 청담(淸談)이라 불리면서 사대부 간에 유행되었는데 그 첨단에 완적(阮籍), 혜강(嵇康) 등이 모인 죽림칠현(竹林七賢)이 있었다.

손초도 젊었을 때 그런 풍조를 따라 산림에 은신하려고

ㅅ

했지만 사십이 넘어 석포(石苞) 밑에서 참군(參軍) 노릇을 하며 석포를 위해 오주 손호(吳主孫皓)에게 보내는 투항 권고문 등을 작성했다. 후에 풍익(馮翊)의 태수가 되어 원강(元康) 3년(293년)에 죽었다고 하므로 60세가 되었음직하다.

그 손초가 젊었을 때의 일이다. 속세를 떠나 산림에 은신하기로 결심하고 친구인 왕제에게 있는 그대로를 털어놓았다.

그때, "돌을 베개 삼아 눕고 흐르는 물로 양치질 한다.(枕石漱流)"라고 해야 할 것을 "돌로 양치질하고 흐르는 물을 베개 삼는다.(漱石枕流)"라고 잘못 말해 버렸다.

"흐르는 물을 베개로 벨 수 있는가? 그리고 돌로 어떻게 양치질을 한단 말인가?"

왕제가 그 말을 듣고 반박하자 손초는 재빨리 변명했다.

"흐름을 베개로 한다는 것은 옛날의 은자인 허유(許由)와 같이 쓸데없는 소리를 들었을 때 귀를 씻으려고 하는 것이고, 돌로 양치질한다는 것은 이를 닦으려는 것일세."

수어지교 (水魚之交)

물 **수** · 물고기 **어** · 의 **지** · 사귈 **교**

의미 물고기는 물이 있어야 살 수 있는 것과 같이 부부나 군신관계의 서로 끊을래야 끊을 수 없는 친밀한 사이를 뜻한다. 변하지 않는 깊은 교우 관계에도 이 성어를 쓴다.

출전 〈삼국지(三國志)〉 촉지 제갈량전(蜀志 諸葛亮傳)

ㅅ

해설 후한(後漢) 최후의 황재인 헌제(獻帝)를 세워 그 그늘 밑에서 제멋대로 행동을 자행하던 대신 동탁(董卓)이 멸망하자 오(吳)를 본거지로 한 손책(孫策), 손권(孫權)은 주유(周瑜), 노숙(魯肅) 등 지모가 뛰어난 인재를 모아 강동에 세력을 구축해 갔고, 한편 조조(曺操)는 산동(山東)에서 황하 유역을 제압하고 있었다.

그러나 한(漢)의 재흥(再興)을 목표로 군사를 일으킨 유비(劉備)는 비록 관우, 장비, 조운과 같은 천하제일의 용장을 거느렸으나, 거점으로 할 기반이 없어 종형뻘 되는 형주의 유표(劉表)에게 몸을 의탁하고 있는 형편이었다.

그러던 중 유비는 서서(徐庶)의 권유로 공명을 찾아가 삼고초려(三顧草廬) 끝에 결국 자신의 군사(軍師)로 맞이하게 되었다.

공명의 높은 식견과 원려(遠慮)에 감복한 유비는 스승의 예로써 대하며 침식을 같이 하였다. 당시 37세였던 공명을 이처럼 극진히 우대하자 관우, 장비가 불평을 늘어놓았다.

"공명이 나이도 어리거니와 학식이나 재주도 뛰어나지 않은 것 같은데 형님께선 어찌하여 그처럼 후한 대접을 하십니까?"

"내가 공명을 얻은 것은 물고기가 물을 만난 것과 같은 것이니 두 번 다시 거기에 대해 여러 말 하지 말라."고 하여 유비는 두 동생을 나무랐다고 한다.

수주대토 (守株待兎)

지킬 **수** · 줄기 **주** · 기댈 **대** · 토끼 **토**

의미 그루터기를 지키며 토끼가 나오기만을 기다린다는 뜻으로, 어떤 착각에 사로잡혀 가능성이 없는 일을 고집하는 융통성 없는 처사를 가리키거나 발전이 없는 것을 비유하는 말이다.

출전 〈한비자(韓非子)〉 오두편(五蠹篇)

해설 송(宋)나라에서 있었던 일이다.

한 농부가 하루는 밭을 갈고 있는데 토끼 한 마리가 급하게 달리다가 밭 가운데 있는 그루터기에 머리를 들이받고 목이 부러져 죽었다.

토끼를 쉽게 얻은 농부는 그 후부터 농사일을 집어던지고 날마다 밭두둑에 앉아 토끼를 기다렸다.

그러나 토끼는 두 번 다시 그곳에 나타나지 않았고, 손질을 하지 않은 농부의 밭은 잡초만 무성하게 자라 버렸다.

순망치한 (脣亡齒寒)

입술 **순** · 없을 **망** · 이빨 **치** · 찰 **한**

의미 입술이 없으면 이가 시리다는 뜻으로, 평소에는 별로 느끼지 못했던 것이 어떤 피해를 입게 되었을 때 여파가 미치는 경우, 즉 한쪽에 지장이 있으면 다른 한쪽도 같은 운명에 처하게 됨을 비유해서 일컫는다.

출전 〈춘추좌씨전(春秋左氏傳)〉 희공 오년조(僖公 五年條)

해설 춘추시대, 진(晋)의 헌공(獻公)은 괵(虢)이 자주 진의 국경을 침략하자, 화가 나서, 군사를 이끌고 나아가 일격에 괵을 섬멸해 버리려고, 중신들과 상의했다.

그러자, 대부 순식(筍息)이 계략을 진언했다.

"괵과, 그 이웃나라 우(虞)와는 입술(脣)과 이(齒)와의 관계이기 때문에, 가장 좋은 방책은, 우에게서 길을 빌려서, 먼저 괵을 무찌르고, 이어서 우를 치는 것입니다."

그러나, 헌공은, 우가 과연 길을 빌려 줄지 알 수 없었다. 주저하고 있던 순식은 말을 계속했다.

"보석과 좋은 말을 준다면, 탐욕한 우왕(虞王)이 듣지 않을 리 없습니다."

말과 보석은, 헌공이 대단히 아끼고 사랑하는 것이어서, 공은 망설였다. 순식이 또다시 말했다.

"괵이 무너지면 우는 존립할 수 없으므로 보석과 좋은 말도 잠시 우왕에게 맡겨 놓는 것 뿐 입니다."

순식에게 설득된 헌공은 보석과 아끼는 말을 사자에게 맡겨 출발 시켰다. 예물을 본 우왕은 대단히 기뻐하여, 곧 길을 빌려 주기를 승낙하였다. 그러나, 대신(大臣) 궁자기(宮子奇)가 여기에 반대하여 우왕에게 간언했다.

"속된 말로, 입술이 없으면 이가 시립니다. 우와 괵과는 '순치' 의 관계여서, 괵이 멸망하면 우도 안전할 수 없습니다. 절대로 길을 빌려 주어서는 안 됩니다. 통촉해 주십시오."

그러나, 우왕은 듣지 않고, 예물을 받고 진에게 길을 빌려 주었다. 궁자기는 절망하여, 난을 피하기 위해 가족을 데리고 우를 떠났다.

"우는 곧 멸망 할 것입니다. 반드시 올해 안에…."

진군(晋軍)은 우를 거쳐, 곧 괵을 공격했다. 괵은 설마 진군이 우로부터 공격해 올 줄은 생각도 못했기 때문에, 손을 쓸 겨를도 없이 진군에게 패하여 멸망해 버렸다.

괵을 공격하여 멸망시킨 진군은, 원래 온 길, 즉, 우나라 땅을 통해 개선 길에 올랐다.

우왕은 스스로 성 밖까지 나가서 진군을 환영했다. 승리를 축하하기 위해서였다. 진의 대군이 우왕에게로 몰려왔다.

우왕 가까이에는 호위병이 적었다. 그 허술함을 본 진군은, 갑자기 우르르 달려들어, 우왕과 대신들을 포박해 버렸다. 방심하고 있던 우왕은 꼼짝없이 꽁꽁 묶여 버렸다.

진군은 진왕이 보냈던 보석과 말을 찾아냈다. 묶인 몸이 된 우왕은, 궁자기의 "입술이 없으면 이가 시리다."는 충고를 듣지 않은 것을 후회했지만, 이미 때는 늦은 터였다.

식언 (食言)

먹을 **식** · 말씀 **언**

의미 한번 내뱉었던 말을 다시 입속에 넣는다는 뜻으로, 앞서 한 말을 번복하거나 약속을 지키지 않고 거짓말을 하는 경우에 많이 쓰인다.

출전 〈서경(書經)〉 탕서(湯誓), 〈춘추좌씨전(春秋左氏傳)〉

ㅅ

해설 탕서(湯誓)란 은(殷)나라 탕(湯)임금이 하(夏)나라 걸왕(桀王)을 치기 위해 군사를 일으켰을 때 모든 사람들에게 맹세한 말이다.

그 끝부분에서 병사들의 규율을 강조하여 다음과 같이 선언했다.

"너희들은 나 한 사람을 도와서 하늘이 무도한 걸왕에게 내리는 벌을 대신하기 바란다. 공을 세운 자에게는 반드시 큰 상을 내릴 것이니 너희들은 이 말을 의심하지 말라. 나는 내가 한 말을 다시 삼키지 않는다. 또한 너희들 중 명령을 거역하는 자가 있을 때는 일족을 멸하겠다."

또 식언이란 말은 〈춘추좌씨전〉에도 몇 곳인가 나온다.

그 중에서 특히 재미있는 것은 애공(哀公) 25년(기원 전 470년) 때의 다음과 같은 기록이다.

노나라 애공이 월(越)나라로부터 돌아왔을 때 계강자(季康子)와 맹무백(孟武伯)이란 두 대신이 오오(吾梧)란 곳까지 마중을 나와 그곳에서 축하연을 베풀었다.

술좌석에서 맹무백이 애공의 어자(御者)인 곽중(郭重)을 놀리며 "몸이 꽤 뚱뚱하다."고 하자 애공은 맹무백의 말을 받아 "이 사람은 말을 많이 먹으니까 살이 찔 수밖에 없지."하고 농담을 던졌다.

앞서 곽중은 두 대신이 임금의 험담을 하고 있다고 귀띔해 준 일이 있었다.

그래서 애공이 그 두 대신을 꼬집어서 그런 말을 한 것이다.

식자우환 (識字憂患)

알 **식** · 글자 **자** · 근심 **우** · 근심 **환**

의미 글자를 아는 것이 오히려 근심의 근원이 된다는 뜻으로, 서투른 지식 때문에 도리어 일을 망치게 되는 경우에 사용한다.

출전 〈삼국지(三國志)〉

ㅅ

해설 유현덕(劉玄德)이 제갈량(諸葛亮)을 얻기 전에는 서서(徐庶)가 현덕의 군사(軍師)로 있으면서 지략을 도맡아서 짜내다시피 했다.

조조는 자신의 모사(謀士) 정욱의 말에 의해 서서가 효자라는 것을 알고 그의 어머니의 손을 빌어 그를 끌어들이려는 계획을 꾸몄다.

그러나 서서의 어머니인 위부인은 학식이 높고 명필인데다가 의리가 투철한 여자였기 때문에 아들을 불러들이기는커녕 도리어 자기 걱정은 하지 말고 한 군주를 섬기는 데에만 최선을 다하라고 격려하는 형편이었다.

그래서 하는 수 없이 조조는 정욱의 계책대로 서서에게 보내는 위부인의 답장을 가로채 글씨를 모방해서 조조의 도움을 받아 잘 있으니 위나라로 돌아오라는 내용의 편지로 꾸며서 서서에게 보냈다.

편지를 받고 집으로 돌아온 아들을 보자 위부인은 영문을 몰라 어리둥절하였다. 아들의 이야기를 듣고 나서야 비로소 위부인은 조조의 모략에 의한 것임을 깨닫게 되었다.

"여자가 글자를 안다는 것부터가 걱정을 낳게 한 근본 원인이다."라고 하며 위부인은 자식의 앞길을 망치게 되었음을 한탄하였다.

식지동
(食指動)

먹을 **식** · 손가락 **지** · 움직일 **동**

의미 식지는 식사 때만 필요하다고 해서 이름 붙여진 집게손가락을 말하며, 즉 음식이나 사물에 대한 욕심이 간절할 때 식지가 저절로 움직인다는 말이다. 구미가 당길 때나 야심을 품는 다는 뜻으로 쓰인다.

출전 〈춘추좌씨전(春秋左氏傳)〉 선공 사년조(宣公 四年條)

人

해설 어떤 초인(楚人)이 큰 자라를 정(鄭)의 영공(靈公)에게 바쳤다. 바로 그때 공자 송(公子宋)과 공자 가(公子家)도 영공을 뵙기 위해 궁으로 들어가는데 공자 송의 식지(食指)가 저절로 움직였다.

공자 송은 그것을 공자 가에게 보이며 말했다.

"지금까지의 경험에 의하면 식지가 움직일 때 마다 꼭 맛있는 음식을 먹게 됐었지."

궁에 들어갔더니 아니나 다를까, 요리사가 큰 자라를 요리하고 있었으므로 두 사람은 서로 마주보며 웃었다. 영공이 의아해하며 웃는 까닭을 묻자 공자가 그 연유를 자세히 설명하였다.

"그렇다고는 해도 과인이 주지 않으면 먹지 못할 것이 아닌가?"

영공은 장난기 어린 말을 던지고 요리사에게 요리를 사람 숫자보다 한 그릇 모자라게 담도록 시켰다. 그리고는 자라 요리를 먹게 되었을 때 공자 송에게만은 요리를 주지 않았다.

화가 난 공자 송은 모욕을 당한 것을 분하게 생각하고 자라를 삶은 솥으로 달려가서 남은 고기를 건져 먹고 나서,

"이렇게 먹었는데 내 예측이 맞지 않는단 말이오?"
하고는 바로 퇴청하고 말았다.

공자 송의 태도를 불손하다고 여긴 영공은 공자 송을 죽여 버릴 작정을 했다.

한편 공자 송 쪽에서도 다가올 사태를 짐작하고 있었으므로 선수를 치려는 생각을 하고 있었다. 그래서 공자 가에게 상의를 하였으나 공자 가는 고개를 저으면서 말했다.

"오래된 가축도 죽이려 들면 마음이 아픈 법인데 군주(君主)를 어떻게 그럴 수 있겠는가?"

그러나 공자 송은 포기하지 않고 공자 가를 협박하여 마침내, 그해 여름 영공을 죽이고 말았다.

암중모색 (暗中摸索)

어두울 **암** · 가운데 **중** · 더듬을 **모** · 찾을 **색**

의미 컴컴한 곳에서 손을 더듬어 찾는다는 말로, 정확하게 모르면서 어림짐작으로 맞힌다는 뜻으로 쓰인다.

출전 〈수당가화(隋唐佳話)〉

해설 당(唐)나라의 허경종(許敬宗)이란 학자는 건망증이 심해서 남의 얼굴을 곧 잊어버리곤 했다.

학자였으므로 학문에 있어서는 기억력이 좋을 텐데도 어찌된 영문인지 세상사에 관해서는 통 아는 바가 없을 뿐 아니라 아는 얼굴을 잊거나 잘못 아는 경우가 많았다.

"저 사나이의 건망증은 대단해!"

많은 사람들이 비웃자 허경종은,

"세상에 알려져 있지 않은 평범한 인간의 얼굴 같은 걸 기억하는 것은 불필요한 노력의 낭비이다."

하고 큰 소리를 치고 나서 자기가 존경하는 하손(何孫),

유효작(劉孝綽), 심약(沈約), 사조(謝朓) 등 문단의 대가들을 죽 들고 나서 이런 사람들이라면 암중모색(暗中摸索)을 해도 역시 알 수 있다고 말했다 한다.

압권 (壓卷)

누를 **압** · 책 **권**

의미 서책 중에서 가장 잘 된 것이나 잘 지은 대목, 시문(詩文)을 이르는 말이었으나, 오늘날에 와서는 가장 뛰어난 부분이나 또는 그런 물건을 일컫게 되었다.

출전 〈미상(未詳)〉

해설 옛날 과거를 본 뒤 성적을 채점해서 이름을 발표할 때 최고의 점수로 급제한 사람의 답안은 따로 빼놓았다가 다른 답안 위에 올려놓는 관습이 있었다.

즉 가장 우수한 답안이 다른 모든 답안을 누르는 것이라 해서 압권(壓卷)이란 말이 생겨난 것이다.

앙급지어 (殃及池魚)

재앙 **앙** · 미칠 **급** · 못 **지** · 고기 **어**

의미 재앙이 갑자기 아무런 죄도 없는 연못의 고기들에게까지 미친다는 뜻으로, 즉 생각지도 않던 화를 당하게 되는 것을 말한다. 특히 뜻밖에 재해를 당하게 되는 경우에 비유되어 쓰인다.

출전 〈여씨춘추(呂氏春秋)〉 필기편(必己篇)

해설 춘추 시대 송나라 때에 사마환(司馬桓)이란 사람이 소중한 보주(寶珠)를 가지고 있었는데, 죄(罪)를 짓고는 벌을 받기 전에 재빨리 그 보주를 가지고 도망쳐 버렸다. 그런데 환이 보주를 가지고 도망쳤다는 말을 들은 왕은 어떻게든 그것을 손에 넣으려고 마음먹었다.

그래서 사람들을 풀어서 환을 찾아 보주의 출처를 물었다.

환은 아주 냉정하게 대답하였다.

"아아, 그 보주 말입니까? 그건 내가 도망칠 때 연못 속에 던져버렸습니다."

어떤 수단을 써서라도 보주를 손에 넣고 싶었던 왕은, 환의 말을 믿고 곧 신하들에게 명령해서 연못 속을 찾아보게 했다.

물이 있는 연못을 아무리 더듬어 보아야 나올 리가 없었다. 결국에는 많은 사람들을 동원하여 연못물을 퍼내게 하였으나 역시 보주는 나오지 않았다.

결국 연못 속에서 평화롭게 살던 물고기들만 죽게 된 것이다.

또 다음과 같은 이야기도 있다.

춘추 전국 시대에 초(楚)나라 왕궁에서 기르고 있던 원숭이가 도망쳤다.

그래서 원숭이를 잡으려고 숲의 나무와 가지를 모두 잘라 버렸다.

또 어느 때 성문에 화재가 나자 옆에 있는 연못에서 물을 퍼와 소화작업을 하였다.

그 덕분에 연못물이 말라 버려 물고기가 모두 죽어 버렸다고 한다.

양두구육
(羊頭狗肉)

양 **양** · 머리 **두** · 개 **구** · 고기 **육**

의미 양의 머리를 걸어놓고 개고기를 판다는 현양두매구육(縣羊頭賣拘肉)이란 말이 줄어진 것으로, 겉보기에는 그럴 듯하고 좋으나 속은 겉만 못할 경우에 흔히 사용한다.

출전 〈항언록(恒言錄)〉〈안자춘추(晏子春秋)〉

해설 춘추 시대의 제영공(齊靈公)은 어여쁜 여자에게 남자의 옷을 입혀놓고 즐기는 변태적 취미를 가지고 있었다. 궁중의 이같은 풍습은 곧 민간에까지 퍼져 그것이 곧 유행으로 변해 제나라에는 남장을 하는 여자들이 날로 늘어가고 있었다.

이 사실을 알게 된 영공은 천한 것들이 임금의 흉내를 낸다고 해서 이를 금하라는 영을 내렸다.

그러나 좀 체로 그런 풍조(風潮)가 없어지지를 않았다.

이상하게 생각한 영공은 안자에게 물었다.

그러나 안자는 이렇게 대답했다.

"궁중에서는 여자에게 남장을 하게 허락하시면서 백성들만 못하도록 금지하고 계십니다. 이것은 쇠머리를 문에 걸어놓고 안에서는 말고기를 파는 것과 같습니다. 임금께서는 궁중부터 단속을 하셔야 합니다. 그러시면 밖에서는 감히 남장을 하는 여자가 없게 될 것입니다."

영공은 곧 궁중에서도 남장을 금했다.

그랬더니 과연 한 달이 채 못 되어서 제나라 전체에 남장한 여자가 없게 되었다는 이야기이다.

또 〈안자춘추〉에는 쇠머리를 문에 걸어놓고 말고기를 판다고 나와 있다.

ㅇ

양상군자 (梁上君子)

대들보 **양** · 윗 **상** · 스승 **군** · 남자 **자**

의미 대들보 위의 군자라는 뜻으로, 도둑을 일컫는 말이나 천장의 쥐를 말할 때도 쓴다.

출전 〈후한서(後漢書)〉 진식전(陣寔傳)

해설 후한의 진식은 청렴결백, 품행방정하며, 학문에 뛰어나서 정무에도 정통했기 때문에 사람들로부터 존경받았다.

어느 날 밤, 그는 잠을 자다가 들보 위에서 나는 소리를 들었다. 보니, 도둑이 숨어 있었다.

진식은, 항상 아들과 손자의 교육에 엄격했다.

그는 집안에 숨어든 도둑을 즉시 교육에 이용하려고, 밤중임에도 불구하고 아들과 손자를 불렀다.

무슨 일인가 하고, 모두 그의 방에 모였다.

불안한 듯한 아들과 손자에게 진식은 엄숙하게 말했다.

"인간은 스스로 노력하지 않으면 안 된다. 그렇지 않으면, 지금 들보 위에 숨어 있는 군자처럼 된다."

들보 위에서 듣고 있던 도둑은, 이 말에 깜짝 놀라, 당황하여 뛰어 내려와 진식의 앞에 무릎을 끓고 용서를 빌었다.

이후에는 절대 도둑질을 하지 않고 참된 인간이 될 것을 맹세했다.

진식은 도둑을 훈계한 후에 방면해 주었다.

양약고구
(良藥苦口)

좋을 **양** · 약 **약** · 쓸 **고** · 입 **구**

의미 좋은 약은 입에 쓰지만 병에는 잘 듣는다는 말로, 충언(忠言)은 귀에 거슬리나 행실에는 많은 도움을 준다는 의미로 쓰인다.

출전 〈사기(史記)〉 유후세가(留侯世家)

해설 한(漢) 원년(기원 전 26년) 유방이 진의 수도였던 함양(咸陽)으로 들어갔을 때의 일이다.

주색을 즐겨했던 유방은 장대한 진의 아방궁으로 들어가자 화려한 장막, 수많은 재보, 거기다 수천 명에 이르는 궁녀에 현옥되어 그곳을 떠나고 싶지 않았다.

이런 유방의 심중을 눈치 챈 번쾌가 유방에게 간언했다.

"이 궁전에서 나가셔야 합니다."

그러나 유방은 듣지 않았다. 그것을 안 참모인 장량(張良)은 궁전을 보인 것을 후회하며 유방에게로 갔다.

“애당초 진(秦)이 도리에 어긋나는 짓만 해서 민심이 떠났기 때문에 주군께서 쉽게 진의 영지를 점령할 수가 있었던 것입니다. 천하를 위해서 적을 제거 했다면 검소한 생활을 해야 명목이 섭니다. 그런데 진의 땅으로 들어오자마자 환락에 젖는다면 그야말로 저 호화로웠던 하(夏)의 걸왕과 다름없이 잔혹한 짓을 따르는 결과가 되고 맙니다. ‘충언은 귀에 거슬리나 행실에는 이가 되고, 좋은 약이 입에 쓰나 병에는 잘 듣는다.’는 말을 상기하시고 부디 번쾌의 말을 들으십시오.”

충언을 받아들인 유방은 진의 창고를 봉인하고 다시 패상으로 돌아갔으므로 인망이 오른 것은 말할 나위도 없다.

본시 유방은 농민 출신이었다. 그런데 같은 농민 출신인 진승(陳勝)과 같이 실패를 하지 않은 것은 부하가 유능했기 때문이기도 하고, 부하들이 존경해서 따르는 인품을 갖추었기 때문이기도 하다.

어부지리(漁父之利)

고기잡을 **어** · 사내 **부** · 의 **지** · 이로울 **리**

의미 도요새와 조개가 서로 싸우다가 둘 다 어부에게 잡히고 마는 것과 같이 두 사람이 이해관계로 한 치의 양보도 없이 다투는 동안에 아무런 관련도 없는 제3자가 이득을 보게 되는 것을 말한다.

출전 〈전국책(戰國策)〉

해설 전국시대. 진(秦)은 여러 나라를 쳐서 천하를 제압하려고 꾀했다. 그 때, 조(趙)와 연(燕)의 사이에 마찰이 일어나, 조는 연을 공격하려 하였다.

연의 소대(蘇代)라는 사람이 조로 가서 혜왕(惠王)에게 말했다. 소대는 직접화법으로 혜왕에게 말하지 않고, 하나의 사건을 인용했다.

그것은, 그가 조에 오는 도중에 이수(易水)를 건널 때에 본 하나의 광경이었다.

커다란 대합이 모래밭에서 입을 벌리고 일광욕을 하고 있었다. 그곳에 날아온 도요새가, 좋은 모이라고 생각하고, 그 살을 쪼았다.

큰 대합은 당황하여 입을 다물고 도요새의 부리를 꽉 물었다.

둘 다 양보하지 않고 사력을 다해 싸우고 있을 때, 길을 지나가던 늙은 어부가 이것을 보고 대단히 기뻐하며, 즉시 둘 다 잡아 가지고 돌아갔다. 이야기를 마치고, 소대는 강경하게 말하였다.

"지금 조는 연을 치려하고 있습니다만, 두 나라의 힘은 비슷하기 때문에, 양국 모두 국력을 손실할 뿐입니다. 제가 두려워하는 것은 진(秦)입니다."

"진은 틀림없이 어부처럼, 앉아서 이익을 얻게 되겠지요. 생각을 바꾸어 주십시오."

혜왕은 소대의 말을 이해하고서, 연에 대한 군사행동을 중지시켰다.

엄이도령(掩耳盜鈴)

가릴 **엄** · 귀 **이** · 훔칠 **도** · 방울 **령**

의미 귀를 막고 방울을 훔친다는 뜻으로, 자기에게 들리지 않으면 남에게도 들리지 않는 줄 아는 어리석은 행동을 일컫는다.

출전 〈여씨춘추(呂氏春秋)〉 불구론(不苟論)의 자지편(自知篇)

해설 진(晋)나라 육조판서의 한 사람인 범씨(范氏)는 다른 네 사람에 의해 중행씨(中行氏)와 함께 망하게 되었다. 이 범씨가 망하게 되자 그 기회를 틈타 범씨 집 종을 훔친자가 있었다. 그러나 종을 지고 가기에는 너무 무거웠기 때문에 이를 깨뜨려서 여러 차례에 나누어 옮길 생각으로 망치로 종을 내리쳤다.

그러나 꽝! 하는 요란한 소리가 났고, 도둑은 그 소리 때문에 잡히게 될지도 모른다는 두려운 생각이 든 나머지 얼른 손으로 자신의 귀를 막았다는 얘기이다.

〈여씨춘추〉에는 이 이야기를 한 다음 전국 시대에 명군

(名君)의 하나였던 위문후(魏文侯)의 이야기를 다음과 같이 들어 바른말하는 신하를 소중히 여겨야 한다는 비유로 쓰고 있다.

위문후가 신하들과의 주석에서 자신에 대한 견해를 기탄없이 들려 달라고 한 적이 있었다. 그러자 대신들은 한결같이 임금의 좋은 점만을 들어 침이 마르도록 칭송했다. 그러나 임좌(任座)의 차례가 되자 그는 임금의 약점을 꼬집으며 이렇게 말했다.

"임금께서는 중산(中山)을 멸한 뒤에 아우를 그곳에 봉하지 않으시고 태자를 그곳에 봉하셨습니다. 그러므로 도를 어긴 임금인 줄로 아뢰옵니다."

그 말을 들은 문후가 정색을 하며 노여운 기색을 보이자 임좌는 문후를 경멸하는 듯 한 표정을 짓고 급히 밖으로 나가 버렸다.

그러자 다음 차례인 적황(翟黃)이 이렇게 말했다.

"우리 임금님은 어진 임금입니다. 옛말에 임금이 어질어야 신하가 바른 말을 할 수 있다 했습니다. 그런데 조금 전 임좌가 바른말 하는 것을 보니 임금께서 어진 것을 알 수 있습니다."

이 말을 들은 문후는 곧 자신의 태도를 반성하고 급히 임좌를 부르게 한 다음 몸소 뜰 아래까지 내려가 그를 맞이한 후 상좌(上座)에 앉게 했다 한다.

역린 (逆鱗)

거스릴 **역** · 비늘 **린**

의미 용의 턱 아래에 거꾸로 난 비늘을 말하는데, 군주의 노여움을 비유하여 일컫는다.

출전 〈한비자(韓非子)〉 세난편(說難篇)

해설 용(龍)은 불가사의한 힘을 가지고 있는 상상상(想傷上)의 동물이다. 봉(鳳), 인(麟), 귀(龜)와 함께 사령(四靈)으로 일컫기도 한다. 비늘이 있는 것의 으뜸으로 능히 구름을 일으키고 비를 부른다고 한다.

〈한비자〉의 세난편(說難篇)에 보면 이 용을 들어 군주의 노여움을 비유하고 있다.

“용은 순한 짐승이다. 길들이면 타고 다닐 수도 있을 정도이다. 그러나 그 턱 밑에 지름이 한 자쯤 되는 거꾸로 붙은 비늘, 역린(逆鱗)이 하나 있다. 만약 이것에 손을 대는 자가 있으면 용은 반드시 그 사람을 죽이고 만다. 군주에게도 그 역린이 있다."

여기서 임금의 노여움을 역린이라고 하게 되었는데 임금이 아닌 경우라도 권한을 가진 사람이면 이 말을 쓸 수 있을 것이다.

ㅇ

연리지 (連理枝)

이을 **연** · 다스릴 **리** · 가지 **지**

의미 서로 다른 나무의 가지와 가지가 맞닿아서 서로 결이 통하게 되는 것으로, 보통 효(孝)에 결부시켜 이야기하였으나 지금은 부부간의 깊은 애정을 비유하여 흔히 쓴다.

출전 〈후한서(後漢書)〉 채옹전(蔡邕傳)

해설 후한말의 문인 채옹(蔡邕)은 경전의 문자 통일을 꾀했던 학자로 태학문(太學文) 밖에 비를 세운 것으로 알려졌지만 효자로서도 유명하다.

그의 어머니는 병이 들어서 만년에는 줄곧 병석에 누워 있었다. 옹은 병간호에 정신을 쏟느라 3년 동안 옷을 벗고 편안하게 잠을 잔 적이 없었다.

또 어머니의 병이 악화되자 백일 동안은 잠자리에도 들지 않았다 한다. 그처럼 정성스런 간호에도 불구하고 어머니가 돌아가시자 그는 무덤 곁에 초막을 짓고 거기서 복상을 하며 예법에 따라 그대로 실행했다.

그 후 옹의 방 앞에 두 그루의 나무가 자라났는데 커가면서 서로 붙더니 나중에는 나무결까지 하나가 되고 말았다. 세상 사람들은 그것을 기이하게 여겨 옹의 효도가 이 진기한 현상을 가져왔다고 믿었다.

여기서는 연리(連理)를 효와 결부시켜 말하고 있으나, 후에는 오히려 송(宋)나라 강왕(康王)의 포학에 굴하지 않았던 한빙(韓憑)과 그의 처 하씨(何氏)의 이야기로 부부애를 비유하는 말로 쓰이게 되었다.

백거이(白居易)의 장한가(長恨歌)에 현종황제와 양귀비가 서로 맹세한 말에서 그 예를 찾을 수 있다.

"하늘에 있어서는 원컨대 비익(比翼)의 새가 되고, 땅에 있어서는 원컨대 연리의 가지가 되겠다."

"비익의 새"는 날개가 하나밖에 없는 새로 두 마리가 나란히 합쳐져야 비로소 날 수가 있다고 한다.

연목구어 (緣木求魚)

쫒을 **연** · 나무 **목** · 구할 **구** · 고기 **어**

의미 나무에서 물고기를 잡으려 한다는 뜻으로, 이루어질 수 가 없는 일을 억지로 하려는 것을 일컫는다.

출전 〈맹자(孟子)〉 양혜왕편상(梁惠王篇上)

해설 제(齊)나라의 선왕(宣王)이 춘추 시대의 패자였던 제의 환공(桓公)과 진(晋)의 문공(文公)의 패업을 듣고 싶어 하자 맹자가 물었다.

"왕께서는 전쟁을 일으켜 병사와 신하들을 잃고 이웃나라의 제후와 원한을 맺는 것이 좋습니까?"

"아닙니다. 누군들 그것을 좋다고 하겠습니까. 장차 대망을 이루기 위한 것이외다."

"왕의 그 대망이란 것이 무엇인지 말씀해 주십시오."

왕이 웃기만할 뿐 말하지 않자 맹자가 말했다.

"살진 것과 달콤한 것이 입에 족하지 못하며, 가볍고 따뜻한 옷이 몸에 족하지 못합니까? 아니면 아름다운 색이 눈에 보이는 것이 족하지 못하고 풍악소리가 귀에 들림이 족하지 못하며 총애하는 사람을 부리는 데 족하지 못해서입니까? 이런 것들은 모두 충분할 터인데 왕께서는 어찌 이런 것들 때문에 그러하십니까?"

"아닙니다. 내가 그런 것을 구하고자 하는 게 아닙니다."

맹자가 다시 말했다.

"그렇다면 왕께서 크게 하고자 하시는 바를 이미 다 알겠습니다. 영토를 확장하여 진(秦)이나 초(楚)같은 대국이 인사를 드리러 오게 하고, 중국 전토를 지배해서 사방의 오랑캐들을 그런 무력적인 방법으로 거느리려고 하시는 것이지요. 하나 그것은 마치 나무에 올라가 물고기를 얻고자 하는 것과 같습니다."

왕이 정색을 하며 물었다.

"그토록 무리란 말입니까?"

"예, 나무에 올라가 물고기를 잡으려는 것보다 더 무리입니다. 나무에서 물고기를 잡으려는 것은 비록 물고기를 잡지 못하더라도 못 잡는 것으로 끝나는 것입니다. 그러나 왕과 같은 방법으로 대망을 달성하려고 하시면 심신(心身)을 다하되 결국은 백성을 잃고 나라를 파(破)하는 대재난이 닥칠 뿐 좋은 결과는 오지 않습니다."

하고 맹자는 대답하였다.

예미도중 (曳尾塗中)

끌 **예** · 꼬리 **미** · 진흙 **도** · 가운데 **중**

의미 꼬리를 진흙 속에 끌고 다닌다는 뜻으로, 부귀가 있을지언정 속박 받는 생활보다는 차라리 가난하지만 자유롭게 사는 편이 낫다는 것을 비유해서 쓰는 말이다.

출전 〈장자(莊子)〉 추수편(秋水篇), 열어구편(列禦寇篇)

해설 장자가 복수(濮水) 가에서 낚시질을 하고 있을 때 초나라 왕이 두 대신을 보내어 장자를 청했다.

"선생님께 나라의 정치를 맡기고 싶습니다."

장자는 낚싯대를 잡은 채 돌아보지도 않고 말했다.

"들리는 말에 의하면 초나라에는 신귀(神龜)라는 3천 년 묵은 죽은 거북을 왕이 비단 상자에 넣어 묘당(廟堂) 안에 간직하고 있다더군요. 그 거북이 살았을 때 죽어서 그와 같이 소중하게 여기는 뼈가 되기를 원했겠소? 아니면 그보다 살아서 꼬리를 진흙 속에 끌고 다니기를 바랐겠소?"

"그야 물론 살아서 진흙 속에 꼬리를 끌고 다니기를 바랐겠지요."

"그렇다면 그 청을 거두어 주시오. 나는 진흙 속에 꼬리를 끌겠으니."

이와 똑같은 형태의 똑같은 뜻을 가진 이야기가 〈장자〉의 여러 구편에도 나온다.

어느 임금이 장자를 초빙했다. 장자는 사신에게 이렇게 말했다.

"당신들은 제사에 쓰는 소를 보았겠지요. 비단옷을 입히고 맛있는 여물을 먹이지만 태묘(太廟)에 들어가게 되었을 때 그 소가 외로운 송아지가 되기를 바란다 한들 무슨 소용이 있겠소."

〈사기〉에는 장자의 이 두 이야기를 하나로 묶어 초위왕(楚威王)이 사신을 보내 장자를 초빙했을 때 장자는 제사에 쓰이는 소를 더러운 도랑에서 자유롭게 놀고 있는 돼지새끼에 비유하여, 몇 해 부귀를 누리다가 권력투쟁의 제물이 되는 것보다는 차라리 평민의 몸으로 평생을 아무 탈 없이 보내고 싶다면서 거절한 것으로 기록하고 있다.

오리무중
(五里霧中)

다섯 **오** · 이 **리** · 안개 **무** · 가운데 **중**

의미 오리(五里)나 이어지는 짙은 안개 속에서는 방향을 분간하기 어렵다는 뜻으로, 그 행방이나 단서를 찾기가 어려운 경우와 마음을 어떻게 정하면 좋을지 몰라 갈팡질팡할 때 흔히 쓰인다.

출전 〈후한서〈後漢書〉 장해전(張楷傳)

해설 장해(張楷)는 후한(後漢)의 중기 사람으로, 〈春秋〉나 〈尙書〉에 통한 뛰어난 학자였다. 제자들도 많고 학자나 귀족들 중 그와의 교제를 바라는 사람이 많았지만, 벼슬길에 나아가는 것을 싫어하여 산중에 은거해 버렸다.

장해의 아버지인 장패(張覇)도 학자로 기골이 장대하며, 한때는 안제(安帝)에 벼슬하여 시중(侍中)을 지냈다. 당시는 외척의 세력이 강하여 이미 무너진 화제(和帝)의 황후의 오빠인 등질(鄧騭)이 정치의 실권을 장악하고 있었다.

그 등질이 장패의 명성을 듣고 교제를 구한 일이 있었

으나, 장패는 대답을 하지 않았다. 장해는 이와 같은 아버지의 기개를 이어받고 있었다.

장해가 산중에 은거한 뒤에, 새로 즉위한 순제(順帝)는 이렇게 칭찬했다.

"장해는 덕행에 있어서는 원헌(原憲-孔子의 제자)을 사모하고, 절개에 있어서는 백이(伯夷)와 숙제(叔齊)를 목표로 했으며, 고귀한 것을 가벼이 알고 빈천을 즐겨 산속에 은거하고 있지만, 그 고결한 뜻은 확실히 무리를 뛰어나고 있다."

순제가 그에게 하남(河南)의 장관(長官)으로 조서(詔書)를 내려 벼슬하기를 설득했지만, 장해는 병을 이유로 벼슬하지 않았다.

장해는 성격이 도술을 좋아하여, 능히 5십리의 안개를 일으킬 수가 있었다. 그때에 관서(關書) 사람인 배우(裵優)가 또한 능히 3십리의 안개를 일으킬 수가 있었다.

그러나 그는 장해에는 미치지 못한다고 생각하고 제자로 들어가 배우기를 바랐지만, 장해는 모습을 숨겨서 그를 보려고 하지 않았다.

그 뒤에 배우는 안개를 일으켜 악한 일을 하다가 체포되자 장해로부터 그 재주를 배웠다고 진술했다. 그리하여 장해도 감옥에 투옥되었지만, 이윽고 근거가 없다는 것을 알아 석방되어, 일흔 살의 장수를 누렸다고 한다.

오십보백보 (五十步百步)

다섯 **오** · 열 **십** · 걸을 **보** · 일백 **백** · 걸을 **보**

의미 오십 보를 도망친 자나 백 보를 도망친 자나 모두 본질적으로 같다. 즉 행동의 차이는 있지만 결과는 같다고 하는 뜻에 사용되며 요즈음에 와서는 거기서 거기라는 뜻으로 쓰이는 말이다.

출전 〈맹자(孟子)〉 양혜왕편(梁惠王篇)

해설 전국시대 위나라는 한과 조의 공격을 받았지만, 위의 분할을 둘러싸고 두 나라 사이에서 의견의 불일치 때문에 공격이 중단되어서, 위는 겨우 나라를 지킬 수 있었다.

그러한 위의 왕위에 대해 혜왕은, 국력의 충실과 민생의 안정을 위해 노력했다. 가령, 하내(河內)에 재해가 있을 때, 백성을 하동(河東)으로 옮기기도 하고 식량을 나르기도 했다.

국력이 회복 되었다고 본 혜왕은 대외 발전과 제후와의 패권 싸움을 생각하여, 기원 전 368년, 우선, 숙적인 한과 조를 공격하고 승리하여 지난날의 패전에 대한 원수를 갚았다.

한때의 승리로 눈이 어두워진 혜왕은, 그 후 해마다 제, 진, 초와 싸웠지만, 기원 전 361년, 진과의 싸움에서는 대패하여 장군까지 포로가 되었다.

전쟁은 위의 국력을 소모시켰다. 많은 논과 밭은 사람이 부족하여 황폐해지고, 백성은 식량부족으로 괴로워했으며, 왕에 대한 원성이 점점 높아졌다.

어느 날, 맹자가 위에 왔다. 유명한 유학자로 각국을 돌고, 식견도 높다는 것을 알고 있는 혜왕은, 사람을 보내 왕궁으로 맹자를 초대하여 가르침을 받았다.

왕이 물었다.

"나는 다른 나라의 왕보다도 더 많이 정치에 마음을 쓰고 있는데, 이웃나라의 백성은 줄지 않고 위의 백성은 늘지 않습니다. 이것은 어째서입니까?"

맹자는 미소 지었다.

"전쟁터에서 50보 도망간 사람이 백보 도망간 사람을 비교해 웃는다면?"

"두 사람 모두 도망갔으니, 다름이 없기 때문에 웃을 자격이 없습니다."

"그 이치대로, 위의 백성이 증가하는 것을 바랄 수 없습니다. 위와 다른 나라와의 정치는 비슷해서, 모두 백성을 사랑하는 길이 아닙니다."

"그렇다면, 어찌하면 백성을 늘릴 수 있습니까?"

"어렵지 않습니다. 백성을 사랑하고, 백성의 힘과 자원의 소모를 줄이고, 생활을 보장해 준다면 될 것입니다."

이렇게 말하고, 맹자는 그 광경을 그려서 보여 주었다.

"입을 것과 먹을 것이 넉넉하고, 가혹한 노역이 없고, 노약자가 보호받는다면, 모두 왕의 백성이 되기를 바라겠지요."

오월동주 (吳越同舟)

나라 **오** · 나라 **월** · 같이할 **동** · 배 **주**

의미 원수지간인 오(吳)와 월(越)나라 사람이 같은 배에 타고 있다는 말로, 아무리 원수지간이라도 한 배에 탄 이상 목적지에 도달할 때까지는 서로 운명을 같이하고 협력하게 된다는 뜻이다. 흔히 사이가 좋지 못한 사람이 한 자리에 동석하게 되는 경우에 많이 쓴다.

출전 〈손자병법(孫子兵法)〉 구지편(九地篇)

ㅇ

해설 〈손자〉는 중국의 유명한 병법서로 춘추 시대 오(吳)나라의 손무(孫武)가 쓴 것이다.

제11편 구지(九地)에 보면 다음과 같은 문장이 나온다.

"오나라 사람과 월나라 사람은 서로 미워한다. 그러나 그들이 같은 배를 타고 가다가 바람을 만나게 되면 서로 돕기를 좌우의 손이 함께 협력하듯 한다."

이해관계를 같이 하는 사람은 서로 아는 사람이건 모르는 사이이건 간에 자연히 서로 돕게 된다는 뜻을 지닌 말로서, 동주상구(同舟相求), 동주제강(同舟濟江) 등이 오월동주와 같이 쓰이고 있다.

오하아몽
(吳下阿蒙)

다섯 **오** · 아래 **하** · 언덕 **아** · 어길 **몽**

의미 전문은 비부오하아몽(非復吳下阿蒙)으로, 오(吳)에 있을 때의 몽이 아니라는 뜻으로 한참 만나 보지 못한 사이에 놀랄 만큼 발전을 보인 사람을 말하나, 오하아몽은 반대로 옛 그대로 있어 조금도 진보되지 않은 자나 학문이 보잘것없는 인물을 가리킨다.

출전 〈삼국지(三國志)〉 강표전(江表傳)

해설 위(魏), 오(吳), 촉한(蜀漢)이 정립해서 싸우고 있던 삼국시대의 어느 날, 오왕 손권은 신하들에게 이와 같이 말했다.

"학문이란 자기 스스로가 개척해 나가야 한다. 저 여몽(呂蒙)은 처음에 아무런 학문도 없었다. 나는 그에게 배울 것을 권했다. 한번 시작하자 여몽은 끊임없이 계속했다. 그러는 동안 노숙(魯肅)이 몽과 의논을 해 보았다. 그런데 노숙이 당해낼 수 없으리만큼 박식하였다. 노숙은 기뻐하여 몽의 등을 쓰다듬으며 말했다고 한다. '그대가 무략에 뛰어난 줄은 잘 알고 있으나 이렇게 학식마저 넓으니 이젠 오에 있을 때의 몽하고는 아주 딴판이로구나.' 그러자 아몽은 '대저 선비란 헤어져 3일이 지나면 다음에 만날 때 눈을 부비고 보아야 한다. 나날이 진보되는 것이다.' 하고 의기양양하게 말했다 한다."

아몽(阿蒙)의 아(阿)는 애칭이다. 젊어서부터 그를 알고 있던 노숙은 여몽을 이렇게 불렀던 것이다. 이것을 출전으로 하여 비부오하아몽(非復吳下阿蒙)이란 말이 학문이 진보되었을 때, 또는 명목을 일신 했을 경우를 나타내는데 쓰이게 되었고, 반대로 오하아몽(吳下阿蒙)은 오에 있을 때의 몽이라는 뜻 그대로 진보가 없음을 나타내는 말이 되었다.

ㅇ

오합지중(烏合之衆)

까마귀 **오** · 합할 **합** · 의 **지** · 무리 **중**

의미 까마귀가 모인 것같이 전혀 질서가 잡혀 있지 않아 통일성과 규칙이 없는 군중을 일컫는다. 곧 어중이 떠중이의 모임을 가리킨다. 오합지졸(烏合之卒)과 같은 뜻이다.

출전 〈후한서(後漢書)〉 경엄전(耿弇傳)

해설 〈烏合之衆〉이란 말은 〈史記〉의 역생(酈生) · 육가(陸賈) 열전(列傳)과 깊은 관계가 있다. 즉 역생 · 육가열전에 의하면, 한나라의 고조가 아직 패공(沛工)이었던 시절에, 항우(項羽)와 함께 서쪽으로 진군하여 진나라를 공략하려고 했을 때, 진류(陳留)의 교외에 군대를 진군시킨 일이 있다. 이때 역이기(酈以其)라는 설객이,

"당신이 까마귀 떼의 무리를 규합하여, 어수선한 군대를 모을지라도 만 명에는 차지 않을 것입니다. 이것으로 곧 강한 진나라를 공격하려 하는 것은, 소위 호랑이의 입을 더듬는 격입니다. 대저 진류(陳留)는 천하의 요충지대

로, 사통오달(四通五達)의 교외입니다. 게다가 그 성에는 또 많은 곡식이 쌓여 있습니다. 나는 그 현령(縣令)과 친한 사이입니다. 청컨대 사자를 보내어 항복하도록 하십시오."

라고 패공에게 설득시켰던 것이다.

〈烏合之衆〉이란 여기저기에서 모여든 훈련이 되지 않은 군대의 모임을 말하는 것이다.

그러나 〈烏合之衆〉이라고 명기(明記)되어 있는 책은 〈後漢書〉이다. 경엄전(耿弇傳)에 의하면, 경엄이 군대를 이끌고 용감히 유수(劉秀-後漢의 光武帝)에게로 항복하러 달려가는 도중에, 군대 안에 왕랑(王郎: 漢의 成帝의 太子를 사칭하여 군대를 일으킨 사람)이야말로 한나라의 정통파라고 믿는 사람이 있어, 유수의 휘하가 되는 것은 잘못이라고 주장했다. 그러자 경엄은 그 사람을 꾸짖었는데, 그 질책 중에서 이렇게 말하고 있다.

"우리가 돌격 기병대를 일으켜, 烏合之衆을 치는 것은, 썩은 고목을 꺾고 썩은 것을 깎음과 같을 뿐이다."

또 〈비동전(邳彤傳)〉에는 비동의 말로 이렇게 말하고 있다.

점치는 사람인 왕랑(王郎)은 거짓으로 태자의 이름을 사칭하여 세력을 확대하며, 돌아다녀 烏合之衆을 모아, 드디어 연나라와 조나라의 땅을 진동시켰다.

옥상가옥 (屋上架屋)

집 **옥** · 윗 **상** · 더할 **가** · 지붕 **옥**

의미 지붕 위에 또 지붕을 얹는다는 말로, 공연한 헛수고를 하거나 필요 없는 일을 계속해서 하는 짓을 가리키는 말이다.

출전 〈세설신어(世說新語)〉 문학편(文學篇)

해설 동진(東晋)의 유중초(庾仲初)가 수도 건강(健康)의 아름다움을 묘사한 〈양도부(揚都賦)〉라는 시를 지었을 때, 그는 먼저 이 글을 친척인 세도재상 유양(庾亮)에게 보냈다.

그랬더니 유양은 친척간의 정리를 생각해서 과장된 평을 해 주었다.

"그의 양도부는 좌태충(左太沖)이 지은 삼도부(三都賦)와 비교해도 조금도 손색이 없다."

그러자 사람들은 서로 다투어 유중초의 이 시를 베껴서 벽에 붙여 놓고 감상하느라 장안의 종이 값이 오를 정도였다.

그러나 이와 같은 경박한 풍조에 대해 태부(太傅)로 있는 사안석(謝安石)은 이렇게 나무랐다.

"뭐야! 저 시는 마치 지붕 밑에 또 지붕을 만든 것 같구나. 똑같은 소리를 반복한 데 지나지 않아. 저런 것을 가지고 잘 되었다고 떠들어 대는 작자들의 심사를 모르겠군."

결국 남의 것을 모방해서 만든 서투른 문장이란 뜻이다.

이로부터 한참 뒤인 남북조 시대에 북제(北齊)의 안지추(顔之推)라는 학자가 자손을 위해 써둔 안씨 가훈(顔氏家訓)이란 책의 서문에는 다음과 같이 적혀 있다.

"위진(魏晋) 이래로 씌어진 모든 책은 이른바 내용이 중복되고 서로 남의 흉내만을 내고 있어 그야말로 지붕 밑에 지붕을 만들고 평상위에 평상을 만든 것과도 같다."

이상과 같이 원전에는 지붕 밑에 지붕을 만든다는 옥하가옥(屋下架屋)으로 나와 있으나 현대에 이르러서 옥상가옥으로 쓰이고 있다.

옥석혼효(玉石混淆)

구슬 **옥** · 돌 **석** · 섞일 **혼** · 어지러울 **효**

의미 옥과 돌이 어지럽게 뒤섞여 있다는 뜻으로, 좋은 것과 나쁜 것이 뒤섞여 있어서 어느 것이 좋고 어느 것이 나쁜 것인지를 분간하기 어려울 때에 사용하는 말이다.

출전 〈포박자(抱朴子)〉 외편(外篇) 상전편(尙傳篇)

해설 〈포박자〉는 진(晋)의 갈홍(葛洪)이 지은 책으로 내외편(內外篇) 70권으로 되어 있다. 그 중 외편에 다음과 같이 나와 있다.

"〈시경〉이니 〈서경〉이니 하는 정경(正經; 經典)이 도의(道義)의 대해(大海)라면 〈제자백가〉의 서(書)는 그것을 더하고 깊게 하는 강의 흐름이며, 방법은 다를지라도 역시 덕(德)을 위주로 하는 점에서는 변함이 없다. 옛사람들은 재능을 얻기 어려움을 개탄하고 곤산지옥(崑山之玉)이 아니라고 해서 야광주(夜光珠)를 버리거나 성인의 글이 아니라고 해서 수양에 도움이 되는 말을 버리거나 하지는 않았었다. 그런데 한(漢), 위(魏) 이래 가어(嘉語)가 많이 나와 있는데도 그것의 가치판단을 할 수 있는 성인이 나타나지 않고, 견식이 좁은 패거리들은 좁은 안목에만 사로잡혀 자의의 해석에만 신경을 쓰되 기이한 점을 가볍게 여겨 불필요한 것으로 간주한다. 또한 도(道)가 좁아서 볼 만한 것이 못된다든가 너무 넓고도 깊어서 사람들의 사고를 어지럽게 하는 것이라고 말한다. 진애(塵埃)도 쌓이면 태산이 되고 많은 색(色)이 모여서 눈이 부실 정도의 아름다움을 이루는 것도 모르는 것이다. 천박한 시부(詩賦)를 감상하는가 하면 의의 깊은 자서(子書; 諸者의 書)를 가볍게 여겨 유익한 금언을 깔보기도 하고, 실이 없고 공허한 것을 그럴 듯하게 생각한다. 참됨과 거짓이 반대가 되고 옥과 돌이 뒤섞인다는 것으로 아악도 속악과 같이 보고 아름다운 옷이나 누더기 옷을 똑같은 것으로 생각하고 있다. 그러면서도 모두들 태평스럽게 지내고 있는 것은 참으로 한탄스럽기 짝이 없다."

온고지신
(溫故知新)

익힐 **온** · 옛 **고** · 알 **지** · 새로울 **신**

의미 옛것을 익혀서 새 것을 안다는 말인즉 옛것을 익힘으로서 그것을 통하여 새로운 지식과 도리를 발견하게 된다는 뜻이다.

출전 〈논어(論語)〉 위정편(爲政篇)

해설 공자께서 말씀하셨다.

"옛것을 익혀 새로운 것을 알면, 가히 이로써 스승이 될 수 있다."

〈溫故而知新〉이라는 말은 〈중용(中庸)〉에도 나오거니와, 한나라의 정현(鄭玄)은 그 〈중용(中庸)〉에 나오는 글에 주를 달아, 〈溫은 읽어서 익힌다는 뜻이다. 처음 배운 것을 익힌 뒤에, 때로 반복하여 익히는 것을 말하여 溫故라고 한다.〉고 되어 있다.

물론 〈論語〉의 옛날 주에서 〈溫은 찾는다. 옛것을 찾는 것이다.〉라고 함에 따라 〈옛것을 찾아〉라고 읽어도 된다.

그리고 〈知新〉은 〈새것을 안다.〉라는 뜻이 된다.

따라서 과거의 역사적 사실에 대한 인식과, 오늘날의 새로운 사태에 대한 인식은 함께 필요 불가결한 사실이다. 오늘날의 사실을 알고 옛것을 모르는 것을 소경이라고 말한다.

〈溫故而知新〉하여 가히 써 스승이 될 수 있다.

옛것과 오늘날의 것을 알지 못한다면, 어찌 스승이라 할 수 있겠는가?

ㅇ

와신상담 (臥薪嘗膽)

누울 **와** · 섶 **신** · 맛볼 **상** · 쓸개 **담**

의미 섶에 누워서 쓸개를 맛본다는 뜻으로, 복수심을 가슴속 깊이 간직하고 언제나 그것을 생각하며 고난을 참고 견디어 심신을 단련함을 비유한 말이다.

출전 〈십팔사약(十八史略)〉, 〈사기(史記)〉 월세가(越世家)

해설 춘추 말기, 오와 월 양국이 승패를 다투어 부초(夫椒)에서 격돌했다.

승리한 오군은 월의 궁까지 쳐들어가, 월왕 구천(勾踐)을 잡았다.

오왕 부차(夫差)는, 제패를 실현하기 위해서는 도량의 넓은 점을 보여 줄 필요가 있다고 생각했다.

그래서, 구천을 죽이지 않고, 데리고 돌아와 궁안의 마구간지기를 시켰다.

어느 날, 부차는 큰 병에 걸렸다.

구천은 정성껏 간호했다. 부차는, 이것을 그의 충성심

의 증거라고 생각하여, 구천을 용서하여 월나라로 돌려 보냈다.

돌아온 구천은 수치를 씻기 위해, 스스로 고통 속에서 자신을 연마 시키려고, 매일 장작나무 위에서 자고, 방 가운데에 쓴 간을 매달았다.

그리고, 아침 저녁 이것을 바라보았다. 게다가 식사 전에도 이것을 핥으며, 자신에게 질문했다.

"너는 씻을 수 없는 패전의 굴욕을 잊고 있진 않겠지?"

또한, 솔선수범해서 식산흥업(殖產興業), 부국강병(富國強兵)에 힘 쓴 결과, 나라는 부유해지고 군대는 강해졌다. 그래서, 오나라로 출병할 뜻을 나타내니 대신들이 반대했다.

시기상조라고 했다. 드디어, 오왕 부차가 제(齊)를 칠려고 출병했다. 이때를 기다리던 구천은, 스스로 대군을 이끌고, 수륙양면으로 오나라로 진격했다.

부차는 당황하여 돌아가려 했지만, 복수의 일념에 불타는 월군의 적이 못되었다.

월군은 쉽사리 오의 수도로 돌입하여 부차의 훌륭한 궁전을 불태웠다.

부차는 구천에게 타협을 요구했다. 구천은 자신의 병력이 아직 오나라를 완전히 정복하기에는 부족하다고 생각하여, 이 제의에 응했다.

그로부터 4년 후, 구천은 다시 한번 오나라로 출병하여, 압도적인 힘을 가지고 오군을 섬멸했다.

부차는 또다시 타협을 제안했지만, 이번에는 구천이 엄하게 거부했다.

오나라를 섬멸한 구천은, 승승장구 중원(中原)에 북진하여, 제후를 서주(徐州)에 모이게 하여, 춘추 말기의 패권자가 되었다.

와우각상지쟁(蝸牛角上之爭)

달팽이 **와** · 소 **우** · 뿔 **각** · 윗 **상** · 의 **지** · 다툴 **쟁**

의미 달팽이 뿔 위에서의 싸움이란 뜻으로, 즉 아무런 이득도 없는 보잘것없는 행동을 취하려는 어리석은 자들을 두고 하는 말이다.

출전 〈장자(莊子)〉 칙양편(則陽篇)

ㅇ

해설 양혜왕(梁惠王)은 제(齊)나라의 위왕(威王)과 서로 침략하지 않기로 맹약을 맺었는데 위왕이 배반했으므로, 노해서 은밀히 자객을 보내어 위왕을 암살하려고 꾀했다.

혜왕의 신하인 공손연(公孫衍)은 그 계획을 알자, 당당히 군대를 일으켜 제나라를 공격해야 한다고 주장했다.

그러나 또 한 사람의 신하인 계자(季子)는 군대를 일으켜서 백성들을 괴롭히지 말아야 한다고 상소했다.

혜왕이 당황하고 있을 때 재상인 혜시(惠施)가 대진인(戴晋人)이라는 사람을 왕과 만나게 하여 말하게 했다.

대진인이 말했다.

"소위 달팽이라는 것이 있는데, 임금은 아시나이까?"

"물론 알지."

"달팽이의 왼쪽 뿔에는 촉씨(觸氏)라는 자가, 오른쪽 뿔에는 만씨(蠻氏)라는 자가 나라를 세우고 있나이다. 언젠가 서로 땅을 뺏으려고 싸워서, 죽은 자가 수만이나 되고, 도망가는 적을 추격하여 15일 만에 돌아왔나이다."

"아아, 그것은 터무니없는 말이로다."

"신이 청컨대 임금을 위하여 현실에 비유하여 보겠나이다. 임금께서 생각하시기에 우주의 사방과 끝이 있나이까?"

"끝이 없는 줄로 안다."

"그렇다면 마음을 그 끝없는 우주에 놀게 하는 사람에게는 실제로 왕래할 수 있는 나라가 있는 것도 없는 것도 같나이다."

"그러하다."

"그 나라들 가운데 위나라가 있고, 위나라 가운데 양이라는 도읍이 있고, 양의 가운데 왕이 있으니, 우주의 무궁에 비한다면, 왕과 만씨와 사이에 다름이 있나이까?"

"다름이 없다."

대진인이 물러가자, 혜왕은 정신이 나간 사람처럼 하고 있었다.

이 에피소우드에서 〈蝸角之爭〉이란 말이 나오게 되었다. 〈蝸牛角上之爭〉이란 말도 그러하거니와, 이 말을 취한 백거이(白居易)는 시〈대주(大酒)〉에서 이렇게 노래하고 있다.

달팽이 뿔 위에서 무슨 일을 다투었는가?
석화의 빛 가운데 이 몸을 의지한다

완벽 (完璧)

완전할 **완** · 구슬 **벽**

의미 흠이 없는 구슬 또는 구슬을 온전히 보전한다는 뜻으로, 티끌만큼의 결점도 없는 완전한 상태나 빌려온 물건을 온전히 되돌리는 것을 나타내는 말이다.

출전 〈사기(史記)〉 인상여열전(藺相如列傳)

해설 전국 시대 조(趙)나라의 혜문왕(惠文王)은 당시 천하 제일가는 보물로 알려져 있던 화씨벽(和氏璧)을 우연히 손에 넣게 되었다.

이 소문을 전해들은 진나라의 소양왕(昭陽王)은 어떻게 해서든 화씨벽을 손에 넣고 싶었다.

그래서 사신을 보내어 진나라의 15개 성과 화씨벽을 맞바꾸자고 청해 왔다.

조나라로서는 지극히 난처한 문제로, 진나라의 속셈은 뻔했다. 구슬을 먼저 받아 쥐고는 성은 주지 않을 작정으로서, 그렇다고 이를 거절하면 거절한다고 트집을 잡아 싸움을 걸어 올 것이 분명했다.

이럴 수도 저럴 수도 없자 혜문왕은 중신들을 모아 의논하였다. 이 때 환자령(宦者令)이 그의 식객으로 있는 인상여(藺相如)를 추천했다 혜문왕은 곧바로 인상여를 불러들여 대책을 물었다.

"조나라가 거절하면 책임은 조나라에 있고 진나라가 속이면 책임은 진나라에 있습니다. 이를 승낙하여 책임을 진나라에 지우는 것이 옳을 줄 아옵니다."

"그럼 어떤 사람을 사신으로 보내면 좋을꼬?"

"마땅한 사람이 없으면 신이 구슬을 가지고 가겠습니다. 성이 조나라로 들어오면 구슬을 진나라에 두고 올 것이며, 성이 들어오지 않으면 신은 구슬을 온전히 하여 돌아오겠습니다."

이리하여 상여는 화씨벽을 가지고 진나라로 가게 되었다. 소양왕은 구슬을 보고 크게 기뻐하며 좌우 시신들과 후궁의 미인들에게까지 돌려가며 구경을 시켰다. 그러면서도 진왕은 교환조건으로 내건 15개 성에 대해서는 도무지 내색하지 않았다.

그러자 인상여는 왕 앞으로 나아가 말했다.

"그 구슬에는 한 군데 작은 티가 있습니다. 신이 그것을 보여 드리겠습니다."

이렇게 하여 구슬을 받아든 인상여는 기둥을 의지하고

서서 왕에게 말했다.

"조나라에서는 진나라를 의심하고 구슬을 주지 않으려 했습니다. 그런 것을 신이 굳이 진나라 같은 대국이 신의를 지키지 않을 리 없다고 말하여 구슬을 가져오게 된 것입니다. 구슬을 보내기에 앞서 우리 임금께선 닷새를 재계했는데 그것은 대국을 존경하는 뜻에서였습니다. 그런데 대왕께선 신을 진나라 신하와 같이 대하여 모든 예절이 정중하지 못했을 뿐만 아니라 구슬을 받아 미인에게까지 주어 구경을 시키며 신을 희롱하셨습니다. 신이 생각하기에 대왕께선 조나라에 성을 주실 생각이 없으신 것 같습니다. 그러므로 신은 다시 구슬을 가져가겠습니다. 대왕께서 굳이 구슬을 강요하신다면 신은 머리를 이 구슬과 함께 기둥에 부딪치고 말 것입니다."

인상여는 구슬을 들어 기둥을 향해 던질 기세를 취했다. 구슬이 깨어질까 겁이 난 소양왕은 급히 자신의 경솔했음을 사과하고 담당관을 불러 지도를 가리키며 15개 성을 조나라에 넘겨주라고 지시했다.

그러나 모두가 연극이란 것을 알고 있는 인상여는 이렇게 말했다.

"대왕께서도 우리 임금과 같이 닷새 동안을 목욕 재계한 다음 의식을 갖추어 천하의 보물을 받도록 하십시오. 그렇지 않으면 신은 감히 구슬을 올리지 못하겠습니다."

이리하여 진왕이 닷새를 기다리는 동안 인상여는 구슬을 심복 부하에게 주어 조나라로 보내 버렸다.

감쪽같이 속은 진왕은 인상여를 죽이려고 하였으나 점점 나쁜 소문만 퍼질 것 같아 후히 대접해 돌려보내고 말았다.

이리하여 인상여는 일약 대신의 지위에 오르게 되고 뒤이어 조나라의 재상이 되었다.

요원지화 (燎原之火)

탈 **요** · 들 **원** · 어조사 **지** · 불 **화**

의미 요원의 불길, 즉 걷잡을 수 없이 번져 가는 벌판의 불을 말하는 것으로, 어떤 일이 무서운 기세로 확대되어 가고 있는 형세를 가리킨다. 또 세력이 대단하여 막을 수 없는 경우에도 많이 쓰인다.

출전 〈서경(書經)〉 반경(盤庚)

해설 은(殷)나라 탕(湯)왕의 10세손인 반경(盤庚)이 황하의 수해를 피하기 위해 수도를 옮기면서 미리 관직에 있는 사람들을 타이르기 위해 쓴 글인 반경 상편에 있는 말이다.

"너희들은 어찌 내게 알리지도 않고 서로 어울려 뜬소문을 퍼뜨리면서 민중들을 공포 속에 몰아넣고 있느냐! 벌판에 불이 나게 되면 가까이 다가갈 수도 없는데 어떻게 그 불을 끌 수 있겠느냐? 곧 너희들이 스스로 불안을 만들어 낸 것이므로 나에게 허물이 있는 것이 아니다."

용두사미 (龍頭蛇尾)

용 **용** · 머리 **두** · 뱀 **사** · 꼬리 **미**

의미 용의 머리에 뱀의 꼬리란 말로, 처음 시작은 아주 그럴듯하지만 끝부분에 가서는 제대로 완결 짓지 못하고 흐지부지하는 경우를 가리킨다.

출전 〈벽암집(碧巖集)〉

ㅇ

해설 진존자는 목주(睦州) 사람으로 그곳에 있는 용흥사(龍興寺)란 절에서 살았다. 그러나 뒷날 절에서 나와 각지로 돌아다니며 짚신을 삼아서 길 가는 나그네들이 주워 신도록 길바닥에 던져놓았다고 한다.

진존자가 늙었을 때의 일이다.

어느 중을 만나 서로 말을 주고받는데 갑자기 상대가,

"에잇!"

하고 호령을 하는 것이었다. 그래서,

"허허, 이거 야단맞았군."

하고 상대를 바라보자 그 중은 또다시,

"에잇!"
하고 꾸중을 하는 것이었다. 그 중의 재치 있는 태도와 말재간은 제법 도를 닦은 도승처럼 보였다.

그러나 진존자는

'이 중이 얼른 보기엔 그럴 듯하게 보이기는 한데 역시 참으로 도를 깨우치지는 못한 것 같다. 모르긴 해도 한갓 용의 머리에 뱀의 꼬리이기 쉬울 것 같다.'
고 생각했다.

그래서 중에게 물었다.

"그대는 에잇! 에잇! 하며 호령하는 위세는 좋은데 세 번 네 번 에잇 소리를 외친 뒤에는 무엇으로 어떻게 그 마무리를 지을 생각인가?"

그러자 중은 그만 자기 속셈이 드러난 것을 알고 뱀의 꼬리를 내보이고 말았다 한다.

우공이산(愚公移山)

어리석을 **우** · 어른 **공** · 옮길 **이** · 산 **산**

의미 우공이 산을 옮긴다는 말로, 남이 보기엔 이룰 수 없는 일처럼 보이지만 한 가지 일을 끝까지 밀고 나가면 언젠가는 목적을 달성 할 수 있다는 뜻을 지닌 성어이다.

출전 〈열자(列子)〉 탕문편(湯問篇)

ㅇ

해설 태행산(太行山)과 왕옥산(王屋山)은 사방 7백 리, 높이 1만길이나 되며, 원래는 기주(冀州)의 남쪽, 하양(河陽)의 북쪽에 있었다.

북산(北山)의 우공(愚公)이란 사람은 나이 이미 90에 가까운 노인으로 이 두 산에 이웃하며 살고 있었는데, 산이 북쪽을 막아 왕래가 불편하므로 온 집안 사람을 불러 모아 놓고 이렇게 의논을 했다.

"나는 너희들과 있는 힘을 다해서 험한 산을 깎아 평지로 만들고 예주(豫州)의 남쪽까지 한길을 닦으며, 또 한수(漢水)의 남쪽까지 갈 수 있도록 하고 싶은데 어떻게들 생각하느냐?"

일동은 일제히 찬성한다는 뜻을 표명했으나 그의 아내만이 의아하게 생각하여 물었다.

"당신의 힘으로는 작은 언덕도 파헤치지 못할 것인데 태행이나 왕옥 같은 큰 산을 어떻게 처리하겠소? 게다가 파낸 흙이나 돌은 어디에다 처치할 생각 인가요?"

"그것은 동해가 있다는 발해(渤海)의 구석이나, 동북쪽에 있다는 은토(隱土)의 북쪽에 던져 버리지요."

그리하여 우공은 아들과 손자를 이끌고 산을 무너뜨리기 시작했다.

그들은 셋이서 일에 착수했는데, 돌을 깨고 흙을 파서, 그것을 키나 삼태기로 발해의 구석으로 운반하였다.

우공의 이웃집에 경성씨(京城氏)의 과부가 있었데, 유복자가 있어 겨우 이를 갈 나이였는데도 달려가 이 일을 돕게 하였다.

그들은 추위와 더위의 기후가 바뀌어야 겨우 한 번 돌아오는 형편이었다.

그런데 하곡(河曲)의 지수(智叟)는 그것을 보고 웃으면서 말렸다.

"당신의 바보스러움에는 정말이지 질렸군요. 늙은 나이의 쇠잔한 힘을 가지고는 산의 나무 한 그루도 무너뜨리기 어렵거늘, 산의 흙과 돌을 어떻게 하겠다는 것입니까?"

그러나 북산에 사는 우공은 한숨을 쉬면서 말했다.

"당신과 같이 좁은 소견의 사람은 어쩔 수가 없습니다. 당신의 지혜는 저 과부의 어린 아들만도 못하군요. 내가 죽는다 할지라도 아이들은 남으며, 그 아이들에게 손자가 생기고, 손자는 또 어린애를 낳고, 그 손자는 또 어린애를 낳고, 자자손손이 끝나는 일이 없을 것이오. 그러므로 반드시 편편해질 것이오."

하북의 지수는 대답할 말이 없어 입을 다물어버렸다.

양손에 뱀을 가진 신이 이 말을 듣고, 산을 무너뜨리는 일이 언제까지나 계속될 것을 두려워하여, 천제(天帝)에게 호소했다.

그러자 천제는 우공의 진심에 감동하여, 과아씨(夸娥氏)의 두 아들에게 명령하여, 태형산과 왕옥산의 두 산을 업어다가, 하나는 삭북(朔北) 동쪽에 놓고, 또 하나는 옹주(雍州) 남쪽으로 옮겼다.

이로부터 기주의 남쪽과 한수의 남쪽에 걸쳐 있던 높은 산이 없어지게 되었다.

운주유악(運籌帷幄)

궁리할 **운** · 꾀 **주** · 휘장 **유** · 장막 **악**

의미 운주(運籌)란 산가지를 놀린다는 뜻이요, 유악(帷幄)이란 장막 속을 가리키는 말로, 즉 가만히 들어앉아서 계획을 꾸민다는 뜻이다,

출전 〈사기(史記)〉 고조본기(高祖本紀), 〈한서(漢書) 고제기(高帝紀)

해설 천하를 통일한 고조가 어느 날 낙양(洛陽) 남궁(南宮)에서 잔치를 베푼 자리에서 이렇게 말했다.

"경들은 숨김없이 말하라, 내가 천하를 얻은 까닭과 항우가 천하를 잃은 까닭이 무엇인가를?"

그러자 고기(高起)와 왕릉(王陵)이 대답했다.

"…폐하께선 성을 치고 공략하게 되면 공을 세운 사람에게 그 땅을 주어 천하 사람들과 이익을 함께 하셨습니다. 그러나 항우는 의심과 질투가 많아 싸움에 이겨도 성을 주지 않고 땅을 얻어도 나눠주는 일이 없습니다. 이것이 폐하께서 천하를 얻고 항우가 천하를 잃은 이유인 줄

아옵니다."
고조는 고개를 저으면서 말했다.
"경은 하나만 알고 둘은 모르는도다. 대체로 산가지를 장막 안에서 움직여 천리 밖에 승리를 얻게 하는 것은 내가 자방(子房)만 못하고, 나라를 편안히 하고 백성을 어루만져 주며 군대의 보급을 끊어지지 않게 하는 것은 내가 소하(蕭何)만 못하며, 백만의 군사를 거느리고 싸우면 반드시 이기고 치면 반드시 빼앗는 것은 내가 한신(韓信)만 못하다. 이 세 사람은 모두 뛰어난 인걸들인데 나는 그들을 제대로 쓸 수가 있었다. 이것이 바로 내가 천하를 차지할 수 있었던 이유이다. 그러나 항우는 범증(范增) 한 사람이 있을 뿐이었는데 그 하나마저도 제대로 쓰시 못했다. 이것이 항우가 나에게 패한 이유이다."
이상이 사기(史記)의 〈고조본기〉에 실린 내용으로 〈한서〉에 나와 있는 것과는 글자가 몇 자 틀릴 뿐으로 의미는 똑같다.
〈사기〉에는 "운주책유장지중(運籌策帷帳之中) 결승어천리지외(決勝於千里之外)"라고 되어 있는데 한서에는 주책(籌策)이 주(籌)로 유장(帷帳)이 유악(帷幄)으로 되어 있고 천리(千里) 위의 어(於)가 생략되어 있다.

원교근공
(遠交近攻)

멀 **원** · 사귈 **교** · 가까울 **근** · 칠 **공**

의미 먼 나라와는 친교를 맺고 가까운 나라를 침략하는 정책을 말한다.

출전 〈전국책(戰國策)〉 진하 소양왕(秦下 昭襄王), 〈사기(史記)〉 범수(范雎) · 채택열전(蔡澤列傳)

해설 위(魏)나라의 책사(策士) 범수(范雎)는 타국과 내통하고 있다는 참언으로 하마터면 목숨을 잃을 뻔했으나, 동정자 정안평(鄭安平)의 도움으로 진(秦)의 사신 왕계(王稽)를 따라 진도(秦都) 함양(咸陽)으로 들어갔다.

그러나 "진왕의 나라는 누란(累卵)보다 더 위태로운 상태이다."라고 말해 왕의 환심을 사지 못하여 그 뛰어난 변설을 휘두를 기회가 없었다.

소양왕(昭襄王) 36년(기원 전 271년) 기다리고 기다리던 기회가 찾아들었다.

당시 진에서는 소양왕의 어머니 선태후(宣太后)의 동생

인 양후(穰侯)가 재상 자리를 차지하고 강력한 세력을 가지고 있었다. 그 세력을 믿고 제(齊)를 침공해서 자기 영토인 도(陶)의 땅을 확장시키려고 꾀했던 것이다.

이 사실을 안 범수는 왕에게 왕계를 통해 문서를 제출하고 배알을 청했다.

"인주(仁主)는 사랑하는 바를 상주고, 미워하는 바를 벌합니다. 명주(明主)는 이와는 달리 상은 반드시 유공(有功)에게 가하고, 형은 반드시 유죄일 때 내립니다."

이와 같이 시작된 일문(一文)은 다행히도 왕의 마음에 들었다.

추천자인 왕계에게까지 칭찬하는 말을 할 정도였다.

또 왕은 인견한 후부터는 겸손하고 삼가면서 가르침을 청하는 것이었다.

이렇게 하여 범수는 왕에게 간했다.

"한(韓), 위(魏) 두 나라를 지나 저 강한 제(齊)를 치는 것은 득책이 아닙니다. 약간의 군사로는 제가 눈도 깜짝하지 않을 것이고, 그렇다고 대군을 출동시키는 것은 진으로서 좋지 않습니다. 가급적 자국의 병력을 절약하고, 한과 위의 병력을 전면적으로 동원하려는 것이 왕의 생각이나, 동맹국을 신용할 수 없다는 것을 알면서도 남의 나라를 지나서 공략한다면 어떻게 되겠습니까? 제의 민왕(湣王)이 악의(樂毅)에서 패한 원인은 멀리 떨어져 있는 초(楚)를 쳤기 때문에 동맹국의 부담이 지나치게 무거워져서 이반해 버렸기 때문입니다. 그래서 천하의 웃음거리가 되고 말았습니다. 득을 본 것은 바로 옆에 있는 한과 위로, 말하자면 적군에게 군사를 빌려주고 도둑에게 식량을 내준 것과 같은 것, 지금 왕께서 취해야 할 방법으로는 먼 나라와는 서로 사귀고 가까운 나라를 치는, 즉 원교근공(遠交近攻)책이 제일입니다. 한 치의 땅을 얻으면 왕의 촌토이고, 한 자의 땅을 얻으면 왕의 한 자의 땅이 아닙니까. 이해득실이 이토록 뚜렷한데 멀리 치는 것은 잘못이 아닐까요?"

이로부터 범수는 진의 객경(客卿)이 되고, 다시 재상에 임명된 다음 응후(應侯)로 봉해져 군사 관계의 일을 도맡게 되었다.

그리하여 이후 원교근공책은 진의 국시로서 마침내 천하를 통일하는데 지도 원리의 역할을 다하게 되었다.

월하빙인 (月下氷人)

달 **월** · 아래 **하** · 얼음 **빙** · 사람 **인**

의미 월하노(月下老)와 빙상인(氷上人)이란 말을 합친 약어로, 결혼 중매를 하는 사람을 가리킨다.

출전 〈속유괴록(續幽怪錄)〉, 〈진서(晋書)〉 예술전(藝術傳)

ㅇ

해설 장안(長安) 교외의 두릉(杜陵) 사람인 위고(韋固)가 여행하는 도중에 송성(宋城)의 남쪽 마을에 머물렀을 때, 어떤 사람이 혼담을 가져와 다음날 동틀 무렵에, 마을의 서쪽에 있는 용흥사(龍興寺) 문 앞에서 상의하기로 했다. 일찍 두 부모를 잃고, 아내를 맞이하고자 여기저기 혼처를 구하였으나, 인연이 없었다.

그는 다음날 아침 먼동이 트기 전에 절로 갔다.

가보니 상대방은 아직 와 있지 않고, 한 노인이 돌계단에 앉아 달빛을 의지하여 책을 읽고 있었다. 그 책을 얼핏 보니, 범자(梵字)까지 알고 있는 박학(博學)한 그조차

도 보지 못한 글자였기 때문에,
"그것은 무슨 책입니까?"
하고 묻자, 노인이 웃으면서 말했다.

"이것은 속세의 책은 아니라구."

"그러면 그 책은 어떤 책인가요?"

"명계(冥界)의 책이지."

"그러면 당신은 명계의 사람입니까? 그 책이 어떻게 여기에……"

"우리들 명계의 사람들은 모두 세상 사람들을 관리하고 있지. 그러므로 이 세상에 나오지 않으면 안 된다구. 지금 시간에 밖에 나와 걸어 다니고 있는 사람들의 절반은 우리들 명계의 사람이라구. 단지 분간할 수 없을 뿐이라구."

"그러면 당신의 하는 일은?"

"내가 하는 일은 이 세상 사람들을 장가보내고 시집보내는 일이지."

"그러면 마침 잘 되었군요. 실은 나는 이제부터 여기에서 어떤 아가씨와 혼담을 상의하려 하고 있는데, 그것이 잘 될까요?"

"아니, 글렀어. 당신의 아내는 지금 세 살이라구. 열일곱 살이 되면, 당신에게 시집올 거야."

"그 주머니 속에 있는 것은 무엇이지요?"

"빨간 끈이야. 부부의 발을 묶기 위한 것이지. 사람이 태어나면 빨리 이 끈으로 묶어 놓는 거라구. 그러면 설사 상대방이 원수이건 신분이 다르건, 혹은 몇 백리 몇 천리를 떨어져 있어도 도망칠 수가 없다구. 당신도 먼젓번 사람과 묶여 있기 때문에, 다른 처녀를 바라면 무리라구."

"그러면 나의 아내는?"

"이 마을 북쪽에서 야채를 팔고 있는 진(陳)이라는 할머니의 딸이지."

"만나 볼 수가 있을까요?"

"언제나 할머니가 안고 시장에 나와 있다구. 따라 오라구, 가르쳐주지."

그러는 동안에 밤이 밝았지만 약속한 상대방은 오지 않았다. 노인이 주머니를 둘러메고 걸었기 때문에, 당황하여 따라가니, 노인은 가난한 옷차림의 할머니에게 안겨 있는 세 살짜리 여자아이를 가리켰다.

"저것이 당신의 아내라구."

"저 아이를 죽여 버리고 싶군요."

뜻밖의 말을 하자.

"죽일 수 없을 거야. 저 아가씨는 복을 받아서 아들 덕분에 영지(領地)까지 받도록 되어 있다구."

노인은 이렇게 말하고는 갑자기 사라져 버렸다.

"도깨비 같은 것, 누가 저런 거지의 딸을 데려올 줄 아나?"

그는 비수를 풀어 하인에게 건네주며 명령했다.

"저 아가씨를 죽이고 오면 1만 냥을 주겠다."

"네, 알았습니다."

다음날 비수를 소매에 감춘 하인은 채소시장이 혼잡한 틈을 타서 아가씨를 찔렀다.

가슴을 찌르려고 했지만, 빗나가서 미간을 찔렀다.

그로부터 14년 뒤에, 위고는 상주(相州)의 관리가 되었다. 얼마 후에 그는 다시 장관에 추천되었고, 군(郡)의 태수의 딸에게 장가갔다.

색시는 16, 7세의 아름다운 얼굴이었지만, 언제나 한 장의 꽃모양의 종이를 미간에 붙이고 있어, 목욕할 때에도 종이를 떼지 않았다.

1년이 넘자 갑자기 옛날 일을 생각해내고 물어 보았더니, 아내는 울먹이며 얘기했다.

"저는 실은 장관의 양녀입니다. 아버지는 송성(宋城)의 현지사를 하고 있을 때 돌아가고, 그 뒤에 어머니와 오빠가 죽어 진(陳)이라는 할머니에게서 자라났습니다. 할머니는 야채장사를 하여 저를 길러 주셨지만, 세 살 때 시장에서 폭한의 습격을 받아, 그때 상처가 남아 있기 때문에 이렇게 감추고 있는 것입니다."

"그 할머니가 애꾸눈이 아니었던가?"

"그랬습니다. 그런데 그것을 어떻게……?"

"당신을 찌른 것은 바로 나라구."

그는 옛날 일을 소상히 밝히면서, 이후로 점점 사이좋게 지내는 도중, 한 아들이 태어났다.

아들은 뒤에 안문군(雁門郡)의 장관이 되어, 어머니는 태원군태부인(太原郡太夫人)이라는 칭호를 조정에서 받았다.

그리고 이 이야기를 들은 송성(宋城)의 현지사는 그 마을을 〈定婚店〉이라고 이름을 붙였다.

유비무환(有備無患)

있을 **유** · 예비 **비** · 없을 **무** · 근심 **환**

의미 미리 준비가 갖추어져 있으면 전혀 뒷걱정이 없다는 뜻의 말이다.

출전 〈서경(書經)〉 설명(說命), 〈춘추좌씨전(春秋左氏傳)〉

해설 열명은 은나라 고종(高宗)이 부열(傅說)이란 어진 재상을 얻게 되는 경위와 그로 하여금 어진 정사에 대한 의견을 말하게 하고 이를 실천하게 하는 내용을 기록한 글인데, "유비무환"이란 말은 그가 고종 임금에게 올린 말 가운데 들어 있다.

이 말이 들어 있는 첫 부분을 소개하면 다음과 같다.

"생각이 옳으면 이를 행동으로 옮기되 그 옮기는 것을 시기에 맞게 하십시오. 스스로 그것이 옳다는 생각을 가지고 있으면 그 옳은 것을 잃게 되고 스스로 그 능한 것을 자랑하게 되면 그 공을 잃게 됩니다. 오직 모든 일은 다 그 갖춘 것이 있는 법이니 갖춘 것이 있어야만 근심이 없게 될 것입니다."

또 〈춘추좌씨전〉에 보면 다음과 같은 이야기가 있다.

어느 해 정나라가 출병하여 송나라를 침략하자 송나라에서는 나라의 위급함을 진나라에 알리고 구원을 청했다. 진의 도승은 즉시 노(魯) · 제(齊) · 조(曺)나라 등 12개국에 이 사실을 알려 연합군을 편성하여 위강의 통솔하에 정나라 도성을 둘러싸고는 송나라에 대한 침략에의 야욕을 버리라고 으름장을 놓았다.

그러자 정나라는 속수무책이었으므로 송 · 진 · 제 등 12개국과 불가침의 화해조약을 맺고 말았다.

초나라는 정나라가 북방으로 기울어진 것을 보고는 매우 못 마땅히 여겨 군대를 풀어 정나라를 침공했다.

초나라 군대가 강대함을 안 정나라는 도저히 저항할 수가 없게 되자 할 수 없이 초나라와도 맹약을 체결했다.

정나라의 이러한 태도에 대해 북방 12개국의 불만은 이만저만이 아니었다.

그리하여 북방 12개국에서는 또 연합군을 파견하여 정나라를 쳤다.

이번에도 힘이 부친 정나라는 화친을 청했고 진이 응해주자 그에 대한 감사의 뜻으로 수많은 값진 보물과 어여쁜 가희(歌姬)들을 선물로 보내 왔다.

도승은 이들을 위강에게 보내어 전시에서의 고달픔을 일시나마 달래어 주고자 하였으나 위강은 완강히 거부하면서 이렇게 말했다.

"편안히 지낼 때에는 항상 위태로움을 생각하여야 하고 위태로움을 생각하게 되면 항상 준비가 있어야 하며 충분한 준비가 되어 있으면 근심과 재난이 없을 것입니다."

이 말을 들은 도공은 그의 넓은 식견에 새삼 탄복하여 가희들을 다시 모두 정나라로 돌려보냈다고 한다.

유암화명
(柳暗花明)

버들 **유** · 어두울 **암** · 꽃 **화** · 밝을 **명**

의미 본래는, 버드나무는 어두컴컴하고 꽃은 밝게 핀다는 봄의 아름다운 경치를 말하는 것이다. 후에는, 발전의 여지가 없어 보이는 상황에서 재기와 희망이 트이는 것을 가리키게 되었다.

출전 〈육유시(陸游詩)〉 유산서촌(遊山西村)

ㅇ

해설 육유는 남송(南宋)의 유명한 애국시인으로, 침략해 온 금(金) 나라에 대한 저항을 주장하여, 평화파로부터 배척되어, 융흥(隆興; 江西省)의 통판(通判)이라는 직위를 그만 두게 되었다.

육유는 비분해 하지 않고 여장을 갖추어, 오랫동안 살던 융흥을 떠나 산음(山陰: 浙江省)으로 돌아가다가, 도중에 임천(臨川; 江西省)에서 옛 친구 이호(李浩)를 방문했다.

이호가 정강지부(靖江知府)의 사령(辭令)으로 막 임명된 터이라 육유는 크게 격려했다. 그러나, 반면에 자신은 다시 출사할 기회가 있을지도 의심스러워서 마음이 무거웠다.

한 달에 걸친 긴 여행 끝에 육유는 고향에 도착했다. 고향 산천은 물과 초목이 싹텄고, 집 주위에도 많은 꽃이 피어 풍경이 아름다운 곳이었다.

처음에 육유는 독서에 빠져서 날을 보냈으나, 그 후 근처를 산보하였다. 시골이었기 때문에 독서하는 사람은 없고 친구는 모두 농민이었다.

4월 어느 날, 마을에서 봄의 축제가 행해져, 북과 피리 소리가 울리기 시작했다. 육유는 흥에 취해 20리 떨어진 서산(西山)으로 나갔다.

산길은 점점 험해지고 인가도 보이지 않게 되었다. 산길 오르기를 그만두자, 산길이 끊어지고 길도 막혀 앞으로 나아갈 수도 없게 되었다.

그러나, 축제를 보고 싶은 마음에 육유는 길도 아닌 곳으로 더욱 나아갔다. 그래서, 어느 산모퉁이를 돌자, 갑자기 시야가 펼쳐져 십여 가구의 인가가 도원경처럼 보였다.

마을 사람들은 이 낯모르는 손님을 기쁘게 맞아들였고, 술과 음식을 내서 잘 대접했다.

너무나도 기쁜 육유는, 시간을 내서 꼭 다시 한번 더 오겠다고 약속했다.

집에 돌아온 육유는 "유산서촌(遊山西村)"이라는 유명한 칠언율시(七言律詩)를 만들었다.

그 제2연의 "산중수부의무로 유암화명우일촌(山重水復擬無路 柳暗花明又一村)"은 그 당시의 감명을 읊은 것이다.

유언비어
(流言蜚語)

흐를 **유** · 말씀 **언** · 바퀴 **비** · 말씀 **어**

의미 비(蜚)는 비(飛)의 의미. 말한 사람도 없는데 전해지는 소문. 또는 근거없는 소문. 또는 사람을 중상모략하기 위해서 조작한 말을 의미한다.

출전 〈사기(史記)〉 위기무안후열전(魏其武安侯列傳)

해설 전한의 경제(景帝) 시대. 도태후의 조카인 대장군 도영은 오초칠국(吳楚七國)의 난을 평정한 공으로 위기후에 봉해지게 되었다.

대신들도 존경했고 많은 인물이 그를 본보기로 삼았다.

그 때, 왕황후의 동생 전분(田蚡)은 신분이 낮은 출신으로, 당시에는 하급 시종이었지만, 도영의 권세를 보고, 그의 마음에 들려고 술을 선물하기도 했다.

그 후, 전분은 누이가 황후가 된 덕분에 점차로 황제의 마음에 들어 태중대부가 되었다.

기원 전 141년, 경제(景帝)가 병으로 죽고 무제(武帝)가 즉위하자, 그는 무안후(武安侯)에 봉해지게 되었다.

기원 전 135년, 도태우가 세상을 떠나자 도영은 배경을 잃어 점점 위신이 떨어지게 되었지만, 전분은 황제가 백부였기 때문에 승상에 취임하고 권세도 나날이 더했다.

게다가, 도영에게로 모였던 사람들은, 이번에는 전분의 저택으로 갔지만, 장군 권부(權夫)만은 도영을 떠나지 않았다.

두 사람은 함께 술을 마시고 마음을 항상 터놓았다.

기원 전 133년 봄, 연왕 유희의 딸과 전분이 결혼하여, 왕태후는 왕실과 제후에게 축하하러 가도록 명령했다.

도영은 불만이었지만, 권부와 함께 전분의 저택으로 갔다.

전분의 저택에서는 왕후 귀족이 모여 대단히 떠들썩했다. 술에 취하여 득의만면한 전분이 손님에게 술잔을 들자, 대신들도 곧 엎드려 답례했다.

이윽고, 도영이 술잔을 들자, 몇 명의 친구 이외에는 모르는 척하여 답례하지 않았다.

도영을 경멸하는 이 행위를 본 권부는 화를 참을 수 없었다.

권부는 일어서서 전분을 향해 술잔을 권했지만, 전분은 곁눈질을 하며,
"나는 이제 마시지 않는다."

ㅇ

하고 거절했다. 권부는 냉소하며,

"그렇게 말하지 말고, 받으시오."

하고 말했지만, 전분은 듣지 않았다.

권부는 다음으로 임여후 권현에게 잔을 올렸지만, 그도 옆 사람과 이야기하며 받지 않았다. 참을 수 없게 된 권부는 마침내 소리를 질러 권현의 무례를 책망했다.

자리는 흥이 깨어지고, 손님들은 모두 서둘러 일어나서 돌아가 버렸다.

도영도 권부를 달래서 밖으로 나가려고 했지만, 전분은 호위병으로 하여금 권부를 포박시켰다.

집에 돌아온 도영은 목숨을 걸고라도 권부를 구하려고 결심했지만, 도영의 처는,

"권부 장군은 훌륭한 왕태후에게 무례를 범했습니다."

라고 말하면서 반대했다.

도영은 듣지 않고 부제에게 상서했다.

"권부의 실례는 취한 상태에서 행한 것인데, 승상은 사적인 원한으로 권부를 포박해 버렸습니다."

무제는 다음날 조정에서 심판하도록 했다.

다음 날, 무제 앞의 심판에서 도영과 전분은 자신들의 말을 양보하지 않았고, 대신들의 의견도 둘로 나뉘어졌다. 뜻을 분명히 하지 않는 사람도 많았기 때문에 황제는 화가 났다.

이것이 왕태후의 귀에 들어갔다. 태후는 화가 나서 황제에게 말했다.

"모두 내 동생을 모략한다. 내가 죽으면 그를 풀어줄 것인가?"

어머니가 화가 난 것을 본 무제는, 도영을 탄핵시키고, 권부를 변호한 것은 주군을 속인 죄라고 하여 도영을 포박하여 하옥시켰다.

한편, 권부 일족을 참형하기로 결정했다. 일이 급하게 되자 도영은 조카에게,

"특별한 경우에는 황제를 알현하는 권리를 경제로부터 받았기 때문에 배알을…"

하고 상서시켰다.

이것을 받은 조정에서는, 그 유서를 보지도 않고, 법상(法相)은 왕태후의 의향에 따라 도영을 "유서위조죄"로 사형하기로 했다.

기원 전 132년 10월, 권부 일족의 처형을 전해들은 도영은 비분으로 단식하여 자살하려 하였지만, 다음 해 여름에는 사면이 있을 것이라는 소식을 듣고 단념하였다.

때마침, "도영은 옥중에서 황제를 욕하고 있다."는 유언비어가 장안에 떠돌았다. 이것을 들은 무제는 격노하여, 그해 말, 도영을 사형시켰다.

은감불원(殷鑑不遠)

은나라 **은** · 거울 **감** · 아니 **불** · 멀 **원**

의미 멸망의 선례는 멀지 않다는 말로, 은(殷)나라 사람은 전대의 하(夏)나라가 망한 것을 거울삼아 경계하라는 뜻이다. 즉 이전의 실패를 자신의 거울로 삼아 주의하라는 말이다.

출전 〈시경(詩經)〉 대아탕편(大雅蕩篇)

해설 하(夏)나라가 걸왕(桀王)의 포학과 방탕으로 인해 망하고 탕왕(湯王)에 의해 새로 세워진 은(殷)나라도 약 6백 년 동안 지속되다가 28대 왕인 주왕(紂王) 때에 망하게 되었다.

은의 주왕은 유소(有蘇)를 치고 얻게 된 그곳의 미녀 달기(妲己)에게 빠져 주지육림(酒池肉林)의 놀이에 정신이 없었다. 또 왕에게 참언을 하는 자는 포락지형(炮烙之刑)에 처하는 등 음락과 포학을 자행했다.

이때 삼공(三公)중의 한 사람인 서백(西伯; 뒤에 주나라 문왕이됨)이 주에게 간하는 말이라 하여 〈시경〉에 다음과 같은 시가 나와 있다.

문왕이 탄식하며 말하길
슬프다! 너 은상아
사람이 또한 말이 있다
넘어지고 쓰러진 것을 일으켜 보니
가지와 잎은 피해가 없어도
뿌리는 본래 먼저 끊어진다고
은나라의 거울은 멀지 않다
하후의 세상에 그것은 있다

ㅇ

나무가 넘어질 때 가지와 잎은 비록 그대로 있다 해도 뿌리는 벌써 끊어지고 없다는 것은, 나라의 형태는 아직 있어도 나라의 뿌리인 조정의 기강은 이미 무너졌음을 말한다.

이 시는 주(周)나라 10대 왕인 여왕(厲王)의 포악함을 한탄한 소목공(召穆公)이 여왕에게 간할 목적으로 자기가 하고 싶은 말을 문왕이 주왕에게 한 말로 꾸며서 지은 시라고 한다.

응접불가
(應接不暇)

응할 **응** · 사귈 **접** · 아니 **불** · 겨를 **가**

의미 아름다운 경치나 산이 계속 눈앞에 나타나 응접(應接), 즉 인사할 틈도 없다는 뜻으로, 좋은 일 좋지 않은 일이 꼬리를 물고 계속되어 생각할 여유가 없을 만큼 몹시 바쁜 것을 가리키는 말이다.

출전 〈세설신화(世說新話)〉

해설 진(晋)나라 사람으로 중서령까지 되고 특히 풍아(風雅)한 취미와 글씨로 유명한 왕자경(王子敬)이 지금의 회계(會稽)를 지나던 도중(道中)의 아름다움을 이렇게 말했다고 한다.

"산음(山陰)의 길은 희한하다. 치솟은 산이나 계류가 계속 눈앞에 나타난다. 그것이 차례로 번쩍거리며 나타날 때에는 하나하나 응접할 틈도 없을 정도이다. 모든 산의 단풍이 들고 하늘이 높은 가을이나, 고요하고 쓸쓸한 겨울에 지나다 보면 모든 생각을 다 잊게 된다."

왕자경이 응접할 겨를이 없었던 것은 지나치게 되는 아

름다운 경치에 대해서였으나 이 말은 점차 달리 쓰이게 되었다.

인간 세상에서 응접에 겨를이 없는 일이란 지극히 많았던 것이다.

전국시대의 사람들은 끊임없는 전란에 고생을 하였으며 그로 인해 쓰라린 일이 꼬리를 물고 일어났던 것이다.

그래서 좋은 일이나 궂은 일이 계속 일어나 생각할 틈이 없음을 비유하게 되었다.

의심생암귀
(疑心生暗鬼)

의심할 **의** · 마음 **심** · 날 **생** · 어두울 **암** · 귀신 **귀**

의미 의심(疑心)은 암귀(暗鬼)를 낳게 한다는 말로 선입관(先入觀)은 간혹 판단의 정확성을 흐리게 한다는 뜻이다. 즉 잘못된 선입관으로 인해 충고한 사람을 도리어 의심한다는 말이다.

출전 〈열자(列子)〉 설부편(說符篇), 〈한비자(韓非子)〉 설난편(說難篇)

해설 어떤 사람이 가지고 있던 도끼를 잃어버렸다. 누군가가 훔쳐간 것이 아닌가 하고 생각하니, 암만해도 옆집 아들이 수상했다.

자기를 만나기만 하면 슬금슬금 도망치려는 듯한 태도인데다 안색이나 말투도 어딘가 겁을 먹고 있는 듯했다.

그래서 이 사람은 도끼를 훔친 것은 틀림없이 그놈이라고 생각하게 되었다.

그런데 어느 날 산에서 땅을 파헤치다가 도끼를 찾게 되었다. 자기가 나무를 하러 왔다가 놓아두고는 잊어버렸던 것이다.

도끼를 가지고 집으로 돌아오다 다시 옆집 아들을 만났는데 이제는 일거일동이 전혀 수상해 보이지 않았다.

또 하나 이런 이야기가 있다.

어떤 사람의 뜰에 있는 오동나무가 말라죽었다.

그러자 옆집 노인이 충고해 주었다.

"말라죽은 오동나무는 재수가 없다네."

그 사람은 노인의 충고에 따라 오동나무를 잘라 버렸다. 그것을 본 노인이 땔감으로 쓰게 나무를 달라고 하였다. 그러자 그 사람은 노발대발하며 말했다.

"그럼 영감님은 자기 집 땔감으로 쓰기 위해 나를 속여 나무를 자르게 했구료. 같은 이웃에 살면서 그런 음흉한 짓을 한단 말이요?"

친절한 충고가 상대의 의심암귀에 의해 얼토당토 않은 혐의의 씨가 된 셈이다. 〈한비자〉의 세난편(世難篇)에 이와 비슷한 이야기가 나와 있다.

송나라 때, 어느 부잣집 담장이 오랜 장마로 인해 무너졌다. 아들이 그것을 보고 말했다.

"빨리 수리해 놓지 않으면 도둑이 들지도 모릅니다."

그때 옆집 노인도 같은 충고를 했다. 그런데 그날 밤 과연 도둑이 들어 물건을 훔쳐갔다.

이 부잣집에서는 아들에게는 선견지명이 있다고 칭찬하며 옆집 노인이 수상하다고 의심을 했다고 한다.

이심전심(以心傳心)

써 **이** · 마음 **심** · 전할 **전** · 마음 **심**

의미 마음에서 마음으로 전한다는 뜻으로, 어떤 말이나 글을 사용하지 않고 마음과 마음으로써 뜻을 깨닫게 한다는 말이다.

출전 〈전등록(傳燈錄)〉, 〈오등회원(五燈會元)〉

해설 송나라의 중 도언(道彦)이 석가모니 이후의 조사(祖師)들의 법맥(法脈)을 계통지어 놓고서, 많은 법어(法語)들을 기록한 〈전등록(傳燈錄)〉에, 〈부처님이 돌아가신 뒤에 법을 가섭(迦葉)에게 붙여, 마음으로써 마음에 전한다.〉라고 있다.

즉 석가모니께서는 가섭존자(迦葉尊者－摩訶迦葉)에게 불교의 진리를 전하였거니와, 그것은 〈以心傳心〉으로 이루어졌다는 것이다.

무대는 영산(靈山)의 집회장소로, 그 집회에 대하여 같은 송나라의 중인 보제(普濟)의 〈오등회원(五燈會元)〉에는 다음과 같이 기록되어있다.

어느 때 석가세존께서는 영산에 제자들을 모아놓고 설교를 하셨다.

그때 석가께서는 연꽃을 손에 드시고, 손가락으로 쥐면서 제자들에게 보이셨다.

다른 제자들은 그 뜻을 몰라 잠잠히 있었지만, 가섭존자만은 그 뜻을 깨닫고 빙그레 미소했다.

즉 석가께서 연꽃을 쥐심에 대하여 가섭존자가 미소하여, 여기에서 〈염화미소(拈華微笑)〉가 성립된 것이다. 그리하여 석가께서는 가섭존자를 인정하시고 이렇게 말씀히셨다.

"내게는 정법안장(正法眼藏-사람이 본래 갖추고 있는 마음의 묘한덕)과, 열반묘심(涅槃妙心-번뇌와 미망에서 벗어나 진리를 깨닫는 마음)과, 실상무상(實相無相-생멸계를 떠난 불변의 진리)과, 미묘법문(微妙法門-진리를 깨닫는 마음)과, 불립문자(不立文字)와 교외별전(教外別傳-다같이 경전이나 언어 등에 의하지 않고 以心傳心으로 전한다는 뜻)이 있다. 나는 이것을 가섭존자에게 부탁한다."

ㅇ

이하부정관(李下不整冠)

오얏 **이** · 아래 **하** · 아니 **부** · 바를 **정** · 갓 **관**

의미 오얏나무 밑에서 갓을 고쳐 쓰면 도둑으로 몰리기 쉽다는 말로, 남에게 의심받을 만한 일은 아예 하지 말라는 뜻이다.

출전 〈열녀전(烈女傳)〉

해설 전국시대, 주열왕(周烈王) 6년(기원 전 370년) 제(齊)는 위왕(威王)이 왕위에 있었으나 국정은 영신(佞臣)인 주파호(周破胡)가 손아귀에 넣고 있었다.

파호는 현사, 유능한 인재를 시기하여 현명한 선비는 비방하고, 오히려 아대부(阿大夫) 같은 간신을 칭찬하곤 했다.

위왕의 후궁 중에 우희(虞姬)라는 여자가 있어 파호의 행동을 보다 못해 왕에게 호소했다.

"파호는 속이 검은 사람입니다. 등용하시면 안 됩니다. 제에는 북곽선생(北郭先生)이라는 현명하고 덕행이 높은 분이 계십니다. 그런 분을 등용하시는 게 좋을 것입니다."

그런데 이 말이 파호의 귀에 들어가고 말았다.

파호는 우희를 눈에 가시로 여겨 모함하고자 우희와 북곽선생의 사이가 수상하다고 떠들어댔다.

그래서 왕은 9층이나 되는 누각 위에 우희를 감금하고 관원에게 조사를 시켰다.

관원은 파호에게 매수당해 있었으므로 있는 일 없는 일을 꾸며대어 우희를 모함하려고 했다.

그러나 왕은 그 조사 방법이 수상했음을 알고, 우희를 불러 사실여부를 물었다.

"저는 10여년 동안 진심으로 왕을 위해 힘을 다했습니다만 지금 이렇게 간사한 자의 모함에 걸리고 말았습니다. 제가 결백하다는 것은 명백합니다. 만약 제게 죄가 있다고 하면 그것은 과전불납리(瓜田不納履)하고 이하부정관(李下不整冠)하라는 의심받을 일을 피하지 않았던 점과 9층탑에 감금되었어도 누구 한 사람 저를 위해 변명해 주는 사람이 없었다는 점 뿐입니다. 설사 죽음을 내리신다 해도 저는 이 이상 더 변명할 생각은 없습니다. 그러나 꼭 한 가지만은 들어주십시오. 지금 군신들은 모두 나쁜 짓을 일삼고 있으며, 그 중에서도 파호가 가장 심합니다. 왕께서는 국정을 파호에게 일임하고 계시나

이래서는 나라의 장래가 극히 위험합니다."

우희가 진심으로 이렇게 충언하자 위왕은 깨닫는 바가 있었다.

그래서 즉묵대부(卽墨大夫)를 만호(萬戶)로 봉하고, 영신인 아대부와 주파호를 팽살(烹殺)시켜 내정을 바로잡았으므로 제(齊)는 크게 안정이 되었다.

"과전불납리 이하부정관(瓜田不納履 李下不整冠)"이란 말은 오이가 익은 밭에서 신발을 바꾸어 신으면 마치 오이를 도둑질하는 것같이 보이고, 오얏이 익은 나무 밑에서 손을 들어 관을 고치면 마치 오얏을 따는 것같이 보이므로, 그렇듯 남에게 의심을 살 짓은 삼가라는 뜻이다.

일각천금 (一刻千金)

한 **일** · 시각 **각** · 일천 **천** · 금 **금**

의미 짧은 시간이라도 천금의 값어치가 있을 정도로 귀중하다는 뜻이나, 원래는 바쁜 시간을 의미한 것이 아니라 즐겁고 한가로운 시간을 나타냈다.

출전 소동파(蘇東坡)의 〈춘야행(春夜行)〉

ㅇ

해설 송(宋)나라 소동파(蘇東坡)의 유명한 시 가운데 춘야행(春夜行)이라는 것이 있다.

봄날 달밤의 한때는 천금의 값어치가 있네
꽃에는 맑은 향기가 있고, 달은 희미하게 흐려져 있다
노래 부르고 피리 불던 누대도 소리 없이 적적하네
그네가 걸려 있는 안뜰은 밤만 깊어 가누나

이 "일각천금(一刻千金)"과 비슷한 문구에 "일자천금(一字千金)"이 있다. 글자 한 자에 천금의 값어치가 있을 만큼 훌륭한 시문이란 뜻으로 쓰인다.

또 "일확천금(一攫千金)"은 한번에 거대한 이익을 본다는 뜻으로, 이 말과 비슷한 것에 "일척천금(一擲千金)"이 있다.

일거양득 (一擧兩得)

한 **일** · 거동 **거** · 두 **양** · 얻을 **득**

의미 한 가지 일로써 두 가지 이득을 얻는 것을 말한다. 일전쌍조(一箭雙鳥), 일석이조(一石二鳥)와도 뜻이 통하는 말이다.

출전 〈춘추후어(春秋後語)〉, 〈전국책(戰國策)〉 초책(楚策)

ㅇ

해설 서진(西晋)의 무제(武帝)에게 벼슬한 속석(束皙)은 속관(屬官)에서 올라가 좌저작랑(佐著作郎)이 되어, 〈晋書〉와 〈帝紀十志〉를 엮어 박사가 된 박학한 선비이다.

당시에 발견된 죽간(竹簡)을 보고, 그는 漢나라 명제(明帝)의 현절릉책문(顯節陵策文)이라고 단언했다. 조사해 본 결과, 사실이었기 때문에 모두 그의 박식함에 놀랐다고 한다.

그가 좌저작랑(佐著作浪)이 되기 전의 상소문 속에서, 하북(河北)의 돈구군(頓丘郡) 일대에 들어와 사는 사람들을 다시 서쪽의 개척민으로서 이주시킬 계획을 진술한 일이 있다.

"그 10년의 세역면제(稅役免除)를 내려, 중천(重遷-두 번 이주시킴)의 정을 위로한다면, 한 번에 두 가지 이득을 얻게 되어, 밖으로 실질적이고 안으로 너그러우며, 궁한 사람들에게 일을 더하여 넓혀서, 서쪽 교외의 밭을 열어, 이 또한 농사의 큰 이익이 된다."

〈一擧兩得〉은 여기에서 나온 말로, 〈한 가지 일을 하여 두 가지 이득을 거두는 것〉을 말한다.

전한(前漢)의 유향(劉向)이 엮은 〈전국책(戰國策)〉 태책(秦策)에는 〈一擧兩附〉라고 있고, 같은 초책(秦策)에는 〈一擧兩獲〉이라고 있으며, 위지(魏志) 장홍전(藏洪傳)에는 〈一擧兩得〉이라고 되어 있으나, 뜻은 같은 것이다.

우리나라에는 〈一石二鳥〉란 말이 있거니와, 이것은 〈北史〉의 〈일전쌍조(一箭雙鵰)-한 화살로 두 마리의 독수리를 쏜다.〉에서 나온 말이다.

일망타진 (一網打盡)

한 **일** · 그물 **망** · 칠 **타** · 다 **진**

의미 한 가지 일을 구실로 여러 명을 함정에 빠지게 만든 후 한꺼번에 모조리 잡아 버린다는 뜻이다.

출전 〈송사(宋史)〉 인종기(仁宗紀)

ㅇ

해설 5대가 혼란한 뒤에 성립된 송나라는 태조인 조광윤(趙匡胤)의 유언에 따라 문관통치를 국시(國是)로 했다.

그러나 건국으로부터 60여년 만에 즉위한 제4대 인종(仁宗)은 나라를 다스리는 40년 동안에 태조 이후로 힘을 들여온 과거에 의하여, 정계에 등장한 우수한 인재를 배출시킨 것으로 유명하며, 인종시대 후반의 연호 경력(慶歷)을 따서 〈경력의 다스림〉이라고 불려 지며, 당나라 태종(太宗)의 〈정관(貞觀)의 다스림〉과 아울러 일컬어지고 있다.

더구나 〈경력의 다스림〉이라고 불려지는 태평성대가 출현하기에 이르기까지에는, 조정내에서 문관들의 격렬한 대립이 있었다.

구식의 조정인 신하와 혁신적인 관료들의 대립이었다. 당시 인종의 총애는 상미인(尙美人)으로 옮겨져 있었거니와, 어느 날 인종의 옆에 있던 상미인이 황후를 모욕했다. 화가 난 황후가 상미인의 뺨을 손으로 때리려고 했을 때, 인종이 가로 막고 들어왔기 때문에 황후의 손은 인종의 목을 때리고 말았다.

화가난 인종은 곧 황후폐지의 의지를 굳히고, 재상인 여이간(呂夷簡)에게 도모했던 바, 여이간은 인종의 뜻을 받아들이기 위하여 이에 동의하여, 황후의 폐지는 결정되었다.

간관(諫官)인 범중엄(范仲淹) 등 10명은 황후에게 잘못이 없다고 하여 폐지에 반대하였지만, 여이간에 의하여 좌천되었다.

여이간은 그들이 도당을 짜서 공손치 못함을 자행하는 자들이라고 마음에 결정을 했던 것이다.

천성(天聖) 7년에서 경력(慶歷) 3년까지, 전후 12년에 걸쳐 재상직에 있던 여이간이 은퇴하자, 인종은 같은 궁정정치가인 하송(夏竦)을 추밀사(樞密使)에 임명하고, 추밀부사(樞密副使)에는 혁신파의 한기(韓琦)와 참정지사

(參政知事)에 범중엄을 임명했다.

그러자 새로 임관하였을 뿐인 간관 구양수(歐陽脩) 등으로부터 곧 이의가 나왔다.

"하송은 안무사(按撫使)로서 서하(西夏) 경략에 겁내고, 겸하여 성격이 간사하여 거짓을 품고 있나이다."

인종은 이 말을 듣고 하송을 파면시키고, 청렴강직으로써 소문이나 있는 두연(杜衍)을 기용했다.

혁신파의 관리들은 이 인사를 환영하여 맞이했다. 그 중에서도 국자감(國子監) 직강(直講)인 석개(石介)는 "이것은 큰 성사(盛事)로다. 성사를 이룩하는 것이야말로 나의 역할이다."라고 말했다.

범중엄은 한기(韓琦)와 함께 서쪽 변방의 위수지(衛戍地)에서 도읍으로 돌아오는 도중에 이 말을 듣고,

"이것은 재앙의 씨앗이다. 아마도 괴귀배(怪鬼輩-하송)로 인하여 재앙이 생길 것이다."
라고 탄식했다. 과연 하송은 두연 등에게 〈당인(黨人)〉이라고 공격했다.

이에 반대하여 간신(諫臣)인 구양수가 상소했다.

"신이 듣건대 붕당(朋黨)의 설은 옛날부터 있어, 오직 임금이 그 군자와 소인을 판단하는 것을 바랄 뿐입니다. 대개 군자와 군자와는 도를 함께 함으로써 벗을 이루고, 소인과 소인과는 이득을 함께 함으로써 벗을 이루나이

ㅇ

다. 이것은 자연의 이치입니다."
라고 써나간 것이 유명한 〈붕당론(朋黨論)〉이다.

이리하여 하송은 일단 들어갔지만, 범중엄과 두연 등 당인(黨人)들이 황제의 폐위를 도모하고 있다는, 터무니 없는 사건을 날조하여 그들을 함정에 빠뜨리려 했다.

인종은 상대도 하지 않았지만, 두연은 뜻밖에도 반당인파(反黨人波)로 몰려 함정에 빠졌다.

사건인즉 두연의 사위로 진주원(進奏院)의 감독으로 근무하는 소순흠(蘇舜欽)이라는 자가 반고지(反故紙)를 판 돈(국고금)으로 신을 제사지내고, 관청의 손님들을 초대하고 기녀를 불러 성대한 주연을 베풀었다는 것이다.

하송파의 어사중승(御史中丞)인 왕공진(王拱辰)은 곧 그를 탄핵하여, 소순흠의 일당을 모조리 하옥시키고,

"나는 한 그물로 한 사람도 남기지 않고 모조리 제거했다."며 기뻐했다고 한다.

〈一網打盡〉이란 말은 여기에서 나온 말로, 두연은 이 사건으로 말미암아 불과 70여일 만에 사직해야 했고, 당인(黨人)들도 이어서 벼슬에서 쫓겨났다.

일모도원
(日暮塗遠)

날 **일** · 저물 **모** · 진흙 **도** · 멀 **원**

의미 해는 지고 길은 멀다는 뜻, 즉 뜻하는 바는 큰데 너무 늦어서 쉽게 달성할 수 없다는 것을 비유한 말이다.

출전 〈사기(史記)〉 오자서열전(伍子胥列傳)

ㅇ

해설 오왕(吳王) 요(僚) 5년 초(楚)에서 오자서(伍子胥)가 도망쳐와 오왕 요와 공자광(公子光)을 뵈었다.

오자서의 아버지 오사(伍奢)는 초의 평왕(平王)의 태자 건(建)의 태부(太傅; 황자의 양육관, 삼공의 하나)였다.

평왕 2년, 마찬가지로 소부(小傅)인 비무기(費無忌)가 태자를 위해 진(秦)에서 데리고 온 여자를 평왕(平王)에게 권하고 태자에게서 떠나 왕에게 아첨하여 총임을 얻었으나, 태자의 보복이 두려워 참언했다, 그래서 왕은 태자를 초의 동북 국경인 성부(城父)의 수비관으로 보냈다.

비무기는 태자를 변경 지방으로 쫓아 보낸 다음에도,

마음이 놓이지 않자 태자가 제후와 손을 잡고 왕에게 반기를 들고 있다고 말했다. 왕은 그 말을 믿고 태부인 오사를 불러 엄하게 문책했으나, 오사는 도리어 왕이 참적(讒賊)의 말을 듣고 골육인 태자를 가볍게 보는 것을 간힐했다. 그래도 비무기는 오사의 두 아들이 권유했다고 다시 왕에게 참언했다.

왕은 두 아들을 붙잡기 위해 알렸다.

"오면 네 아비를 용서하고, 오지 않으면 네 아비를 죽이겠다."

그래서 형 오상은 아버지와 함께 죽고자 잡히고 오자서는 아버지의 원수를 갚으려고 도망쳤다. 때는 평왕 7년 오상은 아버지와 함께 살해되고, 송으로 도망쳐 간 오자서는 태자 건과 함께 정(鄭)을 거쳐 오(吳)로 온 것이다.

오왕 요와 공자 광을 뵌 오자서는 공자 광이 왕위를 은근히 탐내며 자객을 구하고 있는 것을 알고, 전제(專諸)라는 자객을 발견해서 이를 공자 광에게 천거하고 자신은 농삿일을 하면서 공자광이 목적을 달성하기만 기다렸다.

오왕 요 12년(기원 전 512년), 초평왕이 죽고 비무기가 평왕에게 권한 진녀(秦女)의 몸에서 출생한 진(軫; 昭王)이 왕위에 올랐다.

당연히 비무기는 전횡(專橫)을 극했는데 1년도 못 되어 내분이 일어나 살해당했다. 오자서(伍子胥)는 그렇게 하여 노리던 원수 두 사람을 계속 잃었으나 초로 쳐들어가 아버지와 형의 원수를 갚겠다는 결심은 조금도 변하지 않았다.

한편 비무기가 살해되던 해, 오왕 요는 초의 내분을 틈타 단숨에 이를 치고자 대군을 초로 진격시켰다. 그 틈에 공자 광은 전제(專諸)를 시켜 오왕 요를 암살하고 스스로 왕위에 올랐다. 그가 바로 오왕 합려(闔廬)이다.

그로부터 오자서는 손무(孫武)와 함께 합려를 도와 여러 차례 초로 진격했는데, 마침내 합려왕 9년(기원 전 506년) 초의 수도인 영(郢)을 함락시켰다.

오자서는 아버지와 형의 원수를 갚으려고 소왕(昭王)을 찾았으나 소왕은 이미 운(鄖)으로 도망친 뒤라 목적을 달성하지 못한 채 평왕의 무덤을 파고 그 시체에 3백 대의 매질을 하여 원한을 풀었다.

오자서와 친교가 있던 신포서(申包胥)는 이때 산중에 피해 있었으나 사람을 통해 오자서의 보복이 너무나도 심한 것을 책망하고 그 행위를 천륜에 어긋난 일이라고 전하였다. 그에 대하여 오자서는 이렇게 대답했다.

"지금 해는 지고 길은 멀다. 그래서 나는 도행(倒行)해서 이것을 역시(逆施)할 뿐이다."

즉 자기는 나이 들고 늙었으나 할 일이 많으므로 이치를 따라서 행할 겨를이 없다고 한 것이다.

일엽락 천하지추 (一葉落 天下知秋)

한 **일** · 잎 **엽** · 떨어질 **락** · 하늘 **천** · 아래 **하** · 알 **지** · 가을 **추**

의미 잎 하나가 떨어지는 것을 보고 온 천하가 가을임을 안다는 뜻으로, 즉 작은 현상만을 보고 큰 근본도 알 수 있어야 한다는 의미이다. 일엽지추(一葉知秋)라고도 한다.

출전 〈회남자(淮南子)〉 설산훈(說山訓)

해설 "남비 속에서 요리되고 있는 고기 맛을 보려고 남비 속의 고기를 전부 먹어 볼 필요는 없다. 그 한 조각만 먹어보아도 남비 속의 고기 맛을 전부 알 수가 있다. 또 습기가 차지 않는 깃털과 습기가 잘 차는 숯을 저울에 달아 공기가 건조한지 습기가 차 있는지를 알 수도 있다. 이런 것은 작은 것을 가지고 큰 것을 밝히는 것이다. 또, 오동나무 잎이 하나 떨어지는 것을 보면 가을이 깊어져 이 해가 저물어 감을 알고, 독 안의 물이 얼어 있는 것을 보면 온 세상이 추워진 것을 알 수 있다. 이것은 가까운 것을 보고 먼 것을 알아내는 이치이다."

또 이자경(李子卿)의 〈추충부(秋蟲賦)〉에는 "잎이 하나 떨어지니 천지가 가을이다."라고 나와 있으며, 〈문록(文錄)〉에는 당인(唐人)의 시로서 "산의 중이 육갑을 헤아릴 줄 몰라도 잎 하나가 떨어지면 천하가 가을인 것을 안다."는 구절이 있다.

일이관지
(一以貫之)

한 **일** · 써 **이** · 꿸 **관** · 의 **지**

의미 하나로 줄줄이 꿰었다는 말로서 처음부터 끝까지 변함이 없다는 의미로 쓰이기도 하고, 일사천리로 조금도 막힘없이 밀고 나감을 뜻하기도 하는데 보통 일관(一貫)으로 줄여서 쓰인다.

출전 〈논어(論語)〉 이인편(里仁篇) · 위영공편(衛靈公篇)

해설 공자께서 말씀하셨다.

"사(賜)야, 너는 내가 많이 배우고 그것을 다 기억하는 사람이라고 생각하는가?"

자공(子貢)이 대답했다.

"그러하나이다. 그렇지 않나이까?"

공자께서 말씀하셨다.

"아니다. 나는 단지 한 가지 일로 만사를 관철하려고 하는 것뿐이다."

이것이 소위 일관지도(一貫之道)이거니와, 여기에서는 그 일관지도가 무엇을 가리키는지는 언명되지 않고 있다.

공자 자신으로서는 명백한 것이 있다 할지라도, 제자들은 그것을 이해할 수 없었던 것이다.

이 말을 정확히 납득할 수 있었던 것은, 애제자의 한 사람인 증자(曾子)였을 뿐으로, 그 증거는 이인편(里人篇)에 나타나 있다.

공자께서 말씀하셨다.

"삼(參)아, 나의 도는 하나로써 관철되어 있다."

증자가 말씀드렸다.

"네, 알고 있습니다."

공자께서 나가시자, 제자들이 물었다.

"무엇을 말씀하신 것인가?"

증자가 말했다.

"선생님의 도는 성실하고 용서할 뿐이시다."

충(忠)이란 中과 心의 합자(合字)로, 자기의 마음속으로 성의를 다하는 〈충실〉의 뜻이며, 서(恕)란 如와 心의 합자로, 다른 사람의 마음을 자기의 마음과 같이 생각하는 일이다.

더구나 공자께서 모처럼 〈한 가지 道〉라고 말한 데 대하여, 〈忠〉과 〈恕〉라고 말한 것은 대답이 둘이 된다.

그리하여 〈一貫之道〉란 공자께서 평소에 가장 첫째로

역설하신 〈仁〉에서 벗어나지 않으며, 성의를 다한다는 것과 상대방을 용서한다는 것은, 바로 인을 달성하는 길이라고 해석할 수 있다.

일자천금 (一字千金)

한 **일** · 글자 **자** · 일천 **천** · 금 **금**

의미 글자 한 자에 천금의 가치가 있다는 뜻으로, 특히 빼어나게 훌륭한 문장에 비유되어 쓰인다.

출전 〈사기(史記)〉 여불위전(呂不韋傳)

ㅇ

해설 춘추 전국 시대에 이른바 사군(四君)이라 하여 제(齊)나라의 맹상군(孟嘗君), 위(魏)나라의 신릉군(信陵君), 조(趙)나라의 평원군(平原君), 초(楚)나라의 춘신군(春信君)이 경쟁이나 하듯 천하의 인재들을 자기 문하로 끌어들이고 있었다.

그 무렵 진(秦)의 상국(相國; 국무총리)이 되어 어린 왕정, 즉 시황제를 조종하여 위세를 떨치고 있던 여불위는 자신이 그들 사군(四君)만 못한 것을 부끄럽게 생각하고 권력과 돈을 배경으로 천하의 뭇 인재들을 불러 모았다.

그리하여 각처에서 모여든 자의 수가 3천에 달했다.

그 당시는 제자백가(諸子百家)의 저서가 널리 세상에 전파되던 시기였다.

여불위는 여기에 자극을 받아 자기도 뭔가 세상에 남기고 싶은 마음이 일었다.

그래서 식객들에게 그들이 그 동안 알고 듣고 본 것을 기록하게 하여 이것들을 한데 모아 정리한 결과 팔람(八覽), 육론(六論), 십이기(십利己) 등 20만 자가 넘는 방대한 책이 되었다.

고금천하의 모든 지식이 다 망라되어 있다고 생각한 여불위는 자기 성을 따서 〈여씨춘추(呂氏春秋)〉라고 이름을 붙였다.

그는 이것을 진나라 수도 함양(咸陽)성 시문(市門)앞에 진열해 두고 그 위에 천금(千金)을 걸어놓은 다음 방을 써서 붙였다.

"능히 한 글자라도 보태거나 뺄 수 있는 사람이 있으면 천금을 주겠다."

이것은 사실 유능한 식객을 끌어들이기 위한 방법이었다.

일패도지 (一敗塗地)

한 **일** · 패할 **패** · 더럽힐 **도** · 땅 **지**

의미 한번 패하여 간(肝)과 뇌(腦)가 땅에 뒹군다는 것으로, 여지없이 패하여 다시 일어날 수 없게 됨을 일컫는 말이다.

출전 〈사기(史記)〉 고조본기(高祖本紀)

ㅇ

해설 패(沛)의 사람 유방(劉邦)에게는 수많은 길조가 있으며, 또 대인물의 품격이 있었으므로 인망도 높았다.

그 무렵에 진나라 시황제(始皇帝)는 〈동남쪽에 천자의 기운이 있다.〉고 말하여, 동쪽으로 노닐어 이를 억압하려 했다. 유방은 자기의 일이 아닌가 하고 두려워서 산속으로 도망쳤다.

패의 많은 젊은이들이 유방을 따라갔다.

이윽고 시황제가 죽고 2세인 황제가 즉위하자, 진승(陳勝)이 반란을 일으켜서 파죽지세(破竹之勢)로 진나라 군대를 격파하고, 진(陳)나라를 점령하여 스스로 왕이 되어

국호를 장초(張楚)라고 정하여, 여러 방면에서 군현(郡縣)의 장관을 죽이자, 이에 응하는 자가 속출했다.

패의 현령은 이 형세를 보고 두려워서, 죽임을 당하기 전에 현민을 따라서 진승에게 응하려고 생각하여, 부하인 소하(蕭何)와 조삼(曺蔘)에게 상의하자, 이렇게 말했다.

"진나라의 관리이신 당신이 지금 진나라를 배반하여, 패의 젊은이들을 이끌어 진승에게 응하려 하시지만, 그들은 듣지 않을 것입니다. 현 밖으로 도망하여 있는 사람들이 많이 있으므로, 그들을 불러 모으는 것이 좋을 것입니다. 수백 명은 모일 것이므로, 그들로 현의 사람들을 위협하신다면 따르지 않는 사람들이 없을 것입니다."

현령은 현의 관리인 번쾌(樊噲)를 보내어 유방을 불렀다. 유방은 수백 명의 세력을 이끌고 패로 돌아왔다.

그러나 현령은 번쾌를 맞이하러 나오는 도중 생각이 바뀌어 유방과 같은 명성이 있는 사람을 몸 가까이에 두면, 지위를 빼앗겨 버리지나 않을까 근심이 되어, 굳게 성문을 닫고 들어오지 못하게 하고, 이 계책을 말한 소하와 조삼을 죽이려 했다.

두 사람은 성을 도망쳐 나가 유방에게 몸을 의지했다. 유방은 두 사람의 이야기를 듣자, 패의 부로(父老)에게 편지를 천에 써서, 화살에 묶어 성 안으로 쏘게 하였다.

"천하는 이미 오래 전부터 진나라를 괴롭히고 있다. 지금 부로(不老)들은 현령을 위하여 성을 지키고 있거니와, 제후들은 계속 군대를 일으키고 있기 때문에, 머지않아 패는 함락될 것이다. 그러므로 지금 당장 패의 백성들이 힘을 합쳐서 현령을 죽이고, 젊은이들 중에서 쓸만한 사람을 골라 통솔시켜서, 제후에게 응하게 한다면 집안도 안전 할 수 있겠지만, 그렇지 않으면 부자가 함께 죽임을 당하게 되어, 어떻게 할 수도 없을 것이다."

이 편지를 읽은 부로(父老)들은 자제들을 이끌고 패의 현령들을 죽이고, 유방을 맞아들여 현령을 삼으려 했다.

유방은 거절하며 말했다.

"천하는 정히 혼란되어 제후들은 일거에 일어나고 있다. 이때에 그럴만한 인물을 장수로 삼지 않는다면, 일패하여 땅에 묻히게 될 것이다. 나는 나의 몸의 안전을 생각하여 이런 말을 하는 것이 아니다. 나의 능력이 부족하여 그대들의 부형이나 자제들의 생명을 안전히 할 수 없음을 두려워하는 것이다. 이것은 몹시 중요한 일이다. 제발 다시 사람을 골라 훌륭한 인물을 선택해 주기 바라는 바이다."

그러나 소하도 조삼도 모두 문관으로, 내 몸이 소중하며, 일이 실패했을 때에는 진나라에게 한 집안이 모두 죽임을 당할 것을 두려워하여, 모두 유방에게 양보했다.

부로(父老)들도 유방에게는 이미 길조가 있으며, 아무리 점을 쳐 보아도 유방 이상으로 길괘(吉卦)가 나온 사람이 없다고 권장했기 때문에 재삼 거절했지만, 끝내 허락하지 않을 수가 없었다.

그래서 유방은 일어나서 패공(沛公)이 된 것이다.

자포자기 (自暴自棄)

스스로 **자** · 사나울 **포** · 스스로 **자** · 버릴 **기**

의미 스스로 자신을 학대하고 자신을 내던지는 것으로, 즉 몸가짐이나 행동을 아무렇게나 되는 대로 자신을 돌보지 않음을 일컫는다.

출전 〈맹자(孟子)〉 이루편상(離婁篇上)

ㅈ

해설 "자포(自暴; 스스로 해친다)하는 자와는 함께 말할 수가 없다. 자기(自棄)하는 자하고는 함께 행동할 수가 없다. 예를 들면 예의 도덕을 비방하는 것을 자포라 한다. 한편 도덕의 가치는 인정하면서, 인(仁)이나 의(義) 같은 것은 자기로서는 도저히 손에 닿지 못하는 것이라고 하는 것을 자기라고 한다. 사람의 본성은 원래 선(善)이다. 그래서 사람에 따라 도덕의 근본이념인 인은 평화스러운 가정 같은 것이고, 올바른 도리인 의는 사람으로서의 정도(正道)이다. 평화로운 가정을 거들떠보지 않아 거기서 살려고 하지 않고, 올바른 길을 버리고 행하려 하지 아니하니 참으로 슬픈 일이다."

맹자의 말대로 하면 말을 함부로 하는 것이 자포이며 행동을 되는대로 하는 것이 자기이다. 곧 말을 함부로 하는 것은 어질고 바른 것을 멀리하는 적극적인 태도이고, 행동을 되는대로 하는 것은 희망을 잃은 소극적인 태도라고 볼 수 있다.

전거복 후거계 (前車覆 後車誡)

앞 **전** · 수레 **거** · 엎어질 **복** · 뒤 **후** · 수레 **거** · 경계 **계**

의미 앞 수레가 지나간 바퀴 자국은 뒤에 오는 수레의 좋은 경계가 된다는 뜻으로, 맨처음에 좋은 본보기를 보여야 뒤에 따르는 사람도 옳게 행하게 된다는 말이다.

출전 〈한서(漢書)〉 가의전(賈誼傳), 〈설원(說苑)〉 선설(善說)

ㅈ

해설 가의(賈誼)는 낙양(洛陽) 출신으로 한나라 문제(文帝)에게 벼슬한 명신이었다. 그는 대단한 수재로 18세 때에는 시를 잘 외워 글을 짓는 것으로 군내(郡內)에 이름이 알려져 있었다.

그 때문에 천거하는 사람이 있어, 문제는 가의를 불러서 박사(博士)로 삼았다. 그 때에 가의는 20여세로 박사들 중에서 최연소자였지만, 그의 재능은 다른 박사들을 압도하여, 문제의 마음에 들어 1년 안쪽에 태중대부(太中大夫)로 승진하였다.

그 뒤에 한때 문제에게 소홀히 여겨져 장사왕(長沙王)

오차(吳差)의 태부(太傅)로 좌천되었다가, 1년여만에 소환되어 잠시 양(梁)나라 회왕(懷王)의 태부로 임명되었다. 양나라 회왕은 문제의 막내아들로 왕에게 총애를 받고, 또 책을 좋아했기 때문에, 가의가 그 태부에 임명되었다. 그로부터 수년 뒤에 회왕은 말에서 떨어져 갑자기 죽었다. 가의는 태부이면서 아무데도 갈 수 없어 슬픔에 젖어 울고 있다가, 그도 이윽고 33세로 죽었다.

가의가 양나라 회왕의 태부였을 때, 흉노족이 자주 변경을 침입하고 또 회남왕(淮南王)과 제북왕(濟北王)이 모반하여 죽임을 당하는 사건이 있어 천하는 시끄러웠기 때문에, 가의는 자주 상소하여 정사에 대한 의견을 말하였는데, 그 가운데 다음과 같은 구절이 있다.

속담에 말하기를, '관리가 되어 직무를 익히지 못할 때에는, 마음을 다하여 지난 예를 조사해 보라.' 는 말이 있으며, 또 '앞의 수레가 엎어지는 것은 뒤의 수레에 경계가 된다.' 고 일러지고 있습니다. 대저 하(夏) · 은(殷) · 주(周)의 삼대는 오래도록 번영하고 있었거니와, 그 이유는 지난 일을 검토하여 알고 있었기 때문입니다.

그런데도 그 번영을 배워서 얻지 못하는 사람은 성인의 지혜에 따르지 않는 사람입니다. 또 진(秦)나라는 몹시 빨리 멸망하였거니와, 어떻게 하여 멸망했는지는 수레바퀴의 자죽을 보면 알 수가 있습니다. 그런데도 그 수레바퀴의 자죽을 피하지 않는다면, 뒤에서 오는 수레는 곧 엎어질 것입니다.

대저 국가의 존망(存亡)과 다스림과 혼란의 열쇠는 바로 여기에 있는 것입니다.

문제는 충신들의 진언을 받아들여 한(漢)나라 번영의 기초를 다졌거니와, 〈전거복 후거계(前車覆 後車戒)〉라는 말은 先人들의 실수나 잘못이 후세 사람들에게는 경계가 된다는 뜻이다.

ㅈ

전전긍긍 (戰戰兢兢)

두려워할 **전** · 조심할 **긍**

의미 전전(戰戰)은 겁을 먹고 벌벌 떠는 모양, 긍긍(兢兢)은 조심해 몸을 움츠리는 모습으로, 즉 어떤 위기감에 절박해진 심정을 나타내는 경우에 쓰인다.

출전 〈시경(詩經)〉 소아소민편(小雅小旻篇), 〈논어(論語)〉

해설 이 시는 서주(西周) 말엽에 모신(謨臣)에 의한 고법(古法)을 무시한 정치가 자행됨을 한탄한 것으로, 전전긍긍이란 말은 최후의 일절에서 나온다.

맨손으로 호랑이를 잡을 수 없고 (不敢暴虎)
걸어서는 황하를 건널 수 없네 (不敢馮河)
사람들이 그 한 가지는 알고 있으나 (人知其一)
다른 건 아무것도 모르고 있네 (莫知其他)
생각하면 언제나 벌벌 떨면서 (戰戰兢兢)
깊고 깊은 못 가에 임하는 심정 (如臨深淵)

엷디 엷은 살얼음 위를 걷는 듯하네 (如履薄氷)

주자(朱子)는 왕이 간사한 계교에 속아서 단호하게 선(善)을 행하지 못했기 때문에 대부(大夫)가 이런 시를 지었다고 하였다. 이 시로부터 전전긍긍이란 말이 나왔고 포호빙하(暴虎馮河), 여림심연(如臨深淵), 여리박빙(如履薄氷)이란 말도 자주 쓰이게 되었다. 또 이 대목은 〈논어〉의 태백편(泰伯篇)에도 나와 있다.

증자가 임종시에 제자들을 불러놓고 이렇게 말했다.

"나의 발을 펴고 내 손을 펴 보아라. 시경에 이르기를 '두려워하고 근심함이 깊은 못 가에 임하여 있는 듯하고 살얼음을 밟는 듯하다.' 하였거늘 지금에서야 나는 마음을 놓겠구나."

증자는 공자의 제자 중에서도 가장 효성이 지극한 사람이었다. 효경(孝經)의 첫머리에 "몸뚱이와 털과 피부는 부모에게서 받은 것이므로 감히 상하지 않게 하는 것이 효도의 첫걸음이요, 몸을 세우고 도를 행하여 이름을 후세에 빛나게 함으로써 부모를 나타나게 하는 것이 효도의 마지막이다."라고 하였던바, 효성이 지극한 증자로서는 몸을 훼손하지 않기 위해 그 동안 두려워하고 근심함이 살얼음판을 밟는 듯하였는데, 이제 죽게 되니 그런 굴레에서 벗어나게 되었다고 말한 것이다.

ㅈ

전전반측 (輾轉反側)

돌아누울 **전** · 구를 **전** · 뒤집을 **반** · 기울 **측**

의미 밤새도록 이리저리 뒤척이며 잠을 이루지 못함을 표현한 말로, 원래는 미인을 사모하여 잠을 이루지 못하는 경우에 쓰였으나 오늘날에는 어떤 근심과 걱정으로 잠을 이루지 못하는 경우에 많이 쓰고 있다.

출전 〈시경(詩經)〉 주남(周南)의 관수(關雎)

해설 〈시경〉의 국풍편(國風篇) 첫머리를 장식하는 「관관수구(關關雎鳩)」에 있는 말로서, 이 시는 먼저 강의 모래톱에서 울고 있는 저구라는 물새를 노래한다. 그 새는 관관(關關)하며 우는데 아름답고 조용한 자태는 요조한 처녀를 생각케 한다. 좋은 배우자로서 남자가 찾는 처녀는 저 물새와 같이 그윽하고 아름답다고 한다. 그리고 시는 다음과 같이 계속된다.

올망졸망 마름풀 따려고
이리저리 찾는다

아리따운 아가씨
자나깨나 그리며
구해도 얻을 수 없어
자나깨나 그 생각 뿐
끝없는 이 마음
잠 못이뤄 뒤척이네

물가에 마름풀이 길고 짧게 올망졸망 나 있다.

그것을 이리저리 찾아다니며 딴다.

이처럼 정숙한 아가씨를 찾을 수 없을까.

자나 깨나 그리다가 찾을 수 없어 그 근심에 잠을 이루지 못한 채 뒤척이기만 한다는 것으로, 여성을 사모하는 연가이다.

정중지와
(井中之蛙)

우물 **정** · 가운데 **중** · 의 **지** · 개구리 **와**

의미 우물 안의 개구리란 말로, 소견이 좁아 하나만 알고 둘은 모르는 사람을 일컫는다.

출전 〈장자(莊子)〉 추수편(秋水篇)

해설 황하의 신(神)인 하백이 흐름을 따라 처음으로 바다에 나와, 북해에까지 가서 동해를 바라보면서, 그 끝이 없는 넓음에 놀라서 북해의 신인 약(若)에게 말했다. 그러자 북해의 신인 약(若)이 이렇게 말했다.

"우물 안에서 살고 있는 개구리에게 바다를 얘기해도 알지 못하는 것은, 그들이 좁은 장소에서 살고 있기 때문이며, 여름 벌레에게 얼음을 말해도 알지 못하는 것은, 그들이 여름만을 굳게 믿고 있기 때문이다. 식견이 좁은 사람에게는 도(道)를 말해도 알지 못하거니와, 그것은 그들이 상식의 가르침에 구속되어 있기 때문이다. 그러나 당신은 지금 좁은 개울에서 나와 큰 바다를 바라보고, 자기의 추함을 알았기 때문에, 이제 큰 진리에 대하여 말할 수 있을 것이다."

이것은 《장자(莊子)》 추수편(秋水篇)에 실려 있는 첫머리의 에피소우드로, 하백(河伯)과 북해의 신인 약(若)과의 문답은 계속된다.

이 문답을 통하여 장자는 도의 높고 큼과, 대소귀천(大小貴賤)은 정하여진 것이 아니니, 대소귀천(大小貴賤)의 구별은 잊고서 도에 따라야 한다고 주장하고 있다.

〈井中之蛙, 不知大海〉는 〈우물 가운데 있는 개구리는 바다를 말해도 알지 못한다.〉라는 뜻으로, 중국에서는 〈井蛙〉라고 말하며, 또 〈井底蛙〉라고 말하기도 한다.

조강지처
(糟糠之妻)

지게미 **조** · 겨 **강** · 의 **지** · 아내 **처**

의미 지게미와 쌀겨로 끼니를 이어가며 고생을 같이 해온 아내란 뜻으로 곤궁할 때부터 간고(艱苦)를 함께 겪은 본처(本妻)를 흔히 일컫는다.

출전 〈후한서(後漢書)〉 송홍전(宋弘傳)

해설 후한(後漢)의 광무제(光武帝)에게 벼슬한 송홍(宋弘)은, 정중하고 후덕하며 정직한 것으로 알려진 사람으로, 건무(建武) 2년에는 승진하여 대사공(大司空)이 되었다.

당시에 광무제의 누나인 호양공주(湖陽公主)가 미망인이 되었다. 광무제는 여가가 있으면 누나를 위로하였지만, 그때마다 조정의 신하들을 서로 논평하여, 누나가 누구에 대하여 호의를 품고 있는가를 은근히 살폈다. 그러자 어느 때 공주가 말했다.

"송공의 의연하고 덕을 갖춘 풍모는 여러 신하들이 미

치지 못합니다."

그래서 광무제는 누나에게 약속했다.

"잘 알았습니다. 제게 맡겨 두십시오."

그 뒤에 송홍이 용무가 있어 광무제의 부름을 받았을 때, 광무제는 좋은 기회가 왔다고 누나를 병풍 뒤에 앉혀 놓고, 송홍과의 주고 받는 말을 은근히 듣게 했다. 용건을 마치자 광무제는 아무 생각도 없이 송홍에게 물었다.

"흔히 귀해지면 친구를 바꾸고, 부유해지면 아내를 바꾼다.(높은 지위에 있으면 천하던 때의 친구를 버리고, 상당한 지위에 있는 사람들과 교제하고, 부유해지면 가난할 때의 아내를 버리고 상당한 집안에서 아내를 맞이한다.)고 하거니와, 이것은 인정에 어울리는 것이 아니겠는가?"

그러자 송홍은 잘라서 대답했다.

"아닙니다. 저는 변천할 때의 사귐은 잊지 말아야 하고, 조강지처는 당에서 내려오지 않는다고 듣고 있습니다. 그리고 이것이 진실이라고 생각하고 있습니다."

이 말을 들은 광무제는 돌아보며,

"잘 되지 않는군요."

하고 은근히 누나에게 알렸다고 한다.

물론 송홍에게는 〈조강지처(糟糠之妻)〉가 있어, 송홍은 이를 존중한 것이며, 광무제도 그 〈糟糠之妻〉를 억지로 내쫓고서 누나의 희망을 채워 줄 수는 없었던 것이다.

〈조(糟)〉는 술지게미를 뜻하고, 〈강(糠)〉은 쌀겨를 뜻하며, 몹시 거친 음식을 말한다.

〈조강지처(糟糠之妻)〉는 그와 같이 거친 음식을 나누어 먹고 온갖 고생을 함께 한 아내라는 뜻이다.

〈불하당(不下堂)〉이란 말은 몹시 소중하여 버리지 못하고, 집에서 나가지 못하게 한다는 뜻이다.

조문도 석사가의 (朝聞道 夕死可矣)

아침 **조** · 들을 **문** · 길 **도** · 저녁 **석** · 죽을 **사** · 옳을 **가** · 어조사 **의**

의미 아침에 천하가 올바른 정도(正道)로 행해지고 있다는 말을 들으면 저녁에 죽어도 좋다는 뜻으로, 오늘날에는 사람이 참된 이치를 깨달으면 당장 죽어도 한이 없다는 뜻으로 쓰이며, 짧은 인생을 가치 있게 살아야 한다는 의미 깊은 말이다.

출전 〈논어(論語)〉 이인편(里仁篇)

ㅈ

해설 제나라 경공(景公)이 정치의 요체(要諦)를 묻자, 공자는 다음과 같이 대답했다.

"임금은 임금 다와야 하고 신하는 신하 다와야 하며, 아비는 아비 다와야 하고 자식은 자식다와야 한다.(君君臣臣 父父子子)"

임금은 인애와 위엄으로써 신하를 대하고 신하는 임금에게 충절을 다하며, 아비는 자애와 위엄으로써 자식을 대하고 자식은 어버이에게 효를 다한다.

공자는 이것을 도(道), 즉 인간의 의지를 초월한 하늘의 가르침이라 생각하고 있었다. 서주(西周; 기원 전

1122~771년)의 씨족제 봉건사회를 천여(天與)의 이상적 사회로 생각하고 있었기 때문이다.

서주 사회에서는 개인이 집에 속하고 집의 주권은 가부장에게 있다. 가부장은 가족 전원을 이끌고 핏줄을 같이 하는 다른 집안의 가부장들과 함께 씨족에 속하며, 씨족의 주권은 족장(族長; 그 씨족의 시조 직계가 되는 집의 가부장)에게 있다. 족장은 씨족 전원을 이끌고 다른 씨족의 족장과 함께 제후(諸侯; 그 도시국가의 주권을 가지는 씨족의 족장)에 신종하며 제후는 자신에게 신종하는 전 족장을 이끌고 천자(天子; 제후에게 토지와 그 토지의 통치권을 준 씨족의 족장)에 신종한다.

족장-가부장-개인이라는 종족 관계를 유지하기 위하여 요청되는 것이 「효(孝)」라는 도덕이고, 천자-제후-족장이라는 신종관계를 유지하기 위하여 요청되는 것이 「충(忠)」이라는 도덕이다.

그런데 서주 말기가 되자 노동의 생산력 증대로 말미암아 천자와 제후간에 힘의 균형이 깨어졌고 동주(東周; 기원 전 770~249년)에 이르자 이미 천자로서의 지배군이 사실상 상실되고 말았다.

제후는 또 신종하는 족장에게 토지를 주고 있었으므로 이윽고 똑같은 현상이 생겨나 춘추 시대(기원 전 722~481년)가 되자 제후와 유력 족장간의 힘의 균형도 깨어져 곧 잘 유력 족장들이 제후의 시역(弑逆)과 폐립하거나 그 통치권을 관리하는 일도 생기게 되었다.

이런 힘 관계의 불균형은 족장–가부장 사이, 가부장–개인 사이에도 나타나 공자가 태어난 춘추 말기에는 천자–제후–족장–가부장–개인이라는 권력의 피라밋 구성이 극단의 난맥에 빠져 버려, 일체가 힘에 의해 지배되고 동시에 인간이 개인의식을 자각하여 극도로 이기적이 되어 있었다.

유일자로서 「하늘」을 믿고 주조(周朝)의 천자 권위는 하늘이 부여한 것이라 생각하고 있던 공자가 사회에 평화와 질서를 바랐을 때, 서주(西周)의 고제(古制)를 쫓고 그 도덕을 동경한 것은 자연적인 일이다.

공자의 조국인 노(魯)에서는 삼환씨(三桓氏)라는 유력한 세 씨족이 주군을 국외로 추방하여 객사를 시켰고, 인접국 제(齊)에서는 유력한 귀족인 최씨(崔氏)가 자기 첩과 간통한 주군을 죽였는가 하면, 그 첩의 소생을 후계자로 삼으려다가 정실에서 태어난 아들의 손에 살해되었다. 또 공자가 오래 체재하고 있던 위(衛)라는 나라에서는 군주가 남색에 탐닉하고 있었기 때문에 정실에게 정인(情人)을 허락했고, 이것을 수치로 생각한 태자는 어머니를 죽이려고 하다가 그 사실이 탄로나자 타국으로 망명했다.

ㅈ

더구나 이 태자는 남색을 즐기는 아버지의 후계자가 된 자기 아들에게서 그 지위를 빼앗고자 다투고, 이 난으로 공자의 애제자인 자로(子路)가 죽었다.

서주의 질서있는 사회를 회복시키고 싶다. 이와 같은 비원(悲願)에 불탄 공자는 조국인 노에서도 노력했거니와 중원을 유랑하며 가는 곳마다 제후에게 설득했다. 그러나 씨족이란 질곡(桎梏)에서 해방된 개인이나 권력을 잡은 경(卿)이나 대부(大父)나 사(士)라는 신하들이 이것을 막지 않을 리가 없었다.

"아침에 천하에 도(道)가 행해지고 있다는 말을 듣는다면 저녁에 죽어도 좋다.(朝聞道夕死可矣)"라는 말은 이런 난세를 겪은 노공자(老孔子)의 입에서 무심코 새어나온 한탄이었다.

조삼모사 (朝三暮四)

아침 **조** · 석 **삼** · 밤 **모** · 넉 **사**

의미 아침에는 세 개, 저녁에는 네 개라는 말. 즉 어리석은 자를 우롱하는 말로 사술(詐術)로써 남을 속이는 것을 뜻한다.

출전 〈열자(列子)〉 황제편(黃帝篇), 〈장자(莊子)〉 제물론(齊物論)

ㅈ

해설 전국시대, 송나라에 조공이라는 사람이 원숭이를 매우 좋아해서 많은 원숭이를 키우고 있었다. 조공과 원숭이는 서로 마음이 통하여 매우 친하게 되었다.

원숭이 먹이를 많이 확보하기 위해 조공은 집안 식구들의 음식을 절약했지만, 얼마 안 가 궁핍하게 되어서 원숭이 먹이를 줄여야겠다고 생각했다.

그러나, 원숭이가 화를 낼 것을 두려워하여,

"도토리를 아침에는 셋 주고 저녁에는 넷을 주면 어떤가? 충분한가?"

하고 말을 꺼내자 원숭이들은 화를 냈다.

조공은 당황하여 고쳐 말했다.

"그러면 이렇게 하지. 아침에는 넷, 저녁에는 셋으로 정정하지. 이렇게 하면 좋겠는가? 충분하지?"

아침의 양이 하나 늘어나는 것을 듣자 원숭이들은 기뻐하여 모두 땅에 엎드려 감사의 뜻을 표했다.

이 고사로부터 「조삼모사」는 사람을 착각하게 하여 속인다는 의미가 되었다.

조장 (助長)

도울 **조** · 자랄 **장**

의미 도와서 성장시킨다는 뜻으로 쓰이나 급히 크게 하고자 무리하게 힘을 가하면 도리어 모든 것을 해치게 된다는 뜻도 지니고 있다.

출전 〈맹자(孟子)〉 공손추상편(公孫丑上篇)

ㅈ

해설 맹자는 말했다. "호연지기를 기르기 위하여는 반드시 부단한 노력과 정진이 필요하거니와, 그 노력에 대한 결과를 미리 내다본다거나, 미리 기대하는 것은 바람직하지 못한 일이다. 또 마음에 그 목적을 잊어서는 안되거니와, 빨리 효과를 올리기 위하여 조장하는 일은 하지 말아야 한다."

그러면 그 〈조장(助長)〉이란 어떤 것인가? 맹자는 송나라 사람의 에피소우드를 예로 들고 있다.

송나라 사람 중에 자기가 심은 곡식의 싹이 빨리 자라지 않음을 안타까이 생각하여, 그 싹을 뽑아올린 사람이 있었다. 그는 피곤해 돌아가서 자기 집안 식구들에게 "오늘은 지쳤구나. 나는 싹이 빨리 자라도록 도와주었다."고 말하였다. 그의 아들이 달려가서 보니 싹들은 다 말라 있었다.

송나라는 하남성(河南省)의 남쪽에 있던 나라로, 주(周)나라 무왕(武王)이 은(殷)나라를 멸망한 뒤에, 은나라 왕족의 하나인 미자(微子)를 여기에 봉하여 조상의 제사를 이어나가게 한 나라로, 하(夏)나라 왕조의 자손을 봉했던 기(杞)나라와 함께, 주(周)나라 사람으로 보면 패전국, 다시 말해 유민(遺民)의 나라로서 수치로 생각되어 온 관계도 있어, 춘추전국시대의 옛날 문헌에서는, 그 나라 사람들을 어리석은 사람으로 취급한 이야기가 많다.

결국 〈助長〉이란 〈도와서 자라게 한다.〉는 뜻으로, 무리하게 곡식의 싹을 뽑아 빨리 자라게 하려는 것처럼 쓸데없는 일일 뿐만 아니라 도리어 손해를 불러들이는 어리석은 행위를 뜻한다.

그래서 맹자는 이 이야기를 예로 든 뒤에, 다시 이렇게 말하고 있다.

천하에는 싹을 도와서 자라게 하지 않는 사람은 적다. 아무 이익이 없다고 하여 내버려 두는 사람은 김매지 않는 자이고, 무리하게 자라도록 도와주는 사람은 싹을 뽑아 올리는 자이니, 이는 무익할 뿐 아니라 도리어 그것을 해치는 것이다.

위의 이야기의 송나라 사람과 같이, 세상에는 호연지기를 기르려고하여, 〈도와서 억지로 자라나게 하는〉 따위의 어리석은 행동을 범하지 않는 사람은 도리어 적다.

물론 호연지기를 기르는 것이 이익이 없는 일이라고 하여, 버리고서 돌아보지 않는 것은, 비유해서 말하면 곡식의 싹을 내버려 두어 잡초를 뽑아 주지 않는 것과 같으며, 물론 좋은 일이 아니지만, 무리하게 호연지기를 기르려고 하여 〈도와서 억지로 자라나게 하는〉 어리석은 행동을 범하는 사람은, 곡식의 싹을 말라죽게 하는 사람과 같아서, 이득이 없을 뿐 아니라, 도리어 손해가 된다는 말이다.

ㅈ

좌단
(左袒)

왼쪽 **좌** · 웃통벗을 **단**

의미 왼쪽 어깨의 옷을 벗어 붙인다는 뜻으로, 남에게 편들어 동의함을 나타낼 때 쓰는 말이다.

출전 〈사기(史記)〉 여후본기(呂后本紀))

해설 한고조 유방(劉邦)이 죽은 후, 황후였던 여태후(呂太后)가 천하의 권력을 쥐면서 여씨 일족의 천하가 되었다. 이런 상황을 유씨 일족이나 고조의 유신들-주발(周勃), 진평(陳平), 관영(灌嬰)들은 좋지 않게 생각하고 있었으나 어떻게 손을 댈 수가 없었다.

그런데 기원 전 180년 3월, 여태후는 병이 들어 7월에는 자리에서 일어날 수도 없으리 만큼 중태에 빠졌다. 그녀는 병석에서도 일족의 장래를 걱정하여 조왕(趙王)인 여록(呂祿), 여왕인 여산(呂産)을 상장군에 임명하고 북군은 여록에게, 남군은 여산에게 장악시켰다. 그리고 두 사람을 머리맡으로 불렀다.

"고조가 천하를 정하셨을 때 그 중신들과 더불어 유씨가 아닌 자가 왕이 되거든 함께 이를 치라고 맹약하셨다. 그런데 지금 그대들이 그러하듯 여씨는 각기 왕후에 봉해져 있다. 유씨 일족이나 고조의 유신들은 이것이 불만이다. 내가 죽으면 그들은 아마도 변사(變事)를 일으킬 것이다. 그러니 그대들은 반드시 병권을 장악하고 궁중을 지키는 데 전념하라. 그러기 위해서는 내 장례식에도 참석할 필요가 없다."

이렇게 일러 놓고 여태후는 죽었다. 그러자 그때까지 주색에 빠져있는 듯 보이던 우승상 진평은 곧 본래의 모습으로 돌아가 태위인 주발과 손을 잡고 여씨 타도의 모의를 꾀했다. 마침 곡주후(曲周侯) 역상(酈商)의 아들인 역기(酈寄)가 여록과 친했는데 이것을 이용, 두 사람은 역기를 앞세워 여록을 설득시켰다.

"여태후는 돌아가시고 황제는 아직 어립니다. 이때 제왕(諸王)은 각기 봉지(封地)를 단단히 통치하여 황실의 번병(藩屛)으로서의 실을 올리는 것이 급선무입니다. 물론, 현명한 당신은 조(趙)로 돌아가야겠다고 생각하시면서도 북군의 상장군으로서의 임무를 아울러 생각하셔 주저하시고 계실 것입니다. 황제께서는 태위 주발에게 북군을 맡기시고 당신이 조로 돌아가실 것을 희망하고 계십니

ㅈ

다. 그러니 안심하시고 귀국하시는 것이 어떻습니까?"

여록은 어리석게도 이 말을 듣고 상장군의 인수(印綬)를 반납하여 북군을 주발에게 넘겨 버렸다. 주발은 북군 병사들을 모아놓고 고했다.

"한실(漢室)은 원래 유씨를 종(宗)으로 하고 있다. 그런데 감히 여씨는 유씨를 누르고 실권을 잡고 있다. 이것은 한실의 불행이며 또한 천하의 통분사이다. 이제 상장군은 유씨에게 충성을 바쳐 성상에게 천하를 돌리려고 생각한다. 장병 제군! 여씨를 섬기려고 하는 자는 우단(右袒)하라. 상장군과 같이 유씨에게 충성을 다하려는 자는 좌단(左袒)하라."

이 말을 듣자 전군은 한 사람 남기지 않고 다 좌단하여 유씨에게 충성을 바칠 것을 맹세했다.

한편 여산도 주허후(朱虛侯) 장(章)에게 주살되어 천하는 다시 유씨에게로 돌아왔다.

주지육림 (酒池肉林)

술 **주** · 못 **지** · 고기 **육** · 수풀 **림**

의미 술로 못을 만들고 고기로 숲을 이루게 했다는 뜻으로, 호화스런 생활과 계속되는 진수성찬의 술잔치, 즉 사치하고 음란함을 비유한 말이다.

출전 〈십팔사약(十八史略)〉

ㅈ

해설 폭군의 대명사로서 걸왕(桀王)과 주왕(紂王)을 일컫는다. 그러나 《史記》 하본기(夏本紀)에는 걸왕(桀王)에 대한 기록은 극히 적다.

황제인 발(發)이 죽고 그의 아들인 이계(履癸)가 즉위했다. 이것이 걸왕이다. 황제인 걸왕 때에는 공갑(孔甲-걸왕의 증조부) 이후로, 많은 제후들이 반란을 일으켰지만, 걸왕은 덕을 닦지 않고서 백관을 탄압하고 살상했다.

백관으로는 견디기 어렵다는 풍토가 생겨났다. 온당치 못한 형세를 살핀 걸왕은, 그래서 탕(湯)을 불러들여 하대(夏臺)에 수감시켰다.

이윽고 석방되자, 탕은 덕을 닦았기 때문에 제후들은 모두 탕에게 돌아가 굴복했다.

그래서 탕은 드디어 군대를 이끌고 하(夏)나라의 걸왕을 공격했다. 걸왕은 명조(鳴條)로 도망하였지만, 이윽고 쫓겨나 죽었다. 그 때 걸왕은 사람에게 이렇게 말했다.

"나는 탕을 하대에서 죽여버리지 않았기 때문에, 이런 일을 당하여 유감이다."

이상이 《史記》 은본기(殷本紀)의 걸왕에 관한 부분이다. 이에 비교하면 〈殷本紀〉의 주왕(紂王)에 관한 기록은 훨씬 자세하여, 여기에 그 전문을 소개하기로 하겠다.

주왕은 무능한 사람은 아니었다. 그뿐만이 아니라 입이 팔정(八丁)이고 손도 팔정이며 이해력은 민첩하고, 팔의 힘이 사람들보다 뛰어나 손으로 맹수를 쳐서 쓰러뜨리고, 지혜의 힘은 간하는 말을 물리침에 족하고, 그의 능변은 자기의 비행을 꾸밀 수 있었다.

그러므로 신하들에게 그의 능력을 뽐내어, 명성이 천하에 널리 펴져 있는 것을 자만하여, 아무도 자기에게 미치는 자가 없다고 생각하고 있었다. 이렇게 되자 여기에 뒤따르는 것은 술과 여자가 된다는 것은 당연하다.

술을 좋아하여 술망나니가 되고, 또 여자를 좋아하여 달기(妲己)를 사랑하여, 달기가 하는 말은 무엇이나 들어

주었다. 그리고 사연(師涓)이라는 음악인에게 새로운 난잡한 음곡인 〈북리의 춤〉과 〈비비의 음악〉을 만들게 했다.

또 엄청난 세금을 거두어서 녹대(鹿臺)에 돈을 쳐넣고, 다시 거교(鉅橋)에는 곡식을 채우고, 개나 말이나 진기한 물건을 점점 모아 궁궐에 가득 채우고, 더구나 모래언덕의 동산이나 이궁(離宮)을 넓혀, 많은 야수나 새를 잡아 그곳에 길렀다.

또 신과 조상의 혼령을 경시하고, 많은 총애하는 신하나 미녀들을 모래언덕으로 불러모아 놀았다.

즉 술로 연못을 만들고 고기를 늘어뜨려 숲을 만들고, 남녀들을 발가벗겨 그 사이에서 쫓는 경주를 시키고, 밤낮을 통하여 잔치를 베풀었다.

백성들은 원망하고 제후들 중 반란을 일으키는 사람도 나왔다.

그래서 주왕은 형벌을 무겁게 하여, 구리기둥에 기름을 바르고 그것을 숯불에 달구어, 그 매끈매끈한 기둥을 건너게 하여, 몹시 괴롭힌 끝에 불태워 죽이는 〈포락(炮烙)의 형벌〉을 만들었다.

ㅈ

죽마지우 (竹馬之友)

대 **죽** · 말 **마** · 의 **지** · 벗 **우**

의미 어릴 때 대나무로 만든 말을 타며 함께 놀던 친구라는 뜻으로, 어릴 때부터의 친한 벗을 일컫는 말이다.

출전 〈세설신화(世說新話)〉 품조편(品藻篇), 〈진서(晋書)〉 은호전(殷浩傳)

해설 진(晋)의 은호(殷浩)는 자(字)가 심원(深源)으로 격식과 도량이 넓어 젊어서부터 평판이 높았다. 숙부인 융(融)과 더불어 〈노자〉와 〈역(易)〉에 밝았다.

언젠가 어떤 사람이 호(浩)에게 물었다.

"관리가 되려고 할 때 꿈에 관(棺)을 보며, 재물을 손에 넣으려고 할 때 꿈에 더러운 것을 보는 것은 무슨 까닭인가요?"

"관리란 원래가 썩어서 구린내가 나는 거라네. 그래서 관리가 되려는 사람은 죽은 사람의 모습을 꿈꾸며, 돈은 원래 쓰레기와 같은 것이어서 돈이 생길 때는 더러운 것을 꿈에 보게 되는 거라네."

세상 사람들은 명언이라고 칭찬했다.

은호는 누가 뭐라고 권해도 관도(官途)에 오르지 않고 10년 동안 조상 대대의 무덤가에서 지냈으나 공신(功臣)을 계속 잃어버린 간문제(簡文帝)의 간절한 부탁을 거절하다 못해 마침내 건무장군(建武將軍) 양주자사(陽州刺史)가 되었다.

당시 환온(桓溫)이 촉(蜀)을 평정하고 돌아와 한창 기세가 대단한 때였으므로 간문제는 내외에 명성이 있는 은호를 수하에 두어 자기 한 팔로써 환온에 대항시키고자 했던 것이다.

이런 까닭으로 두 사람은 서로 의심을 품은 눈으로 보게 되었다. 그래서 왕희지(王羲之)가 두 사람을 화해시키려고 했으나 호는 응하지 않았다.

그 무렵 후조(後趙)의 왕인 석계룡(石季龍)이 죽어 호족 사이에 소란이 일어나고 있었으므로 진(晋)에서는 이 기회에 중원을 회복하고자 은호를 중원장군 겸 양(楊)·예(豫)·서(徐)·연(兗)·청(靑) 5주의 총대장에 임명했다.

호는 중원을 평정하는 것은 내 임무라며 출발하였으나 요양(姚襄)에게 무참히 패하고 말았다.

그러자 그것을 구실로 삼은 환온이 호의 죄를 열거해서 상서(上書)를 올리니. 마침내 서인으로 강등되어 동양(東

陽)의 신안현으로 귀양가게 되었다.

은호가 귀양간 다음, 환온은 사람들에게 이렇게 말했다.

"나는 어릴 때 은호와 함께 죽마(竹馬)를 타고 놀았는데, 내가 죽마를 버리면 호가 언제나 그것을 가졌다. 그러므로 내 밑에서 노는 것이 당연하다."

그 후 환온이 상서령을 삼고자 호에게 편지를 보냈다. 호는 기꺼이 승낙하는 답장을 써서 보냈는데 잘못이 없도록 수십 번이나 넣었다 꺼냈다 하는 바람에 그만 편지를 넣지 않은 빈 봉투만 보냈다. 환온은 벌컥 화를 내고 그 후로는 아주 관계를 끊고 말았다고 한다.

그래서 호는 영화(永和) 12년 유배처에서 죽고 말았다.

여기에서 죽마지우란 말이 나왔다. 죽마란 대나무를 잘라 만든 말로 어린이들의 유희에 쓰는 것이었다.

중구난방 (衆口難防)

무리 **중** · 입 **구** · 어려울 **난** · 막을 **방**

의미 많은 사람들의 입을 막기는 어렵다는 뜻으로 많은 사람들이 마구 떠들어대는 소리는 감당하기 어렵다. 그러므로 행동을 조심해야 한다는 뜻이다.

출전 〈십팔사약(十八史略)〉

ㅈ

해설 〈십팔사략〉에 보면 소공(召公)이 주여왕(周厲王)의 언론탄압 정책을 간하여 이렇게 말하였다.

"백성들의 입을 막는 것은 개천을 막는 것보다 더한 것입니다.(防民之口 甚於防川) 개천이 막혔다가 터지면 많은 사람들이 상하게 됩니다. 백성들도 역시 마찬가지 입니다. 그러므로 개천을 다스리는 사람은 물이 흘러가도록 하고, 백성을 다스리는 사람은 백성들이 생각하는 바를 말로 할 수 있게 해야 합니다."

그러나 여왕은 소공의 말을 듣지 않고 함구령(緘口令)을 계속 밀고 나갔다. 그로 인해 여왕은 폭동을 만나 달아난 곳에서 평생을 갇혀 사는 결과를 초래했다.

이 말을 인용하여 쓴 이는 춘추 시대 송나라 사마(司馬) 화원(華元)이다. 그가 성을 쌓는 일을 독려하기 위해 나와 있을 때 군중들은 그가 적국의 포로가 되었다가 돌아온 것을 비웃으며 노래를 불렀다.

그러나 마음이 너그러운 그는 군중들을 꾸짖는 일이 없이,

"무릇 사람들의 입은 막기 어렵다.(衆口難防)"

라고 하며 나타나지 않았다.

그의 그러한 태도가 사람들에게 좋은 반응을 일으켜 그 후부터 백성들의 존경을 받게 되었다는 것이다.

지록위마(指鹿爲馬)

가리킬 **지** · 사슴 **록** · 삼을 **위** · 말 **마**

의미 사슴을 보고 말이라고 우긴다는 뜻으로 위압으로 남을 짓눌러 바보로 만들거나 그릇된 일을 가지고 속여서 남을 죄에 빠뜨리는 것을 의미한다.

출전 〈사기(史記)〉 진시황본기(秦始皇本紀), 〈십팔사약(十八史略)〉

ㅈ

해설 진나라 시황제(始皇帝)의 37년 7월에, 시황제는 순행(巡幸)하는 도중에 사구(沙丘)의 평대(平臺)에서 죽었다.

그는 북쪽 변방을 지키고 있던 장자인 부소(扶蘇)에게 보낸 편지에서, '급히 도읍인 함양(咸陽)으로 돌아가 장례를 행하라.' 라는 조서(詔書)를 남기고 있었다.

그러나 이 조서는 환관인 조고(趙高)의 손에 들어갔다. 그로서는 야심을 실현할 수 있는 좋은 기회였다. 그는 오직 홀로 순행을 따라온 시황제의 아들 호해(胡亥)를 설복하고, 승상인 이사(李斯)를 협박하여, 시황제의 시체를 숨긴 채로 도읍으로 돌아오자, 거짓 조서를 꾸며 부소에게 죽음을 내리고, 호해(胡亥)를 제위에 즉위하게 했다. 이것이 2세(二世) 황제이다.

조고는 점차로 2세 황제를 정치에서 멀리하고, 방해자인 이사를 죽음으로 몰아넣고, 스스로 중승상(中丞相)이 되어 권력을 마음대로 휘둘렀다. 그러나 조고의 야심은 그칠 줄 몰랐다. 조고 자신이 2세 황제를 대신하려고 도모하기에 이르렀던 것이다.

조고는 모반을 일으키려고 생각했지만, 여러 신하들이 따라 주지 않을 것을 두려워하여, 이에 먼저 시험을 해 보려고, 사슴을 가지고 2세 황제에게 드리면서 말했다.

"이것은 말입니다."

2세 황제는 웃으면서 말했다.

"승상이 잘못 본 것이오. 사슴을 가리켜 말이라고 하오?"

하며 좌우에 있는 중신들에게 물었다.

좌우에 있던 사람 중 어떤 자는 입을 다문 채 말하지 않고, 어떤 사람은 말이라고 말하여 조고에게 아첨하여 따르고, 어떤 사람은 사슴이라고 말하였다.

조고는 사슴이라고 말한 모든 사람들을 법으로 다스려 죄에 빠지게 했다. 그러자 뒤에 여러 신하들은 모두 조고를 두려워하게 되었다.

그러나 이 무렵에는 반란이 전국에서 불타오르고 있었다. 이것을 수습할 수 없는 도적으로서 2세를 속여 온 조고도, 진실을 숨기기 어려운 상황이 되어 있었다.

조고는 책임을 하문할 것이 두려워 2세를 죽이고, 부소의 아들인 자영(子嬰)을 세워 진(秦)나라 왕으로 삼았지만 결국 조고는 이 자영에게 죽임을 당하게 된다.

창업이수성난(創業易守成難)

비롯할 **창** · 업 **업** · 쉬울 **이** · 지킬 **수** · 이룰 **성** · 어려울 **난**

의미 업(業)을 이룩하기는 쉬우나 이를 지키기는 어렵다는 뜻으로, 일을 시작하기는 쉬우나 이룩된 일을 지켜 나가기는 어렵다는 말이다.

출전 〈당서(唐書)〉 방현령전(房玄齡傳)

해설 7세기로부터 10세기 초엽에 걸쳐 전후 290년 동안, 중국대륙에 군림한 당(唐)나라 제국을 세운 것은 고조(高祖) 이연(李淵)이었지만, 그 건국의 정체의 기초를 확고하게 하는데 실질적으로 작용한 것은, 이연의 둘째 아들 이세민(李世民-뒤의 唐太宗)이라고 말할 수 있다.

태종(太宗) 이세민은 수(隋)나라 말기의 혼란기에, 태원유수(太原留守)로서 임지인 진양(晋陽)에서 인망을 모으고 있던 아버지 이연을 재촉하여 의병을 일으키게 하여, 돌궐(突厥)의 병력을 빌어서, 형인 이건성(李建成)과 동생인 이원길(李元吉)과 함께 관중(關中)으로 밀고 들어가

양제(煬帝)가 없는 제국을 계승했다. 때는 618년이고, 이세민의 나이 21살 때였다.

당(唐)나라 조정의 창립과 함께 진왕(秦王)에 봉해져, 상서령(尙書令)이 된 그는 그로부터 7년 동안, 스스로 군대를 이끌고 각지로 출동하여, 당(唐)나라 조정에 따르려 하지 않던 군벌(軍閥)을 계속하여 평정하여, 장군으로서도 무리에서 뛰어난 역량을 보였다.

이와 같이 하여 무덕(武德) 8년에는 중서령(中書令)을 겸임한 재상으로서 국정을 마구 휘두르게 되었거니와, 한편으로는 이것이 도리어 동복(同腹)의 형제인 황태자 이건성과 제(齊)나라 왕 이원길의 질투를 불러들이게 되었다.

이건성과 이원길 등에 의한 이세민의 독살미수사건과, 고조에 대한 참소사건 등이 거듭된 무덕(武德) 9년 6월 4일에, 장안성(長安城)의 북문인 현무문(玄武門)에서, 양쪽은 각각 군대를 이끌고 격돌하여, 이세민은 이건성과 이원길 형제를 베어 죽였다.

이것이 소위 〈현무문의 변〉으로, 다음날 이세민은 황태자로 세워지고, 8월에는 아버지 고조로부터 왕위를 물려받아 즉위했다. 이세민이 29세 때의 일이다.

다음 해에 연호를 정관(貞觀)으로 고치고부터, 즉위한 지 23년 만에 죽을 때까지, 태종은 널리 인재들을 모아서 적재적소에 두고, 내치(內治)를 충실히 하고 영토 확대에 힘써, 〈정관의 다스림〉이라고 칭찬받는 성대(盛大)를 만들어냈다.

당(唐)나라의 중종(中宗)으로부터 현종(玄宗)시대에 걸쳐, 오긍(吳兢)이 편찬한 《정관정요(貞觀政要)》는, 이 태종의 위업을 도운 명신들과 태종과의 정치문답을 집대성(集大成)한 것으로, 제왕의 학문으로서 다시 없는 교과서로서, 중국의 역대 황제들이 애독한 것이다.

이 《貞觀政要》 제1권 제1편에 〈君道〉에 대하여 정관 10년에, 다음과 같은 문답이 실려 있다.

태종이 시신(侍臣)에게 물었다.

"제왕인 사람의 사업은, 초창(草創-나라를 세우는 일)과 수성(守成-세운 나라를 지켜 나가는 일)과 어느 것이 더 어려운가?"

상서좌복야(尙書左僕野-부재상)인 방현령(房玄齡)이 대답했다.

"국가를 세우기 위하여는, 군웅(群雄)이 늘어선 난세에 있어서, 무수한 적을 격파하지 않으면 안됩니다. 이렇게 보면 초창(草創)의 쪽이 어려운 일인 것 같습니다."

그러자 위징(魏徵)이 말했다.

"제왕이 즉위할 때는 반드시 전의 조정의 세력이 쇠퇴

하여 천하가 어지러운 때요, 그 어두운 군주를 쓰러뜨리는 것이므로, 백성들은 기뻐서 추대하여 천하는 새로운 천자의 것이 됩니다. 하늘이 주신 것이고 백성들이 나아가서 주는 것이므로, 결코 어려운 일이라고는 말할 수 없습니다. 그러나 일단 천하를 손에 넣어버리면, 아무래도 마음이 교만해져서 정사를 보는 것도 게을러지게 됩니다. 이래가지고는 안정를 구하나 그 천자를 추대한 백성들은 안정을 얻지 못하여, 언제까지나 부역의 괴로움을 당해야 하는 것입니다. 백성들이 피폐(疲弊)해 있어도 쓸데없는 공사 등이 계속됩니다. 국운이 쇠퇴하는 것은 항상 여기에서 일어나게 됩니다. 이와같이 보면 수성(守成)의 쪽이 어려운 일이라고 하겠습니다."

태종이 말했다.

"방현령은 옛날 나를 따라 천하를 평정하는 사업에 참가하여, 어렵고 쓴 맛을 낱낱이 맛보아, 목숨의 갈림길을 몇 번이나 되풀이해 왔다. 그리하여 초창(草創)을 어려운 일이라고 본 것이리라. 위증은 나와 함께 우리 제국을 안정하려 노력하고 있기 때문에, 교만하고 게으른 마음이 일어나면, 반드시 국가가 위기에 빠지게 되는 것을 걱정하고 있다. 그래서 수성(守成)을 어려운 일이라고 본 것이리라. 초창(草創)의 어려운 일은 이제는 이미 과거의

ㅊ

일이 되었다. 지금 이후로는 그대들과 함께 마음으로 수성(守成)의 어려운 일을 당하여 삼가하기를 바랄 뿐이다."

방현령은 태종이 진(秦)나라 왕이었을 무렵부터 태종의 한 쪽 팔 노릇을 하며 활약한 사람이다.

한편 위증은 태종의 형이 되는 사람으로, 일찍이 황태자였던 이건성에 벼슬하여, 〈현무문의 변〉 때에는 태종의 암살을 이건민에게 진언한 사람이었다.

그러나 태종은 그의 재능과 강직함을 사랑하여, 그를 간의대부(諫議大夫-천자의 측근에 있어 정치의 득실을 간하는 관리)로 발탁했다.

이 사사로운 원한에 구애되지 않는 태종의 기량(器量)이, 〈정관의 다스림〉을 초래한 한가지 원인이라고 말할 수 있다.

천고마비
(天高馬肥)

하늘 **천** · 높을 **고** · 말 **마** · 살찔 **비**

의미 하늘은 높고 말은 살찐다는 뜻으로, 가을이 좋은 계절임을 나타낼 때 흔히 쓰는 말이나 원래는 옛날 중국에서 흉노족의 침입을 경계하고자 나온 말이다.

출전 두심언(杜審言)의 〈오언배율(五言排律)〉

해설 옛날 중국은 가끔 흉노(匈奴)라는 북방 민족이 변경을 침범하고 혹은 본토까지 침략해 왔으므로 역대 왕조가 방전(防戰)에 늘상 골치를 썩이고 있었다.

이 흉노는 주(周)에서 진(秦), 한(漢), 육조(六朝)에 걸쳐 약 2천년 동안 중국의 고뇌의 씨가 된 표한(剽悍)한 민족이다. 흉노는 승마와 기사(騎射)를 잘하여 언제나 집단을 이루어 바람과 같이 인마를 살상하고 재물을 노략질해 갔다. 흉노의 부거는 중국 본토의 북쪽에 펼쳐지는 광대한 초원으로 방목과 수렵이 생업이었다.

봄에서 여름에 걸쳐 푸른 초원에서 풀을 먹은 말은 가

ㅊ

을에는 토실토실하게 살찐다. 이윽고 풀이 마르고 초원에는 매서운 한기를 수반한 겨울이 찾아든다. 그러면 겨울의 식량을 찾아 흉노들은 삭풍의 바람을 타고 따뜻한 남쪽 본토로 밀려 내려왔다. 그리고는 살찐 말을 타고 잘 정비된 궁시를 메고 몰려와 노략질을 해 갔다. 그러므로 가을이 되면 북방에 사는 사람들은 겁을 먹었다.

"또 저 흉노가 습격해 온다. 방전 준비는 됐는가?"

변경을 경계하는 병사들은 성채로 들어가 활줄을 갈아 매고, 활촉과 칼을 갈고, 보초 감시를 한층 강화시켰다.

말발굽 소리가 밀물같이 들이닥칠 날이 멀지 않았기 때문이다.

두보(杜甫)의 조부인 두심언(杜審言)은 흉노족을 막기 위해 변방으로 떠나는 친구 소미도(蘇味道)에게 한편의 오언배율(五言排律)을 보냈다.

눈이 고요히 별지듯 흩날리는데
가을하늘이 드높으니 변방의 말은 살이 찌누나
우리 장군이 안장에 걸터앉아 칼을 휘두르는 곳
그대는 승전보나 격문을 쓰기 위해 붓대를 놀릴 것이다

여기서 새마(塞馬; 변방의 말)는 한군측 요새의 말을 가리키고 있다.

천려일실 (千慮一失)

일천 **천** · 생각할 **려** · 한 **일** · 잃을 **실**

의미 천 번의 생각에 한 번의 실수란 뜻으로, 아무리 지혜가 있는 사람이라도 여러 가지 생각을 하다 보면 한두 가지는 미쳐 생각하지 못해 실수를 범하는 수가 있다는 말이다.

출전 〈사기(史記)〉 회음후열전(淮陰候列傳)

해설 회음후 한신(韓信)이 조나라를 치게 되었을 때, 광무군(廣武君) 이좌거(李左車)는 성안군 (城安君)에게 3만의 군대를 자기에게 보내주면 한신이 오게 될 좁은 길목을 끊겠다고 요구했다. 그러나 성안군은 이좌거의 말을 듣지 않고 한신의 군대가 오기만을 기다리고 있다가 크게 패하여 죽고 말았다.

이좌거의 말대로 했으면 한신은 감히 조나라를 칠 엄두조차 낼 수 없었을 것이나 한신은 미리 첩자를 보내 이좌거의 계획이 뜻대로 이루어지지 않은 것을 알자 비로소 안심하고 군대를 전진시켰던 것이다.

ㅊ

한신은 조나라를 쳐서 이기자 장병들에게 영을 내려 광무군 이좌거를 죽이지 말고 산 채로 잡아 오는 사람에게는 천금의 상을 줄 것을 약속했다.

그리하여 이좌거가 묶여 한신 앞으로 끌려오자, 한신은 손수 그를 풀어 상좌에 앉게 하고는 스승으로 받들었다.

이때 한신이 그가 사양하는 것도 불구하고 굳이, 앞으로 어떻게 하면 좋겠는가 자문을 구했다.

"듣자하니, 지혜로운 사람이 천 번 생각하면 반드시 한 번을 잃는 일이 있고 어리석은 사람이 천 번 생각하면 반드시 한 번은 얻는 것이 있다고 했습니다. 그러기에 말하기를 미친 사람의 말도 성인이 택한다고 했습니다. 생각하건대 내 꾀가 반드시 쓸 수 있는 것이 못되겠지만 다만 어리석은 충성을 다할 뿐입니다."

이좌거는 한신으로 하여금 연나라와 제나라를 칠 생각을 하지 말고 장병들을 쉬게 하라고 권했다. 결국 한신을 이좌거의 도움으로 나중에 크게 성공을 하게 되었다.

이 성어와 같은 뜻의 것으로 천려일득(千慮一得)이란 말이 있다.

아무리 우둔한 사람일지라도 여러 번 생각하다 보면 한 번쯤은 얻는 것이 있다는 뜻이다.

천리안(千里眼)

일천 **천** · 마을 **리** · 눈 **안**

의미 천리를 내다보는 눈이란 뜻으로, 먼 곳에서 일어나는 일도 잘 알아내는 것을 말한다.

출전 〈위서(魏書)〉 양일전(楊逸傳)

해설 북위(北魏) 말엽의 장제(莊帝) 때에, 광주(光州)의 장관으로서 임지에 부임한 양일(楊逸)은 당시에 29세였다. 명문인 양가(楊家) 출신의 귀공자였음에도 불구하고, 그는 조금도 교만하지 않고, 민심의 안정에 마음을 써서 문자 그대로 침식을 잊을 정도였다.

병사들이 출정할 때에는, 비바람을 가리지 않고, 설사 눈이 내리는 가운데에서도 반드시 전송을 나갔다.

이와 같이 백성들을 사랑하는 한편, 법을 지키기를 엄정(嚴正)히 하였으므로, 지역의 안은 잘 다스려져 죄를 범하는 자도 없었다. 당시는 계속되는 흉년으로 수많은

ㅊ

굶어죽는 사람들이 나왔으므로, 그는 국가의 창고를 열어 백성들에게 식량을 배급하려 했다. 담임인 관리는 당연히 죄를 두려워하여 반대했지만, 양일은,

"나라의 기본은 백성들이고, 백성들은 먹지 않으면 살아가지 못한다. 백성들이 굶주리고 있는데, 군주된 사람이 배불리 먹고 있다는 것은 좋은 일인가? 만일 이것이 안 된다면, 내가 달게 죄를 받도록 하자."

하고 밀어제치고 창고를 열어, 양곡을 굶주린 백성들에게 베풀어 준 다음, 이와 같은 사실을 임금에게 상소했다. 조정에서는 당연히 반대하는 사람들도 있었지만, 장제는 광주의 관청 문 앞에는 죽으로 연명하는 백성들이 몇 만이나 있다는 소식을 듣고, 오히려 그의 긴급조치를 가상하게 생각했다.

그는 스스로 이와 같이 백성들을 사랑하고 있었기 때문에, 부하 관리가 법을 무시하고 백성들에게 피해를 입히는 것을 극단적으로 싫어하여, 관리의 위법행위를 감시하는 사람들을 각지에 배치함과 동시에 병사나 하급관리가 지방으로 떠날 경우에는, 반드시 자기들의 식량을 가져가게 하였다.

그들이 지방으로 가자, 개중에는 식사를 내겠다고 하는 사람도 있었지만, 그들은 이구동성으로,

"양장관은 천리의 앞을 내다보는 눈(千里眼)을 가지고

계시다. 아무래도 장관의 눈을 속일 수는 없다."
하고 사퇴하여, 설사 외부에서 볼 수 없도록 방안을 어둡게 해 놓고 있어도, 한 걸음도 들어가려 하지를 않았다.

양일은 정사를 함에 있어 백성들을 사랑하고 더구나 부호의 교활함을 미워하여, 널리 귀와 눈을 두었다. 그 병사와 관리를 아래 읍에 보낼 때에는, 모두가 스스로 식량을 가져가게 하여, 백성들 중 그들을 위하여 식사를 차려 놓는 자가 있어도, 비록 어두운 방에 있다 할지라도 마침내 나아가지 않고 모두 말했다. 〈楊使君에게는 天里眼이 있다. 어찌 이를 속일 수 있겠는가?〉

이만큼 치적(治績)을 올린 그였지만, 그때에 조정을 마음대로 하고, 황제의 자리를 엿보고 있던 이주(爾朱) 일족에게 미움을 받아, 임지에서 죽임을 당했다, 그때 그의 나이 불과 32세였다.

광주에서는 상하가 모두 이를 슬퍼하여, 1개월에 걸쳐 주성(州城)은 물론이고 변두리 시골에서도, 사람들이 모여 제단을 설치하고 향화(香花)를 바쳤다고 한다.

천의무봉 (天衣無縫)

하늘 **천** · 옷 **의** · 없을 **무** · 꿰멜 **봉**

의미 하늘의 직녀가 입은 옷은 바느질 자국이 없다는 뜻으로 완전무결한 것을 가리키는데, 시문(詩文) 등이 매우 자연스러워 꾸밈이 없음을 비유하는데 쓰인다.

출전 〈영괴록(靈怪錄)〉

해설 더위가 한창 기승을 부리는 한여름, 곽한(郭翰)이란 사나이가 더위를 피해 뜰로 나와서 서늘한 바람을 쏘이며 낮잠을 자고 있는데 하늘 한 모퉁이에서 무엇인가가 훨훨 내려왔다.

"아니 도대체 무엇일까?"

점점 가까이 오는 것을 보니 아름다운 여자였다. 곽한은 넋을 잃고 바라보다가 물었다.

"당신은 대체 누구요?"

여자가 대답하였다.

"저는 하늘에서 내려온 직녀(織女)입니다."

곽한이 곁으로 다가가 보니 아주 가볍고 부드러운 처녀의 옷에는 어디를 보아도 꿰맨 바느질 자국이 없었다.

옷을 만드는데 가위질도 하지 않고 바느질도 하지 않았다면 천을 짤 때 그 천이 옷 모양 그대로 짜지지 않으면 안 된다. 곽한은 고개를 갸웃거리며 옷에 바느질 자국이 없는 까닭을 물었다.

처녀는 당연하다는 듯 이렇게 대답했다.

"저희들이 입는 천의(天衣)란 원래 바늘이나 실을 쓰지 않습니다."

ㅊ

천재일우 (千載一遇)

일천 **천** · 해 **재** · 한 **일** · 만날 **우**

의미 천년 만에 한 번 만나게 되는 것으로 평생을 두고 한 번 있을 듯 말 듯한 좀처럼 만나기 어려운 좋은 기회를 일컫는 말이다.

출전 원굉(袁宏)의 〈삼국명신서찬(三國名臣序贊)〉

해설 원굉이 삼국 시절의 건국공신 20명을 골라 그들 한 사람 한사람의 행장을 칭찬하는 찬(贊)을 짓고 거기에 서문을 붙인 것이 〈삼국명신서찬〉이다.

그는 이 서문에서,

"백낙을 만나지 못하면 천년을 가도 천리마 하나 생겨나지 않는다.(夫未遇伯樂 則千載無一驥)"

고 말하여 훌륭한 임금과 신하가 서로 만나기 어려운 것을 비유한 다음 계속해서,

"무릇 만년에 한 번 기회가 온다는 것은 사람이 살고 있는 세상의 공통된 원칙이요, 천년에 한 번 만나게 된다는

것은 어진 사람과 지혜로운 사람이 용케 만나는 것이다. 이런 기회를 만나면 그 누가 기뻐하지 않으며 이를 놓치면 그 누가 한탄하지 않겠는가.(夫萬歲一期 有生之通塗 千載一遇賢智之嘉會)"라고 했다.

ㅊ

철면피
(鐵面皮)

쇠 **철** · 얼굴 **면** · 가죽 **피**

의미 쇠로 낯가죽을 하였다는 말로 얼굴색 하나 변하지 않고 아무한테나 아첨을 일삼는 파렴치한 인간을 가리킨다.

출전 〈북몽쇄언(北夢瑣言)〉

해설 진사(進士)인 왕광원(王光遠)은 권력자들에게 가까이하기 위하여 계속 인사를 돌아다녀, 매를 맞고 문 앞에서 쫓겨 나는 일을 당하는 굴욕에 있어서도, 오히려 그만두려 하지 않았다. 그래서 당시 사람들은 이렇게 말했다.

"광원의 얼굴 가죽은 열 장을 겹친 무쇠의 갑옷과 같다."

얼굴이 두텁고 부끄러움을 모르는 후안무취(厚顔無恥)한 것, 뻔뻔스러운 것이 철면피〈鐵面皮〉의 어원(語源)이 된 이 일화는, 송(宋)나라의 손광헌(孫光憲)이 지은 《북몽

쇄언(北夢瑣言)》에 실려 있다. 이 책은 당(唐)나라와 오대(五代)와 송(宋)나라의 잡스러운 일을 기록한 것이다.

〈鐵面皮〉는 또 〈鐵面〉이라고도 말하거니와, 〈鐵面〉을 사용할 경우는 오히려 긍정적인 평가로 쓰여지는 일이 많다. 공평강직(公平剛直)하여 〈鐵面〉을 쓴 것처럼, 권세를 두려워하지 않고, 사사로운 정에 좌우되지 않는 사람에 대하여 주어지는 찬사이다.

송나라의 조선의(趙善誼)는 선교랑(宣教郎)에 임명되어 숭안현(崇安縣)의 지사가 되었는데, 현정(縣政)을 보살핌에 있어 법률을 지나치게 엄격하게 지켰기 때문에, 사람들은 그를 〈趙鐵面〉이라고 불렀다. (《福建通志宋》)

송나라의 조변(趙抃)은 전중시어사(殿中侍御史-관리들의 불법행위를 적발하는 검찰관)가 되자, 권력자이거나 천자의 마음에 드는 사람이거나 용서없이 적발했기 때문에, 도읍에서는 그를 〈鐵面御史〉라고 불렀다. (《宋史》趙抃傳)

이와같이 〈鐵面〉은 권위자에게 굴하지 않는 강직한 성격을 비유로 말하는 것이다.

여기에는 〈鐵面皮〉 즉 〈얼굴이 두텁고 부끄러움을 모르는 사람〉이란 뜻은 포함되지 않는다.

철주 (掣肘)

당길 **철** · 팔 **주**

의미 팔을 잡아당긴다는 말로 남의 팔꿈치를 제약해서 그 움직임을 속박하는 것, 곧 남의 자유를 제약하거나 남의 일을 방해한다는 뜻을 지니고 있다.

출전 〈공자가어(孔子家語)〉, 〈여씨춘추(呂氏春秋)〉

해설 공자(孔子)의 제자로 복자천(宓子賤)이란 사람이 있었는데 그가 노애공(魯哀公) 때 단부(亶父)란 지방의 장관으로 부임하게 되었다.

복자천은 노공이 나중에 간신배들의 참언에 동요되어 자기가 하는 일에 간섭하게 될 것을 저해하여 노공의 측근에 있는 관리 두 사람을 데리고 단보로 떠났다. 임지에 도착하여 그곳 관리들이 인사를 드리러 왔을 때 복자천은 데리고 온 두 사람에게 인사를 드리러 온 사람들의 이름을 쓰도록 명령했다.

그런데 두 사람이 붓을 들고 글씨를 쓰기 시작하자 복

자천은 곁에서 있다가 자꾸만 두 사람의 팔꿈치를 툭툭 치는 것이었다. 다 된 서류는 당연히 글자 획이 구부러지거나 흐트러져 엉망이 되어 있었다.

그 서류를 받아든 복자천은 글씨가 엉망이라고 두 사람을 질책했다. 그래서 크게 분개한 두 사람은 곧 복자천에게 사임을 청했다.

그러자 복자천은 태연히 이렇게 대답했다.

"그대들의 글씨는 형편없네. 이래서는 쓸모가 없으니 가고 싶거든 어서들 돌아가게."

단부를 떠나 돌아온 두 사람은 그 길로 노공을 찾아 뵙고 이렇게 보고 했다.

"복장관 밑에서는 일은 커녕 서역(書役)도 못하겠습니다."

노공이 이상히 생각하고 그 까닭을 물었다.

"복장관께서 갑자기 저희들에게 글씨 쓸 것을 명령했습니다만 곁에서 팔꿈치를 누르기도 하고 툭툭 치기도 해서 글씨를 마음대로 쓸 수가 없었습니다. 그러면서도 너희들의 글씨는 엉망이라 어쩔 수가 없다고 마구 야단을 치시니, 같이 있던 관리들도 다들 웃고 있었습니다. 이런 꼴로서야 어찌 같이 일을 하겠습니까. 그래서 돌아왔습니다."

이 말을 들은 노공은 탄식을 하며 말했다.

"그것은 나의 불명을 복자천이 간하려고 한 행동일 것이다. 아마도 나는 복자천의 정치 방법을 어지럽게 하여, 뜻대로 시정을 시키지 않았던 적이 누차 있었던 모양이다. 이걸 몰랐다면 큰 잘못을 저지를 뻔했다."

이리하여 노공은 자기가 신뢰하는 측근을 단부로 보내어 복자천에게 이렇게 전하게 했다.

"지금부터 단부의 땅은 과인의 소유가 아니라 경의 소유로다. 단부에서 할 일은 그대의 뜻대로 해보라. 5년 후에 그 보고를 받겠다."

복자천은 삼가 그것을 승낙하고 자기 생각대로 시정에 노력할 수가 있었다. 그 결과 단부의 백성들이 살기 좋게 되었다는 소문이 공자의 귀에도 들려왔다.

그 후 3년이 지나 공자는 무마기(巫馬期)라는 제자에게 누더기 옷으로 변장을 시키고 단부로 가서 얼마나 덕화(德化)가 되었는가를 살피게 했다.

무마기가 단부에 도착하여 보니 밤에 고기를 잡는 자가 있었다. 그런데 애써 잡은 고기를 다시 강에 놓아주고 있는 것이었다. 이상하게 생각한 무(巫)는 그 어부에게 물었다.

"고기잡이를 하면서 애써 잡은 고기를 왜 다시 놓아주는 겁니까?"

어부는 태연하게 대답했다.

"복자천님께서 작은 고기를 잡아 버리면 모두를 위해 좋지 않다고 하셨기 때문에 작은 것이 걸리면 놓아준답니다."

무마기는 더 이상 볼 것이 없다고 생각하고 그 길로 돌아와 공자에게 다음과 같이 보고했다.

"자천의 덕은 단부의 구석구석까지 다 미치고 있었습니다. 백성들은 아무도 보는 사람이 없는 어둠 속에서도 마치 무서운 법령이 옆에서 지켜보는 것처럼 행동을 조심하고 있었습니다."

ㅊ

철중쟁쟁 (鐵中錚錚)

쇠 **철** · 가운데 **중** · 쇳소리 **쟁**

의미 쇠 중에서도 쟁쟁하게 울리는 것이라는 뜻으로, 같은 종류 가운데서도 특히 뛰어난 것을 일컫는 말이다.

출전 〈후한서(後漢書)〉 유분자전(劉盆子傳)

해설 후한(後漢)의 광무제가 천하를 통일하는 과정에서 가장 큰 강적은 적미(赤眉)의 일당이었다. 적미란 왕망(王莽) 시대에 생긴 농민들의 반란군인바 처음에는 번숭(樊崇)을 두목으로 하여 낭야(琅耶)에서 일어나 봉안(逢安), 서선(徐宣), 사록(謝祿) 등이 거느리는 군대가 합류해 옴에 따라 산동성(山東省)을 중심으로 광대한 지역에서 위세를 떨쳤다.

그들은 신성한 색(色)으로 여겨지던 붉은 빛깔로 눈썹을 물들여서 자기네의 표를 삼았기 때문에 적미라는 호칭이 생긴 것이었다. 또 그들이 단결한 밑바탕에는 한실

(漢室)의 일원인 성양경왕(城陽景王)의 사당에 대한 종교적 숭배의 감정이 있어서 성양경왕과 가까운 혈연인 유분자(劉分子)를 옹립하여 황제로 받들고 있었다.

유분자가 제위에 올랐을 때는 겨우 15세로 군중(軍中)에서 소(牛)를 기르고 있었는데, 여럿이 예배하는 것을 보고 두려운 나머지 울 것 같은 표정이었다고 한다.

적미는 그 후 차츰 서진(西進)하여 마침내는 장안(長安)에 침입한 데 이어 왕망을 쓰러뜨리고 경시제(更始帝) 유현(劉玄)을 멸망시켰다.

광무제는 이런 적미의 막강한 세력과 대결하여 적잖이 고전을 했으나 동방으로 이동하는 그들을 하남(河南)에서 포착하여 총공격을 가함으로써 그들의 항복을 받을 수가 있었다.

적미가 항복한 다음날 아침 광무제는 낙수가에 군대를 도열시켜 열병식을 거행하고 유분자 등에게도 참관시켰다.

그리고 유분자에게 말했다.

"그대는 자기가 죽을 죄를 지었다는 걸 알고 있는가?"

"잘 알고 있습니다만 폐하께서 불쌍히 여기시어 용서해 주시기만을 바랄 뿐입니다."

이번에는 번숭, 서선을 돌아보면서 말했다.

"항복한데 대해 후회는 없느냐? 다시 한번 그대들에게

나와 대결 할 기회를 주어도 무방하다. 나는 항복을 강요할 생각은 없도다."

그러자 그들은 고개를 푹 숙이고 말했다.

"저희들은 장안을 나올 때부터 폐하께 귀순할 생각이었습니다. 지금 항복하고 나니 마치 호구(虎口)를 벗어나 자모(慈母)의 품으로 돌아온 듯한 기분이 듭니다."

광무재는 웃으면서 말했다.

"그대들을 쇠에 비유한다면 좀더 견고한 쇠로서, 범인 속에 놓고 보면 얼마쯤 두드러진 사람들임에 틀림없도다."

청담 (淸談)

맑을 **청** · 말씀 **담**

의미 속세를 버리고 산림에 은거하며 노장 철학을 논하던 일을 말하는데, 명예와 이권을 떠난 청아한 얘기를 뜻한다.

출전 〈후한서(後漢書)〉 십팔사약(十八史略)

해설 세상에서 말하는 죽림칠현(竹林七賢)이란 대나무 밭에 모인 7명의 현인들로, 위진(魏晋) 시대에 살았으며 그 기교방달(奇嬌放達)한 언동으로 세평의 중심이 되었던 한때의 명사들, 산도(山濤; 字는 巨源), 완적(阮籍; 字는 嗣宗), 혜강(嵇康; 字는 伯叔), 완함(阮咸; 字는 仲容), 유령(劉伶; 字는 伯倫), 상수(尙秀; 字는 子期), 왕융(王戎; 字는 濬仲)의 일곱 사람을 말한다.

그들은 그 시대의 어지러운 정치사회의 변천을 목격하고 정치적 권력자와 그에 추종하는 세속적 관료사인들의 치사하기 이를 데 없는 생활태도에 불만을 품는 한편 기만적인 유교적 명교예절(名敎禮節)의 속박을 혐오하여 더욱더 기교방달한 언동을 감행, 음주에의 도취와 속세를 초월한 노장사상의 심취에 몸을 맡겼던 것이다.

「죽림칠현」이라 불리는 것은 그들이 소란스런 세정과는 달리 서로 손을 잡고 죽림에서 놀며 술에 만취되어서는 「청담(淸談)」에 정신이 없었기 때문이라고 한다.

그러나 그 집단적 행동이 그 죽림이 있던 장소도 당시의 수도 낙양 근교라고 할 뿐, 확실한 것은 모른다.

우리들은 오직 죽림이란 말에서 세속의 티끌을 초탈한 청고표일(淸高飄逸)한 분위기를 상징적으로 느끼게 된다.

「청담」이란 청신기경(淸新奇警)의 담, 즉 세속의 명리, 희비를 초월한 고매한 정신의 자유세계를 주제로 한 청신기교(淸新寄嬌)한 노장 철학을 논하는 것으로, 산림에 숨어 살면서 오탁된 정치 세계를 멀리하고 철학을 논하며 명교 도덕에 저항한 것이다.

술독에 빠지도록 술을 마시고 보잘것없는 속물인 내방자를 「백안시」한 완적, 돼지와 함께 큰 독의 술을 독째로 마신 완함, 술 냄새를 풍기며 알몸으로 누워 있다가 찾아오는 사람에게,

"나로서는 천지가 내 집, 이 쓰러져 가는 집은 내 잠방이에 지나지 않는다. 그대는 뭣 때문에 남의 잠방이 속으

로 들어오는가."
라고 소리 친 유령 등은 이른바 이런 청담을 하던 대표적인 사람들이다.

ㅊ

청운지지 (靑雲之志)

푸를 **청** · 구름 **운** · 의 **지** · 뜻 **지**

의미 청운(靑雲)이란 푸른 구름을 말하는데, 푸른 구름은 잘 볼 수 없는 귀한 구름으로 신선이 있는 곳이나 천자가 될 사람이 있는 곳에는 푸른 구름과 오색 구름이 떠 있었다고 한다. 그래서 청운에 뜻을 둔다 하면 남보다 훌륭하게 출세할 뜻을 가지고 있다는 말이다.

출전 장구령(張九齡) 〈조경견백발(朝鏡見白髮)〉

해설 장구령은 당(唐)나라 현종(玄宗) 때 조정의 재상을 벼슬하여, 이림보(李林甫-玄宗)의 참언이 있어 하야한 사람으로, 강직한 충신이었다고 일러지고 있다.

이 시는 재상직에서 사퇴한 때의 감회를 읊은 것이다.

'옛날에는 청운의 뜻을 품고 대신이 되어, 나라를 위하여 마음을 다했는데, 뜻과 같지 않아 백발의 해가 되어 쓰러지게 되었다. 나는 지금 밝은 거울을 향하여 백발을 본다. 거울속의 그림자와 이를 향한 자기는 서로 가련하거니와 이 탄식을 도대체 누가 알아주겠는가?'

이상과 같은 뜻이다.

현재 우리들은, 보통이 아닌 큰 뜻, 입신출세에 대한 야망을 〈청운의 뜻〉이라고 말한다.

그러나 원래는 그렇지는 않은 것 같아서, 〈青雲〉이라는 말은 옛날 《史記》의 백이열전(伯夷列傳)에도 나오며, 다음과 같이 쓰여지고 있다.

항간의 사람들은 행실을 닦아 이름 세우기를 바라는 사람들을 청운의 선비라고 붙이는 것이 아니니, 어찌 능히 후세에 베풀 수 있으랴!(閭巷之人 欲砥行立名者 非附青雲之士 惡能施于後世哉)

〈항간에서 생활하는 평민들이, 자기의 품행을 닦아 이름을 후세에 남기려고 생각해도, 청운의 선비의 힘을 빌리지 않는다면, 이름을 후세에 남길 수는 없다.〉
라는 뜻이다.

《史記》에서는 백이(伯夷)와 숙제(叔齊)와 같은 절개가 높은 인격자라도 공자라는 성인이 있어, 그들의 절개를 후세에 전하여 주었기 때문에 이름이 후세에 남겨진 것으로, 얼마나 많은 뛰어난 인물들이 세상에 알려지지 않고 역사에서 지워져 버리는가를 한탄하고 있는 것이다.

따라서 청운의 선비라는 것은 공자와 같은 성인을 가리키며, 고위 고관의 사람들이 아니다.

현재 우리들은 〈靑雲〉을 《史記》의 위와 같은 사용방법을 떠나서, 오직 입신출세하고, 부귀영화를 누리고, 고위고관 등을 뜻하는 말로 밖에 쓰지 않는다.

더구나 중요한 위치에 나아가 크게 나라를 위하여 마음을 다하려는 뜻, 혹은 크게 행동하려는 마음이 부가된 것이 아니고, 장구령의 경우처럼 아마도 그런 기분이었을 것이다.

더구나 왕발(王勃)은 〈등왕각서(滕王閣序)〉에서 '늙음을 당하면 더욱 씩씩해야 한다. 어찌 흰 머리의 마음을 알랴! 궁하여지면 또한 더욱 굳어져야 한다. 청운에 뜻은 떨어지지 않는다.' 라고 썼다.

이것도 위의 시와 같은 뜻이다.

왕발은 등왕각을 찾아온 뒤에, 교지(交趾)의 영(令)에게 사로잡혀 있는 아버지를 찾아가려고 바다를 건너다가, 도중에 물에 빠져 죽었다.

그의 나이 불과 26, 7세였다.

청천백일 (靑天白日)

푸를 **청** · 하늘 **천** · 일백 **백** · 날 **일**

의미 맑게 갠 하늘에서 밝게 비치는 해라는 뜻으로, 훌륭한 인물은 세상 사람들이 다 알아본다는 의미였으나 지금은 아무런 잘못도 없이 결백한 것, 또는 무죄를 가리키는 말로 쓰인다.

출전 한유(韓愈)의 〈여최군서(與崔群書)〉

해설 양자강 남쪽의 선성(宣城)으로 부임한 친구에게 어서 돌아와 주었으면 좋겠다고 호소한 글로, 그는 세상에서 최군에 대해 이러니저러니 말이 많음을 전한 다음 그런 사람들에게 자신이 대답한 말을 다음과 같이 기록하고 있다.

"봉황과 지초(芝草)는 누구나 그것이 상서로운 조짐임을 알고 있고 청천백일(靑天百日)은 노예라도 그 청명함을 알고 있습니다.(靑天百日 奴隸示其知淸明) 이를 음식에 비유컨대 먼 지방에서 생산되는 진기한 음식에 있어서는 좋아하는 사람도 있고 그렇지 않은 사람도 있습니다. 그러나 도량(稻粱)과 회자(膾炙)에 이르러서야 어찌 좋아하지 않는 자가 있겠습니까?"

여기서 한유가 청천백일을 비유로 하여 말하고자 한 것은 최군의 인품이 청명하다는 것이 아니라 그같이 훌륭한 인물은 누구든지 알아본다는 뜻이다.

청천벽력
(靑天霹靂)

푸를 **청** · 하늘 **천** · 벼락 **벽** · 벼락 **력**

의미 맑게 갠 하늘의 난데없는 벼락이란 뜻으로 전혀 예상조차 할 수 없었던 뜻밖의 재난이나 변고 같은 것을 비유해서 쓰는 말이다.

출전 육유(陸游)의 〈9월4일 계미명기작((鷄未鳴起作)〉

해설 이 말은 남송의 대시인 육유(陸游)의 오언고시(五言古詩) 《9월4일 닭이 아직 울지 않는데 일어나 지음(九月四日 鷄未鳴起作)》라는 시에서 나온 말이다.

방옹(放翁)은 병으로 가을을 지내고, 홀연히 일어나 술 취한 먹으로 짓는다.

정히 오래 구멍에 머무른 용과 같이, 푸른 하늘에 벽력을 날린다.

비록 기괴하게 떨어졌다고 말들을 하지만, 오랜 동안 침묵하며 참고 견디어 온 것이다.

ㅊ

하루 아침에 이 늙은이 죽으면, 천금으로 구해도 얻지 못한다.

방옹(放翁)이란 육유가 52세 이후로 즐겨 자신을 칭한 호이다. 세상이 자기를 방렬(放埒)이라고 빈정대는 것에 대하여 비꼼의 표현을 의도한 호인 것 같다.

북송(北宋)의 끝무렵에 태어나, 남송(南宋)의 어려운 정국(북쪽의 금(金)의 압력으로 끊임없이 괴롭힘을 당함) 속에서, 공적으로나 사적으로나 혜택을 받는 것이 없는 생애를, 강력하게 그러나 유유자적하며 살아온 이 시인은, 때로는 나라를 근심하는 지극한 정을 불태우는 장수와 같기도 했고, 또 때로는 성미가 까다로운 고독한 늙은이였다.

음력 9월은 가을이 끝남에 가깝다. 여름에서 가을까지 병상에 누워 지낸 방옹(放翁)은, 어느날 아침에 닭보다 일찍 눈을 뜨고 병을 이기는 기분으로 일어났다.

취묵(醉默)은 술에 취한 감흥을 타고 붓을 타고 붓을 옮기는 것을 말하거니와, 여기에서는 오랜 병으로 몸이 부들부들 떨리는 것을 유머러스하게 표현한 것이다.

부들부들 떨면서 오래간만에 붓을 잡고서, 놀라운 세력으로 쓰기 시작하는 것이다.

〈정히 오래 칩거한 용과 같이〉의 구칩룡(久蟄龍)은 오래도록 구멍에 파묻혀 있던 용이란 뜻이다.

용은 구멍에서 나와 하늘로 올라간다.

용이 하늘로 올라갈 때는 하늘이 진동하는 격렬한 천둥과 번개를 동반한다.

자기는 그 용이며, 기세에 맡기어 쓰는 그 모습은 번쩍번쩍 빛나는 번개와 같다고 했다.

〈청천벽력〉은 한편으로는 붓을 움직이는 형세의 놀라움을, 또 한편으로는 병든 사람의 갑작스러운 행동을 표현했다고 해석된다.

이 말은 경묘하고 솔직하고 유머러스한 표현이 아주 훌륭하며, 얼굴이 창백해지는 것 같은 갑작스런 번개와 천둥은 결코 아니다.

앞 구절을 이어받아 시는 더욱 경묘하게 전개되어, 자신에 대한 이글에는 약간 기괴한 흥취가 있다.

그러나 딱하게 생각하여 가만히 지나쳐 내려가면, 어떻게 존재를 계속할 수는 있을 것이다.

더구나 자기가 죽게 된다면, 천금으로 구해도 얻을 수는 없을 것이다. 표면으로는 어디까지나 경묘하고 유머러스하지만, 역시 늘그막의 적막을 노래한 시이다.

ㅊ

청출어람
(靑出於藍)

푸를 **청** · 날 **출** · 어조사 **어** · 쪽 **람**

의미 쪽이라는 풀에서 나온 푸른색이 쪽보다 더 푸르다는 말로, 열심히 학문에 정진하면 스승보다 뛰어날 수 있다는 뜻이다. 즉 스승보다 나은 제자를 일컫는 말이다.

출전 〈순자(荀子)〉동 권학편(勸學篇)

해설 "학문이란 잠시도 쉬어서는 안 된다. 푸른색은 쪽에서 나오지만 쪽보다 더 푸르고 얼음은 물이 만들지만 물보다 더 차다."

학문에 뜻을 둔 사람은 잠시도 게을리 해서는 안 된다. 그 예로 쪽이란 풀에 사람의 노력이 가해짐으로 해서 그 쪽 자체보다도 더 깨끗하고 진한 푸른 색깔을 낼 수 있다. 얼음은 물이 얼어서 되지만 물에서 얼음이 되는 과정을 거치기 때문에 물보다 더 차가운 성질의 것이 된다. 그러므로 스승에게서 배우기는 하지만 그것을 더욱 열심히 익히고 행함으로써 스승보다 더 훌륭한 사람이 될 수 있으며, 더 깊고 높은 학문과 덕을 갖게 된다는 뜻이다.

출람(出藍)이니 출람지예(出藍之譽)니 하는 것도 여기서 나온 말로, 청출어람과 같은 뜻으로 많이 쓰인다.

초미지급
(焦眉之急)

태울 **초** · 눈썹 **미** · 어조사 **지** · 급할 **급**

의미 눈썹이 타게 될 만큼 위급한 상태란 뜻으로, 그대로 방치할 수 없는 매우 다급한 일이나 경우를 비유한 말이다.

출전 〈오등회원(五燈會元)〉

해설 금릉(金陵) 장산(蔣山)의 법천불혜선사(法泉佛慧禪師)가 만년에 칙명(勅命)으로 대상국지해선사(大相國智海禪寺)의 주지로 임명되었을 때 중들을 보고 물었다.

"주지로 가는 것이 옳겠는가? 이곳 장산에 머물러 있는 것이 옳겠는가?"

선사는 계속 도(道)를 닦을 것인가, 황명(皇命)을 받들어 출세의 길을 달려야 할 것인가 하고 망설인 것이다.

그러나 이 물음에 아무도 대답하는 사람이 없었다.

그러자 선사는 붓을 들어 명리(名利)를 초탈한 경지를 게(偈)로 쓴 다음 앉은 채 그대로 세상을 떠났다고 한다.

이 법천불혜선사가 수주(隋州)에 있을 때 그곳의 중들로부터 여러 가지 질문을 받고 대답한 말 가운데 이런 것이 있다.

“어느 것이 가장 급박한 글귀가 될 수 있습니까?”

“불이 눈썹을 태우는 것이다.”

ㅊ

촌철살인 (寸鐵殺人)

한지 **촌** · 쇠 **철** · 죽일 **살** · 사람 **인**

의미 단 한 치밖에 되지 않는 쇠로 사람을 죽인다는 뜻으로 문장, 의논 등에서 많은 말을 쓰지 않고 간단한 한 마디 말과 글로서 상대방의 급소를 찔러 당황하게 만들거나 감동을 시키는 경우를 가리키는 말이다.

출전 〈학림옥로(鶴林玉露)〉

해설 '寸鐵이 사람을 죽인다.' 라는 말의 근본이 된 것은, 남송(南宋)의 나대경(羅大經)이 지은 〈학림옥로(鶴林玉露)〉에 나오는 〈寸鐵殺人〉이다. 나대경은 주자(朱子)의 제자 중 한 사람으로 보경(寶慶) 2년에 진사가 되었다.

〈鶴林玉露〉는 그가 날마다 손님이 오면 주고받는 청담(淸談)을 시동에게 기록케 한 것으로, 천(天) · 지(地) · 인(人)의 3부로 되어 있으며 싯귀와 시어의 해석으로부터 일화와 전설에 이르기까지 내용은 다양하며, 그 지부(地部) 7권에 〈殺人手段〉이란 항목이 있어, 다음과 같이 기록되어 있다.

종고(宗杲)가 선(禪)을 논하여 말했다.

"비유하면 한 수레의 병기를 싣고서, 하나를 희롱하여 마치면, 또 다른 하나를 꺼내 가지고 와서 희롱함과 같지만, 이것이 곧 사람을 죽이는 수단은 아니다. 나는 곧 단지 촌철이 있으므로, 문득 사람을 죽일 수 있다."

종고인 대혜선사(大慧禪師)는 북송(北宋)의 임제종(臨濟宗)의 선승(禪僧)으로 공공의 사명은 끝까지 주체적인 큰 의심을 일으키는 데 있고, 큰 의심의 근본에는 크게 깨달음이 있다는, 간화선(看話禪)〉을 대성한 사람이다.

〈학림옥로〉에서 인용한 그의 위의 말은, 아마도 그의 어록(語錄) 〈정법안장(正法眼藏)〉에서 인용한 것이리라.

보통사람들은 사람을 죽이려 하면 수레에 병기를 가득 실어 가지고 와서, 차례차례로 그것을 꺼내어 휘두르곤 하지만, 그런 것으로는 사람을 죽이지는 못한다.

나는 단지 촌철(寸鐵)만으로 사람을 죽일 수가 있다.

이것은 그가 선의 요체(要諦)를 갈파한 말이므로, 살인이라고 하지만 물론 칼날로 상처를 입히는 것을 뜻한 것이 아니라, 자기의 마음속의 속된 생각을 끊어버리기 위하여 성급하게 이것저것 대답을 해오겠지만, 정신의 집중이 부족하기 때문에 모두 날것들 뿐이다.

그와 같은 칼로는 몇 천, 몇 만 개나 되는 깨달음의 경

ㅊ

지에 이르지 못한다.

모든 일에 대하여 온 몸과 온 영혼을 기울여 다할 때, 충격적으로 번득이는 것, 이것이야말로 큰 깨달음인 것이다.

추풍선 (秋風扇)

가을 **추** · 바람 **풍** · 부채 **선**

의미 가을철의 부채라는 뜻으로 제철이 지나서 쓸모없게 된 물건을 비유한 말인데, 남자의 사랑을 잃은 여자에 비유되어 많이 쓰인다.

출전 〈원행가(怨行歌)〉

해설 한(漢)나라 성제(成帝)의 홍가 3년의 어느 날, 후궁인 증성사 (增成舍)는 여느 때와는 다른 황망함을 보이고 있었다.

이곳의 주인인 반첩여(班婕妤)가 허왕후(許皇后)와 공모하여 총애를 받고 있는 사람들을 저주하고 황제에 대해 불손한 언사를 했다는 혐의로 잡혀 가고 있는 것이었다.

소문에 의하면 조비연(趙飛燕) 자매가 이 두 사람을 황제에게 참주했다고 한다.

조자매란 얼마 전에 궁비로 채용된 데 불과했지만 그

ㅊ

경신세요(輕身細腰)가 황제의 눈에 들어 후궁에 들어오고, 곧이어 언니는 첩여, 동생은 소의(昭儀)의 지위를 하사받으며 후궁의 총애를 한 몸에 모아 그 정도가 전대미문이라 일컬어지고 있었다.

사실을 규명했으나 원죄라는 것이 밝혀졌다. 그러나 불쌍하게도 허황후는 건시(建始), 하평(河平) 연간에 총애를 뽐냈던 것이 화근이 되어 폐위되고 미인이란 지위로 떨어지고 말았다. 그렇게 되자 반첩여는 황제에게 아뢰었다.

"생사에는 명이 있고, 부귀는 하늘에 있다고 들었습니다. 행실을 바르게 하여도 아직 복이 없는데 사악한 짓을 한들 무슨 소용이 있겠습니까? 하늘이 이 신하로서 바라서는 안 될 소원을 아셨다 하더라도 받아들이지 않을 것입니까? 모르고 계신다면 아무리 바라고 바라도 무익한 일이 아니겠습니까?"

황제는 반첩여의 성실에 감동되어 그녀를 용서하고 또 다시 백근의 황금을 하사했다.

그리하여 다시 증성사로 돌아오긴 했으나 이미 총애를 잃은 몸이었다.

이번에는 다행히 용서를 받기는 했으나 어떻게 저 조비연 자매를 그냥 둘 수 있겠는가. 고조황제의 애첩 척희(戚姬)는 고조황제의 비 여태후에게 두 눈이 뽑히고 혀가 잘린 다음 수족까지 절단당하지 않았던가. 무서운 것은 여자의 질투이다. 현량정숙한 반첩여는 어찌했으면 좋을지를 몰랐다.

이 질투가 소용돌이치는 후궁에서 도망칠 방법은 없을까 하고 고뇌했다.

장신궁(長信宮)에 계신 황태후인 왕씨(王氏)에게 부탁드려 보자. 황태후께서는 내가 옛날 첩여가 되었을 때 나의 겸손함을 칭찬하시고 그 후 언제나 다정하게 대해 주셨다. 이젠 그분에게 의지할 수밖에 없다.

이렇게 생각하자 반첩여는 일각의 지체도 하지 않고 곧 장신궁으로 가서 황태후를 모시게 해달라고 자원을 했다.

장신궁에서는 평온한 날이 흘렀다. 왕씨의 말벗을 해주는 것 외에는 방에 틀어박혀 시서를 읽고 악기를 벗 삼아 지냈다.

그러나 간혹 날아가는 새의 모습이 수면에 비치듯, 예전에 증성사에서 보내던 생활의 추억이 마음속에 오가는 수도 없지 않았다.

새로 찢는 제나라의 흰 비단
깨끗하기가 서리나 눈 같구나
이리저리 잘라서 만든 합환선(合歡扇)

ㅊ

둥글기가 명월과 같구나
그대의 품속으로 드나들면서
움직여 미풍을 일으킨다
언제고 두려운 가을이 되어
찬바람이 더위를 쫓으니
장 속으로 버림을 받아
은정이 중도에서 끊어질까 싶네(怨歌行)

옛날 나를 위해 베풀어졌던 소유궁(宵遊宮) 놀이 그 얼마나 즐거웠던가.

흰 비단옷에 장식한 노리개가 촉대의 불을 받아 빛나는 속에서 황제의 다정한 눈길은 내 온몸에서 언제나 떠나지를 않았다.

그 무렵 나는 제요(帝堯)의 딸인 아황(娥皇), 여영(女英)이나 주문왕(周文王)의 어머니 태임(太任)이나 무왕(武王)의 어머니 태사(太姒)와 같은 부덕이 높은 사람이 되기를 바라고 있었다.

그러나 슬프게도 차례차례 태어난 두 황자(皇子)는 젖도 떨어지기 전에 저세상으로 떠나 버리고 말았다.

천명이란 어쩔 수 없다 치더라도 이것이 황제와 떨어지게 된 원인이 아니었을까.

그 후부터 황제는 반첩여에게서 조비연 자매에게로 총

애를 옮기셨다. 찾아주시지 않아 옥계(玉階)에는 이끼가 끼고 뜰에는 잡초가 푸르름을 더해 갔다.

침상에 엎드리면 황제의 신을 꾸민 장식이 눈에 선하고, 어전 쪽으로 눈을 돌리며 그 얼마나 눈물지었던가. 생각하면 인생만큼 덧없는 것은 없고 은애만큼 쉬이 옮겨지는 것도 없다.

세월은 장신궁에도 흘러 수화(綏和) 2년(기원 전 7년) 성제가 돌아간 뒤 바로 반첩여도 40세 남짓한 생애를 끝냈다. "추풍선(秋風扇)"이란 말이 사나이의 사랑을 잃은 여자에게 비유되어 쓰이는 것도 앞에서 보인 "원가행(怨歌行)"에서 비롯되었다.

치인설몽 (痴人說夢)

어리석을 **치** · 사람 **인** · 말할 **설** · 꿈 **몽**

의미 어리석은 사람이 꿈 이야기를 한다는 것으로, 종잡을 수 없이 아무렇게나 지껄이는 것을 일컫는다.

출전 〈냉제야화(冷齊夜話)〉

해설 남송(南宋)의 석혜홍(釋惠洪)이 지은 〈냉제야화(冷齊夜話)〉의 9권에 다음과 같은 이야기가 실려 있다.

당(唐)나라 시대에 서역(西域)의 고승(高僧)인 승가(僧伽)가, 용삭연간(龍朔年間)에 양자강과 회하(淮河)에 끼인 지금의 안휘성(安徽省) 근처를 여행하고 있을 때의 일이다.

기행(奇行)을 많이 하는 사람이 있었기 때문에, 어떤 사람이 물었다.

"당신의 성이 무엇인가?" (何姓)

"성은 하씨다." (姓何)

"어느 나라 사람인가?" (何國人)

"하국 사람이다." (何國人)

뒤에 당나라의 문인 이옹(李邕)이 승가를 위하여 비문을 썼을 때, 승가가 희롱한 것을 모르고, 그의 전기에 〈대사(大師)의 성은 하씨(河氏)이고, 하국(河國)사람이다〉라고 썼다. 이야말로 소위 〈어리석은 사람을 향하여 꿈을 설명한 것〉이다.

이옹은 승가가 농담 삼아 한 대답을 진실로 받아들이는 어리석음을 범했던 것이다.

당나라 이옹(李邕)이 비석을 만들 때, 그 말을 깨닫지 못하고서, 이에 전하여 쓰기를, 〈대사의 성은 하(何)이고, 하국(何國)사람이다.〉 이것은 바로 소위 어리석은 사람을 상대하여 꿈을 풀이해 준 것일 뿐이다.

이옹은 드디어 꿈으로써 진실 되어, 진짜로 어리석음을 끊었다.

타산지석(他山之石)

다를 **타** · 산 **산** · 의 **지** · 돌 **석**

의미 다른 산에서 나온 돌을 가지고 옥을 갈 수 있다는 뜻으로, 돌을 소인(小人), 옥을 군자(君子)에 비유하여 군자도 소인의 행동을 보고 수양과 학덕을 쌓을 수 있다는 수양을 위한 명언이다.

출전 〈시경(詩經)〉 소아 학명((小雅 鶴鳴)

해설 이 시는 선왕이 초야에 있는 현자를 구하여 타산지석(他山之石)으로 삼도록 하기 위해 지었다는 작품이다.

학이 깊은 산 못에서 울어
그 소리는 멀리 들에까지 울린다
물고기는 연못 깊이 숨어 산다지만
때로는 연못가에 나와 놀기도 한다
즐거운 저기 저 동산 위에는
의지하고 쉴 한 그루의 향목은 있어도
나무 밑엔 낙엽만 흩어져서 그리 안 되고

다른 산의 조약돌이라지만
숫돌로 쓴다면 제법이다

학이 깊은 산 못에서 울어도
그 소리는 하늘까지 울려 퍼진다
물가에 나와 노는 물고기라도
때로는 연못 깊이 숨기도 한다
즐거운 저기 저 동산 위에는
의지하고 쉴 한 그루의 향목은 있어도
그 밑에 나쁜 나무만 있어 그렇게 안 된다
다른 산의 몹쓸 돌이라지만
구슬은 그것으로 갈아서 빛이 난다

ㅌ

태산북두 (泰山北斗)

클 **태** · 산 **산** · 북녘 **북** · 별이름 **두**

의미 태산과 북두처럼 사람들이 우러러보는 그런 존재란 뜻으로 저마다 걷는 길에서 사람들에게 존경받고 있는 자를 가리키며, 특히 학문 분야에서의 권위자나 제일인자를 지칭하는 경우가 많다.

출전 〈당서(唐書)〉 한유전(韓愈傳)

해설 한유(韓愈)는 당(唐)나라의 문학가였고, 또 사상가이며 정치가이기도 했다. 그는 시인으로서도 뛰어났지만, 문장가로서 더욱 유명했다. 문장가로서의 한유는 소위 〈당송팔대가(唐宋八大家)〉의 첫머리에 놓여 있거니와 그 문장상의 공적은 산문의 문체를 개혁한 일이며, 이 점에서 그의 이름은 중국문학사에 찬연히 빛나고 있다.

육조시대(六朝時代)로부터 당나라에 걸친 산문은 사륙변려체(四六騈儷體)로, 운률에 여러 가지 제약이 있어 오로지 기교로 내달려 꾸밈으로 이루어진 문장이어서, 화려한 표현에 비해서는 내용이 빈약했다. 한유는 이 결함을 고쳐 소위 〈古文〉을 부활시켰다. 즉 한(漢)나라 이전의 자유로운 문어체의 문장을 부활시켰던 것이다.

그것은 한유가 죽은 뒤 중화민국에 이르기까지 천여년 동안, 중국의 산문체의 주류를 이루어 왔다.

그러나 한유는 또 노장(老莊)과 불교를 배척하고 유교를 높이 올린 것으로도 유명하다.

그 한유에 대하여, 《唐書》의 한유전(韓愈傳)의 찬(贊)에는, 정원(貞元)과 원화(元和) 연간에 그가 육경(六經－易經 · 詩經 · 書經 · 春秋 · 禮記 · 樂經)의 문장으로써 여러 학자들의 스승이 되어 노장과 불교를 배척하고 유교를 높이 드날린 것을 이렇게 서술하고 있다.

한유가 죽은 뒤에도 그의 학문은 크게 행하여져, 학자들은 그를 태산과 북두와 같이 숭앙했다.

태산은 산동성(山東省)에 있는 유명한 산으로, 예로부터 오악(五嶽)의 하나로 우러러왔다.

북두(北斗)는 곧 북극성(北極星)으로, 이 또한 별들 중에서 중심적인 존재로서 우러러 왔다.

이 두 가지를 합친 것이 〈泰山北斗〉로, 다 같이 사람들이 항상 우러러보는 것으로, 사람들이 숭앙해 높이는 것으로 비유되고 있다.

이것을 줄인 것이 〈泰斗〉로, 뒤에는 제일인자라든가 권위자를 뜻하는 것으로 쓰여 지게 되었다.

ㅌ

태산홍모 (泰山鴻毛)

클 **태** · 산 **산** · 큰기러기 **홍** · 털 **모**

의미 태산은 산동성에 있으며, 예부터 중국 오악(五嶽)의 제1위로서 한국에서의 백두산처럼, 중국인에게 가장 중요한 산이다. 홍모는 기러기의 깃털을 뜻하며 "태산홍모"라는 것은 매우 중요하고 중대한 물건과 경미하고 작은 물건과의 대비에 사용되고 있다.

출전 〈문선(文選)〉 사마천(司馬遷)

해설 중국 고대의 위대한 역사학자, 문학자, 사상가인 사마천은, 전한시대의 태사령 사마담(司馬談)의 아들로, 소년시절에 아버지를 따라서 수도인 장안(長安)으로 이사했다.

사마천은 성장하여 각지의 명산과 큰 강, 천하의 명승고적을 방문하였다.

길을 따라서 각지의 인정과 풍속을 시찰하고 전설과 민화를 채집했다.

기원 전 110년, 아버지 사마담은 중병에 걸려, 사마천에게 태사령의 자리를 계승하도록 의뢰했다.

그리고 역사서를 다시 쓰도록 말하였고, 사마천은 그 완성을 약속했다.

태사령이 된 사마천은 매일 아침 일찍부터 밤 늦게까지 궁정안에 소장되어 있는 대단히 많은 목간(木簡), 견서(絹書)를 정비하고, 사서(史書)정리와 고증에 힘썼다.

이렇게 4, 5년이 지나서 장서의 정리와 고증이 일단락 되었을 때, 그는 돌아가신 아버지의 유지를 계승하여 "사기(史記)"를 쓰고 싶은 생각이 들었다.

기원 전 99년, 한의 명장 이광의 손자 이릉이 이끈 군사는 압도적인 흉노적과 싸워서 패하고, 무제는 화가 났으며 내신들도 이릉을 비난하였다.

그 중에서 사마천만은, 용감하게 싸운 이릉을 격려하고 변호했다. 무제는 기분이 상하여 사마천을 궁형(고환을 제거하는 극형)에 처했다.

그 후, 무제는 그의 재능을 아까와 하여 석방시켜서 중서령에 임명했다. 사마천은 염원인 "사기"완성을 위해, 굴욕과 박해와 조소를 참았다.

형을 받은 후, 그는 친구 임안에게 편지를 썼다. 그 편지에서 자신의 수난에 관해 언급하여, 지금 혼탁한 세상에서 죽지 않고 살아 있는 것은 "사기"완성을 위해서라고 썼다.

ㅌ

퇴고
(推敲)

밀 **퇴** · 두드릴 **고**

의미 문장을 다듬고 고친다는 뜻으로 비슷한 말이라도 어느 것이 더 적절한가를 여러 번 생각하고 살피는 것을 말한다.

출전 〈유빈객가화록(劉賓客嘉話錄)〉 야객총서(野客叢書)

해설 당나라 때의 시인 가도(賈島)가 장안(長安)으로 과거를 보러갈 때이다.

어느 날 나귀를 타고 길을 가는데 문득 옛날에 있었던 일이 생각나며 시상(詩想)이 떠올랐다.

인가가 드문 곳에 한가한 집이 있어서
풀에 묻힌 길이 거친 정원과 통하고 있네
새는 연못가 나무에 자고
중은 달 아래 문을 두드린다

이 시에서 마지막 절인 “중은 달 아래 문을 두드린다.”에서 두드린다(敲) 보다 민다(推)고 하는 것이 어떨까 하는 생각이 들었던 것이다.

그래서 그는 이 두 글자를 놓고 어느 것이 좋을지 혼자 곰곰이 생각에 잠기게 되었다.

나귀를 탄 채 두 글자를 놓고 “밀었다(推) 두드렸다(敲)” 하면서 가던 도중 귀인(貴人)의 행차와 부딪히고 말았다. 행차는 공교롭게도 경조윤(京兆尹) 한유(韓愈)의 행차였다.

행차 길을 침범한 혐의로 한유 앞으로 끌려나온 그는 사실대로 이야기를 했다.

그러자 한유는 노여워하는 기색도 없이 말을 멈추고 한참 생각하고 있다가 “역시 민다는 퇴(推)보다는 두드린다는 고(敲)가 좋겠군.”하며 가도와 나란히 행차를 계속했다.

그 뒤부터 두 사람은 문학적인 친구가 되었다고 한다. 이때부터 퇴고라는 말을 사용하게 되었다.

ㅌ

파경 (破鏡)

가를 **파** · 거울 **경**

의미 깨진 거울이란 뜻으로, 둥글던 거울이 깨짐으로써 한쪽이 떨어져 없어지거나 금이 가서 옛날처럼 온전한 모습과 밝은 거울의 역할을 할 수 없거나 부부 사이의 금슬이 좋지 않아 이별하게 되는 경우를 가리키는 말이다.

출전 〈태평광기(太平廣記)〉

해설 서기 589년 정월에, 남조(南朝)의 최후의 왕인 조진(朝陳)이 멸망했을 때, 태자사인(太子舍人-시종)인 서덕언(徐德言)은 간신히 살아남을 수가 있었지만, 그의 아내가 수(隋)나라 병사에게 사로잡혀 가서 생이별이 되고 말았다.

그의 아내는 남조(南朝)의 마지막 황제가 된 진(陳)나라의 진숙보(陳叔寶)의 누님으로, 낙창공주(樂昌公主)에 봉해져 있었다. 멸망하는 그날까지 술과 여자에게 빠져 있던 황제의 궁중에는, 수많은 미인들이 있었지만, 그녀는 그 여자들 가운데서도 문재(文才)와 얼굴 모습이 가장 뛰어난 존재였다.

나라가 망하고 보니, 여자들은 점령군의 거친 남자들에게 짓밟힘을 당하고, 얼굴이 아름다운 여자들은 사로잡혀 장교들의 희롱물이 되고, 황녀와 왕비들은 도읍으로 보내져서 권력자들의 규방에 제공되었다. 그것은 나라가 망한 여자들에게 있어, 어느 세상에서나 피할 수 없는 숙명이었다.

서덕운은 수(隋)나라 대군이 양자강 북쪽 기슭에 도착했을 때, 만일의 경우를 생각하여 아내를 불렀다.

"이곳은 언제 적군이 공격해올지 예측할 수 없는 접전 지역이오. 당신의 비모와 재주로 보건대, 일단 나라가 멸망하면 당신은 반드시 적군의 그럴듯한 자의 진으로 보내어질 것이며 그렇게 되면 살아서 두 번 다시 만나지 못할 것이오. 그러나 인연이 있어 다시 만날 기회가 있을지도 모르오. 그 때를 위하여………"

그는 옆에 있던 한 장의 거울을 둘로 깨뜨려서 그 한쪽을 아내에게 건네주었다.

"이것을 소중히 가지고 있어 주오. 그리고 정월 보름날에 도읍의 시장에서 팔아 주오. 정월 보름날에는 반드시 그래야 해. 만일 살아남을 수 있다면, 나는 그날에는 반드시 도읍으로 찾아갈 것이오."

두 사람은 깨어진 거울의 조각을, 각각 품안에 깊이 감

ㅍ

추었다.

이윽고 나라가 멸망하자, 그녀는 얘기 했던 대로 도읍으로 보내어져서, 수(隋)나라 문제(文帝)인 양견(楊堅)의 한 팔 노릇을 한 건국 제일의 공신으로서 절대적인 권력을 휘두르고 있던 월국공(越國公) 양소(楊素)의 별관으로 보내어졌다.

강남(江南)의 물에서 자란 아름다운 모습과 고도(高度)의 문명사회에서 기른 교양이 넘치는 그녀는, 반평생을 싸움터에서 보낸 양소의 마음을 곧 사로잡았지만, 그녀의 마음은 남편이 주었던 거울의 한쪽에서 떠난 일이 없었다.

한편 서덕언은 아비규환(阿鼻叫喚)의 거리에서 탈출하자, 거지노릇을 하면서 1년이 걸려서 도읍인 장안으로 올라갔다.

약속한 정월 보름날에 시장으로 가 보니, 깨어져 반쪽만 있는 거울을 들어올리고, 소리를 지르며 파는 사나이가 있었다.

"이 거울은 단지 십 금이다. 누가 사지 않겠는가?"

단돈 한 푼이라도 살 사람이 없는 반쪽의 거울을 누가 십 금을 내고 살 것인가? 통행인들은 웃으면서 지나갔다.

"그것을 나에게 파오."

소리를 지른 서덕언은 자기가 임시로 머무는 곳으로 사

나이를 데리고 가서, 거울에 얽힌 내력을 얘기하고, 자기가 몸에 지니고 있던 한 쪽의 거울을 내놓았다.

두 조각으로 난 거울은 완전히 하나가 되었다.

그 한쪽 거울의 표면에 시를 한 수 써서 그 사나이에게 가지고 돌아가게 했다.

거울과 사람이 함께 가버리더니, 거울은 돌아왔건만 사람을 돌아오지 않는구나

항아(恒娥)의 그림자는 다시없고, 공연히 밝은 달빛만을 머무르게 하는구나

사나이가 전해 준 거울을 본 서덕언의 아내는, 이후로 울기만 하고 있을 뿐 식사도 하지 않게 되었다.

이 사실을 안 양소는 두 사람의 굳은 애정에 마음이 이끌려, 곧 서덕언을 불러들여, 그녀를 그에게 돌려주고 고향인 강남으로 돌아가게 했다.

〈태평광기(太平廣記)〉 166권에 〈본사시(本事詩)〉에서 다시 기록한 양소의 이야기이다.

〈太平廣記〉는 이것을 양소의 의협심을 비유한 얘기로서 의기(義氣)의 항목에 분류하고 있지만, 일반적으로 서덕언 부부의 재회를 말하는 아름다운 이야기로 알려져 있다.

ㅍ

파과지년(破瓜之年)

깨뜨릴 **파** · 외 **과** · 의 **지** · 해 **년**

의미 여자의 나이 16세를 말하는데 첫 경도(經度)가 있게 되는 나이란 의미도 있다. 또 남자의 64세를 가리키기도 한다.

출전 〈손작(孫綽〉 정인벽옥가(情人碧玉歌)

해설 푸른 구슬 참외를 깰 때에 (碧玉破瓜時)
님은 사랑을 못 견디어 넘어져 뒹굴었네
(郎爲情顚倒)
님에게 감격하여 부끄러워 붉히지도 않고
(感君不羞赧)
몸을 돌려 님의 품에 안겼네 (廻身就郎抱)

이 시에 나오는 파과시(破瓜時)는 처녀를 바치던 때라고도 풀이될 수 있고 또 사랑를 알게 된 열여섯의 나이로도 풀이될 수 있다.

또 전도(顚倒)란 말은 전란도봉(顚鸞倒鳳)의 뜻으로 남녀가 함께 정(情)을 나누는 것을 말한다.

과(瓜)란 글자를 쪼개 보면 팔(八)이 둘이 된다.

그래서 여자를 참외에 비유하고, 또 그것을 깨면 여덟이 둘이 되므로 "파과지년"이 여자의 나이 열여섯을 가리키게 된 것이다.

또한 남자의 나이 예순 넷을 가리켜 파과라고 말하는데 그것은 8을 서로 곱하면 예순 넷이 되기 때문이다.

ㅍ

파죽지세 (破竹之勢)

기를 **파** · 대나무 **죽** · 의 **지** · 기세 **세**

의미 대나무를 쪼개는 듯한 기세, 즉 강한 기세를 늦추지 않고 계속해서 거침없이 밀고 들어가는 형세를 말한다.

출전 〈진서(晋書)〉 두예전(杜豫傳)

해설 두예(222~284년)는 서진의 무제(사마염)를 섬기는 무장이었고, 동시에 저명한 학자였다. 278년, 진남대장군이 되어 양양의 수비를 맡았다.

당시, 세 나라가 함께 맞서고 있었는데, 이미 촉은 멸망했고, 위는 사마염에게 빼앗겨 진(서진)이 되어 있었다.

두예는 남은 오의 토벌의 상서로서 무제에게 진언했다.

그 상서를 받아든 무제는 혼자서 결정하지 않고, 대신(大臣) 장화(張華)와 상의했다.

장화는 두예의 상서를 보았다. 그 형세에 대한 분석은 참으로 날카롭고 적절했다.

장화는 무제에게 아뢰었다.

"폐하는 용감하신 장수입니다. 온 나라 안은 풍부하고 병사는 강합니다만, 오왕은 난폭하여 나라가 혼란합니다. 확실히 오를 토벌하기에 좋은 기회입니다."

이 진언에 무제도 오를 토벌할 결심을 굳혔다.

그러나, 몇 사람의 중신은 이것이 무모하다고 충고했다. 무제는 심하게 꾸짖어서 중신의 의견을 묵살했다.

기원 279년, 무제는 오나라 토벌을 위해 병력을 점점 늘렸다. 총 세력 20여 만, 여섯 길로 나누어 오를 향해 진격했다. 두예도 용감하게 정도에 올랐다.

이듬 해, 두예가 지휘하는 군대는 강릉을 점령하고 오나라 장수 오연을 무찔렀다.

완강, 상강 이남의 모든 성에서는 그 무서운 세력에 눌려 모두 항복했다.

두예는 군사회의를 열어 작전을 짰다. 어떤 무장은,

"오나라는 큰 나라이고, 해전에서는 우리가 불리합니다. 겨울까지 기다립시다."

하고 공격 연기를 주장했다.

두예는, "지금 진군의 위세가 크게 뻗쳐 있어, 그 힘이 파죽과 같다. 이 기세대로라면 불가능은 없다."

라고 이것을 배척했다.

ㅍ

패군지장 불어병 (敗軍之將 不語兵)

패할 **패** · 군사 **군** · 의 **지** · 장수 **장** · 아니 **불** · 말씀 **어** · 싸움 **병**

의미 싸움에 진 장수는 방법을 말하지 않는다는 뜻으로, 실패를 한 자는 그 일에 대하여 구구히 변명을 하지 않는다는 말이다.

출전 〈사기(史記)〉 회음후열전(淮陰候列傳)

해설 한신(韓信)이 배수지진(背水之陣)을 치고 조군(趙軍)을 대파했을 때(기원 전 204년)의 일이다.

위(魏)에서 조(趙)로 향한 한신의 걱정거리는 정경(井陘)의 협도(狹道)였었다.

무슨 일이 있더라도 뚫고 지나가야 할 통로이기는 했으나 너무나도 좁아서 대부대의 행진에는 불편했다.

대열이 길어져 병력이 분산되었을 때, 조군에게 공격을 당하면 한신의 지략을 가지고서도 막을 도리가 없었던 것이다.

더구나 조에는 광무군 이좌거(李左車)라는 우수한 전략

가가 있었는데 그가 이 협도에 착안하지 않을 리가 없었다. 사실 광무군은 한신의 부대가 이 협도에 들어섰을 때, 일거에 격멸하도록 성안군 진여(陳余)에게 진언했다.

그런데 유학을 즐겨 정의의 싸움을 외치고 있던 성안군은 광무군의 진언을 듣지 않았다.

그리하여 무사히 정경의 협도를 돌파한 한신은 아주 쉽게 조군을 격파시킬 수가 있었으나, 이 싸움에서 한신은 광무군을 죽이지 말고 생포하라는 명령을 전군에 내렸다. 싸움이 끝나고 광무군이 한신 앞에 끌려 나왔을 때, 한신은 그를 예우하면서 말했다.

"앞으로 북쪽 연(燕)을 치고 다시 동쪽의 제를 치고자 생각하는데, 어떻게 하면 성공할 수가 있겠습니까?"

"패군지장(敗軍之將)은 용(勇)을 말하지 말 것이며 망국지대부(亡國之大夫)는 존(存; 나라를 보존하는 길)을 꾀하지 말라는 말을 들은 바 있습니다. 지금 나는 싸움에 패하여 당신의 포로가 되어 있는 몸입니다. 어찌 대사를 꾀할 자격이 있겠습니까?"

"아니, 그건 겸손의 말씀입니다. 나는 백리혜(白里傒)라는 현인이 우(虞)에 있었으나 우가 망하여 진으로 가자 진은 제후의 패자가 되었다는 말을 들은 바 있습니다. 우에 있었을 때의 백리혜는 우자(愚者)였고 진으로 가자 비로소 지자가 된 것은 아닙니다. 우는 그를 등용하지 않고

ㅍ

진은 그의 계모를 들었다는 차이밖에 없습니다. 성안군(成安君)이 만약 당신의 계모를 따랐다면 지금쯤은 내가 당신의 포로가 되었을 것입니다. 다행인지 불행인지 당신의 계략이 실행되지 않았기 때문에 이렇듯 나는 당신에게 가르침을 청할 기회를 얻은 것입니다. 나는 진심으로 당신의 가르침을 따를 각오입니다. 부디 겸손해하지 마시고 높으신 의견을 피력해 주십시오."

한신의 열의에 광무군은 마침내 연과 제를 토벌하는 술책을 말했다.

그 술책에 따라 이윽고 한신은 연과 제를 멸망시켰다.

평지풍파
(平地風波)

편할 **평** · 땅 **지** · 바람 **풍** · 물결 **파**

의미 고요한 땅에 바람과 물결을 일으킨다는 뜻으로, 공연한 일을 만들어서 뜻밖에 분쟁을 일으키거나 사태를 어렵고 시끄럽게 만드는 경우를 가르키는 말이다.

출전 〈유우석(劉禹錫)〉의 죽지사(竹枝詞)

해설 당(唐)의 시인 유우석(劉禹錫)의 죽지사(竹枝詞) 9수(首)중의 하나에 이런 것이 있다.

구당의 시끄러운 열 두 여울
사람들은 말하네 길이 예부터 어렵다고
못내 안타까와 하노라 인심이 물만도 못하여
생각이 부족하여 평지에 풍파를 일으키는 것을

이 시는 파촉(巴蜀) 일대의 민요인바, 그 가사가 저속했으므로 유우석이 그 곡조에 맞추어 다시 새롭게 가사를

ㅍ

쓴 것이라고 전한다.

촉(蜀)으로 가는 도중에는 파동(巴東)의 삼협(三峽)이라 일컬어지는 험난한 곳이 있어서 나그네는 여기를 배로 거슬러 올라가야 한다.

그 삼협의 하나인 구당협(瞿堂峽)에는 열 두 군데 여울물이 있어서 그 처절한 물소리가 간담을 서늘케 한다.

그리하여 이 길은 예로부터 험난하다고 일컬어져 왔다.

그러나 이 물보다 더 무서운 것은 사람들의 마음이어서 공연히 평지에 풍파를 일으켜 세상을 시끄럽게 만들고 있다는 것이 이 시의 내용이다.

포락지형 (炮烙之刑)

통채로구울 **포** · 지질 **락** · 의 **지** · 형벌 **형**

의미 기름을 칠한 구리기둥을 숯불 위에 놓고 죄인으로 하여금 건너가게 하여 미끄러져 떨어지면 숯불에 타 죽게 되는 형벌로, 잔인하고 가혹한 형벌의 대명사가 되어 있다.

출전 〈사기(史記)〉 은본기(殷本紀)

해설 은(殷)나라 주왕(紂王)은 유소씨(有蘇氏)의 나라를 정벌하여 얻은 달기(妲己)라는 요염한 여자에게 마음이 사로잡히게 되었다.

그러자 곧 그녀의 말은 그대로 주왕의 정령(政令)이 되었다. 그러니 정치는 달기의 마음을 사기 위한 도구가 되었고 그 결과 주왕은 달기와의 음락을 유지하기 위해 새로운 세법(稅法)을 계속 제정했다.

거교(鋸橋)의 창고는 징수한 미속으로 가득 차고 훌륭한 견마(犬馬), 진기한 보물류는 속속 궁중으로 모여들었다. 그렇지 않아도 광대한 사구(沙丘)의 이궁(離宮)은 더

ㅍ

욱 더 확대되고 수많은 조수(鳥獸)가 그 안에 놓아 길러졌다. 이런 상황 속에서 주지육림의 음락이 펼쳐진 것이다.

당연히 중세에 허덕이는 백성들로부터는 원성이 높았고, 그것을 배경으로 반기를 드는 제후도 생기게 되었다.

그러자 주왕은 형벌을 가중시켜 새로운 "포락지형(炮烙之刑)"을 제정했다.

이 궁 뜰에 구리기둥이 가로놓이고, 비방자들이 그 앞으로 끌려나와 기둥을 건너가라는 명령을 받았다.

그런데 이 기둥에는 기름이 칠해져 있어 미끄러워서 도저히 건너갈 수가 없었다.

기둥에서 미끄러지면 아래에 놓인 숯불로 떨어져 타죽었다.

주왕과 달기는 이 광경을 보고 박장대소를 하며 즐거워했다고 한다.

포류지질
(蒲柳之質)

갯버들 **포** · 버들 **류** · 의 **지** · 바탕 **질**

의미 갯버들과 같은 성질이란 뜻으로, 갯버들처럼 연약한 체질을 일컫는 말이다.

출전 〈세설신어(世說新語)〉 언어편(言語篇)

해설 〈蒲柳〉란 물가에 서 있는 버드나무란 뜻이다.

이 물가에 가냘프게 돋아난 잎이 떨어지는 떨기나무는, 소나무와 잣나무 등의, 보기에도 늠름한 상록(常綠)이 키 큰 나무와 비교하면, 다른 나무보다 일찍 잎이 떨어져버리는 갯버들과 같은 허약체질(虛弱體質) 혹은 나이보다 일찍 머리가 희는 약한 체질을 뜻하는 것으로, 〈蒲柳之質〉이라는 표현을 쓴 것은 동진(東晋)의 고열지(顧悅之)이다.

고열지는 간문제(簡文帝)와 같은 나이였음에도 불구하고, 먼저 머리가 하얗게 되었기 때문에, 간문제가,

ㅍ

"그대의 머리는 왜 나보다 먼저 희어졌는가?"
하고 묻자, 그는 대답했다.

"갯버들 성질의 사람은 가을을 앞두고 잎이 떨어지거니와, 소나무와 잣나무의 성질의 사람은 겨울의 서리를 맞아도 점점 잎이 무성 하는 것과 같습니다. 저는 어차피 몸이 약해서 폐하의 장건(壯健)하심에는 미치지 못 하겠나이다."

〈論語〉의 자한편(子罕篇)에도,

해가 추워져서야, 그런 뒤에 소나무와 잣나무가 비로소 시들음을 알겠다.

날씨가 추워진 뒤에야 비로소 소나무와 잣나무의 잎이 번성함을 알 수 있다는 것이다.

사람의 진가는 위급하고 어려운 처지를 당해야 비로소 알 수 있다는 뜻으로 한 구절을 맺었거니와, 청담(淸談)이 유행하던 때이므로 묘한 사람이라는 평판이 났을 것이다.

진서(晋書)의 고열지전(顧悅之傳)에 의하면, 그는 젊은 무렵부터 정의파(正義派)로, 권세에 아부하는 일 없이 곧은 말을 했다고 한다.

벼슬은 상서우승(尙書右丞)으로 끝났다. 체질은 비록 〈갯버들의 모습〉이었는지 모르지만, 그가 타고난 성질은

〈소나무와 잣나무의 성질〉이었음에 틀림이 없다.

그의 아들도 또한 그림 그리는 재주와 기행(奇行)으로써 〈개지(愷之)의 三絶〉이라고 일러지며, 그가 바로 후세에 문인화(文人畵)의 조상이 된 고개지(顧愷之)였다.

한단지몽
(邯鄲之夢)

조나라서울 **한** · 조나라서울 **단** · 의 **지** · 꿈 **몽**

의미 한단이란 지방에서 꾼 꿈이란 뜻으로, 인생과 영화의 덧없음을 비유하는 말이다.

출전 〈심기제(沈旣濟)〉의 침중기(枕中記)

해설 다음은 당(唐)나라 심기제의 소설 〈침중기〉의 줄거리이다.

당나라 현종(玄宗) 때의 일이다. 여옹(呂翁)이란 도사가 한단(邯鄲)이란 곳의 객사(客舍)에서 쉬고 있을 때 초라한 옷차림을 한 노생(盧生)이라는 젊은이가 다가와서 고생을 면치 못하는 자신의 처지에 대해 하소연을 늘어놓았다.

그러다가 노생은 졸음이 와 여옹으로부터 베개를 빌어서 잤는데, 그 베개는 도기(陶器)로 만든 것으로 양 끝에 구멍이 뚫려 있었다.

잠들고 있는 동안에 그 구멍이 점점 커졌으므로 노생이 들어가 보니 그곳에는 대궐 같은 집이 있었다.

그 집에서 노생은 청하 최씨의 딸과 결혼을 하고 진사 시험에 합격하여 관리가 되었으며, 계속 출세하여 마침내 경조윤(京兆尹)이 되고 또 오랑캐를 토벌하여 어사대부(御史大夫) 겸 이부시랑(吏部侍郞)이 되었다.

이렇듯 그의 지위가 인신(人臣)의 극을 누리고 있을 때 그가 변방의 장수들과 결탁하여 모반을 꾀하고 있다는 터무니없는 참소가 들어와 포박을 당하자 그는 장탄식을 하며 처자(妻子)에게 말했다.

"내 고향 산동(山東)의 집에는 약간의 전답이 있었다. 농사만 짓고 살았더라면 그것으로 추위와 굶주림은 면할 수 있었을 터인데 무엇 때문에 애써서 녹(祿)을 구했단 말인가? 그것 때문에 지금 이 꼴이 되어 버렸으니 그 옛날 누더기 옷을 입고 한단의 길을 걷던 일이 생각난다. 그때가 그리우나 이젠 어떻게 할 수도 없는 처지이니……"

노생은 칼을 들어 자결하려고 했으나 아내가 말리는 바람에 뜻을 이루지 못하고 기주(驥州)로 귀양을 가게 되었다.

수년 후 천자는 노생이 누명을 쓰고 있음을 알고 노생을 불러 중서령(中書令)에 임명했으며, 연국공(燕國公)에 봉하여 그 은총과 믿음이 대단하였다.

그의 다섯 아들은 모두 고관(高官)이 되고 천하의 이름 있는 집안과 결혼을 하여 십여 명의 손자를 두었으며, 만년에 그는 무척 행복한 생활을 영위하였다.

그러나 점차 건강이 쇠약해져 마침내 죽고 말았다.

이윽고 노생은 크게 하품을 하며 잠에서 깨어났다. 그 모든 것은 한낱 헛된 꿈이었다.

여옹은 그런 그에게 웃음을 보이며 말했다.

"인생이란 다 그런 거라네."

노생은 잠시 묵묵히 있다가 이어 여옹에게 감사하며 말했다.

"영욕(榮辱)도 빈부(貧富)도 죽음도 모두 경험했습니다. 이것은 선생께서 제 욕심을 막아주신 것이라 생각되는군요. 잘 알았습니다."

여옹에게 공손히 절을 하고 노생은 한단의 길을 걸어갔다.

한단지보(邯鄲之步)

조나라서울 **한** · 조나라서울 **단** · 의 **지** · 걸음 **보**

의미 조나라의 서울인 한단의 걸음걸이를 배운다는 뜻으로, 자기 본분을 잊고 공연히 남의 흉내를 내다 보면 두 가지 모두 제대로 할 수 없어 이것도 저것도 아닌 것이 되고 만다는 말이다.

출전 〈장자(莊子)〉 추수편(秋水篇)

해설 조의 도읍 한단의 사람은 걸음걸이가 경쾌하고 우아하다고 전해들은 연(燕)의 도읍 수릉(壽陵)의 어떤 소년이, 그 걸음걸이를 배우려고, 천리 길을 멀다 하지 않고 일부러 한단까지 갔다.

산을 넘고 강을 건너 한단에 도착한 소년은, 하루 종일 길모퉁이에 서서, 한단 사람들의 걷는 모습을 지켜보고, 무언가 그 특징을 잡아, 흉내를 내려고 노력했지만 좀처럼 잘 되지 않았다.

그래서, 소년은 생각했다. “이것은 지금까지의 나의 걸음걸이가 머리 속에 있기 때문이다. 이것을 없애지 않는

ㅎ

한, 새로운 걸음걸이는 배울 수 없다." 그래서 소년은 종래의 걸음 방법을 완전히 잊으려고 했다.

그 이후, 소년은 대단한 노력을 기울여서, 자기 본래의 걸음걸이를 버리고 새로운 걸음걸이를 습득하려고 밤낮없이 고심했다.

다리를 내미는 법, 손을 흔드는 법, 몸 매무시 등등. 그렇지만, 걸음걸이가 의연하게 되지 않았다.

그리하여, 소년은 한단 사람들의 걸음걸이를 배우기를 단념하고 고향으로 돌아오게 되었다.

그러나 그때, 그는 이전의 걸음걸이도 할 수가 없었기 때문에, 걱정하며 망설였다. 그는 기어서 돌아올 수밖에 없었다.

해로동혈 (偕老同穴)

함께 **해** · 늙을 **로** · 함께 **동** · 굴 **혈**

의미 살아서는 같이 늙고 죽어서는 한 무덤에 묻힌다는 뜻으로, 생사를 같이하는 부부의 사랑의 맹세를 가리키는 말이다.

출전 〈시경(詩經)〉

해설 이 말의 〈해로〉는 〈詩經〉의 패풍(邶風)의 〈북을 침(擊鼓)〉과 용풍(鄘風)의 〈君子偕老〉와 위풍(衛風)의 〈백성(氓)〉에서 나온 것이며, 〈同穴〉은 왕풍(王風)의 〈大車〉라는 시에서 나온 것이다.

〈북을 침(擊鼓)〉이란, 출정한 병사가 고향으로 돌아올 희망도 없이, 고향의 아내를 생각하고 한탄하는 형식의 5절로 이루어진 일종의 싸움을 싫어하는 시이거니와, 그 제 1절에서 이렇게 말하고 있다.

죽음과 삶과 만남과 헤어짐을, 그대와 함께 언약하였도

ㅎ

다 (死生契闊 與子成說)

그대의 손을 잡고서, 그대와 함께 늙으리로다

(執子之手 與子偕老)

〈계활(契闊)〉이란 말은 만남과 헤어진다는 뜻으로, 〈사생계활(死生契闊)〉이란 말은 죽거나 살거나 만나고 헤어진다는 뜻이다. 죽거나 살거나 함께 있자고 서로 맹세하는 말이다. 그대의 손을 잡고 죽을 때까지 함께 생활하겠다고 서로 맹세하는 것이다.

용풍(鄘風)의 〈군자해로(君子偕老)〉는 3절로 이루어진 시로, 그 제 1절에서 이렇게 말하고 있다.

군자와 늙도록 함께 하니, 쪽찌고 여섯 구슬 박은 비녀 꽂았으며,
얌전히 걸음 걷고, 산과 같고 강과 같아서,
부인의 예복이 이에 어울리거늘,
그대의 정숙하지 못함은, 이에 어떻게 된 일이오?

위풍(衛豊)의 〈백성(氓)〉은 행상으로 온 여자가 경박한 사나이를 따라가 그의 아내가 되거니와, 고생을 한 끝에 버림을 받은 여인의 탄식을 노래한, 6절로 이루어진 시로, 교훈으로서 불러지는 노동가이다. 그 마지막 절에서 이렇게 말하고 있다.

그대와 더불어 늙고자 하였더니, 늙어서 나로 하여금 원망케 하도다
기수에도 언덕이 있고, 진펄에도 반수(泮水)가 있도다
총각으로 즐길 때엔 말하고 웃는 것이 부끄럽더니
믿음으로 맹세할 때에야, 그 반대로 바뀔 줄은 생각 못했도다
다시 반대로 생각지 않는다면, 또한 이미 끝장이로다

왕풍(王風)의 〈큰 수레(大車)〉에는 여러 가지 해석이 있지만, 이것은 대부(大夫)가 수레를 타고 가는 것을 옛 애인이 보고 부른 노래이다.

살아서 곧 집이 다르나, 죽어서는 곧 한 구덩이를 같이 하리라 (穀則異室 死則同穴)
나를 미덥지 않다고 말한다면, 밝은 해를 두고 맹세하리라 (謂予不信 有如皦日)

〈詩經〉의 이 네 시의 처음 셋에서 〈해로〉를 따고, 뒤의 하나에서 〈동혈〉을 따서 숙어로 만든 것이 〈偕老同穴〉이다. 네 시가 어느 것이나 〈偕老同穴〉의 즐거움을 노래한 것이 아니라, 그 이룰 수 없는 한탄을 노래한 것이라고 생각하면, 〈偕老同穴〉이란 말을, 단지 사이가 좋은 부부로만 해석하는 것은 옳지 않을지도 모른다.

ㅎ

형설지공 (螢雪之功)

반딧불 **형** · 눈 **설** · 의 **지** · 공 **공**

의미 눈빛과 반딧불의 힘을 빌어 공부하여서 얻은 공이란 뜻으로, 가난과 어려운 역경을 딛고 일어서서 고학(孤學)한 성과를 말한다.

출전 〈이한(李瀚)〉의 몽구(蒙求)

해설 손강(孫康)은 집이 가난해서 기름 살 돈이 없었다. 그래서 그는 항상 눈빛(雪光)으로 글을 읽었다.

그는 젊었을 때부터 청렴결백하여 친구를 사귀어도 무턱대고 사귀는 일이 없었으므로 훗날에는 어사대부(御史大夫)라는 벼슬에까지 올랐다.

진(晋)나라의 차윤(車胤) 또한 집이 가난해서 기름을 구할 수가 없었다.

여름이면 비단 주머니에 수십 마리의 반디를 잡아서 그 빛으로 밤을 새우며 글을 읽었다.

그래서 마침내 이부상서(吏部尚書)에 까지 올랐다.

이런 이야기로 인해 고학하는 것을 "형설"이니 "형설지공"이니 말하고, 공부하는 서재를 반딧불 창에 눈으로 된 책상이란 뜻의 "형창설안(螢窓雪案)"이라고 한다.

ㅎ

호가호위(狐假虎威)

여우 **호** · 빌릴 **가** · 호랑이 **호** · 위엄 **위**

의미 여우가 호랑이의 위엄을 빌어 제 위엄으로 삼는다는 말로, 실력이나 능력이 없는 사람이 남의 권세를 빌어 위세를 부리는 것을 비유한 말이다.

출전 〈전국책(戰國策)〉 초책(楚策)

해설 위(魏)나라 출신인 강을(江乙)이란 변사가 초선왕(楚宣王)밑에서 벼슬을 하게 되었다.

그런데 초나라에는 삼려(三閭)라고 불리는 세 세도가가 모든 실권을 쥐고 있었다.

이 시기는 그 중 하나인 소해휼(昭奚恤)이란 사람이 정권(正權)과 군권(君權)을 모두 쥐고 있었는데 강을은 소해휼을 넘어뜨리기 위해 기회만 있으면 그를 모함했다.

하루는 초선왕이 여러 신하들이 있는 자리에서 이렇게 물었다.

"초나라 북쪽에 있는 모든 나라들이 소해휼을 퍽 두려

워하고 있다는데 그 말이 사실인가?"

그러자 강을이 일어나서 대답했다.

"호랑이는 모든 짐승을 찾아서 잡아먹습니다. 한번은 여우를 붙잡았는데 여우가 호랑이를 보고 이렇게 말했습니다. '그대는 감히 나를 잡아먹지 못하리라. 옥황상제께서 나를 백수(百獸)의 왕으로 만들었다. 만일 그대가 나를 잡아먹으면 이것은 하늘의 뜻을 거역하는 것이 된다. 만일 내 말이 믿어지지 않거든 내가 그대를 위해 앞장서서 갈 터이니 그대는 내 뒤를 따라오며 보라. 나를 보고 감히 달아나지 않는 짐승은 한 마리도 없을 것이다.' 그리자 호랑이는 과연 그렇겠다 싶어 여우를 앞세우고 같이 가게 되었습니다. 그런데 정말 모든 짐승들은 그들을 보기가 무섭게 달아났습니다. 호랑이는 여우가 무서워서 달아나는 줄로만 알았습니다. 하나 사실은 여우 뒤에 있는 호랑이가 무서워 도망쳤던 것입니다. 만사는 다 비슷합니다. 북쪽 나라들이 어찌 소해휼 따위를 두려워하겠습니까? 지금 대왕께서는 천리나 되는 땅과 완전무장을 한 백만 명의 군대를 소해휼 한 사람에게만 완전히 맡겨두고 계십니다. 그러므로 사실은 대왕의 무장한 군대를 무서워하고 있는 것입니다. 마치 모든 짐승들이 여우 뒤에 있는 호랑이를 무서워하듯 말입니다."

재미있고도 묘한 비유였다.

ㅎ

소해휼은 왕을 등에 업고 왕 이상의 위세를 부리는 여우 같은 약은 놈이 되고, 선왕은 자기가 어떤 위치에 있는가를 자각하지 못한 채 소해휼이 훌륭해서 모든 제후들이 초나라를 두려워하는 줄로 알고 있는 어리석은 호랑이가 되고 만 셈이었다.

호연지기(浩然之氣)

넓을 **호** · 그럴 **연** · 의 **지** · 기운 **기**

의미 호연(浩然)은 넓고 큰 모양을 일컫는 말로, 호연지기란 천지간에 가득 찬 크고 넓은 정기(正氣), 곧 무엇에도 구애를 받지 않는 떳떳하고도 유연한 기운이라고 할 수 있다.

출전 〈맹자(孟子)〉 공손추장귀상(公孫丑章句上)

해설 이 말은 맹자와 그의 제자 공손추(公孫丑)와의 문답 가운데 나오는 것이다.

〈호연〉이란 넓고 풍부한 것을 형용한 말로, 따라서 〈浩然之氣〉란 아무런 사물에도 구애됨이 없이 넓고 풍부한 마음, 좀 더 어렵게 표현하면 꺾이지 않고 흔들림이 없는 도덕적인 용기를 가리키는 말이다.

〈孟子〉 공손추편(公孫丑篇)에 실려 있는 맹자와 공손추의 문답은 몹시 길며, 더구나 맹자는 이 글 가운데서 〈浩然之氣〉에 대한 것 뿐만 아니라, 이와 관련된 〈마음이 동요되지 않음(不動心)〉과 〈말을 알아들음(知言)—사람의 말의 옳고 간사함과 선악을 꿰뚫어 보는 총명함〉 등의 문제에 대하여도 말하고 있다.

우선 〈마음이 동요되지 않음(不動心)〉에 대하여, 맹자께서는 "나는 40세가 되면서부터 마음이 동요되지 않았다."고 말씀하고 계시며, 공손추가 "만일 그러시다면 선생님은 옛날 위(衛)나라의 맹분(孟賁)보다 훨씬 용감하십니다."라고 말하자, "그것은 어려운 일이 아니다. 고자(告子-孟子와 같은 시대사람)도 나보다 먼저 마음이 동요되지 않았다."고 대답하셨다.

이어서 공손추가 "마음이 동요되지 않게 하는데 방법이 있나이까?"하고 여쭈어 보자, 맹자께서는 "있다."고 대답하시고, 예로써 용기가 있는 사람으로 평판이 높은 북궁유(北宮黝)와 맹시사(孟施舍) 등이 마음이 동요되지 않음을 수양한 방법에 대하여 말씀하시고, 당시 공자가 제자 증자(曾子)에게 한 말을 인용하여 진정한 용기를 설명하셨다.

"스스로 반성해서 옳지 못하면, 비록 낡은 옷을 걸친 천인(賤人)에게도 두려워하지 않을 수 없거니와, 스스로 반성하여 내가 옳다면, 나는 가서 그들과 대적하겠다."

그리고는 덧붙여 설명하셨다.

"그러므로 맹시사가 용기를 지킨 것은, 증자가 용기를 지킨 것만 못하다."

이어서 공손추가, "선생님께서는 특히 어느 것에 뛰어나십니까?"하고 묻자, 맹자께서는 "나는 남의 말을 잘 알며, 나는 내 호연지기를 잘 기르고 있다."고 말씀하셨다.

공손추가 "무엇을 호연지기라 하나이까?"하고 묻자, 맹자께서 다음과 같이 대답하셨다.

"말로 설명하기는 어렵다. 그 기운은 몹시 크고 몹시 굳센 것으로, 그것을 곧게 길러서 해되게 하지 않는다면, 하늘과 땅 사이에 가득 차게 된다. 그 기운이 됨은 정의와 도에 맞는 것으로 이 기운이 없으면 굶주리게 된다. 이 기운은 안에 있는 옳음이 모여서 생겨나는 것으로, 밖에서 옳음이 들어와 취해지는 것이 아니다. 행동하여 마음에 만족스럽지 못한 것이 있으면, 곧 굶주리게 되는 것이다."

ㅎ

호접지몽 (胡蝶之夢)

늙은이 **호** · 나비 **접** · 의 **지** · 꿈 **몽**

의미 나비가 되어서 훨훨 날아다니는 꿈속에서 장주(莊周)가 나비인지 나비가 장주인지 구별을 못 하였다는 뜻으로, 피아(彼我)의 구별을 잊는 것이나 물아일체(物我一體)의 경지를 비유하는 데 쓰이며 때때로 인생의 무상함을 비유하여 말하기도 한다.

출전 〈장자(莊子)〉 제물편(齊物篇)

해설 "언제였는지 장주(莊周)는 꿈 속에서 나비가 되었다. 훨훨나는 것이 분명히 나비였다. 즐겁고 스스로의 뜻대로라 장주인 줄을 알지 못했다. 그러다가 조금 뒤에 문득 깨어보니 분명히 장주였다. 장주가 꿈에 나비가 된 것인지 나비가 꿈에 장주가 된 것인지를 알지 못하겠다. 장주와 나비는 반드시 구분이 있을 것이니 이를 사물의 변화라고 한다."

이것은 유명한 장주의 호접몽(胡蝶夢)이다. 속인(俗人)은 꿈과 현실과 나와 나비를 구분하지만, 참된 도를 터득하면 피차의 구별이 없고 모든 것이 하나로 통한다.

따라서 시(是)와 비(非), 가(可)와 불가(不可), 아름다움과 추함, 크고 작음, 길고 짧음 등의 모든 가치의 대립이 하나로 보이게 되면 꿈도 현실이요 인간도 나비로 물화(物化)되는 것이다.

이런 경지에서라야만 참다운 우주의 신비, 실존의 진리, 참된 도를 터득할 수 있다는 뜻이다.

호호선생 (好好先生)

좋을 **호** · 좋을 **호** · 먼저 **선** · 날 **생**

의미 어떤 일에 대해서나 "좋다. 좋다. 괜찮다. 괜찮다."라고 말하는 사람. 시비(是非)를 분명히 하지 않고, 누구에게도 냉담하지 않은 사람을 일컫는 말로, "예스 맨"적인 사람을 뜻한다.

출전 〈명(明)〉, 〈풍몽룡(馮夢龍)〉 고금담개(古今談槪)

해설 후한 말기. 영천에 사마휘(司馬徽)라는 사람이 있었다. 사람의 재능을 알아보는 능력이 뛰어나서, 형주에 살고 있을 때 촉(蜀)의 유비에게 제갈공명과 방통을 추천했다.

모두 당대 일류의 인물이었다.

다만, 그 당시는 어두운 세상으로 정치투쟁도 복잡했기 때문에, 그는 겉으로는 바보로 가장하여, 누가 무엇을 말해도 항상 "좋다."고 대답했다.

어느 날, 그는 길에서 잘 아는 사람과 만났다.

그 사람이 그에게 "건강하십니까?"하고 묻자, "좋다."

고 했다.

또 옛 친구가 아들의 죽음을 알렸을 때도 역시 "좋다." 고 했다.

그의 아내는 너무 심하다고 그를 책망했다.

"사람들은 당신이 덕이 있는 사람이라고 생각하고 믿기 때문에 무슨 말이라도 다 합니다. 자식을 잃어서 애절한 사람에게 '좋다' 는 무슨 말입니까?"

사마휘는 조금도 흥분하지 않고 천천히 아내에게 대답했다.

"좋다. 당신의 지금의 말도 대단히 좋다."

이 말을 들은 아내는 대단히 화가 났지만, 웃을 수 밖에 없었다.

ㅎ

홍일점 (紅一點)

붉을 **홍** · 한 **일** · 점 **점**

의미 푸른 잎 가운데 한 송이의 붉은 꽃이라는 뜻으로 여럿 속에서 오직 하나 이채를 띠는 것으로, 주로 남자들 사이에 끼어 있는 단 한 사람의 여성을 가리킨다.

출전 〈왕안석(王安石)〉의 석류시(石榴詩)

해설 송대(宋代)의 유명한 정치가이자 문학가였던 왕안석의 석류시(石榴詩)에 다음과 같은 구절이 있다.

모두가 푸른 빛 일색인 가운데 단 하나의 붉은 빛(萬綠叢中紅一點)
사람들의 마음에 봄의 정취를 일으키는 데는 꼭 그것이 많을 필요는 없으리(動人春色不須多)

가득한 녹색 속에 홀로 붉게 핀 한 송이 석류꽃의 아름다움이 춘색(春色) 제일이라고 칭찬하고 있다.

또 임재시화(壬齋詩話)에는 다음과 같은 말이 있다.

청주의 추관(推官)인 유부(劉浮)가 일찍이 말하길 "시를 생각하는 데 있어서 그 자리 위에 만일 일점홍(一點紅)이 있으면 한 말 정도의 작은 그릇이라도 천의 종(鍾)과 같이 뚜렷하게 두드러질 것이다."

ㅎ

화광동진 (和光同塵)

화할 **화** · 빛 **광** · 한가지 **동** · 티끌 **진**

의미 빛을 부드럽게 하여 더러움과 함께한다는 뜻, 즉 자신이 가지고 있는 지혜와 덕을 감추어 밖으로 드러내지 않으며 여러 사람들과 어울려 참된 자신을 보여준다는 말이다.

출전 〈노자(老子)〉 제4장(第4章), 제56장(第56章)

해설 화광(和光)이란 빛을 늦추는 일이고, 동진(同塵)이란 속세의 티끌에 같이 한다는 뜻으로, 〈和光同塵〉이란 자기의 지혜를 자랑하는 일 없이, 오히려 그 지혜를 부드럽게 하여 속세의 티끌에 동화함을 말하고 있다.

〈老子〉의 제4장에서 이렇게 말하고 있다.

도(道)는 텅 비었으되 아무리 써도 늘 다함이 없으며, 깊어서 만물의 근본과 같다.

그 날카로움을 꺾고, 그 어지러움을 풀고, 그 지혜의 빛을 늦추고, 속세의 티끌과 함께하는 것이거니와, 물이 깊게 가득 차 있는 것과 같다.

나는 그것이 누구의 자식인지 알 수 없어도, 천체보다도 더 먼저 존재하는 것 같다.

도는 얼핏 보기에는 공허하지만, 그 작용은 무한하다. 연못과 같이 깊어서 만물의 근원과 같다.

모든 날카로운 기운을 약하게 하고, 모든 어지러움을 풀고, 지혜의 빛을 늦추고, 세상의 티끌과 하나가 되어야 한다.

도는 가득찬 물과 같이 존재하는 것 같다. 나는 그것이 어디에서 생겨난 것인지 알 수 없지만, 조물주인 천제(天帝) 이전부터 존재하는 것 같다.

이 장(章)은 노자(老子)의 소위 도를 설명한 것이거니와, 〈그 날카로운 기운을 꺾고〉이하의 12자는, 제56장의 네 구절이 뒤섞인 것이라는 설도 있다.

확실히 이 제4장에서는 네 구절이 뒤섞인 것이라는 설도 있다. 확실히 이 제4장에서는 네 구절을 빼는 것이 뜻도 잘 통한다.

제56장에서의 네 구절의 뜻은 제4장에서 읽는 것보다 분명해진다.

아는 사람은 말하지 않고, 말하는 사람은 알지 못한다.

그 이목구비를 막고 그 문을 닫아서, 그 날카로운 기운을 꺾고, 그 혼란함을 풀고, 그 지혜의 빛을 늦추고, 그 속세의 티끌과 함께 하니, 이것을 현동(玄同)이라고 말한다.

그러므로 가히 얻어서 친하지도 못하고, 가히 얻어서 성기어지지도 않는다.

가히 얻어서 이롭게 할 수도 없으며, 해하지도 못한다. 가히 얻어서 귀하게 할 수도 없으며, 천하게 할 수도 없다. 그러므로 천하에 귀한 것이 된다.

참으로 아는 사람은 그 앎을 말하지 않으니, 앎을 말하는 사람은 아는 사람이 아니다.

진정한 앎이 있는 사람은 그 이목구비를 틀어막고, 지혜의 문을 닫으며, 지혜의 날카로움을 꺾고, 지혜 때문에 일어나는 혼란을 풀고, 지혜의 빛을 늦추고, 그리고 속세의 티끌과 하나가 된다.

이것을 현동(玄同)이라고 한다.

그러므로 이와 같은 현동(玄同)의 사람에 대하여는, 친해질 수도 없고 성기어질 수도 없으며, 이득을 줄 수도, 해를 줄 수도, 귀하게 할 수도, 천하게 할 수도 없다.

그러므로 천하에서 가장 귀한 것이 되는 것이다.

고사성어 · 숙어
(故事成語 · 熟語)

ㄱ

가고가하(可高可下) : 어질고 현명한 자는 지위의 높고 낮음을 가리지 않는다. ◈〈國語〉

가급인족(家給人足) : 집집마다 살림이 넉넉하고, 사람마다 의식에 부족함이 없다. ◈〈漢書貢禹傳〉

가담항어(街談巷語) : 늘 세상에 떠도는 뜬소문. ◈〈漢書藝文志〉

가동가서(可東可西) : 동쪽이라도 좋고 서쪽이라도 좋다. 이러나 저러나 상관없다.

가렴주구(苛斂誅求) : 세금을 가혹하게 징수하다.

가무담석(家無儋石) : 석(石)은 한 항아리, 담(儋)은 두 항아리. 집에 저축이 조금도 없다. ◈〈史記〉

가빈사양처(家貧思良妻): 집이 가난하면 어진 아내를 생각한다.

가빈친로(家貧親老) : 살림이 궁색하고 어머니가 늙었을 때에는, 그 봉양을 위해서, 마땅치 않은 벼슬자리라도 한다는 말.

가여낙성(可與樂成) : 일의 성공을 같이 즐긴다. ◈〈史記〉

가유명사 삼십년부지(家有名士 三十年不知) : 가까운데 있는 사람은 모르고 지내기 쉽다.

가호위호(假虎威狐) : 신하가 군주의 권위에 힘입어 다른 신하를 을러서 무섭게 함. ◈〈戰國楚策〉

가화만사성(家和萬事成) : 가정이 화목하면 모든 일이 잘 이루어진다.

각곡유목(刻鵠類鶩) : 고니를 그리려다 따오기와 비슷하게 된다. ◈〈後漢書馬授傳〉

각골난망(刻骨難忘) : 남에게 입은 은혜를 뼈에 새겨 잊혀지지 않도록 함.

각골명심(刻骨銘心) : 고마움이나 원한을 마음 깊이 새겨 둠. ◈〈後漢書〉

각로청수(刻露淸秀) : 가을의 이슬처럼 맑고 빼어난 경치를 말함.

각인자소문전설(各人自掃門前雪) : 자기 할 일은 자기가 할 것이요, 남의 일에 관여하지 말라.

각자도생(各自圖生) : 각기 자기 생활을 도모함.

각자이위대장(各者以爲大將) : 저마다 잘난 척하고 나서다.

각질천리(覺跌千里) : 큰일을 그르치는 사람에게 깨닫게 하는 말. ◈〈荀子〉

각촉위시(刻燭爲詩) : 촛불이 타는 동안에 시를 짓는다. ◈〈南史王僧孺傳〉

간뇌도지(肝腦塗地): 간과 뇌가 땅 위에 흐트러지도록 참혹한 죽음을 당하다. 목숨을 돌보지 않고 힘을 다하다. ◈〈史記〉

간담초월(肝膽楚越) : 눈여겨 봄에 따라 간과 쓸개처럼 가까운 사이임에도 서로 관계가 없는 사이가 되는 것을 말한다. ◈〈莊子의 德充符篇〉

간두지세(竿頭之勢) : 어려움이 극도에 달하여 아주 위태로운 형세. 댓개비를 세우고, 그 꼭대기에 서게 된 형상.

간불용발(間不容髮) : 털 하나가 들어갈 틈이 없을 만큼 형편이 매우 급하다.

간성난색(姦聲亂色) : 간사한 소리와 옳지 못한 빛깔. 간사한 소리는 귀를 어지럽히고 좋지 못한 빛깔은 눈을 어지럽힌다. ◈〈禮記의 樂記篇〉

간성지재(干城之材) : 무사(武事)에 뛰어난 재질을 가진 사람.

간어제초(間於齊楚) : 약자가 강자 틈에 끼어 괴로움을 받다.

간운보월(看雲步月) : 객지에서 집 생각을 하며 달밤에 멀리 구름을 바라보며 거닌다.

갈력진충(竭力盡忠) : 힘과 능력을 다하다.

갈불음 도천수(渴不飮 盜泉水) : 목이 말라도 도천의 물은

부록

마시지 않는다. '도천(盜泉)' 은 샘의 이름.

갈심생진(渴心生塵) : 사람을 방문하여 만나지 못하다.

갈이천정(渴而穿井) : 목이 말라야 비로소 샘을 판다. 준비를 하지 않고 있다가 일이 생긴 뒤에 서둘러도 소용이 없다는 뜻.

갈자이음(渴者易飮) : 목이 마른자는 물이라도 만족 한다는 말. ◈〈孟子〉

감개무량(感慨無量) : 사물에 대한 마음속에 품은 생각이 사무쳐서 한이 없음.

감당지애(甘棠之愛) : 벼슬에 있는 사람을 사모하는 것이 애절함을 이름. ◈〈詩經〉

감명자진구불능매(鑑明者塵垢弗能埋) : 맑은 거울이 모든 것을 밝게 비추는 것처럼 사람의 마음도 밝으면 마땅히 해야 할 바른 길을 얻는다.

감무견자지고(監務見疵之辜) : 거울은 사람의 얼굴을 비추어 험을 나타내도 사람은 이것을 벌하지 않는다.

감심(甘心) : 자기 뜻대로 일을 함. 고통이나 책망을 달게 여긴다.

감이조부(感二鳥賦) : 당나라 사람 한유(韓愈)가 출세의 길을 찾지 못해 서울을 떠나는 길에, 새 두 마리를 철장에 넣어 천자(天子)에게 바치려는 사람을 만나 크게 깨닫고 감동하여 지었다는 부(賦).

감정선갈(甘井先竭) : 물맛이 좋은 우물은 길어가는 이가 많으므로 빨리 마른다. 재능 있는 사람은 일찍 쇠폐(衰廢)한다는 뜻.

감정지와(埳井之蛙) : 우물 안의 개구리. 견문이 매우 좁은 사람을 비유한 말. ◈〈荀子〉

감지수(鑑止水) : 고여 있는 물에 얼굴을 비추면 그 모습이 보임. ◈〈莊子의 德充符篇〉

감진어사(監賑御史) : 흉년에 시달리는 백성을 구원하여 도와주는 일을 감독하는 어사.

감탄고토(甘呑苦吐) : 달면 삼키고 쓰면 뱉는다. 사물의 옳고 그름보다는 자기의 비위에 맞춰 행동하는 것을 비유한 말.

갑남을녀(甲男乙女) : 이름도 알려지지 않은 평범한 사람들.

갑자우(甲子雨) : 갑자 일에 내리는 비로 사시(四時)각각 그 결과가 다르다고 함.

강간약지(强幹弱枝) : 뿌리와 줄기를 강하게 하고 가지와 잎을 약하게 함. ◈〈班固의 西都賦〉

강거망소(綱擧網疏) : 자질구레한 조목보다 대법(大法)에 치중함.

강구연월(康衢煙月) : 큰 거리의 태평스러운 풍경.

강근지친(强近之親) : 아주 가까운 친척.

강남일지춘(江南一枝春) : 강남(중국 양자강 이남의 땅)으

부록

로부터 매화가지 하나를 친구에게 보냈다는 고사. ◈〈荊州記〉

강려자용(剛戾自用) : 성미가 깔깔하여 스스로의 재능과 지혜만 믿고 남의 말은 듣지 아니함.

◈〈韓非子의 十過篇〉

강산지조(江山之助) : 산수(山水)의 풍경이 사람의 시정(詩情)을 도와 좋은 작품을 만들게 하다.

강산풍월주인(江山風月主人) : 강산과 풍월을 차지한 주인. 경치 좋은 산수간에서 즐겁게 살다.

◈〈東坡志林〉

강호연파(江湖煙波) : 강이나 호수 위에 안개처럼 일렁이는 잔 물결.

개과불린(改過不吝) : 허물을 고치는 일에는 조금도 주저하지 말라는 뜻. ◈〈書經〉

개권유득(開卷有得) : 책을 펴고 글을 읽어 새로운 지식을 얻다.

개두환면(改頭換面) : 속마음은 그냥 두고 겉만 고치는 것을 일컬음. ◈〈寒山의 詩中에서〉

개문납적(開門納賊) : 문을 열고 도적을 맞아들이다.

개문읍도(開門揖盜) : 문을 열어놓고 도둑을 맞아들임. 스스로 재난을 불러들이는 것을 의미한다.

개물성무(開物成務) : 만물의 뜻을 개통하여 천하의 사무

를 성취함. ◈〈易經〉

개선광정(改善匡正) : 좋도록 고치고 바로잡다.

개심현성(開心見誠) : 모든 정성을 다함. 개심(開心)은 지혜를 널리 열어준다는 뜻. ◈〈後漢書의 馬援傳〉

객반위주(客反爲主) : 손님이 오히려 주인이 되다. 주객전도(主客顚倒).

객창한등(客窓寒燈) : 외로운 나그네의 숙소의 창에 비치는 차고 쓸쓸한 등불.

거두절미(去頭截尾) : 머리와 꼬리를 잘라 없애다. 일의 요점만 말하다.

거불주오(居不主奧) : 오(奧 : 지명), 어른이 앉는 자리. 사람의 아들은 이곳에 앉지 못한다고 한다. ◈〈禮記〉

거수고액(擧手叩額) : 손을 위로 들어 올리고 이마를 땅에 대고 사례함. ◈〈慈恩傳〉

거안고반(據鞍顧眄) : 말을 타고 뒤를 돌아보며 맹렬한 기세를 보임. ◈〈後漢書의 馬援傳〉

거안사위(居安思危) : 편안하게 살면서, 위험한 때를 항시 경계하여 생각하다.

거이이사명(居易以俟命) : 군자는 현재의 지위에 평안히 있고 더 요행을 바라지 않는다. ◈〈中庸〉

거일반삼(擧一反三) : 이미 된 일을 미루어 다른 모든 일을 헤아림. ◈〈論語의 述而篇〉

거자일소(去者日疏) : 친밀한 사이라도 죽어서 이 세상을 떠나면 정이 멀어짐.

거재두량(車載斗量) : 수레에 싣고 말로 되다. 매우 많다.

거허박영(據虛搏影) : 어떻게 할 수 없는 것.

건곤청기(乾坤淸氣) : 천지에 가득 찬 맑은 기운.

건단곤예(乾端坤倪) : 하늘과 땅의 끝을 이름.

건도성남(乾道成男) : 건(乾)은 양(陽)을 뜻하는 것이니, 남자를 이룬다는 뜻. ◈〈易經〉

건부승장부(健婦勝丈夫) : 정신과 육체의 힘이 강한 여자는 남자보다 낫다.

건성조습토(乾星照濕土) : 빛나는 별이 젖은 땅을 비춘다. 어떤 물건이든 서로 양면성을 가지고 사용된다는 뜻.

걸견폐요(桀犬吠堯) : 중국 하(夏)나라에서 있었던 고사. 걸주라는 성질이 포악한 사람이 개를 길렀는데 이 개는 주인의 명에 따라 성군인 요임금을 보고도 짖었다고 한다. 사람은 자기가 섬기는 주인에 대해서는 선악을 구분하지 않고 충성을 한다는 의미이다.

걸인련천(乞人憐天) : 거지가 하늘을 불쌍히 여기다.

걸해골(乞骸骨) : 늙은 신하가 사직을 임금에게 청원하다.

게부입연(揭斧入淵) : 도끼를 들고 물에 들어가다. 쓸데없는 짓을 하는 것을 일컬음.

격고기당(擊鼓其鏜) : 싸움을 시작할 때 치는 북. ◈〈詩經〉

격고명금(擊鼓鳴金) : 북을 치고 징을 울린다. 옛날 전쟁터에서는 북을 치며 나가 싸우고 징을 치면 후퇴하였다.

격기비심(格其非心) : 순수하지 못한 마음을 올바르게 고침. ◈〈孟子〉

격단무휘(擊斷無諱) : 거리낌 없이 함부로 형벌을 주는 일을 자행함. ◈〈史記〉

격탁양청(激濁揚淸) : 탁류를 몰아내고 맑은 물을 끌어들이다.

격화소양(隔靴搔癢) : 신을 신은 채 가려운 데를 긁다. 애써 하려 하지만 효과를 얻지 못함을 뜻함.

견갑이병(堅甲利兵) : 견고한 갑옷과 날카로운 병기. 우수하고 강한 군사를 말한다. ◈〈孟子〉

견강부회(牽强附會) : 이치에 맞지 않는 것을 억지로 맞추다.

견란이구시야(見卵而求時夜) : 계란을 보고 밤의 시간을 구한다. 성급한 사람을 말한다.

견련지친(牽連之親) : 서로 연관되는 먼 친척일가.

견리사의(見利思義) : 이익 되는 것을 보면 먼저 의리에 합당한가를 생각함.

견마난귀매이(犬馬難鬼魅易) : 사람이 항상 보는 것은 그림을 그리기가 쉽지 않고 귀신처럼 사람이 본 일이 없는 것은 그리기가 쉽다.

견마지년(犬馬之年) : 자기 나이를 낮추어서 하는 말.

견마지로(犬馬之勞) : 자기의 노력을 낮추어서 일컷는 말.

견마지류(犬馬之類) : 개나 말처럼 낮고 천한 사람을 일컫는 말.

견마지성(犬馬之誠) : 군주(君主)나 나라에 바치는 충성. 자신의 정성을 겸손하게 나타낼 때 사용하는 말.

견마지심(犬馬之心) : 임금이나 나라에 충성을 다하는 마음을 일컫는 말.

견마지양(犬馬之養) : 부모를 모시기는 하지만 마음에서 우러나는 공경심이 없음을 일컬음. ◈〈論語〉

견마지충(犬馬之忠) : 개나 말처럼 몸을 돌보지 않고 바치는 충성.

견마지치(犬馬之齒) : 보람 없이 헛되게 먹은 나이. 자신의 나이를 낮추어 일컬을 때 사용하는 말.

견문발검(見蚊拔劍) : 모기 보고 칼을 빼다. 하찮은 일에 화를 내는 것을 일컬음.

견문일치(見聞一致) : 보고 들은 것이 같다.

견사생풍(見事生風) : 일을 당하면 빨리 처리하는 손바람이 난다. 일을 빨리 처리함을 비유할 때 쓰는 말.

견선여불급(見善如不及) : 힘써 착한 일을 해야 한다.

◈〈論語〉

견설고골(犬齧枯骨) : 개가 메마른 뼈를 핥는다. 아무 맛이 없음을 비유하는 말.

견아설(見我舌) : 혀는 생각을 말로 나타내는데 필요한 일종의 무기라는 뜻.

견우혜전(牽牛蹊田) : 소를 끌고 남의 밭 지름길로 감.

견위수명(見危授命) : 나라의 위태로움을 보고, 목숨을 아끼지 않고 싸우다.

견인불발(堅忍不拔) : 굳게 참고 버티어 마음을 빼앗기지 아니하다.

견토지쟁(犬兎之爭) : 개와 토끼가 쫓고 쫓기다가 둘이 다 지쳐 죽어 농군이 주워 갔다는 고사. 양자 싸움에 제삼자가 이익을 보는 것을 의미.

결교지인(結交之人) : 서로 친분을 맺어 교제하는 사람.

결자해지(結者解之) : 묶은 사람이 그것을 푼다. 곧, 처음 시작하는 사람이 그 일을 끝맺는다.

경효미수(缺效未遂) : 실행은 되었으나 결과가 없는 것.

겸구고장(箝口枯腸) : 궁지에 몰리어 말을 못함.

겸구물설(箝口勿說) : 입을 다물고 말하지 않음.

겸노상전(兼奴上典) : 하인이 해야 할 일까지 직접 하는 가난한 양반.

겸인지용(兼人之勇) : 능히 몇 사람을 당해 낼만한 용기.

경개여구(傾蓋如舊) : 잠깐 만나도 오래된 사람처럼 친한 것.

경거숙로(輕車熟路) : 가벼운 수레를 타고 익숙한 길을 달린다. 사물에 대한 숙련을 비유하는 말.

경구완대(輕裘緩帶) : 가벼운 옷과 느슨한 띠. 경쾌한 몸차림을 말한다.

경국대업(經國大業) : 나라를 경륜하는 큰 사업. 문장(文章)을 일컫는 말.

경국제세(經國濟世) : 국사를 경영하고 세상을 구함.

경낙과신(輕諾寡信) : 승낙을 가볍게 하고 실행은 믿음이 적다.

경송창어세한(勁松彰於歲寒) : 매서운 바람이 불고 흰 눈이 날리는 겨울이 되어야 소나무의 절개를 알 수 있다.

경승태즉길(敬勝怠則吉) : 공경하는 마음이 게으른 마음을 이길 때는 길하다. ◈〈荀子〉

경시호탈(經施好奪) : 자기의 것을 남에게 잘 주는 사람은 남의 것을 무턱대고 탐낸다.

경신읍귀(驚神泣鬼) : 매우 슬프고 장한 문장은 귀신을 감동시킨다.

경위지사(傾危之士) : 궤변을 농하여 국가를 위태로운 지경에 몰아넣는 인물.

경이원지(敬而遠之) : 겉으로는 존경하는 체하나 실제로는 가까이 하지 않다.

경적필패(輕敵必敗) : 적을 가볍게 여기면 반드시 패한다.

경전하사(鯨戰蝦死) : 고래싸움에 새우 등 터진다.

경천동지(驚天動地) : 하늘과 땅이 흔들릴 만큼 몹시 큰 일.

경화수월(鏡花水月) : 거울에 비친 꽃과 물 위에 비친 달. 볼 수만 있고 가질 수 없는 것을 비유.

계견상문(鷄犬相聞) : 닭이 울고 개 짖는 소리가 여기저기서 들린다. 인가나 촌락이 줄지어 있는 것을 가리키는 말.

계고직비(階高職卑) : 품계는 높고 벼슬은 낮음을 일컫는 말.

계교치수(計較錙銖) : 조그만 일을 비교하고 재어보는 것.

계구마지혈(鷄狗馬之血) : 닭과 개와 말의 피. 옛날 중국에서 무엇에 대하여 맹세를 할 때는 동물의 피를 마셨는데 신분에 따라 달리했다. 천자(天子)는 소와 말, 제후는 개나 돼지, 그 이하는 닭의 피를 마셨다고 한다.

계구우후(鷄口牛後) : 닭의 부리가 될지언정 소의 꼬리가 되지 말라는 뜻으로 큰 집단의 꼬리보다는 작은 집단의 우두머리가 되라는 의미.

계군일학(鷄群一鶴) : 닭 속에 있는 한 마리의 학. 평범한 사람들 속에서 매우 뛰어난 사람을 가리킬 때 쓰

부록

는 말.

계궁역진(計窮力盡) : 꾀가 막히고 힘이 다하다. 어떻게 할 수단과 방법이 없다.

계돈동사(鷄豚同社) : 닭과 돼지가 같이 어울린다. 같은 고향사람끼리 어울린다는 뜻.

계명지조(鷄鳴之助) : 임금을 받드는 현명한 후비(后妃 : 제왕의 배필)의 내조.

계비지총(繫臂之寵) : 임금의 각별한 총애. 궁녀가 잠자리를 독차지하는데 사용되는 말.

계상재배(稽顙再拜) : 머리를 조아리어 두 번 절함.

계옥지수(桂玉之愁) : 땔 나무는 계수나무와 같고 쌀은 옥과 같이 귀하여 근심이다. 양식과 땔감이 매우 귀함.

계왕성 개래학(繼往聖開來學) : 성현의 가르침을 이어 후손들에게 가르치어 전함.

계피학발(鷄皮鶴髮) : 늙어서 주름살이 잡히고 백발이 되다.

고각함성(鼓角喊聲) : 북과 나팔소리와 아우성소리. 전쟁을 할 때 사기(士氣)를 돋구려고 북을 치고 나팔을 불며 아우성을 치는 것.

고고영정(孤苦零丁) : 조금도 틀리지 않고 들어맞아 도움없이 고생하는 일.

고고자허(孤高自許) : 자기만이 고결하다고 자부함.

고군분투(孤軍奮鬪) : 홀로 여럿을 상대하여 싸움.

고군약졸(孤軍弱卒) : 후원이 없고 힘이 약한 군사. 힘이 없는 사람을 비유할 때 쓰는 말.

고궁독서(固窮讀書) : 가난한 것을 달게 여기며 글 읽기를 좋아함.

고궐성공(告厥成功) : 성취한 과업을 천자(天子)에게 아룀. ◈〈書經〉

고근약식(孤根弱植) : 친척이나 가까운 후원자가 없음을 비유한 말.

고금독보(古今獨步) : 옛적과 지금을 통하여 그와 비교할 사람이 없음.

고금부동(古今不同) : 사물이 변하여 옛날과 지금이 같지 아니함.

고금알석(敲金戛石) : 쇠를 두드리고 돌을 친다. 시문의 가락이 훌륭함을 일컫는 말.

고담방언(高談放言) : 남을 꺼리거나 무서워하지 않고 자기가 원하는 대로 소리 높여 지껄임.

고담준론(高談峻論) : 고상하고 준엄한 언론.

고대광실(高臺廣室) : 굉장히 크고 좋은 집을 일컬음.

고독지옥(孤獨地獄) : 너무도 쓸쓸하고 외로워서 지옥과 같이 느껴지는 심정을 일컬음.

고두사죄(叩頭謝罪) : 머리를 조아리어 지은 죄에 대해서

부록

용서를 빌음.

고량자제(膏粱子弟) : 부귀한 집에 태어나서 고생을 모르는 사람.

고량진미(膏粱珍味) : 기름지고 맛좋은 음식.

고려공사삼일(高麗公事三日) : 고려의 공사가 사흘밖에 못 가다. 자주 변경되다.

고립무원(孤立無援) : 고립되어 구원 받을 데가 없음.

고립무의(孤立無依) : 외롭고 의지할 데 없다.

고마문령(瞽馬聞鈴) : 맹목적으로 남이 하는 대로 따라하는 것을 일컫는 말.

고망착호(藁網捉虎) : 새끼로 호랑이를 잡는다. 보잘 것 없는 계책으로 큰일을 이룸을 뜻함.

고명사의(顧名思義) : 명예를 돌아다보고 의를 생각함.

고목발영(枯木發榮) : 고목에서 꽃이 핀다. 죽었던 사람이 다시 살아남을 뜻함.

고목사회(槁木死灰) : 외형은 마른나무고 마음은 죽은 재와 같다. 생기가 없고 의욕이 없는 사람을 비유한 말. ◈〈莊子〉

고목생화(枯木生花) : 마른 나무에서 꽃이 핀다. 곧, 곤궁한 사람이 행운을 만나서 일이 잘 되는 것.

고문전책(高文典册) : 귀중한 문서.

고봉절안(孤峰絕岸) : 우뚝 솟은 산과 깎아지른 낭떠러지.

고비원주(高飛遠走) : 멀리 달아나 모습을 감춤.

고비지조사어미식(高飛之鳥死於美食) : 하늘을 높이 나는 새도 입에 맞는 먹이를 먹으려고 낮게 내려오기 때문에 사람에게 잡힌다.

고산지전무미목(高山之巓無美木) : 높은 산에 좋은 나무가 없다. 높은 자리에 있는 사람은 다른 사람에게 비난을 받아 이름을 남기기 어렵다는 뜻.

고성낙일(孤城落日) : 해질 무렵 외로운 성이 보인다. 여명이 얼마 남지 않아 매우 외로운 정상(情狀)을 비유한 말. ◈〈王維의 送韋評事詩〉

고성준론(高聲峻論) : 목소리를 높게 하여 엄숙하면서도 날카롭게 말함.

고세지행(高世之行) : 일세에 뛰어난 행실.

고승담경석점두(高僧談經石點頭) : 양나라의 한 고승이 돌을 모아놓고 신도라고 하며 지극히 당연한 도리를 설법하니 돌이 모두 옳다는 뜻으로 머리를 끄덕였다는 고사.

고식지계(姑息之計) : 잠시 모면하는 일시적인 계교.

고신원루(孤臣寃淚) : 외로운 신하의 원통한 눈물.

고신척영(孤身隻影) : 마음 붙일 곳 없이 떠도는 외로운 몸.

고심참담(故心慘憺) : 매우 애를 쓰며 근심과 걱정을 많이 함.

고심혈성(苦心血誠) : 마음과 힘을 다하는 지극한 정성을

부록

말한다.

고안심곡(高岸深谷) : 높은 언덕도 무너져 계곡이 된다. 세상의 변천을 비유한 말.

고옥건령(高屋建瓴) : 높은 지붕에 물독을 올려놓고 기울인다. 세력의 왕성함을 비유.

고왕금래(古往今來) : 옛날부터 지금까지의 동안.

고왕독맥(孤往獨驀) : 외로이 가고 홀로 달림.

고운야학(孤雲野鶴) : 속세를 떠나 숨어사는 선비를 일컬음.

고원난행(高遠難行) : 학문의 이치가 높고도 멀어 부지런히 행하여도 그에 미치기가 어려움.

고육지계(苦肉之計) : 적을 속이고자 제 몸을 돌보지 않고 쓰는 계책.

고의충간(古誼忠肝) : 옛날의 올바른 도리에 통하고 충실한 마음을 지님.

고자과학(孤雌寡鶴) : 짝을 잃은 새. 남편이나 아내를 잃은 사람.

고자표치(高自標置) : 스스로 자신을 높이고 교만함.

고장난명(孤掌難鳴) : 외손이 울기는 어렵다. 일을 혼자해서는 잘 안 된다. 상대자가 서로 같으니까 말다툼이나 싸움이 된다는 뜻.

고재질족(高才疾足) : 키가 크고 걸음이 빠르다. 지혜와 용기를 겸비한 사람을 일컬음.

고적유명(考績幽明) : 관리의 성적을 상고하여 진퇴를 결정함.

고주일배(苦酒一杯) : 한 잔의 쓴 술. 손님을 대접하는 술을 겸손하게 이르는 말.

고중작락(苦中作樂) : 괴로움 속에 즐거움이 있다.

고진감래(苦盡甘來) : 고생이 끝나면 즐거움이 온다.

고진금퇴(鼓進金退) : 북을 치면 전진하고 징을 치면 후퇴한다. 초보적인 군사훈련을 가리키는 말.

고집불통(固執不通) : 고집이 세서 조금도 융통성이 없다.

고창입운(高唱入雲) : 구름 속까지 들어갈 만큼 높은 소리. 소리의 가락이 높고 맑음을 나타내는 말.

고침단금(孤枕單衾) : 홀로 쓸쓸히 자는 여자의 이부자리.

고침단명(高枕短命) : 베개를 높이 베면 오래 못산다.

고침사지(高枕肆志) : 높은 베개를 베고 마음대로 한다. 재산이 많이 있어 몸과 마음이 편안하며 할 일 없이 한가하게 지낸다.

고태의연(古態依然) : 옛 모습이 조금도 변하지 않고 그대로 있음.

고화자전(膏火自煎) : 기름등불이 스스로 자신을 태워 없앤다. 재주 있는 사람이 그 재주로 인하여 화를 입는 경우를 비유하는 말.

고황지질(膏肓之疾) : 낫기 어려운 병. 불치의 병.

곡굉이침지(曲肱而枕之) : 팔을 굽혀 베개 삼다. 가난한 생활을 비유한 말.

곡돌사신(曲突徙薪) : 불을 예방하기 위하여 연통을 구부리고 나무를 딴 곳으로 옮긴다. 곧, 재난을 미연에 방지함을 비유하는 말. ◈〈淮南子〉

곡두생각(穀頭生角) : 입추 후 첫 번째 돌아오는 갑자일에 비가 오면 추수 때 장마가 져서 곡식에서 싹이 난다는 말.

곡복사신(穀腹絲身) : 먹는 것과 입는 것.

곡수유상(曲水流觴) : 옛날 궁중에서 베풀던 잔치. 보통 3월 3일에 문무백관이 모여 베풀어졌는데 곡수(曲水 : 정원이나 산기슭을 에워서 흐르는 물)상류에서 임금이 잔을 띄우면 그 잔이 자기 앞에 오기 전에 시를 짓고 술을 마셨다고 함.

곡자아의(曲者我意) : 마음이 올바르지 못한 사람이 모든 일을 자기 마음대로 한다.

곡자이상명(哭子而喪明) : 자식의 죽음에 몹시 상심하여 비통함과 원통함에 소경이 됐다는 고사. ◈〈禮記〉

곡종주아(曲終奏雅) : 먼저 속된 음악을 연주하고 다음에 바른 음악을 연주함. ◈〈史記〉

곡진기정(曲盡其情) : 사정을 자세하게 알다.

곡창방통(曲暢旁通) : 조리가 명확하고 자세함.

곤수유투(困獸猶鬪) : 위급한 경우에는 약한 짐승이라도 적을 향하여 싸우려고 덤빈다.

곤옥추상(琨玉秋霜) : 인격의 고상함을 옥(玉)과 서리에 비유한 말.

곤이지지(困而知之) : 고생하여 공부한 끝에 지식을 얻음.

곤재해심(困在垓心) : 매우 어려운 경우를 당함.

골경지신(骨鯁之臣) : 강직한 기질을 가진 신하.

골계지웅(滑稽之雄) : 지혜가 제일가는 사람.

골골무가(汨汨無暇) : 일에 파묻혀 몸이 쉴 겨를이 없음.

골육상잔(骨肉相殘) : 친족 간에 서로 해치고 죽이고 함.

골육지정(骨肉之情) : 가까운 혈족 사이의 의로운 정분.

골육지친(骨肉之親) : 부자·형제와 같이 혈통이 같은 혈족.

골의지요(滑疑之耀) : 마음에 의심되는 것이 있어 어지럽던 것이 마침내 풀려 밝아짐.

공고식담(攻苦食啖) : 괴로운 처지에서 소박한 음식을 먹음.

공곡족음(空谷足音) : 깊은 산중에 사람이 찾아왔을 때의 기쁨. ◈〈莊子〉

공과상반(功過相半) : 공과 허물이 반반씩. 공도 있고 잘못도 있다.

공근어례원치욕(恭近於禮遠恥辱) : 몸을 공손히 하고 예의를 바르게 하면 다른 사람으로부터 지탄이나 치욕을 받지 않음. ◈〈論語〉

부록

공덕겸륭(功德兼隆) : 공과 덕이 겸하여 매우 왕성함을 이룸.

공도동망(共倒同亡) : 함께 쓰러져서 망함.

공산명월(空山明月) : 사람 없는 빈산에 외로이 비치는 밝은 달.

공성명수신퇴천지도(功成名遂身退天之道) : 공을 이루고 이름을 얻게 되면 그 자리에서 물러나 몸을 한가롭게 하는 것이 하늘의 도(道)를 따르는 것임.

공수래공수거(空手來空手去) : 빈손으로 왔다가 빈손으로 가다.

공옥이석(攻玉以石) : 돌로써 옥을 갈다. 천한 물건으로 귀한 것을 수리하다.

공자천주(孔子穿珠) : 공자가 아홉 고비로 구부러진 구슬 구멍에 실을 꿰려다 하지 못하고 촌부에게서 구슬을 꿰는 방법을 배웠다는 고사. 어리석은 사람에게도 배울 지혜가 있음을 나타낼 때 쓰는 말.

공재공망(公才公望) : 정승이 될 만한 재주와 인망이 있음을 일컫는 말.

공전절후(空前絕後) : 비교할 만한 것이 이전에도 없었고 이후에도 없을 것으로 생각됨.

공죄상보(功罪相補) : 공적이 있으나 그에 상응하는 죄가 있어 서로 상쇄됨.

공즉원어환(恭則遠於患) : 예의를 차리고 행동을 공손히 하면 환난으로 생기는 피해를 피할 수 있다.

공행공반(空行空返) : 행하는 것이 없으면 소득도 없다.

과갈지친(瓜葛之親) : 칡덩굴이 서로 엉키듯이 친인척간에 서로 연관되어 있음을 나타내는 말.

과감지기(果敢之氣) : 날카롭고 강한 기질.

과공비례(過恭非禮) : 지나치게 공손함은 도리어 예가 아니다.

과맥전대취(過麥田大醉) : 밀밭을 지나가다 취하다.

과목불망(過目不忘) : 한 번 본 것은 잊지 않다.

과목성송(過目成誦) : 무슨 책이든 한 번 읽으면 모두 왼다. 기억력이 좋음을 나타냄.

과문불입(過門不入) : 아는 사람의 집 앞을 지나면서 들르지 않고 그냥 지나침.

과문천식(寡聞淺識) : 견문이 적고 학문이 낮음.

과물탄개(過勿憚改) : 잘못을 깨닫게 되거든 고치기를 꺼리지 마라.

과분지망(過分之望) : 분수에 넘치는 욕망.

과유불급(過猶不及) : 지나침은 모자람과 같다.

과전불납리(瓜田不納履) : 오이 밭에서는 신발을 고쳐 신지 않는다. 남에게 의심 받을 일은 하지 말라는 뜻. 과전이하(瓜田李下)와 같은 뜻으로 사용함.

부록

◈〈列女傳〉

과즉물탄개(過則勿憚改) : 허물이 있으면 꺼리지 않고 속히 고치다.

과혁지시(裹革之屍) : 가죽에 싼 시체. 전쟁에서 싸우다 죽은 시체를 말함.

과화숙식(過火熟食) : 지나가는 불에 음식이 익는다. 그 사람을 위해서 한 것이 아니라도 그 사람에게 은혜가 되는 것을 말함.

과화존신(過化存神) : 성인이 지나가는 것만으로 백성은 감동을 받고 오래 머무는 곳에서는 그 감화가 신명과 같다.

관감흥기(觀感興起) : 눈으로 보고 감동하며 귀로 듣고 분발해서 일어남.

관개상망(冠蓋相望) : 수레가 서로 바라볼 수 있는 거리를 두고 가까이 간다. 사신(使臣)의 왕래가 자주 있음을 일컫는 말.

관과지인(觀過知仁) : 어진 사람의 과실은 너무 후한 데 있고 악한 사람의 과실은 너무 박한 데 있다. 사람의 과실을 보고 그의 어짐을 판단할 수 있다.

관구자부(官久自富) : 벼슬을 오래 하면 저절로 부자가 된다.

관대장자(寬大長者) : 너그럽고 덕망이 있어 무리의 위에

설 수 있는 사람.

관동지별(冠童之別) : 어른과 아이의 구별.

관리전도(冠履顚倒) : 앞뒤의 순서를 바꿔서 사물을 그르치는 일.

관맹상제(寬猛相濟) : 정치를 하는 데는 너그러움과 위엄이 있어야 폭정에 빠지지 않고 우유부단함에 이르지 않는다.

관불이신(官不移身) : 오랫동안 벼슬살이를 함.

관불필비(官不必備) : 관청의 일은 사람이 많은 수보다는 올바른 일꾼이 필요하다.

관사시이불개가역엽(貫四時而不改柯易葉) : 일 년 사계절 가지와 잎이 모두 싱싱하다. 사람의 변함없는 절개를 나타낼 때 쓰는 말.

관유온유(寬裕溫柔) : 너그럽게 용서하고 온화하며 부드러움.

관인대도(寬仁大度) : 마음이 관대하고 인자하며 도량이 큼.

관자여도(觀者如堵) : 구경하는 사람이 많아서 담장처럼 늘어서 있음. ◈〈禮記〉

관존민비(官尊民卑) : 관리는 존귀하고 백성은 비천하다.

관중지천(管中之天) : 대롱 구멍으로 하늘을 보다. 곧, 소견이 좁음을 일컫는 말.

관형찰색(觀形察色) : 남의 마음을 떠보기 위하여 안색을

부록

세세하게 살펴봄.

관후이불가교(貫朽而不可校) : 돈꿰미가 썩어서 그 돈을 헤아릴 수 없음. 돈이나 곡식이 주체할 수 없이 많음을 비유.

관후장자(寬厚長者) : 너그럽고 점잖은 사람.

괄구마광(刮垢磨光) : 때를 벗기고 손을 닦는다. 사람의 나쁜 점을 고치게 하고 좋은 점을 발휘하도록 도와줌.

광관지자(曠官之刺) : 관리가 맡은 일을 게을리 하여 받는 비난.

광담패설(狂談悖說) : 이치에 맞지 않고 도리에 어긋나는 말.

광대덕담(廣大德談) : 말은 수다스럽게 많이 하지만 실속이 없는 것.

광대무변(廣大無邊) : 넓고 커서 끝이 없다.

광명정대(光明正大) : 말과 행동이 떳떳하고 바름.

광부지언(狂夫之言) : 미친 사람의 말.

광세지도(曠世之度) : 세상에 아무도 없는 것처럼 업신여기는 도량.

광세지재(曠世之才) : 세상에 보기 드문 재주를 가진 사람.

광순박채(廣詢博採) : 여러 사람의 의견을 널리 물어서 의견을 정함.

광언기어(狂言綺語) : 아름답게 꾸미어 낸 글.

광언망설(狂言妄說) : 이치에 벗어나서 엉뚱하고 허망한 말.

광염만장장(光燄萬丈長) : 불빛이 길게 빛나듯이 문장이 훌륭하여 널리 알려짐을 일컬음.

광음여류(光陰如流) : 세월의 흐름이 물처럼 빠르다.

광음여전(光陰如箭) : 세월의 흐름은 화살과 같이 빠르고 다시는 되돌아 오지 않는다.

광일미구(曠日彌久) : 세월을 헛되이 보내어 오래 머물음.

광제창생(廣濟蒼生) : 널리 백성을 구제함.

광협장단(廣狹長短) : 넓음과 좁음과 길음과 짧음.

괴오기위(魁梧奇偉) : 몸이 장대하여 뛰어남. ◈〈史記〉

교각살우(矯角殺牛) : 소의 뿔을 바로잡으려다 소를 죽인다. 조그만 결점이나 흠을 고치려다 지나쳐서 큰 일을 그르치게 됨을 비유.

교건만상(驕蹇慢上) : 교만하고 건방져서 윗사람을 깔봄.

교교월색(皎皎月色) : 휘영청 밝은 달빛.

교노승목(教猱升木) : 원숭이에게 나무에 오르는 것을 가리킨다. 나쁜 사람에게 나쁜 짓을 가르키는 것을 비유한 말.

교두결미(交頭結尾) : 끝이 머리에 이어져 순환되는 것.

교룡득운우(蛟龍得雲雨) : 영웅이 때를 만나면 대업을 이룬다.

교린지의(交隣之誼) : 이웃나라와 교제의 정의.

교목세가(喬木世家) : 여러 대를 입신출세하여 높은 지위에 있어서 나라와 기쁨과 근심 걱정을 같이 하여 온 집안.

교발기중(巧發奇中) : 교묘하게 던진 말이 신기하게 들어맞음.

교부초래(敎婦初來) : 아내는 처음 시집 왔을 때에 가르쳐야 한다.

교사불여졸성(巧詐不如拙誠) : 교묘하게 남의 눈을 속이는 것보다 옹졸한 성심이 낫다.

교연이곡(噭然而哭) : 우는 소리를 형용한 말.

교왕과직(矯枉過直) : 구부러진 것을 바로 잡으려다가 지나쳐 너무 곧게 함. 틀린 것을 고치려다가 너무 지나쳐서 오히려 나쁘게 됨.

교우이신(交友以信) : 벗을 사귐에 있어서 믿음으로 함.

교자불민(驕恣不敏) : 교만하고 방자하여 버릇이 없다.

교자졸지노(巧者拙之奴) : 꾀가 많은 사람은 용렬한 사람의 노예이다. 머리가 둔해도 열심히 노력하면 재주만 믿는 사람보다 큰일을 하게 된다는 뜻.

교절불출악성(交絕不出惡聲) : 군자는 교제를 끊은 후에도 그 나쁜 점을 말하지 않는다. ◈〈史記〉

교정진물(矯情鎭物) : 마음속에 있는 감정을 나타내지 않고 태연하게 사물을 대함.

교처상반졸부면(巧妻常伴拙夫眠) : 어진 아내는 어리석은 남편을 만나기 쉽다. 세상 일은 자기 뜻대로 되지 않는 것을 비유한 말.

교천언심(交淺言深) : 교제한 지 얼마 안 되지만, 서로 심중을 털어놓고 이야기하다.

교철몽락(交綴蒙絡) : 칭칭 서로 얽혀서 무성함.

교칠지교(膠漆之交) : 매우 친밀하여 서로 떨어질 수 없는 교분.

교토삼굴(狡兎三窟) : 간사한 토끼는 굴을 세 개 가지고 있다. 사람이 교묘하게 재난을 피하는 것을 이름.

교학상장(敎學相長) : 가르쳐 주거나 배우거나 다 나의 학업을 증진시킨다.

구각유말(口角流沫) : 입에 거품을 물고 열렬하게 의론하는 모양.

구각춘풍(口角春風) : 좋은 말재주로 남을 칭찬하여 즐겁게 함.

구강지획(口講指畫) : 말로 설명하고 손가락으로 그려가면서 자세하게 설명함.

구곡간장(九曲肝腸) : 굽이굽이 깊이 든 마음속.

구궐심장(究厥心腸) : 남의 마음속을 알알이 헤아림.

구년면벽(九年面壁) : 중국의 달마대사가 소림사의 한 굴에서 구 년 동안 벽을 마주보고 앉아 마침내 도

부록

(道)를 깨쳤다는 고사.

구년지수(九年之水) : 구 년 동안 계속되는 큰 물난리.

구두심목(臼頭深木) : 보기 싫은 여자를 나타낼 때 쓰는 말.

구로지감(劬勞之感) : 자기를 낳아 키우느라고 고생한 부모의 은혜를 생각하는 마음.

구마지심(狗馬之心) : 개나 말이 주인에게 바치는 충성된 마음. 견마지심(犬馬之心)과 동일한 말.

구명도생(苟命徒生) : 군색스럽고 구구하게 겨우 목숨만 이어감.

구묘지향(丘墓之鄕) : 조상의 무덤이 있는 고향.

구무완인(口無完人) : 항상 남의 단점을 찾아 헐뜯어서 완전한 사람이 없다.

구무택언(口無擇言) : 하나도 버릴 것이 없이 좋은 말.

구미속초(狗尾續貂) : 쓸 만한 인격자가 없어 비천한 사람을 등용하다. 또는 남이 하던 일을 이어서 함의 겸칭.

구사불첨(救死不瞻) : 어려움이 극도에 달해 다른 일을 돌아볼 여유가 없음.

구사일생(九死一生) : 아홉 번 죽었다가 살아남. 죽을 고비를 여러 번 겪고 간신히 살아남음.

구세제민(救世濟民) : 세상과 백성을 구함.

구시인이전 (歐市人而戰) : 교육을 받지 않은 사람을 전쟁터에 내보냄을 이르는 말.

구십춘광(九十春光) : 봄의 석 달. 90일.

구안지사(具眼之士) : 사물의 선 · 악을 구별하는 안목과 지식이 있는 선비.

구안투생(苟安偸生) : 잠깐의 평안함을 위하여 일생을 헛되이 살아감.

구외불출(口外不出) : 말을 입으로 내보내지 않는다. 비밀을 철저하게 지킴을 일컫는 말.

구우일모(九牛一毛) : 하찮은 것.

구유밀복유검(口有密腹有劍) : 겉으로는 친한 척하면서 속으로는 음침하고 흉악한 생각을 품고 있음을 일컫는 말. ◈〈通鑑綱目〉

구이지학(口耳之學) : 들은 풍월 격으로, 아무런 연구성이 없는 천박한 학문을 일컫는 말. ◈〈荀子〉

구일척안(具一隻眼) : 하나의 눈을 갖추었다. 보통사람과 다른 특별한 감정으로 식별하는 능력이 있음을 일컫는 말.

구장극구(鉤章棘句) : 이해하기 어렵고 무척 까다롭게 된 문장.

구저불식기여(狗猪不食其餘) : 개나 돼지도 먹지 않는다. 선행을 베풀지 않고 악행만 일삼다 죽은 사람은 그 시체를 개나 돼지도 먹지 않는다는 뜻.

구전지훼(求全之毁) : 몸가짐을 바르게 하고자 하다가 오히려 구설수에 오르는 일.

구절양장(九折羊腸) : 아홉 번 꺾인 양의 창자처럼 험한 산길. 곧, 세상이 험악하여 살아가기 어려움을 나타내는 말.

구주매안(舊主埋安) : 제사지내는 대(大)의 수가 끝난 위패를 땅에 묻음.

구지부득(求之不得) : 구해도 얻을 수 없음.

구지유도(求之有道) : 사물을 구하는데 있어서는 그 방법이 있다.

구처무로(區處無路) : 구분하여 처리할 길이 없음.

구천구지(九天九地) : 하늘에서 땅까지의 사이.

구태의연(舊態依然) : 변하지 않고 옛 모습 그대로 임.

구한봉감우(久旱逢甘雨) : 오랜 가뭄 뒤에 단비가 온다. 오랜 고생 끝에 즐거움을 얻는다는 말.

구허날무(構虛捏無) : 거짓으로 꾸미어 만들어 낸 말.

구화양비(救火揚沸) : 불을 끄고자 끓는 물을 뿌리게 되면 형세가 더욱 위급해 진다. ◈〈史記〉

구화투신(救火投薪) : 불을 끄려고 섶나무를 던진다. 폐해를 없애고자 한 일이 오히려 더 큰 피해를 가져오게 되는 것을 일컫는 말. ◈〈鄧析子〉

구환분재(救患分災) : 환난을 구하고 재해를 나눈다. 다른 사람의 어려운 처지를 구하고 재해의 고통을 나누어 가진다는 뜻.

국가장흥필유정상(國家將興必有禎祥) : 나라가 부흥되려면 반드시 좋은 징조가 있다.

국가혼란유충신(國家昏亂有忠臣) : 나라가 혼란하게 될 때 충신이 있다. 태평성대에는 충신과 간신을 구별하기 힘들지만 나라에 변란이 생겼을 때야 비로서 충신의 진면목을 알 수 있다는 말.

국군함구(國君含垢) : 나라의 임금으로 욕된 일을 참는 것.

국난사충신(國難思忠臣) : 나라의 어려움을 당하여 충성스런 신하를 생각함.

국무손척(國無損瘠) : 나라가 흉년이 들어도 미리 예비해 둔 저축이 있으면 굶게 되는 백성이 없다.

국불이리위리(國不以利爲利) : 나라를 다스리는 것은 이익을 위해서가 아니다. ◈〈大學〉

국수대호전필망(國雖大好戰必亡) : 나라가 부강하여도 전쟁을 좋아하면 반드시 망한다. 전쟁을 즐기는 나라는 그 전쟁으로 인해 망한다는 것을 경고한 글.

국천척지(跼天蹐地) : 하늘에 부딪칠까 염려하여 허리를 구부리고, 땅이 꺼질까 걱정하여 조심조심 발을 떼어 놓다. 걱정이 심하여 몸둘바를 모르다.

국치민욕(國恥民辱) : 나라의 수치와 백성의 욕됨.

국태민안(國泰民安) : 나라가 태평스럽고 백성의 살기가 평안한 것.

국토여래(國土如來) : 국토를 석가여래에 비유하여 높여 부르는 말.

국파산하재(國破山河在) : 나라가 망하면 산과 물 뿐이다. 나라가 망하게 되면 백성들이 뿔뿔이 흩어지게 되어 보이는 것이 산과 물 뿐이라는 뜻.

군맹무상(群盲撫象) : 여러 맹인이 코끼리를 더듬다. 자기의 좁은 소견과 주관으로 사물을 그릇 판단하다.

군사부일체(君師父一體) : 임금과 스승과 아버지는 모두 한 몸이니 그 은혜는 같다.

군사신결(君射臣決) : 인금은 화살이고 신하는 활고지이니, 신하는 임금의 뜻을 잘 받들어야 한다는 뜻.

군시신여토개(軍視臣如土芥) : 임금이 신하를 업신여기는 것.

군신대의(君臣大義) : 임금과 신하 사이의 의리.

군신유의(君臣有義) : 임금과 신하의 도리는 의리에 있다.

군욕신사(君辱臣死) : 임금과 신하가 힘든 고생을 같이함.

군은망극(君恩罔極) : 임금의 은혜가 끝이 없다.

군이민위체(君以民爲體) : 임금은 백성의 힘으로 나라를 이루게 되니 이를 체(體)라 한다.

군자교담약수(君子交淡若水) : 군자의 사귐은 욕심이 없

고 깨끗하여 물을 마시는 것과 같이 변하지 않는다. ◈〈莊子〉

군자무소쟁(君子無所爭) : 군자는 사람들과 다투지 아니한다. ◈〈論語〉

군자지덕풍(君子之德風) : 군자의 덕은 바람과 같다. 윗사람의 덕은 아랫사람에게도 미친다.

군주신수(君舟臣水) : 도와주는 사람이 오히려 해를 줄 수도 있다는 뜻.

굴지계일(屈指計日) : 손꼽아서 날짜를 기다리는 것.

굴지득금(掘地得金) : 굴을 파다가 금을 얻는다. 뜻밖에 얻는 횡재를 말한다.

궁구막추(窮寇莫追) : 궁지에 빠진 사람을 모질게 다루면 해를 입는다.

궁구물박(窮寇勿迫) : 궁지에 몰린 사람을 추격하지 마라.

궁마지간(弓馬之間) : 말 타고 활 쏘는 곳. 전쟁터를 가리킴.

궁사남위(窮思濫爲) : 궁색하면 아무 짓이나 하게 됨.

궁서설묘(窮鼠囓猫) : 쥐가 궁지에 몰리면 고양이를 문다. 아무리 약자라도 궁지에 몰리면 필사적으로 대항함을 나타낸 글.

궁수저서(窮愁著書) : 어진 사람이 어려움에 부딪혀 뜻을 펴지 못하고 글로 지어 그 뜻을 나타냄. ◈〈史記〉

궁심멱득(窮心覓得) : 힘을 다해 고생한 끝에 겨우 찾아냄.

부록

궁여일책(窮餘一策) : 궁한 끝에 내는 한 가지 꾀.

궁이후공(窮而後工) : 시인이 가난하면 가난할수록 시를 지을 때 시가 교묘함을 이름.

궁인모사(窮人謀事) : 궁한 사람이 꾸민 일은 실패한다. 일이 제대로 이루어지지 않음을 나타낸 말.

궁일지력(窮日之力) : 아침부터 저녁까지 하루 종일 일함.

궁조입회(窮鳥入懷) : 쫓긴 새가 품안에 날아들다. 곤궁한 사람이 와서 의지함을 비유한 말.

궁천극지(窮天極地) : 하늘과 땅처럼 끝이 없음.

권권복응(拳拳服膺) : 늘 마음 깊이 새기고 정성껏 지킴.

권권불망(眷眷不忘) : 가엾게 여기어 늘 잊지 않고 돌보아 줌.

권모술수(權謀術數) : 목적의 달성을 위해서 수단과 방법을 가리지 않고 인정사정 없이 쓰는 술책.

권불십년(權不十年) : 아무리 높은 권력이라도 십 년을 못 간다.

권상요목(勸上搖木) : 나무에 오르도록 권한 후 흔들어서 떨어뜨린다. 남을 선동해서 이끌어 놓고 실패하도록 방해하는 것.

권선징악(勸善懲惡) : 착한 행실을 권장하고 악한 행동을 징계하다.

권실불이(權實不二) : 권교와 실교는 둘이 아니다. 대승과 소승이 결국은 하나라는 뜻.

귀마방우(歸馬放牛) : 전쟁이 끝나고 평화로운 시절이 되다.

귀모토각(龜毛兎角) : 거북의 털과 토끼의 뿔. 도저히 있을 수 없는 것.

귀문금신(鬼門金神) : 귀문에 있는 금신으로 사람에게 재화를 내린다고 한다.

귀인천기(貴人賤己) : 군자는 인서(仁恕)의 마음이 있는 탓에 늘 자신보다 타인을 높인다. ◈〈禮記〉

귀주출천방(貴珠出賤蚌) : 조개 속에서 진주가 난다. 보잘 것 없는 곳에서도 귀한 것이 나온다라는 뜻.

규규무부(赳赳武夫) : 용맹스러운 무사를 가리키는 말.

규유분호(窺窬分毫) : 잔털을 나눌려고 틈을 엿봄. 사소한 것이라도 가지려고 기회를 엿본다는 뜻으로 장사치를 가리킨다.

귤중지락(橘中之樂) : 중국의 어떤 사람이 귤나무에서 귤을 따서 쪼개어 보았더니 두 노인이 그 속에서 바둑을 두고 있더라는 고사. 바둑을 두는 즐거움을 이야기할 때 쓰는 말.

귤화위지(橘化爲枳) : 회남의 귤을 회북에 옮겨 심으면 탱자가 된다. 사람도 주위환경의 변화에 따라서 변하게 되는 것을 비유한 말.

극기복례(克己復禮) : 욕심을 누르고 예의범절을 좇다.

부록

극벌원욕(克伐怨慾) : 네 가지의 나쁜 행위. 이기고자 하는 것, 제 자랑을 하는 것, 남을 원망하는 것, 욕심을 지나치게 내는 것.

극진지두(極盡地頭) : 머리가 땅에 닿도록 지극함.

근검노작(勤儉勞作) : 부지런하고 근검하게 노력하여 일함.

근근득생(僅僅得生) : 겨우겨우 살아나감을 일컫는 말.

근근화완(勤謹和緩) : 관리가 지켜야 할 네 글자의 훈계.

근력기중(勤力其中) : 논과 밭이 적지만 농사에 열심히 힘을 다함.

근묵자흑(近墨者黑) : 먹을 가까이 하면 검은 빛이 물든다. 사람은 가까이 하는 사람에 따라 영향을 받아서 변하므로 조심하라는 말.

근주자필적(近朱者必赤) : 붉은 빛을 가까이 하면 반드시 붉게 된다.

금계전설(金鷄傳說) : 황금의 닭이 땅속에 묻혀 있다는 전설. 황금 닭이 울면 행운이 온다고 하며 천하의 모든 닭의 우두머리라고 한다.

금곤복거(禽困覆車) : 새도 위험에 빠지면 수레를 뒤엎는다. 약자도 어려움에 처하면 큰 힘을 낼 수 있다는 것을 비유한 말.

금과옥조(金科玉條) : 금옥과 같이 귀중히 여기어 신봉하는 법률이나 규정.

금구목설(金口木舌) : 훌륭한 학자나 목사가 되어 사람을 교도하다.

금구무결(金甌無缺) : 금으로 만든 독은 이지러지지 않는다. 나라가 튼튼하여 다른 나라의 간섭이나 침략을 받지 않음을 이르는 말.

금구폐설(金口閉舌) : 귀중한 말을 하는 입을 다물고 침묵을 지킨다.

금란지계(金蘭之契) : 다정한 친구 사이의 우정을 일컫는 말.

금린옥척(錦鱗玉尺) : 그기가 한 자 정도 되는 물고기를 아름답게 부르는 말.

금불여고(今不如古) : 지금이 옛날 보다 못하다.

금석상약(金石相約) : 쇠붙이나 돌처럼 서로 굳게 한 언약.

금석지교(金石之交) : 쇠붙이나 돌처럼 굳은 교분.

금석하석(今夕何夕) : 무척 즐거운 밤을 맞이하여 감탄하는 말.

금성천리(金城千里) : 튼튼한 성이 천리다. 중국의 진시황이 나라의 강성함을 자랑한 말.

금수문장(錦繡文章) : 비단에 수를 놓은 문장. 아름답고 뛰어나게 훌륭한 글이나 이런 글을 잘하는 사람.

금슬지락(琴瑟之樂) : 부부가 화합하다.

부록

금오옥토(金烏玉兎) : 금오는 해, 옥토는 달. 해와 달.

금옥군자(金玉君子) : 금옥의 단단함처럼 굳은 절개를 가진 군자.

금옥만당(金玉滿堂) : 금옥 같은 보화가 집에 가득하다. 어진 신하가 조정에 가득함을 비유한 말. ◈〈老子〉
◈〈漢書의 項籍傳〉

금의옥식(錦衣玉食) : 좋은 옷과 좋은 음식. 사치스러운 생활을 일컫는 말.

금적선금왕(擒賊先擒王) : 적의 우두머리를 사로잡으면 자연히 그 수하도 사로 잡게 된다. ◈〈杜甫〉

금지옥엽(金枝玉葉) : 임금의 자손이나 집안. 또는 귀여운 자손.

급류용퇴(急流勇退) : 사람이 미련을 가지는 벼슬자리를 단연 버리고 물러가는 것이, 급류를 건넘과 같은 용감함이다.

급행무선보(急行無善步) : 너무 급히 걸어가면 넘어지듯이, 무슨 일이고 급히 서두르면 일이 잘 진전되지 않는다.

긍구긍당(肯構肯堂) : 아버지가 시작한 일을 자식이 가업으로 잇는 일.

기갈자심(飢渴滋甚) : 굶주림이 점점 더 심해지는 모양.

기거만복(起居萬福) : 서간문 용어로서, 변함없이 많은 복을 받으라는 말.

기거무시(起居無時) : 은거하는 선비의 자유로운 몸을 비유하는 말.

기고만장(氣高萬丈) : 씩씩한 기운을 크게 떨치다.

기근천지(饑饉荐至) : 흉년이 거듭 일어남.

기급절사(氣急絕死) : 갑자기 몹시 놀라서 까무러침.

기려불억(其麗不億) : 헤아리지 못할 만큼 많음.

기맥상통(氣脈相通) : 기와 맥이 서로 통함. 마음과 뜻이 서로 잘 맞음을 나타내는 말.

기문지학(記問之學) : 항상 고서를 읽어 기억할 뿐, 아무 응용 능력이 없는 학문.

기사회생(起死回生) : 중병으로 죽을 뻔 하다가 다시 살아나다.

기산지절(箕山之節) : 허유가 기산에 숨어서, 벼슬하지 않고 절조를 지켰음을 이름. 굳은 절개.

기여보비(寄與補裨) : 이바지하여 돕고 모자라는 것을 보태다.

기연장자(頎然長者) : 드러나 보이는 모양이 뛰어나고 점잖은 사람.

기염만장(氣焰萬丈) : 기세나 호기가 대단히 높다.

기왕불구(旣往不咎) : 지난 일은 어찌할 도리가 없고, 오직 장래의 일을 잘 삼가야 한다.

기이우기(奇而又奇) : 몹시 신기한 일.

기자이위식(飢者易爲食) : 기갈이 심한 자는 어떤 음식이라도 먹는다.

기절낙담(氣絕落膽) : 매우 놀라서 정신을 잃음.

기학상양주(騎鶴上揚州) : 좋은 일을 많이 한 사람이 더 좋은 일을 한꺼번에 많이 하려고 함을 비유한 말.

기한도골(飢寒到骨) : 배고픔과 추위가 뼈 속에까지 이름.

기호발수(騎虎拔鬚) : 호랑이 등에서 호랑이의 수염을 뽑는다.

기회지형(棄灰之刑) : 길에 재를 버린 사람을 벌준다. 매우 엄하고 혹된 형법을 일컫는 말.

길상선사(吉祥善事) : 매우 기쁘고 좋은 일.

ㄴ

낙극애생(樂極哀生) : 즐거움이 극에 달하면 슬픔이 생긴다.

낙담상혼(落膽喪魂) : 몹시 실망하여 넋을 잃음.

낙락난합(落落難合) : 여기저기 흩어져 서로 모이기가 매우 힘들다.

낙락목목(落落穆穆) : 뜻이 크고 마음이 깨끗함을 비유.

낙락장송(落落長松) : 가지가 길게 늘어진 키가 큰 소나무.

낙목공산(落木空山) : 나뭇잎이 모두 떨어져 쓸쓸하고 텅 빈 산.

낙미지액(落眉之厄) : 눈썹에 떨어진 재앙. 눈앞에 갑자기 닥친 재앙.

낙방거자(落榜擧子) : 과거에 떨어진 선비. 무슨 일을 하다가 성공하지 못한 사람을 일컬을 때 쓰기도 한다.

낙생어우(落生於憂) : 쾌락은 언제나 고생하는 데서 나온다.

낙선애재(樂善愛才) : 착한 일을 즐겨하고 재치를 사랑한다.

낙월옥량(落月屋梁) : 벗을 사모하는 마음이 간절하다.

낙위지사(樂爲之事) : 즐거워서 하는 일.

낙이망우(樂以忘憂) : 쾌락에 도취되어 근심을 잊다.

부록

낙정하석(落穽下石) : 우물에 빠진 사람을 구해 주기는커녕 도리어 돌을 떨어뜨리어 해치다. 남의 환난에 더 해를 주다.

낙죽장도(烙竹粧刀) : 칼집과 자루에 쇠붙이로 지져서 여러 가지 모양을 그린 장도.

낙천도모(落天圖謀) : 다른 사람이 잘 된 것이 자기가 힘써 그렇게 된 것이라 하여, 그에 대한 사례로 금품을 요구하다.

낙화난상지(落花難上枝) : 진 꽃은 다시 피기 어렵다.

낙화유수(落花流水) : 남녀 간의 그리운 심정을 비유하는 말.

난공불락(難攻不落) : 공격하기가 어려워 무너지지 않는다.

난득자형제(難得者兄弟) : 형제는 인력으로 얻어지는 것이 아니므로 형제간에는 서로 의가 좋아야 한다.

난만동귀(爛漫同歸) : 부정한 일에 같이 어울려 한통속이 됨.

난망지은(難忘之恩) : 잊지 못하는 은혜.

난신적자(亂臣賊子) : 임금을 죽이고 어버이를 해치는 자. 곧, 세상을 어지럽히는 무리.

난아심곡(亂我心曲) : 마음이 산란함.

난중지난(難中之難) : 어려움 가운데서도 더욱 어려움.

난행고행(難行苦行) : 온갖 고난을 참고 견디는 수행.

난화지맹(難化之氓) : 교도하여 감화시키기 어려운 백성.

남귤북지(南橘北枳) : 남쪽 땅의 귤나무를 북쪽에 옮겨 심으면 탱자나무로 변한다. 사람은 처해 있는 곳에 따라서 선하게도 악하게도 된다는 뜻.

남극노인(南極老人) : 별이름, 이 별이 나타나면 천하가 태평하다.

남녀상열지사(男女相悅之詞) : 고려 가요를 이조 초기의 학자들이 천시하여 이르던 말. 남녀가 서로 좋아하는 노래.

남부여대(男負女戴) : 남자는 지고 여자는 이고 가다. 가난한 사람이 떠돌아다니면서 살다.

남선북마(南船北馬) : 남쪽에는 배를 이용하고 북쪽에는 말을 이용한다. 쉴 사이 없이 여기저기 돌아다님.

남아일언중천금(男兒一言重千金) : 남자의 말 한마디는 천금의 무게를 가진다.

남전북답(南田北畓) : 소유하고 있는 전답이 여기저기 많이 있다.

남존여비(男尊女卑) : 태어나면서부터 권리와 지위에 있어 남자가 높고 여자가 낮다.

남중일색(男中一色) : 남자로서 얼굴이 아름다운 사람.

남행초사(南行初仕) : 남쪽으로 처음 벼슬길에 오름.

남혼여가(男婚女嫁) : 아들은 장가를 들고, 딸은 시집을 감.

낭득허명(浪得虛名) : 평판은 좋으나 이득이 없는 일.

낭중자유전(囊中自有錢) : 주머니에 돈이 있다.

낭중취물(囊中取物) : 주머니 속에 든 것을 꺼내는 것처럼 손쉽게 얻을 수 있다.

낭청좌기(郎廳坐起) : 아랫사람이 하는 일이 윗사람보다 더 가혹하고 심한 것을 비유한 말.

내무내문(乃武乃文) : 임금의 덕을 높이고 기리는 말.

내부외빈(內富外貧) : 겉으로는 가난한 듯 하나 속으로는 부자.

내성불구(內省不疚) : 자기 자신을 뒤돌아 돌이켜 보아도 부끄러움이 없다.

내어불미 거어하미(來語不美 去語何美) : 오는 말이 곱지 않으면 가는 말도 곱지 않다.

내윤외랑(內潤外朗) : 인물의 재덕(才德)을 나타내는 말.

노갑이을(怒甲移乙) : 갑에 대하여 노한 것을 을에게 옮긴다.

노당익장(老當益壯) : 늙으면 더욱 뜻을 굳게 해야 한다.

노래지희(老萊之戲) : 중국 주나라 때 노래자(老萊子)라는 사람이 무늬 옷을 입고 늙은 부모 앞에서 재롱을 부려 부모를 즐겁게 해 주었다는 고사.

노마십가(駑馬十駕) : 걸음이 느리고 둔한 말도 뛰어난 말의 하룻길을 열흘이면 갈 수 있다. 머리가 나쁜 사람이라도 노력하면 쓸 곳이 있다는 뜻.

노말지세(弩末之勢) : 큰 활 끝의 세력. 걷잡을 수 없이 튕겨 나오는 세력을 일컫는 말.

노발상충(怒髮上衝) : 성을 내어 머리털이 곤두서다.

노방잔읍(路傍殘邑) : 높은 벼슬아치를 대접하느라고 황폐하여진 큰길가의 작은 마을.

노불숙유(路不拾遺) : 길에 떨어진 물건을 주워도 자기 것으로 하지 않는다는 뜻으로, 나라가 잘 다스려져 정돈된 상태를 말한다.

노사숙유(老士宿儒) : 나이가 많고 학문과 명망이 높은 선비.

노생상담(老生常談) : 늙은이가 늘 하는 말.

노생지몽(盧生之夢) : 인생의 허무함을 말함. 한단지몽.

노승발검(怒蠅拔劍) : 파리에 화가 나서 칼을 뺀다. 사소한 일에 화를 내는 사람을 비웃는 말.

노실색시(怒室色市) : 방안에서 노하고 바깥에 나가 노여움을 나타낸다.

노심초사(勞心焦思) : 애를 쓰며 속을 태운다.

노안비슬(奴顔婢膝) : 사람을 사귀는데 있어서 용기가 없고 마음이 비겁한 태도를 취함.

노연분비(勞燕分飛) : 까치와 제비가 서로 나누어져서 날아감. 사람의 헤어짐을 비유한 말.

노우지독지애(老牛舐犢之愛) : 늙은 소가 송아지를 핥아주는 사랑. 자식에 대한 사랑이 깊다.

노이무공(勞而無功) : 힘껏 일하였으나 공이 없다.

노자역덕(怒者逆德) : 노하게 되면 서로 싸우게 되므로,

노하는 것을 역덕이라 한다.

노장지도(老莊之道) : 무위와 자연을 근본으로 하는 노자와 장자의 도덕.

노전분하(爐田分下) : 현장에 있는 사람에게만 나누어 줌.

노파심절(老婆心切) : 남을 위하여 지나치게 걱정함. 노파심.

노홍소청(老紅少靑) : 젊은이와 노인이 장기를 둘 때 노인은 홍말, 젊은이는 청말을 사용하는 것.

녹림호걸(綠林豪傑) : 불한당. 화적.

녹불첩수(祿不疊受) : 두 가지 벼슬을 겸한 사람이 한 가지 벼슬의 녹봉만 받음.

녹사불택음(鹿死不擇音) : 사슴은 그 소리가 아름답지만, 죽게 되었을 때에는 그 아름다운 소리를 가려낼 여유가 없다. 위급한 지경을 당했을 때에는 나쁜 성질이 나온다.

녹음방초(綠陰芳草) : 우거진 나무 그늘과 꽃다운 풀. 곧, 여름철을 가리키는 말.

녹의홍상(綠衣紅裳) : 곱게 차린 여인의 복색.

녹의황리(綠衣黃裏) : 귀천의 자리가 서로 바뀜.

녹초청강(綠草淸江) : 푸른 풀과 맑은 강.

농가성진(弄假成眞) : 장난삼아 한 것이 참으로 한 것이 되다.

농조연운(籠鳥戀雲) : 속박을 받고 있는 몸이 자유를 원하는 마음.

뇌락장열(磊落壯烈) : 기상이 쾌활하고 도량이 넓으며 의지와 기개가 씩씩함.

뇌려풍비(雷厲風飛) : 일하는 것이 벼락처럼 빠르다는 것을 나타낸 말.

뇌봉전별(雷逢電別) : 우뢰처럼 만났다가 번개처럼 헤어지다.

뇌성대명(雷聲大名) : 세상에 널리 알려진 이름.

누진취영(鏤塵吹影) : 먼지에 새기고 그림자를 입으로 분다. 쓸데없는 노력을 비유하는 말.

누항단표(陋巷簞瓢) : 좁고 더러운 거리에 사는 사람의 밥 한 그릇과 물 한 바가지. 아주 가난하게 사는 사람들의 생활을 일컫는 말.

눌언민행(訥言敏行) : 말은 둔하지만 행동은 민첩한 것.

능견난사(能見難思) : 능히 보고도 이해하기 어려움. 볼 수는 있으나 그 이치를 이해하기 어려움.

능곡지변(陵谷之變) : 언덕과 골짜기가 바뀌는 변화. 세상일의 지극히 심한 바뀜을 가리키는 말.

능대능소(能大能小) : 모든 일을 임기응변으로 잘 처리하다.

능언앵무(能言鸚鵡) : 말은 잘하지만 실제 학문이 없는 사람.

능운지지(凌雲之志) : 속세를 떠나려는 마음.

능지처참(陵遲處斬) : 옛 사형법으로 사지를 잘라 내던 형벌.

ㄷ

다능비사(多能鄙事) : 낮고 속된 일에 재능이 많다.
다문박식(多聞博識) : 견문이 많고 학식이 넓음.
다사다망(多事多忙) : 일이 많아서 눈뜰 사이 없이 바쁨.
다언삭궁(多言數窮) : 말이 많으면 자주 곤궁에 빠진다.
다재다병(多才多病) : 재주가 많은 사람은 흔히 몸이 약하여 잔병이 많다.
다재다예(多才多藝) : 재능과 기예가 많다.
다전선고(多錢善賈) : 밑천이 많으면 장사를 잘 할 수 있다.
다지위잡(多知爲雜) : 너무 많이 알면 이것저것 뒤섞여 오히려 행위의 표준이 될 만한 것이 없다.
단갈불완(短褐不完) : 가난한 사람의 제대로 차려입지 못한 옷차림.
단금지교(斷金之交) : 친구간의 두터운 교분. 쇠붙이도 끊을 만큼 단단한 우정.
단도직입(單刀直入) : 군말을 빼고 바로 본론을 말한다.
단무타려(斷無他慮) : 전혀 다른 근심이 없음.
단문고증(單文孤證) : 한 개의 증거. 불충분한 증거를 말함.

단불용대(斷不容貸) : 결코 용서하지 아니함.

단사두갱(簞食豆羹) : 대그릇에 담긴 밥과 작은 나무 그릇에 담긴 국. 검소하고 변변하지 못한 음식.

단사표음(簞食瓢飮) : 도시락 밥과 표주박의 물. 검소한 생활을 일컫는 말.

단순호치(丹脣皓齒) : 붉은 입술과 흰 이. 미인의 얼굴.

단안시야(單眼視野) : 한쪽 눈으로 보는 범위.

단엄침중(端嚴沈重) : 단정하고 엄숙하여 무게가 있음.

단장보단(斷長補短) : 들쭉날쭉한 것을 곧게 하다.

단패교군(單牌轎軍) : 가마를 메고 가는데 돌려가며 멜 사람없이 두 사람이 메고가는 것.

달인대관(達人大觀) : 도리를 통달한 선비의 뛰어난 식견.

담대심소(膽大心小) : 배짱은 한없이 크게 갖되 마음은 항상 주의깊게 하다.

담대어신(膽大於身) : 담이 매우 큼.

담언미중(談言微中) : 말솜씨가 노골적이지 않게 상대방의 급소를 찌르는 말. ◈〈史記〉

당구지락(堂構之樂) : 아들이 아버지의 사업을 이어받아 이루는 즐거움.

당금지지(當禁之地) : 다른 사람이 들어와 장사지냄을 허락하지 않는 땅.

당대발복(當代發福) : 부모를 좋은 땅에 장사지내 지금의

부록

세상에 부귀를 누리게 됨.

당랑거철(螳螂拒轍) : 사마귀가 팔을 벌리고 수레를 막는다. 자신의 분수도 모르고 적에게 반항하는 것.

당면착과(當面錯過) : 눈앞에 보면서도 잘못을 하게 되는 것을 이르는 말.

당봉지물(當捧之物) : 당연히 거두어들이는 재물.

당세유종(當世儒宗) : 그 시대의 첫째가는 학자.

당시승상(當時丞相) : 지금 정승 벼슬을 지낸다. 한창 권세가 당당한 처지.

대갈일성(大喝一聲) : 크게 한 번 소리치다.

대경실색(大驚失色) : 몹시 놀라 얼굴빛을 잃다.

대교약졸(大巧若拙) : 교묘한 재주를 가지고 있는 사람은 자랑하지 않아 언뜻 보기에는 서투르게 보인다.

대기소용(大器小用) : 큰 그릇을 작은 데에 쓰다.

대담무쌍(大膽無雙) : 사물에 대하여 겁을 내지 않는 담력이 짝이 없다.

대동지환(大同之患) : 모든 사람이 함께 겪는 환난.

대무지년(大無之年) : 아주 심한 흉년.

대변여눌(大辯如訥) : 대군자의 말은 이치에 합당하므로, 듣기에는 말을 어물어물 하는 듯하나 실지로는 훌륭한 변설이다.

대부장자(大富長者) : 큰 부자.

대분망천(戴盆望天) : 동이를 머리에 이면 하늘을 바라 볼 수 없고, 하늘을 바라보면 동이를 일 수 없다. 두 가지 일을 동시에 할 수 없음을 비유.

대성이왕(戴星而往) : 별을 머리에 이고 간다. 날이 새기 전에 일찍 자리에서 일어나 간다는 뜻.

대성지행(戴星之行) : 타향에서 부모의 죽음을 연락받고 밤낮없이 바쁘게 돌아오는 길.

대실소망(大失所望) : 바라던 것이 모두 헛일이 되어 크게 실망함.

대양휴명(對揚休命) : 임금의 명을 받들어 그 뜻을 백성에게 널리 알리어 드높임.

대언장담(大言壯談) : 자기 주제에 맞지 않는 말을 가볍게 지껄임.

대우탄금(對牛彈琴) : 소를 두고 거문고를 타다. 어리석은 사람에게 도리를 가르쳐도 알아듣지 못한다.

대중발락(對衆發落) : 수가 많은 사람이 의논하고 결정하여 발표함.

대한불갈(大旱不渴) : 아무리 오래 가물어도 마르지 않을 만큼 물이 많음.

덕륭망존(德隆望尊) : 덕행이 높고 인망이 두텁다.

덕무상사(德無常師) : 덕을 닦는 데에는 일정한 스승이 없다.

덕불고(德不孤) : 덕 있는 사람은 따르는 이가 많아서 외

부록

롭지 않다.

도견와계(陶犬瓦鷄) : 겉모양만 훌륭하고 실속이 없는 사람을 비웃어 하는 말.

도로무공(徒勞無功) : 헛되이 힘만 쓰고 보람이 없다.

도룡지기(屠龍之技) : 용을 잡는 재주가 있다. 쓸모없는 재주를 가리키는 말.

도림방우(桃林放牛) : 주나라 무왕이 천하를 다스리고 소를 도림(桃林 : 복숭아나무숲, 중국의 함곡에서 동관까지의 평야)에 놓았다는 고사를 그린 그림.

도문담불(屠門談佛) : 고기 파는 시장에서 부처를 논한다. 언행이 주위의 환경과 맞지 않음을 나타내는 말.

도문질욕(到門叱辱) :남의 집 앞에 이르러 꾸짖고 욕함.

도소지양(屠所之羊) : 도살장으로 가는 양. 죽음이 눈앞에 닥친 사람을 비유한 말.

도신단단(刀身段段) : 칼이 여러 번 꺾어지는 일.

도역유도(盜亦有道) : 도둑에게도 도둑으로서의 도리가 있다.

도영화기(導迎和氣) : 온화한 기색으로 남의 비위를 맞춰 호감을 사는 일.

도원경(桃源境) : 이 세상으로부터 동떨어져 있는 곳. 이상향. 또는 현실생활과 유리된 환상사회.

도유승강(都有升降) : 천도에는, 크게 융성함과 쇠망함의 두 가지가 있다.

도증주인(盜憎主人) : 사람은 자기를 해치려는 사람을 싫어한다.

도출일원(道出一原) : 도리의 근원은 하나이다.

독단전행(獨斷專行) : 자기 혼자의 판단으로 마음대로 행동함.

독불장군(獨不將軍) : 혼자서는 장군이 못 된다. 혼자 잘난 척 뽐내다가 고립된 처지에 있는 사람.

독서망양(讀書亡羊) : 글을 읽는 데 정신이 팔려 양을 잃다. 하는 일에는 뜻이 없고 딴 생각만 하다가 낭패를 당하는 것을 비유한 말.

독서백편의자현(讀書百遍義自見) : 뜻이 어려운 글도 여러 번 반복하여 읽고 외면 글의 뜻을 스스로 깨쳐 알게 된다.

독서삼도(讀書三到) : 독서하는 데는 눈으로 보고, 입으로 읽고, 마음으로 해독하여야 된다.

독서상우(讀書尙友) : 독서함으로써 옛날의 현인을 벗 삼다.

독서파만권(讀書破萬卷) : 책을 많이 읽다.

독장불명(獨掌不鳴) : 손바닥 하나로는 소리가 나지 않는다. 맞서는 이가 없으면 싸움이 되지 않는다.

독청독성(獨淸獨醒) : 어지러운 세상에 홀로 깨끗하고 맑음.

독학고루(獨學孤陋) : 스승 없이 혼자 배운 사람은 식견이

부록

좁아 몹시 고루하다.

돈단무심(頓斷無心) : 사물에 대하여 모양이나 태도가 도무지 마음에 들지 않음.

돈수재배(頓首再拜) : 머리가 땅에 닿도록 두 번 절함.

돈제양전(豚蹄穰田) : 돼지 발굽을 바치고 풍년을 빈다. 가진 것이 적으면서 많은 것을 바라는 것을 비유한 말.

동가식서가숙(東家食西家宿) : 두 가지 좋은 일을 함께 가지려 하다. 의식주가 없어 떠돌아 다니다.

동가홍상(同價紅裳) : 같은 값이면 다홍치마.

동귀수도(同歸殊塗) : 세상의 이치는 끝이 모두 같으나 도(道)에 따라 다를 수도 있다.

동기지친(同氣之親) : 형제간의 친애.

동동촉촉(洞洞燭燭) : 공경하고 삼가서 매우 조심스럽다.

동량지재(棟樑之材) : 나라의 중임을 맡을 만한 인물.

동문서답(東問西答) : 엉뚱한 대답.

동분서주(東奔西走) : 매우 분주함.

동상이몽(同床異夢) : 한 자리에 자면서 다른 꿈을 꾸다. 같은 자리에 있으면서 생각이 서로 다름.

동서남북인(東西南北人) : 주거가 일정하지 않은 사람.

동선하로(冬扇夏爐) : 겨울의 부채와 여름의 화로. 쓸모없는 것.

동성상응(同聲相應) : 같은 소리는 서로 상대하여 응답함. 의견을 같이 하면 서로 합치게 된다는 뜻.

동성이속(同聲異俗) : 사람의 성질은 태어날 때 원래 같으나 자라면서 습관에 따라 달라진다.

동우지곡(童牛之牿) : 송아지를 외양간에 동여맨다. 자유가 속박됨을 일컫는 말.

동이불화(同而不和) : 겉으로는 동의하지만 내심으로는 그렇지 않다.

동정서벌(東征西伐) : 여러 나라를 정벌함.

동주상구(同舟相救) : 이해관계를 같이 하는 사람은 자연히 서로 돕게 됨.

동첩견패(童輒見敗) : 어떤 일이든지 하려고만 하면 피해를 봄.

동해양진(東海揚塵) : 바다가 육지로 바뀜.

두남일인(斗南一人) : 두남은 북두칠성의 남쪽. 천하제일의 현명한 사람.

두문불출(杜門不出) : 문을 닫고 밖에 나가지 않다.

두미관유(斗米官遊) : 적은 급료를 받기 위해 고향을 떠나서 근무함.

두중각경(頭重脚輕) : 정신이 아찔하여 쓰러짐.

두찬(杜撰) : 출처가 확실하지 않은 문자를 쓰거나 오류가 많다.

부록

두회기렴(頭會箕斂) : 사람의 머릿수에 따라 곡식을 거두어들임. 가혹하게 세금을 걷는 것을 일컫는 말.

득갑환주(得匣還珠) : 쓸데없는 일에 빠져 할 일을 잊음.

득부상부(得斧喪斧) : 얻은 도끼나 잃은 도끼나 같다. 손해 본 것이 없다.

득불보실(得不補失) : 얻은 것으로 잃은 것을 채우지 못하다.

득수이실인(得獸而失人) : 짐승을 얻고 사람을 잃음. 얻는 것보다 잃는 것이 많음을 나타내는 말.

득실상반(得失相半) : 얻은 것이나 잃은 것이 반반.

득의양양(得意揚揚) : 바라던 일이 성취되어 우쭐거리며 좋아함.

득일망십(得一忘十) : 한 가지 일을 기억하면 다른 열 가지 일을 잊다.

득친순친(得親順親) : 부모의 뜻에 순종하다. ◈〈孟子〉

등고필부(登高必賦) : 군자는 높은 산에 오르면, 반드시 시를 지어 심중에 쌓인 생각을 푼다.

등대부자조(登臺不自照) : 등대의 불은 먼 곳을 밝게 비추지만, 등대 자신은 어둡다.

등루거제(登樓去梯) : 높은 누에 오르게 하고 사다리를 치우다.

등시포착(登時捕捉) : 죄를 저질렀을 때 바로 그 자리에서 잡음.

등하불명(燈下不明) : 등잔 밑이 어둡다.

등화초가친(燈火稍可親) : 등불을 가까이 하여 글을 읽다.

부록

ㅁ

마각노출(馬脚露出) : 숨기려던 큰 흠이 부지중에 나타나다.

마권찰장(摩拳擦掌) : 주먹과 손바닥을 비비다. 기운을 모으고 모든 준비를 갖추고 기회를 엿본다는 뜻.

마두납채(馬頭納采) : 납채를 혼인하는 당일 가지고 가다.

마두출령(馬頭出令) : 갑자기 명령을 내리다.

마상득지(馬上得之) : 말을 타고 천하를 얻음. 전쟁을 통해서 천하를 얻었다는 뜻.

마생각(馬生角) : 말에 뿔이 나다.

마우금거(馬牛襟裾) : 말이나 소에 의복을 입히다.

마정방종(摩頂放踵) : 이마를 부딪혀 발뒤꿈치까지 다침. 분골쇄신함을 일컬음.

마중지봉(麻中之蓬) : 구부러진 쑥도 삼밭에 심으면 꼿꼿하게 자란다. 악함도 환경에 따라 선(善)으로 고쳐진다는 뜻.

마천철연(摩穿鐵硯) : 학문을 열심히 닦으며 다른 곳에 마음을 두지 않음을 이름.

막감개구(莫敢開口) : 두려워서 해야 할 말을 감히 하지 못함.

막감수하(莫敢誰何) : 세력이 강하여 누구도 감히 건드리지 못함.

막교삼공신오신(莫交三公愼吾身) : 삼공(三公 : 삼정승)을 사귀지 말고 자신의 몸을 신중하게 하라. 높은 사람을 배경으로 둔 것을 믿고 함부로 행동하지 말고 자중하라는 뜻.

막막궁산(莫莫窮山) : 쓸쓸하고 고요할 정도로 깊고 높은 산.

막불탄복(莫不嘆服) : 탄복하지 않을 수 없음.

막비명야(莫非命也) : 모든 것이 운명에 달려 있다.

막상막하(莫上莫下) : 우열이 없다.

막엄지지(莫嚴之地) : 임금이 기거하는 곳이나 그 앞을 가리킴.

막지동서(莫知東西) : 동서를 분간하지 못하다.

막천석지(幕天席地) : 하늘을 천막 삼고 땅을 자리 삼다. 기상이 호방하고 거리끼지 않다.

막현호은(莫見乎隱) : 어두운(감춘) 곳은 오히려 드러나 보인다. ◈〈中庸〉

만강혈성(滿腔血誠) : 가슴 속에 가득차서 진심으로 우러나오는 정성.

만경창파(萬頃蒼波) : 끝없이 넓고 넓은 바다.

만고불후(萬古不朽) : 한없는 세월에도 썩거나 없어지지

부록

않음.

만고상청(萬古常靑) : 오랜 세월에 변함없이 언제나 푸름.

만고천추(萬古千秋) : 과거 미래를 통한 영원한 세월.

만고풍상(萬古風霜) : 오랫동안에 겪는 수많은 고난.

만구성비(萬口成碑) : 만인의 입이 비를 이루다. 여러 사람이 칭찬하는 것. 송덕비와 같다.

만단개유(萬端改諭) : 여러 가지 말로 좋게 타이름.

만단수심(萬端愁心) : 갖가지의 근심과 걱정.

만대불역(萬代不易) : 오랜 세월이 흘러도 바뀌지 않음.

만뢰구적(萬籟俱寂) : 밤이 깊어 모든 소리가 없이 고요함.

만리동풍(萬里同風) : 천하가 통일되어 온 세상의 풍속이 같다.

만면수참(滿面羞慚) : 부끄러움이 온 얼굴에 가득함.

만목소연(滿目蕭然) : 눈에 보이는 모든 것이 쓸쓸함.

만물부모(萬物父母) : 천지의 뜻. 천지는 물(物)을 낳는다.

만반진수(滿盤珍羞) : 상에 가득 찬 맛좋은 음식.

만불실일(萬不失一) : 조금도 틀림이 없다.

만사개여몽(萬事皆如夢) : 이 세상 모든 일이 꿈 같다.

만사무석(萬死無惜) : 죄가 무거워 만 번 죽어도 용서할 여지가 없다.

만사유경(萬死猶輕) : 만 번 죽어도 오히려 가볍다. 그만큼 죄가 무겁다는 것을 일컫는 말.

만세불간(萬世不刊) : 영원히 지우지 못함.

만승지국(萬乘之國) : 승은 병거. 병거 일 만을 낼 수 있는 나라.

만시지탄(晩時之嘆) : 기회를 잃은 한탄.

만우난회(萬牛難回) : 만 필의 소를 모아 그 힘으로도 돌이킬 수 없다. 고집이 센 사람.

만인이심(萬人異心) : 각 사람의 마음이 모두 다르다.

만장공도(萬丈公道) : 사사로움이 없이 매우 공정한 일.

만장홍진(萬丈紅塵) : 만 발 정도로 높이 솟은 먼지. 구차하고 속된 세상을 일컬음.

만절필동(萬折必東) : 흐르는 황하의 물이 이리저리 만 번을 굽 돌아도 반드시 동으로 흐른다. 한번 굳게 마음먹은 절개가, 아무리 꺾으려 해도 꺾이지 아니하고, 뜻대로 나아간다.

만휘군상(萬彙群象) : 삼라만상.

말대필절(末大必折) : 가지가 크면 줄기가 부러진다.

망거목수(網擧目隨) : 한 가지 일이 이루어지면 다른 일도 따라서 이루어진다는 뜻.

망루탄주지어(網漏呑舟之魚) : 그물이 배를 삼킬 만큼 큰 고기를 빠뜨리다.

망매해갈(望梅解渴) : 목이 마른 병졸이 신 살구 얘기를 듣고 입에 침이 고여 목마름을 풀었다는 고사.

부록

망목불소(網目不疎) : 그물코가 총총한 것처럼 법률이 세밀하다.

망무두서(茫無頭緖) : 정신이 아득하여 하는 일이 두서가 없음.

망상착상(妄想着想) : 아무런 이유 없이 갑자기 일어나는 망령된 생각.

망신망가(忘身忘家) : 몸과 집안을 잊다.

망양보뢰(亡羊補牢) : 양을 잃고 우리를 고치다.

망운지정(望雲之情) : 타향에서, 고향에 계신 부모를 그리는 정.

망유택언(罔有擇言) : 말이 모두 이치에 맞아 빼낼 것이 없다.

망자계치(亡子計齒) : 죽은 자식 나이 세기. 돌이킬 수 없이 틀어진 일은 아무리 다시 해도 소용이 없다는 뜻.

망자존대(妄自尊大) : 자기만 잘났다고 뽐내고 남을 업신여기다.

망중투한(忙中偸閑) : 몹시 바쁜 중에도 틈을 내어 한가함을 즐김.

망지소조(罔知所措) : 어찌할 바를 모르고 허둥거리다.

망풍이미(望風而靡) : 떠도는 소문을 듣고 놀라 싸우지 않고 도망침.

매검매우(賣劍買牛) : 칼을 팔아 소를 사다. 전쟁을 그만

두고 농사를 짓다.

매두몰신(埋頭沒身) : 일에 묻혀서 물러설 줄 모름.

매사불성(每事不成) : 하는 모든 일마다 성공하지 못함.

매염봉우(賣鹽逢雨) : 소금을 팔다가 비를 맞다.

매처학자(梅妻鶴子) : 매화를 아내로 삼고 학을 자식으로 삼는다. 중국 송나라 때 임포((林鋪)라는 사람이 아내와 자식 없이 매화와 학을 기르며 여생을 보냈다는 고사에서 유래.

맹귀우목(盲龜遇木) : 눈 먼 거북이가 물에 뜬 나무를 붙잡다. 매우 어려운 때는 우연히 좋은 일을 만나게 됨을 비유한 말.

맹산서해(盟山誓海) : 산과 바다에 맹세한다. 굳게 맹세함을 이르는 말.

맹완단청(盲玩丹靑) : 보아도 내용을 알지 못할 사물을 보다.

맹인안질(盲人眼疾) : 있으나마나 아무 상관이 없다.

맹자실장(盲者失杖) : 맹인이 지팡이를 잃음. 의지하는 곳을 잃어버림을 뜻함.

맹자직문(盲者直門) : 장님이 문을 바로 들어가다. 우둔한 사람이 어찌하다가 이치에 맞는 일을 하게 됨을 비유한 말.

맹호위서(猛虎爲鼠) : 범도 위엄을 잃게 되면 쥐와 같다.

부록

면관돈수(免冠頓首) : 관을 벗고 머리가 땅에 닿도록 절을 함.

면리장침(綿裏藏針) : 솜 속에 바늘을 감춘다. 겉보기에는 약하고 부드러워 보이나 속으론 흉악함을 감추고 있음을 비유한 말.

면면상고(面面相顧) : 아무말없이 서로 얼굴만 쳐다봄.

면무인색(面無人色) : 놀라서 무서움에 질려 얼굴에 핏기가 없다.

면색여토(面色如土) : 몹시 놀라 얼굴색이 흙빛처럼 됨.

면종복배(面從腹背) : 겉으로는 복종하는 체 하면서 내심으로는 배반하다.

멸문지화(滅門之禍) : 집안사람이 모두 죽임을 당하는 큰 재앙.

명견만리(明見萬里) : 먼 앞의 일을 훤하게 내다봄.

명경지수(明鏡止水) : 잡념 없이 깨끗한 마음. ◈〈莊子〉

명모호치(明眸皓齒) : 눈동자가 맑고 이가 희다. 미인을 나타낼 때 사용하는 말.

명불허전(名不虛傳) : 명예가 널리 퍼진 것이 헛된 말이 아니다.

명산대천(名山大川) : 이름난 산과 큰 내.

명세지재(命世之才) : 세상을 구할 만한 뛰어난 인재.

명실상부(名實相符) : 이름과 실상이 같다.

명심불망(銘心不忘) : 마음속에 깊이 새겨 두어 잊지 아니함.

명약관화(明若觀火) : 불을 보듯이 분명하다.

명월위촉(明月爲燭) : 밝은 달빛으로 촛불을 삼음.

명재경각(命在頃刻) : 곧 숨이 끊어질 지경.

명주암투(明珠闇投) : 명주를 어둠 속에서 던진다. 아무리 귀중한 것이라도 남에게 줄 때 도리를 그르치면 안 된다는 뜻.

명철보신(明哲保身) : 이치를 좇아 일을 처리하여 몸을 지킨다.

모야무지(暮夜無知) : 어두운 밤중이라 아는 사람이 없다. 깊은 밤이라 듣고 보는 사람이 없다는 뜻.

모의봉격(毛義奉檄) : 중국에 집이 몹시 가난한 모의라는 사람이, 늙은 어머니를 모시고 벼슬에 뜻을 두지 않고 살고 있었다. 어느 날 관리로 임명한다는 소장이 왔는데 노모가 어찌나 기뻐하는지 모의는 노모를 위해 벼슬을 하기로 했다. 이때 그의 지조를 높이 받들던 장봉(張奉)이라는 사람이 모의는 지조 없는 사람이라고 공격을 했다는 고사.

목광여거(目光如炬) : 눈빛이 횃불과 같다. 화가 나서 사람을 노려 보는 것을 나타내는 말.

목단어자견(目短於自見) : 눈은 사물을 잘 보지만 눈 속은

부록

보지 못한다. 사람이 자기 자신을 잘 모른다는 뜻.

목랑청조(睦郎廳調) : 분명하지 않고 어물어물 넘기는 태도.

목불인견(目不忍見) : 참혹하여 눈으로 볼 수 없음.

목불석전(木不石傳) : 나무나 돌에도 붙일 곳이 없다. 가난하고 아는 사람이 없어 의지할 곳이 없음을 나타낸 말.

목식이시(目食耳視) : 실속보다 겉치레에 신경 쓰는 것을 말함.

목자진열(目眥盡裂) : 눈을 부릅뜨고 매우 사납게 흘겨 보는 모양.

목전지계(目前之計) : 눈앞에 보이는 것만 생각하는 꾀.

목지기사(目指氣使) : 눈으로 가리키고 기색으로 일을 시킴. 사람을 멸시하면서 일을 시키는 것을 나타내는 말.

몽롱창망(朦朧蒼茫) :어슴프레하고 넓고 멀어서 아득함.

몽상부도(夢想不倒) : 꿈속에서도 생각할 수 없음.

몽외지사(夢外之事) : 꿈에도 생각하지 않았던 일.

몽중상심(夢中相尋) : 너무나 그리워서 꿈속에서도 서로 찾음.

몽중설몽(夢中說夢) : 꿈속에서 이야기하듯이 종잡을 수 없이 왔다 갔다 하는 말.

묘년재격(妙年才格) : 젊은 나이에 타고난 품격과 재주.

묘두현령(猫頭懸鈴) : 고양이 목에 방울 달기. 실행할 수 없는 쓸모없는 공론을 일컫는 말.

묘시파리(眇視跛履) : 애꾸가 환히 보려하고 절름발이가 멀리가려 한다. 자기 분수에 넘치는 일을 하다가는 도리어 화를 입음을 비유하는 말.

무가내하(無可奈何) : 어떻게 할 도리가 없음.

무거불측(無據不測) : 근거가 없어 측량하기 힘들다.

무고작산(無故作散) : 아무 이유 없이 벼슬을 빼앗음.

무골호인(無骨好人) : 아주 순하여 여러 사람과 두루 맞는 사람.

무괴어심(無愧於心) : 말과 행동이 올바르고 마음에 부끄러움이 없다.

무단향곡(武斷鄕曲) : 시골에서 권세 있는 집안이 백성을 억압함.

무도막심(無道莫甚) : 더할 수 없이 도의심이 없음.

무두무미(無頭無尾) : 머리도 없고 꼬리도 없다. 시작과 끝이 없음.

무력소치(無力所致) : 힘이 없는 까닭에 벌어진 일.

무망지인(毋望之人) : 급한 어려움에 처했을 때 뜻하지 않게 도움을 주는 사람.

무망지화(毋望之禍) : 뜻밖의 재앙.

부록

무문농필(舞文弄筆) : 붓을 멋대로 휘둘러 문장에 나타난 말을 실없게 함.

무부무군(無父無君) : 어버이도 모르고 임금도 모르는 난신적자. 행동이 매우 어지러운 사람.

무불통지(無不通知) : 모르는 것이 없다.

무사가답(無辭可答) : 사리가 떳떳하여 대꾸할 말이 없음.

무사자통(無師自通) : 가르쳐 주는 선생이 없이 자기 스스로 통함.

무소불위(無所不爲) : 못할 짓이 없다.

무신불석사(武臣不惜死) : 무인은 죽음을 두려워하지 않음.

무실역행(務實力行) : 참되고 실속 있도록 힘써서 행함.

무언부도(無言不道) : 마음에 품은 말을 다 못할 것이 없음.

무염지욕(無厭之慾) : 끝없는 욕심.

무용지변(無用之辯) : 불필요한 변설, 쓸데없는 말을 이른다. ◈〈荀子〉

무위이치(無爲而治) : 성인의 큰 덕에 백성이 감화를 입어 나라가 저절로 다스려지다.

무인지경(無人之境) : 사람이 아무도 없는 곳.

무일가취(無一可取) : 취할 만한 것이 하나도 없음.

무주고혼(無主孤魂) : 제사를 지내 위로해 줄 자손이 없는 쓸쓸한 혼령.

무지몽매(無知蒙昧) : 지식이 없어 일의 이치에 어두움.

무편무당(無偏無黨) : 어느 한쪽으로 기울어지지 않고 공정함을 이룸.

무호동중 이작호(無虎洞中 狸作虎) : 범이 없는 곳에서 여우가 범 노릇을 하다.

무하저처(無下箸處) : 젓가락 댈 곳이 없다. 곧, 먹을 만한 음식이 없다는 뜻. ◈〈莊子〉

무후위대(無後爲大) : 자손이 없는 것은 가장 큰 불효이다.

묵적지수(墨翟之守) : 굳건히 성을 지키다. 자기 의견이나 주장을 끝까지 지키다.

문과기실(文過其實) : 모양을 꾸미는 것이 자기 신분에 지나침.

문념무희(文恬武嬉) : 문무관이 제 직분을 지키지 않아 정치가 퇴폐함을 비유.

문무겸비(文武兼備) : 문식과 무략을 함께 갖추다.

문방사우(文房四友) : 종이, 붓, 벼루, 먹.

문전옥답(門前沃畓) : 집 앞에 있는 기름진 전답. 많은 재산을 일컫는 말.

문필쌍전(文筆雙全) : 글을 짓는 재주와 글씨 쓰는 재주를 모두 골고루 갖추고 있음.

물각유주(物各有主) : 무엇이나 그 주인이 있다.

물박정후(物薄情厚) : 사람을 사귀는 데 있어서 예물이나 식사대접은 약소하더라도 인정만은 두터워야 한다.

부록

물성즉쇠(物盛則衰) : 만물은 한번 흥하면 쇠퇴 한다라는 뜻.

물외한인(物外閑人) : 세상의 시끄러움을 피하여 한가롭게 지내는 사람.

물유본말(物有本末) : 물건에는 근본과 끝이 있다.

미복잠행(微服潛行) : 남이 모르도록 남루한 옷을 입고 슬그머니 다님.

미자불문로(迷者不問路) : 길을 잃어버린 사람이 길을 묻지 않는다. 어리석은 사람을 비유하는 말.

민고민지(民膏民脂) : 백성의 피와 땀. 백성들에게 거두어들인 조세를 일컬음.

민심무상(民心無常) : 백성의 마음은 다스림에 의하여 좌우된다.

민첩혜힐(敏捷慧黠) : 눈치 빠르고 약삭빠름.

ㅂ

박고지금(博古知今) : 옛날 일을 널리 알게 되면 오늘날의 일도 알게 된다.

박문약례(博文約禮) : 학문을 널리 닦고 예절을 지킴.

◈〈論語〉

박물군자(博物君子) : 온갖 사물에 정통한 사람.

박시제중(博施濟衆) : 뭇사람에게 널리 은혜를 베풀어 구제함.

박옥혼금(璞玉渾金) : 쪼지 아니한 옥과 불리지 아니한 금. 근본 바탕은 좋으나 꾸미지 아니한 것을 비유한 말.

박장대소(拍掌大笑) : 손바닥을 치면서 크게 웃다.

박채중의(博採衆議) : 많은 사람의 의견을 들어 채택함.

박학독지(博學篤志) : 널리 학문에 정통하여 덕을 닦으려고 뜻을 굳건히 함.

반목질시(反目嫉視) : 서로 못 사귀어 미워하여 눈을 흘겨 쳐다봄.

반박지탄(斑駁之嘆) : 한쪽으로 치우쳐 불공정함에 대한

부록

개탄.

반복무상(反覆無常) : 주관이 없어 언행이 일정하지 아니함.

반생반사(半生半死) : 다 죽게 된 처지.

반수기앙(半受其殃) : 오히려 재앙을 받음.

반수반성(半睡半醒) : 반은 자고 반은 깨어 있음.

반승반속(半僧半俗) : 중도 아니고 속인도 아니다. 분명하게 이름을 붙일 수 없는 것.

반식재상(伴食宰相) : 자리만 차지하고 있는 무능한 신하.

반의지희(斑衣之戲) : 늙은 부모를 즐겁게 하려고 색동저고리를 입고 기어가는 흉내를 내었다는 중국사람 노래자(老萊子)의 고사.

반자지명(半子之名) : 사위는 아들과 같다는 것을 이르는 말.

발란반정(撥亂反正) : 어지러운 세상을 평정하고 질서를 회복함.

발분망식(發憤忘食) : 발분하여 끼니까지 잊고 노력하다.

발양망상(發揚妄想) : 자기의 재주나 기세가 월등하게 뛰어났다고 생각하는 헛된 생각(과대망상).

발연변색(勃然變色) : 성을(화를) 왈칵 내어 얼굴빛이 바뀜.

발종지시(發蹤指示) : 사냥개에게 짐승이 있는 곳을 가리켜서 잡게 함. 방법을 일러주는 것을 일컫는 말.

발호시령(發號施令) : 명령을 내린 것을 그대로 행함.

방미두점(防微杜漸) : 일이 커지기 전에 미리 막음.

방반유철(放飯流歠) : 밥을 많이 푸고 국을 흘리면서 먹는다. 곧 음식을 절약할 줄 모름을 비유한 말.

방성통곡(放聲痛哭) : 소리를 크게 지르며 목 놓아 크게 울음.

방장부절(方長不折) : 한창 자라고 있는 것을 꺾지 아니함. 앞날이 창창한 사람에 대해서 훼방을 놓지 않는다는 뜻.

방저원개(方底圓蓋) : 네모진 바닥에 둥근 뚜껑. 서로 맞지 않음을 일컫는 말.

방축향리(放逐鄕里) : 관리의 벼슬을 빼앗고 자기의 고향으로 내려 보냄.

방휼지세(蚌鷸之勢) : 도요새가 입 벌린 방합을 먹으려고 주둥이를 넣는 순간 방합은 껍질을 닫아 주둥이를 물려 다툰다. 서로 이길려고 양보하지 않고 싸우는 것을 비유하는 말.

배은망덕(背恩忘德) : 남의 은덕을 잊고 도리어 해치려 하다.

백골난망(白骨難忘) : 죽어 백골이 되어서도 잊을 수 없다.

백공천창(百孔千瘡) : 온갖 해로운 일로 엉망진창이 됨.

백구과극(白駒過隙) : 흰 망아지가 빨리 달리는 것을 문틈으로 보는 것처럼 눈 깜박할 사이.

백귀야행(百鬼夜行) : 온갖 잡귀가 밤에 돌아다니다. 하는 짓이 몹시 흉악한 놈들이 덤벙거리다.

부록

백년지객(百年之客) : 한평생을 두고 늘 어려운 손님으로 맞다. 처가에서 사위를 두고 하는 말.

백락일고(伯樂一顧) : 명마(名馬)가 백락을 만나 세상에 알려지다.

백면서생(白面書生) : 사무에 능숙하지 못한, 젊은 풋내기.

백무일실(百無一失) : 무슨 일에나 실수가 없다.

백무일취(百無一取) : 언행 가운데서 하나도 쓸 만한 것이 없다.

백사대길(白事大吉) : 모든 일이 잘 되다.

백세지사(百世之師) : 백 대 후까지도 모든 사람의 스승으로 우러러 본받을 만한 사람.

백옥무하(白玉無瑕) : 아무 흠이 없는 사람을 비유하는 말.

백유읍장(伯兪泣杖) : 한백유(韓伯兪)는 나이가 들어서 어머니로부터 종아리를 맞게 되었는데, 어릴 때 자신을 때리던 힘보다 약해져, 어머니가 많이 늙었음을 통탄하였다는 고사.

백의창구(白衣蒼狗) : 세상 일이 수시로 잘 변함을 비유한 말.

백인교전(白刃交前) : 눈앞의 시퍼런 칼날. 매우 다급함을 이르는 말.

백절불요(百折不撓) : 실패를 거듭해도 뜻을 굽히지 않다.

백중지간(伯仲之間) : 낫고 못함이 거의 없다.

백척간두(百尺竿頭) : 높다란 장대 끝에 서다. 위태롭고 난처한 지경.

백팔번뇌(百八煩惱) : 불가에서 말하는 백팔가지 번뇌.

백화난만(百花爛漫) : 온갖 꽃이 피어서 아름답게 어우러짐.

번문욕례(煩文縟禮) : 번거롭고 복잡한 조문과 규칙.

번언쇄사(煩言碎辭) : 번거롭고 자차분한 말.

범부육안(凡夫肉眼) : 범인의 천박한 견해.

벽사진경(辟邪進慶) : 사악한 귀신을 쫓고 경사로운 일을 맞이하다.

벽파문벌(劈破門閥) : 인재를 등용하는데 있어서 문벌을 따지지 않음.

변출불의(變出不意) : 뜻밖에 이상한 사고가 생김.

별반거조(別般擧措) : 보통과 다른 행동.

병가상사(兵家常事) : 전쟁에서 이기고 지는 것은 흔한 일이니 낙심할 것이 없다.

병불염사(兵不厭詐) : 군사에 있어서는 간사한 꾀를 꺼리지 아니함.

병조적간(兵曹摘奸) : 병조가 간신을 적발한다. 사물을 자세하게 조사함을 비유하는 말.

병주고향(竝州故鄕) : 오랫동안 살던 타향을 제이의 고향으로 여길 때 하는 말.

병풍상서(病風傷暑) : 바람에 병들고 더위에 상함.

보거상의(輔車相依) : 서로 돕고 의지하다.

보과습유(補過拾遺) : 임금의 잘못을 바로 잡아 고치게 함.

복거지계(覆車之戒) : 실패한 일을 거울삼아 경계하다.

복과재생(福過災生) : 복이 정도에 넘치면 오히려 재앙을 가져옴.

복과화생(福過禍生) : 지나친 행복은 재앙을 가져 오는 재앙이다.

복배지수(覆杯之水) : 이미 엎질러진 물.

복생어미(福生於微) : 복은 작은 일에서부터 생긴다.

복수불반분(覆水不返盆) : 부인이 시가를 떠나면 돌아올 수 없다. 한 번 저지른 일은 돌이킬 수 없음을 비유.

복수불수(覆水不收) : 엎지른 물은 다시 그릇에 담을 수 없다.

복심지우(覆心之友) : 마음이 맞는 극진한 벗.

복심지질(腹心之疾) : 배나 가슴을 앓는 병. 마음속 깊이 있는 근심 걱정을 비유하는 말.

복용봉추(伏龍鳳雛) : 엎드린 용과 봉황의 새끼. 여기서 엎드린 용은 제갈공명을 가리키고 봉황의 새끼는 방사원을 말하는 것인데, 뛰어난 인물을 가리킬 때 쓰는 말이다.

본비아물(本非我物) : 뜻밖에 얻은 재물은 잃어버려도 서운하지 않다.

본연지성(本然之性) : 사람이 태어날 때부터 가지고 있는 착한 천성.

봉가지마(泛駕之馬) : 수레를 전복시키는 사나운 말. 항상 지켜야 할 도리를 좇지 아니하는 영웅.

봉두구면(蓬頭垢面) : 흐트러진 머리와 얼룩 묻은 얼굴. 성질이 털털하여 겉모양에 신경 쓰지 않는 것을 이르는 말.

봉린지란(鳳麟芝蘭) : 봉황 · 기린처럼 잘난 남자와 지초 · 난초처럼 예쁜 여자. 젊은 남녀의 아름다움을 이르는 말.

봉명조양(鳳鳴朝陽) : 봉황이 산의 동쪽에서 운다. 천하가 태평할 길조. 뛰어난 행위를 칭찬할 때 쓰는 말.

봉방수와(蜂房水渦) : 벌집에 벌이 모이고 소용돌이에 물이 모인다. 많이 모여드는 형상을 나타낼 때 쓰는 말.

봉액지의((縫掖之衣) : 선비가 입는 도포 중의 하나.

봉의군신(蜂蟻君臣) : 개미나 벌에게도 임금과 신하의 구별이 있다.

봉인첩설(逢人輒說) : 만나는 사람마다 붙잡고 떠들어 소문을 널리 퍼뜨림.

봉필생휘(蓬蓽生輝) : 가난한 사람 집에 귀한 사람이 찾아옴을 영광으로 생각한다는 말.

부귀재천(富貴在天) : 사람의 부귀는 하늘에 있다. 곧, 사람 마음대로 부귀를 누릴 수 있는 것이 아니다라는 뜻.

부랑패류(浮浪悖類) : 주소나 직업이 없이 떠돌며 허랑방탕한 짓을 하는 무리.

부복장주(剖腹藏珠) : 이익을 얻기 위하여 자신의 몸을 해치는 일을 하지 말라는 뜻.

부생여몽(浮生如夢) : 인생은 허무한 꿈과 같다.

부석입해(負石入海) : 돌을 지고 바다로 뛰어든다. 자신의 뜻을 세상에서 펴지 못하여 돌을 짊어지고 바다로 뛰어 들었다는 고사에서 유래한 말.

부수청령(俯首聽令) : 윗사람의 위엄에 눌려서 말없이 명령에 복종함.

부신입화(負薪入火) : 나무를 지고 불에 들다.

부월당전(斧鉞當前) : 작은 도끼와 큰 도끼가 눈앞에 있다. 무거운 형벌로 죽음이 앞에 닥침을 가정하는 말.

부유장설(婦有長舌) : 여자가 말이 많으면 화의 근원이 된다. ◈〈詩經〉

부인종인자(婦人從人者) : 여자는 온유하고 남자를 잘 따라야 한다. ◈〈禮記〉

부자자효(父慈子孝) : 아비는 자애를 주로 하고 아들은 효를 주로 한다.

부족지탄(不足之歎) : 넉넉하지 못함을 한탄함.

부즉다사(富則多事) : 재산이 많으면 일도 많다.

부지육미(不知肉味) : 한 가지 일에 전념하여 다른 일을 모름을 일컫는 말.

부지하락(不知下落) : 어디로 갔는지 분명치 않음.

부집존장(父執尊長) : 아버지의 친구로, 아버지와 나이가 비슷한 어른.

부창부수(夫唱婦隨) : 지아비가 주장하면 아내는 따라간다. 부부화합의 도를 이르는 말.

부탕도화(赴湯蹈火) : 물불을 가리지 않고 뛰어들음. 곧, 목숨을 내놓고 일함을 가리키는 말.

부화뇌동(附和雷同) : 아무 비판 없이 남의 말에 따르다.

북문지탄(北門之嘆) : 벼슬에 오르기는 하였으나 뜻대로 성공하지 못하여 한탄함을 이름.

북산지감(北山之感) : 부모에게 공양하지 못함을 한탄하다.

북창삼우(北窓三友) : 거문고, 술, 시(詩)를 일컬음.

북풍한설(北風寒雪) : 북쪽에서 불어오는 바람과 차가운 눈.

분골쇄신(粉骨碎身) : 뼈가 가루가 되고 몸이 부서지도록 노력하다.

분기충천(憤氣冲天) : 원통하여 일어나는 분한 기운이 하늘을 찌름.

분리사명(奔利死名) : 세상 사람들이 명예와 이익에 빠져

부록

있음.

분서갱유(焚書坑儒) : 책을 불사르고 선비들을 생매장한다는 말로, 흔히 서적이나 인사들을 탄압하는 행위나 독재자들을 뜻한다. ◈〈史記의 秦始皇本記〉

분투쟁선(奮鬪爭先) : 있는 힘을 다해서 싸워 앞서 나가기를 다툼.

불가불념(不可不念) : 마음에 새겨 두지 않으면 안 될 생각.

불감생의(不敢生意) : 힘이 못 미쳐 감히 할 엄두도 못 냄.

불계지주(不繫之舟) : 매어 놓지 않은 배. 곧 정처 없이 떠도는 몸을 가리켜 비유하는 말.

불고염치(不顧廉恥) : 수치를 아는 마음을 돌아보지 아니함.

불공대천지수(不共戴天之讎) : 같은 하늘 아래서는 함께 살 수 없는 원수.

불공자파(不攻自破) : 치지 않아도 스스로 부서짐.

불괴옥루(不愧屋漏) : 사람이 없는 곳에서도 행동을 신중하게 하여 귀신에게도 부끄럽지 않음.

불구공졸(不拘工拙) : 재주의 있고 없음에 구애되지 않음.

불구문달(不求聞達) : 세상의 명예를 구하지 않음.

불구심해(不求甚解) : 뜻을 풀기가 어려운 곳을 밝히려 하지 않는다.

불두착분(佛頭着糞) : 깨끗한 물건을 더럽히는 것. 좋은 책의 머리말에 좋지 않은 서문을 쓴 것을 비유하

는 말.

불로불사(不老不死) : 지극히 장수하다.

불립문자(不立文字) : 도(道)는 마음으로 전하는 것이지 문자로 전하는 것이 아니다.

불면불휴(不眠不休) : 자지도 않고 쉬지도 않는다. 쉴 사이 없이 일하는 것을 일컬음.

불면호구(不免虎口) : 위험을 면하지 못하다.

불문곡직(不問曲直) : 옳고 그름을 가리지 않고 함부로 일을 처리하다.

불비지혜(不費之惠) : 자신에게 해가 될 것이 없고 남에게는 이익이 되는 것을 베푸는 은혜.

불삼숙상하(不三宿桑下) : 뽕나무 밑에서 삼일을 계속 자지 않는다. 남에게 도움 받기를 원치 않음을 이르는 말.

불생불멸(不生不滅) : 생기지도 않고 없어지지도 않음.

불선거행(不善擧行) : 자기가 해야 할 일을 잘하지 못함.

불선불후(不先不後) : 좋지 않은 때를 당함.

불승영모(不勝永慕) : 사모하는 마음이 복받쳐 슬픔을 참지 못함.

불우우제(不友于弟) : 형이 동생을 사랑하지 않음을 가리킴.

불원천리(不遠千里) : 천리를 멀다 않고 찾아오다.

불위복선(不爲福先) : 복을 남보다 먼저 얻으면 타인에게

부록

시기를 받으므로 먼저 얻으려 하지 않음. ◈〈莊子〉

불의출행(不宜出行) : 먼 길을 떠나는 것을 꺼림.

불인정시(不忍正視) : 너무 참혹하고 비참하여 볼 수가 없음.

불차탁용(不次擢用) : 관(官) 서열의 차례를 밟지 않고 벼슬에 올려서 씀.

불초지부(不肖之父) : 어리석은 아버지.

불취동성(不娶同姓) : 같은 성의 사람과 혼인하지 않다.

불치불검(不侈不儉) : 생활의 모든 면이 수수함.

불치하문(不恥下問) : 아랫사람에게 배우는 것을 부끄러이 여기지 않다.

불파천불외지(不怕天不畏地) : 행동이 난폭하여 아무것도 무서워하거나 두려워하지 않음.

불피탕화(不避湯火) : 물불을 가리지 않다.

불필타구(不必他求) : 남에게 더 구할 필요 없이 자기 것만으로도 넉넉함.

붕우강습(朋友講習) : 벗이 모여 서로 학식을 닦다.

비구혼구(匪寇婚媾) : 비적질 하려고 온 것이 아니라 청혼하려는 좋은 뜻에서 왔다는 뜻.

비궁지절(非躬之節) : 내 몸을 돌보지 않고 국가나 임금에게 충성을 다하는 신하의 도리.

비도산고(非悼酸苦) : 아랫사람의 죽음을 몹시 슬퍼함.

비례물시(非禮勿視) : 예가 아닌 것을 보지 않다.

비례지례(非禮之禮) : 경우에 벗어난 예식.

비몽사몽(非夢似夢) : 꿈인지 아닌지 구별이 가지 않는 상태.

비백불난(非帛不煖) : 비단 옷이 아니면 따뜻하지 않다.

비봉승풍(飛蓬乘風) : 쑥이 바람에 날려 흩어진다. 사람이 좋은 기회를 얻음을 일컫는 말.

비불외곡(臂不外曲) : 팔이 안으로 굽는다.

비상지공(非常之功) : 아주 큰 공.

비아부화(飛蛾赴火) : 벌레가 모깃불에 뛰어 들음. 스스로 위험한 곳으로 뛰어 들음을 비유하는 말.

비옥가봉(比屋可封) : 요·순 때에는 사람들이 모두 착하고 태평하여 집집마다 표창할 만하였다는 뜻.

비위난정(脾胃難定) : 비위를 가라앉히기 어렵다.

비이장목(飛耳長目) : 먼 데에서 나는 소리를 잘 듣고, 먼 데 것을 잘 보다.

비익조연리지(比翼鳥連理枝) : 각기 한 쪽에만 날개가 있는 두 마리 새가 한데 합하여 나란히 날고, 한 나무의 가지가 딴 나무의 가지에 연하여 하나가 되다.

비일비재(非一非再) : 한두 번이 아님.

비지지간(非知之艱) : 배우기는 쉽지만 행하기는 어렵다.

빈마지정(牝馬之貞) : 유순한 덕이 있고 인내력이 강하여 일을 성공함을 이름.

빈천불능이(貧賤不能移) : 가난이 닥쳐도 뜻을 굽히지 않다.

빈천지교불가망(貧賤之交不可忘) : 빈천한 때의 친구는 언제까지나 잊어서는 안 된다.

ㅅ

사고무친(四顧無親) : 친척이 없어 의지할 곳 없는 외로운 지경.

사공중곡(射空中鵠) : 아무렇게나 쏜 것이 과녁을 맞힘. 모르고 한 일이 제대로 들어맞음을 비유한 말.

사궁지수(四窮之首) : 늙은 홀아비를 가리킴.

사근취원(捨近取遠) : 가까운 것을 버리고 먼 것을 취함.

사기종인(舍己從人) : 자기의 잘못된 행위를 버리고 남의 선행을 따라 행하다.

사리부재(詞俚不載) : 속된 노래를 책에 싣지 않다.

사면춘풍(四面春風) : 어떠한 경우라도 좋은 낯으로 대하다.

사목지신(徙木之信) : 속이지 않은 것을 밝힘.

사무사(思無邪) : 조금도 나쁜 일을 생각지 않다.

사문난적(斯文亂賊) : 교리에 어긋나는 언동으로 유교를 어지럽히는 사람.

사반공배(事半功倍) : 들인 공은 적어도 이루어진 공이 많다.

사변무궁(事變無窮) : 천재나 큰 변고가 자꾸 일어나 한이 없음.

사분오열(四分五裂) : 넷으로 나누어지고 다섯으로 쪼개어지다.

사불명목(死不瞑目) : 죽어도 눈을 감지 못하다.

사문부산(使蚊負山) : 힘이 모자라 무거운 책임을 감당할 수 없음을 비유한 말.

사색불변(辭色不變) : 말과 얼굴빛이 변하지 않음.

사생관두(死生關頭) : 죽고 사는 것이 달려 있는 고비.

사세난처(事勢難處) : 일의 형세가 처리하기가 어렵게 됨.

사시장춘(四時長春) : 한결 같음.

사심불구(蛇心佛口) : 뱀의 마음에 부처의 입. 입으로는 착한 말을 하지만 마음속은 간사함을 가진 사람을 일컫는 말.

사십부동심(四十不動心) : 사십 세에 도를 깨달아, 주관이 확고히 서서 마음이 동요하지 않다.

사양지심(辭讓之心) : 겸손하여 받지 않고 양보하는 마음.

사자분신(獅子奮迅) : 사자가 몸을 일으켜 성을 내는 기세.

사전여수(使錢如水) : 돈을 물 쓰듯 하다.

사제갈주생중달(死諸葛走生仲達) : 죽은 공명에게 살아 있는 중달이 쫓겨가다.

사중구생(死中求生) : 죽을 지경에 빠졌다가 살 길을 찾다.

사중구활(死中求活) : 죽을 수 밖에 없는 사정에서 살 길을 구함.

사통오달(四通五達) : 사방으로 왕래할 수 있는 편리한 곳.
사필귀정(事必歸正) : 모든 일은 반드시 바르게 된다.
사후청심환(死後淸心丸) : 죽은 뒤의 약. 시기를 놓치다.
삭주굴근(削株掘根) : 재앙의 근원을 없애버림.
산고수장(山高水長) : 군자의 덕이 높고 끝없음을, 산이 우뚝 솟음과 큰 냇물의 흐름에 비유한 말.
산명곡응(山鳴谷應) : 메아리가 산에서 골짜기까지 울린다.
산무유책(算無遺策) : 꾀하는 일에 실수가 없다.
산양문적(山陽聞笛) : 피리소리를 듣고 옛날 생각을 함.
산자수명(山紫水明) : 산수의 풍경이 깨끗하고 아름답다.
산진수전(山戰水戰) : 복잡한 세상의 일.
산지사방(散之四方) : 산산히 흩어지다.
산진수궁(山盡水窮) : 산골짜기가 더 나갈 수 없이 다 되고 물이 막히다.
살신보국(殺身報國) : 목숨을 바쳐 나라에 은혜를 갚다.
살육지변(殺戮之變) : 사람을 마구 죽이는 이상한 사고.
삼고초려(三顧草廬) : 유비가 제갈공명을 세 번이나 찾아가 군사(軍師)로 초빙한 데서 유래한 말. 임금의 두터운 사랑을 입다.
삼년불비(三年不蜚) : 삼 년 동안 한 번도 날지 않았다. 뒷날에 크게 웅비할 기회를 기다림을 비유한 말.
삼부지양(三釜之養) : 적은 봉급으로 부모를 모시는 것.

삼삼오오(三三五五) : 이삼 인 또는 사오 인씩 흩어져 있다.

삼성오신(三省吾身) : 하루에 세 번씩 자신을 반성함.

◈〈論語〉

삼순구식(三旬九食) : 집안이 가난하여 먹을 것이 적다.

삼인언시유호(三人言市有虎) : 허무맹랑한 말이라도 여러 사람이 같은 말을 하면, 결국에는 정말로 믿게 된다.

삼일우(三日雨) : 사흘 동안 계속하여 내리는 비. 많은 비.

삼일천하(三日天下) : 삼일 동안 정권을 잡았다가 물러나다. 잠시의 권세.

삼족지죄(三族之罪) : 삼족이 연좌하는 죄.

삼종지도(三從之道) : 여자는 어려서 어버이께 순종하고, 시집가서는 남편에게, 남편이 죽은 후에는 아들에게 순종해야 한다는 도덕관.

삼척동자(三尺童子) : 키가 석 자 되는 아이. 어린아이.

삼천갑자동방삭(三千甲子東方朔) : 삼천갑자(3000×60년)동안 산 동방삭.

삼천지교(三遷之教) : 맹자의 어머니가 맹자를 선도하기 위하여 세 번 집을 옮겼다는 고사. 묘지 근처에 살다가 시장거리로, 다시 글방 근처로 옮겼다.

삼한갑족(三韓甲族) : 우리나라의 예부터 문벌이 높은 집안.

상궁지조(傷弓之鳥) : 화살에 맞은 새. 한 번 궂은일을 당하고 나면 의심하고 두려워한다.

상덕부덕(上德不德) : 높은 덕을 가진 사람은 덕을 베풀더라도 자랑하지 않음.

상련지정(相憐之情) : 서로 가엾게 여겨서 동정하는 정.

상로지병(霜露之病) : 한냉으로 인하여 생긴 병.

상루하습(上漏下濕) : 위에서는 비가 새고 밑에서는 습기가 차오르다. 가난한 집을 이르는 말.

상마지교(桑麻之交) : 권세와 영달의 길을 버리고 한적한 시골에서 뽕나무와 삼나무를 벗 삼아 지내다. 전원에 은거하여 농사꾼과 사귀며 지내다.

상명지통(喪明之痛) : 아들이 죽음을 당한 아픔.

상봉지지(桑蓬之志) : 사방으로 활동하여 공명을 이루려는 남자의 의지.

상분지도(嘗糞之徒) : 똥이라도 맛볼 듯이 따른다. 아첨이 정도에 지나치는 사람을 비유하는 말.

상사불망(相思不忘) : 서로 잊지 못하고 생각함.

상산구어(上山求魚) : 산 위에서 물고기를 구한다. 엉뚱한 곳에서 되지 않을 것을 구하는 것을 일컫는 말.

상산사세(常山蛇勢) : 문장의 시작과 맺음이 서로 관계가 매끄럽게 잘 맺어짐을 일컬음.

상선벌악(賞善罰惡) : 착한 사람은 상을 주고 악한 사람은 벌을 줌.

상시지계(嘗試之計) : 남의 계략을 보아 시험하여 봄.

상욕상투(相辱相鬪) : 서로 욕하고 서로 싸움.

상우방풍(上雨旁風) : 위에는 비가 새고 옆으론 바람이 들이친다. 비바람을 막지 못하고 시달리는 낡은 집이라는 뜻.

상탁하부정(上濁下不淨) : 윗물이 흐리면 아랫물도 깨끗할 수 없다.

상흉문족(傷胸捫足) : 가슴에 상처를 입고 발을 문지른다. 전쟁터에서 화살로 가슴을 맞고도 부하들을 안심시키기 위해서 발을 다친 것처럼 문질렀다는 고사.

색즉시공 공즉시색(色卽是空 空卽是色) : 색은 공으로부터 생기고 공은 색에 의하여 나타남. 본래 색과 공은 차별이 없음.

생구불망(生口不網) : 산 사람의 목구멍에 거미줄 치지 않는다.

생면부지(生面不知) : 한 번도 만난 일이 없어 얼굴도 모르는 사람.

생사육골(生死肉骨) : 죽은 사람을 살려서 뼈에 살을 붙인다는 뜻이니, 그만큼 큰 은혜를 입었음을 비유.

생생지리(生生之理) : 모든 생물이 태어나고 번식하는 자연의 이치.

생이지지(生而知之) : 학문을 닦지 않아도, 나면서부터 알다.

생전부귀 사후문장(生前富貴 死後文章) : 살아 있을 때에는 부귀를 누리며 살고, 죽은 뒤에는 좋은 문장으로 후세에 이름을 남기는 것이 가장 좋다.

생정불신(生丁不辰) : 좋지 못한 시대에 태어나다.

생지안행(生知安行) : 태어나면서부터 알고 편안히 행한다. 성인의 학문과 언행을 일컬음. ◈〈中庸〉

서간충비(鼠肝蟲臂) : 쥐의 간과 벌레의 발처럼 쓸모없는 것을 일컫는 말.

서기지망(庶幾之望) : 거의 될 듯 한 희망.

서동부언(胥動浮言) : 거짓말을 퍼뜨려 인심을 부추김.

서불가진신(書不可盡信) : 책에 기록되어 있다고 다 믿어서는 안 된다.

서불차인(書不借人) : 책을 아껴서 남에게 빌려 주지 않다.

서시빈목(西施矉目) : 중국의 절세가인 서시가 병이 있어 아파서 눈을 찡그렸는데 사람들이 이를 보고 아름답게 보이려고 따라서 눈을 찌푸리니 더욱 못나보였다는 고사. 함부로 흉내를 내어 웃음거리가 됨을 이르는 말.

서자서아자아(書自書我自我) : 글은 글대로 나는 나대로이다. 곧 글은 눈으로만 읽고 마음은 딴 곳에 있다는 뜻.

부록

석간토혈(石間土穴) : 바위사이에 구멍을 팔만한 자리.

석고대죄(席藁待罪) : 거적을 깔고 엎드려 처벌을 기다림.

석과불식(碩果不食) : 큰 과일은 다 먹지 않고 남긴다. 곧, 자기만의 욕심을 버리고 자손에게도 복을 누리도록 한다는 뜻.

석상불생오곡(石上不生五穀) : 돌 위에는 곡물이 나지 않는다. 원인이 있어야 결과가 있다는 뜻.

석척기우(蜥蜴祈雨) : 중국에서 기우제를 용과 비슷한 도마뱀을 잡아 병 속에 넣고 지냈다는 고사.

석화광음(石火光陰) : 돌이 마주 부딪칠 때 불이 반짝이는 것 같은 빠른 세월

선거노마(鮮車怒馬) : 좋은 수레와 힘센 말.

선견지명(先見之明) : 앞 일을 미리 내다보는 총명.

선공무덕(善供無德) : 부처님께 공양을 잘 드려도 덕을 얻는 게 별로 없다는 뜻으로 남을 위하여 힘을 써도 얻는 게 별로 없음을 나타내는 말.

선망후실(先忘後失) : 먼저는 잊고 뒤에는 잃음. 뭐든 잊어버리다.

선사려사(先事慮事) : 일이 생기기 전에 그 일에 대한 준비를 생각하다.

선성탈인(先聲奪人) : 먼저 소리를 질러 기세를 꺾음.

선시선종(善始善終) : 시작도 좋고 끝도 좋다.

선시어외(先始於隗) : 나에게서부터 시작하라.

선우후락(先憂後樂) : 근심은 먼저하고, 즐기는 것은 나중에 함.

선유자익(善游者溺) : 헤엄 잘치는 사람이 물에 빠지기 쉽다. 자신의 재주만 믿고 설치다가 오히려 화를 입음을 나타내는 말.

선입위주(先入爲主) : 먼저 들은 말을 중요하게 여김.

선자옥질(仙姿玉質) : 용모가 아름답고 재질도 뛰어남.

선조와명(蟬噪蛙鳴) : 매미와 개구리가 요란스럽게 운다. 많은 사람이 모여서 시끄럽게 떠드는 것을 일컬음.

선풍도골(仙風道骨) : 풍채가 뛰어난 사람.

선후당착(先後撞着) : 앞과 뒤가 서로 맞지 않음.

설망어검(舌芒於劍) : 혀가 칼보다 날카롭다.

설부화용(雪膚花容) : 흰 살결에 고운 얼굴. 미인의 얼굴.

설상가상(雪上加霜) : 눈 위에 서리가 더하다. 불행이 겹치다.

설왕설래(說往說來) : 서로 변론을 주고받으며 옥신각신하다.

설중송백(雪中松柏) : 소나무나 잣나무는 눈 속에서도 그 빛이 변하지 않는다.

섬섬옥수(纖纖玉手) : 연약하고 가냘픈 예쁜 여자의 손.

성년부중래(盛年不重來) : 젊은 시절은 다시없다.

부록

성수불루(盛水不漏) : 가득 찬 물이 세지 않는다. 곧, 사물이 정밀하게 짜여져 있음을 나타내는 말.

성유단수(性猶湍水) : 사람의 본성은 물 흐르듯이 착하게도 될 수 있고 악하게도 될 수 있다.

성자필쇠(成者必衰) : 성한 자는 반드시 쇠망한다.

성즉군왕 패즉역적(成卽君王 敗卽逆賊) : 같은 일이라도, 성공하면 군왕의 칭호를 받을 것이요, 못 되면 역적의 벌을 받는다.

성천포락(成川浦落) : 논밭이 흐르는 냇물에 스쳐서 떨어짐.

세답족백(洗踏足白) : 남의 빨래를 하였더니 제 발이 희어지다. 남을 위하여 한 일이 자기에게도 이득이 되다.

세리지교(勢利之交) : 권세와 이익을 위해 맺는 교제.

세불양립(勢不兩立) : 서로 힘이 비슷한 세력은 공존할 수 없다.

세소고연(勢所固然) : 일의 형세가 그렇지 아니할 수 없음.

세월부대인(歲月不待人) : 세월은 사람을 기다리지 않는다.

세태염량(世態炎凉) : 세상사의 성쇠.

세한송백(歲寒松柏) : 역경에도 굴하지 않는 절개.

소미지급(燒眉之急) : 눈썹이 타면 급히 끄지 않을 수 없다. 매우 급한 상태.

소변해의(小辯害義) : 조그만 말재주는 도리어 의리를 해

칭. ◈〈孔子家語〉

소불간친(疏不間親) : 사이가 먼 사람이 사이가 가까운 사람을 갈라놓지 못함.

소불동념(小不動念) : 마음이 조금도 움직이지 않음.

소양지판(霄壤之判) : 하늘과 땅의 차이.

소인묵객(騷人墨客) : 시문이나 그림을 일삼는 사람.

소인지용(小人之勇) : 혈기에서 부리는 소인의 용기.

소중유도(笑中有刀) : 겉으로는 웃으며 친절하지만 속으로 칼을 가지고 해치려는 마음이 있음.

소지무여(掃地無餘) : 마당을 다 쓸어 나머지가 없음. 곧, 물건이 하나도 없음을 나타내는 말.

소진장의(蘇秦張儀) : 매우 말을 잘하는 사람을 가리키는 말.

소탐대실(小貪大失) : 적은 것을 탐내다가 큰 것을 잃다.

소풍농월(嘯風弄月) : 바람에 휘파람 불고 달을 희롱한다. 자연을 사랑하여 감상하는 것을 이르는 말.

소혼단장(消魂斷腸) : 너무 걱정하여 넋이 빠지고 창자가 끊어지듯 함을 이름.

속등자이전(速登者易顚) : 빨리 오르려고 하면 넘어지기 쉽다. 너무 요령을 피우다가는 오히려 화를 입기 쉽다는 것을 일컫는 말.

속수무책(束手無策) : 어찌 할 방책이 없어 꼼짝 못하다.

손강영설(孫康映雪) : 진나라 학자 손강이 가난하여 등유를 사지 못하고 겨울밤에 책을 눈에 비추어 읽었다는 고사에서 온 말.

손여지언(巽與之言) : 남의 마음을 거슬리지 않게 하는 완곡한 말.

송교지수(松喬之壽) : 중국 고대의 인물인 적송자(赤松子)와 주나라의 왕지교(王之喬)는 신선으로 오래 살았다는 전설. 오래 오래 살음을 비유.

송구영신(送舊迎新) : 묵은 해를 보내고 새해를 맞다.

송백지무(松柏之茂) : 늘 푸른 소나무와 측백나무처럼 오래도록 영화를 누림.

송왕영래(送往迎來) : 가는 사람을 전송하고 오는 사람을 맞이하다.

쇄신분골(碎身粉骨) : 몸이 부서지고 뼈가 가루가 됨. 있는 힘을 다해서 힘써서 일함을 나타내는 말.

수가은사(隨駕隱士) : 산 속에 숨어서 세상을 떠나 살고 있는 듯하지만, 뜻은 벼슬에 있음을 비웃는 말.

수각황망(手脚慌忙) : 갑작스러운 일에 놀라서 어찔 줄을 모름.

수과하욕(受誇下辱) : 다리 사이로 지나면서 치욕을 감수했다는 중국의 한신(韓信)의 고사.

수구여병(守口如甁) : 말할 때 신중하고 비밀을 잘 지키다.

수궁즉설(獸窮則齧) : 짐승이 곤란한 궁지에 몰리게 되면 사람을 문다. 사람이 궁지에 몰리면 거짓말을 하게 됨을 비유.

수도거성(水到渠成) : 물이 흘러서 개천을 만든다. 학문을 열심히 닦다보면 자연히 도에 이른다는 뜻.
◈〈朱子文集〉

수도어행(水到魚行) : 물이 이르면 고기가 그 물로 간다. 곧, 무슨 일이든지 때가 되면 이루어진다는 뜻.

수락석출(水落石出) : 물이 줄고 암석이 드러난 겨울날의 강의 경치.

수무석권(手無釋卷) : 손에서 책을 놓지 않는다. 항상 쉬지 않고 공부하는 모양을 이르는 말.

수무족도(手舞足蹈) : 어쩔 줄 모르고 좋아서 날뛰다.

수미상응(首尾相應) : 머리와 꼬리가 서로 응대한다. 곧, 양끝이 서로 응함을 일컬음.

수발황락(鬚髮黃落) : 늙어서 몸이 쇠약해짐.

수복강녕(壽福康寧) : 오래 살고 행복하고 건강하고 평안함.

수사지적(需事之賊) : 의심이 많으면 오히려 일을 해친다.

수수방관(袖手傍觀) : 팔짱 끼고 보고만 있다.

수신제가(修身齊家) : 먼저 자신의 심신을 닦고 집안을 다스림.

수심가지 인심난지(水深可知 人心難知) : 물의 깊이는 알 수 있으나 사람의 속마음은 헤아리기 어렵다.

수어혼수(數魚混水) : 작은 수의 고기가 물을 흐린다. 몇 사람의 잘못으로 전체가 해를 입음을 비유.

수오지심(羞惡之心) : 자신의 잘못된 점을 부끄러워하고 불의(不義) · 불선(不善)을 미워하는 마음.

수왈불가(誰曰不可) : 틀리다고 말할 사람이 없다.

수원수구(誰怨誰咎) : 남을 원망하거나 책망할 것이 없다.

수인사대천명(修人事待天命) : 사람으로서 할 일을 다 하고 하늘의 명을 기다린다.

수자부족여모(竪子不足與謨) : 수자와는 더불어 모의를 하지 못한다. 수자는 일에 익숙지 못한 사람. 곧, 남을 경멸하여 일컫는 말.

수적석천(水滴石穿) : 물방울도 오래 떨어지면 돌을 뚫는다.

수족지애(手足之愛) : 형제간의 우애.

수죄구발(數罪俱發) : 한 사람이 저지른 여러 가지의 죄가 한꺼번에 드러남.

수즉다욕(壽則多辱) : 장수하면 욕된 일을 많이 겪는다.

◈〈莊子의 天地篇〉

수지오지자웅(誰知烏之雌雄) : 까마귀의 수컷과 암컷을 구별하기 어렵다. 곧, 옳고 그름을 가리기가 힘들다는 뜻.

수청무대어(水淸無大魚) : 물이 맑으면 큰 고기가 살지 않는다.

수토불복(水土不服) : 기후나 물이 몸에 맞지 않아서 배탈이 남.

수학무조(修學務早) : 학문을 닦는 일은 기억력이 좋은 어릴 때 해야 한다.

수화불통(水火不通) : 물과 불이 서로 어울릴 수 없는 사이가 되어 교제를 끊음.

수후지주(隨侯之珠) : 수나라 임금이 뱀을 도와주고 얻었다는 구슬. 천하의 고귀한 보물을 일컫는 말.

숙능생교(熟能生巧) : 중국 송나라 때 진요자는 활을 잘 쏘았지만 교만하였다. 어느 날 무명의 노인과 활쏘기 시합에서 지고 나서 자신의 오만함을 깨달았다는 고사. 능숙한 기교는 오랜 단련에서 온다는 말.

숙불환생(熟不還生) : 익힌 것은 다시 날 것으로 되돌릴 수 없다. 준비한 음식을 다 먹고자 할 때 쓰는 말.

숙수지환(菽水之歡) : 콩죽과 물로 생활을 영위하지만 부모에게 효도함을 이르는 말. ◈〈禮記〉

숙시숙비(孰是孰非) : 어떤 것이 옳고 어떤 것이 그른지 시비가 분명하지 않다.

숙야비해(夙夜非懈) : 이른 아침부터 밤늦게까지 열심히 일함.

숙호충비(宿虎衝鼻) : 잠자는 호랑이의 코를 건드린다. 불

부록

리함을 자신이 스스로 불러들임을 일컫는 말.

숙흥야매(夙興夜寐) : 아침에 새벽같이 일어나고 밤늦게 자며 부지런히 일함.

순결무구(純潔無垢) : 깨끗하여 조금도 더러움이 없음.

순천자존(順天者存) : 천리에 따라 행하는 자는 오래 남는다. ◈〈孟子〉

순치지국(脣齒之國) : 이해관계가 밀접한 나라.

순풍이호(順風而呼) : 바람이 부는 곳을 따라 소리를 지른다. ◈〈荀子 勸學篇〉

숭조상문(崇祖尙門) : 조상을 우러러 공경하고 문중을 위함.

승견책비(乘堅策肥) : 튼튼한 수레를 타고 살찐 말에 채찍질을 함.

승망풍지(乘望風旨) : 윗사람의 눈치를 보며 비위를 잘 맞춤.

승잔거살(勝殘去殺) : 흉악한 사람을 눌러 악행을 못 하게 하고 백성을 잘 이끌어 사형의 벌을 쓰지 않게 한다. ◈〈論語의 子路篇〉

승천입지(昇天入地) : 하늘로 올라가고 땅으로 들어가다. 죽음.

승호야기(乘虎夜起) : 밤에 소 인줄 알고 타고 왔는데 알고 보니 호랑이였다는 고사.

시도지교(市道之交) : 이익을 위하여 서로 합치고 없으면 헤어지는 장사꾼의 교제를 일컫는 말. ◈〈史記〉

시랑당로(豺狼當路) : 승냥이나 이리처럼 간악한 사람이 높은 곳에 앉아 정권을 휘두르는 것. ◈〈後漢書〉

시민여자(視民如子) : 임금이 백성을 아들처럼 매우 사랑함을 이르는 말.

시비지심(是非之心) : 선악을 가릴 줄 아는 마음.

시사약귀(視死若歸) : 죽는 것을 집으로 돌아가는 것처럼 큰 일로 여기지 않는다. ◈〈韓非子〉

시사여생(視死如生) : 죽는 것을 사는 것과 같이 본다. 곧, 죽는 것을 두려워하지 않는다는 뜻.

시산혈해(屍山血海) : 시체가 산을 이루고 피가 바다같이 흐른다.

시소공지찰(緦小功之察) : 부모의 상복보다 자손들이 입는 상복을 더 크게 여긴다. 큰일을 살피지 않고 작은 일에 골몰함을 비유하는 말,

시시비비(是是非非) : 옳은 것은 옳다 하고 그른 것은 그르다 함.

시야비야(是耶非耶) : 옳고 그름.

시어다골(鰣魚多骨) : 준치는 맛이 좋되 뼈가 많다. 좋은 일에는 항상 나쁜 일이 같이 다닌다는 뜻. 호사다마(好事多魔)와 같은 말.

시오설(視吾舌) : 내 혀를 보라. 신체가 아무리 상해도 혀만 있으면 살 수 있다.

부록

시위소찬(尸位素餐) : 공 없이 국록만 받다.

시이불공(恃而不恐) : 어떤 믿는 것이 있어 두려워하지 않음.

시재시재(時哉時哉) : 좋은 때를 만나 기뻐서 감탄하는 소리.

시정지도(市井之徒) : 방탕하게 노는 무리.

시종일관(始終一貫) : 처음부터 끝까지 변함이 없고 한결 같음.

시화연풍(時和年豊) : 나라가 태평하고 풍년이 든다.

식불감미(食不甘味) : 마음에 근심, 걱정이 있어 음식을 먹어도 맛을 모름.

식불이미(食不二味) : 두 가지 찬을 먹지 않는다. 음식상의 절약을 이르는 말.

식색성야(食色性也) : 음식과 성(性)은 인간의 본성이다.

식소사번(食小事煩) : 먹을 것은 적고 일만 복잡하다.

식우지기(食牛之氣) : 소라도 먹을 만한 기개. 나이는 어려도 큰 기개가 있음을 비유한 말.

식전방장(食前方丈) : 식사를 할 자리에 사방 한 길 넓이로 여러 가지 음식을 가득 벌려 놓다. 매우 호사스럽게 차린 음식을 이르는 말.

신겸처자(身兼妻子) : 자신이 아내와 자식을 겸했다. 홀로 있는 몸이 아니고 세 식구라는 뜻.

신급돈어(信及豚魚) : 돼지와 물고기에게 믿음이 미쳤다. 곧, 믿음이 지극함을 이르는 말.

신량등화(新涼燈火) : 서늘한 초가을 밤에 등불 밑에서 글 읽기가 좋다.

신로심불로(身老心不老) : 몸은 늙어도 마음은 늙지 않다.

신목자 필탄관(新沐者 必彈冠) : 새로 머리를 감은 사람은 반드시 관의 먼지를 털고서 쓴다.

신상필벌(信賞必罰) : 상벌을 공정히 하다.

신수신판(新水神判) : 고대 인도에서 행하여지던 신의 재판으로, 악마의 상을 담근 냉수를 마시게 하여 병이나 그 밖의 재해가 일어나는지를 보고 사건의 진실됨과 그릇됨을 판단했다.

신수지로(薪水之勞) : 나무를 하고 물을 긷는 고생.

신언불미(信言不美) : 믿을 만한 말은 겉을 꾸미지 않는다. ◈〈老子〉

신언서판(身言書判) : 사람을 판단하는 네 가지 기준으로 생김새 · 말씨 · 글씨 · 판단력을 말한다.

신외무물(身外無物) : 몸밖에는 없다. 곧, 몸이 가장 소중하다는 뜻.

신욕자 필진의(新欲者 必振衣) : 새로 몸을 씻는 사람은 반드시 옷의 먼지를 털고서 입는다.

신종여시(愼終如始) : 일의 마무리도 처음과 같이 신중을 기울인다. ◈〈老子〉

신종추원(愼終追遠) : 부모의 장례 때에는 슬픔을 다하고

제사 때에는 공경을 다함 ◈〈論語의 學而篇〉

신진화멸(薪盡火滅) : 나무가 다하여 불이 꺼짐. 차츰차츰 쇠태하여 망하게 됨을 이름.

신체발부(身體髮膚) : 머리끝부터 발끝까지의 몸 전부.

신출귀몰(神出鬼沒) : 출몰이 자유자재하여 귀신같다.

신후지지(身後之地) : 살아 있을 때에 미리 잡아두는 자신의 묘 자리.

실사구시(實事求是) : 사실, 실제에 임하여 그 일의 진상을 찾고 구하다.

실천궁행(實踐躬行) : 실제로 몸소 행함.

심광체반(心廣體胖) : 마음이 넓어서 살이 찜.

심모원려(深謀遠慮) : 깊은 꾀와 미래에 대한 생각.

심무소주(心無所主) : 마음에 확고한 주장이 없다.

심복지우(心腹之友) : 가장 친밀한 벗.

심복지질(心腹之疾) : 병이 마음속에 있는 것은 고치기 힘들다. 없애기 어려운 근심을 이르는 말.

심산유곡(深山幽谷) : 깊은 산과 깊은 골짜기.

심성구지(心誠求之) : 마음을 다하여 정성껏 얻으려고 함. ◈〈書經의 庚誥篇〉

심열성복(心悅誠服) : 즐거운 마음으로 정성을 다하여 순종함.

심원의마(心猿意馬) : 원숭이가 떠들고 말이 뛰는 것을 막기 힘들다. 번뇌와 탐욕으로 어지러운 마음을 진정시키기 힘들다는 뜻.

십년감수(十年減壽) : 수명이 십 년이나 줄었다. 큰 위험이나 고생을 겪고 난 뒤에 하는 말.

십맹일장(十盲一杖) : 소경 열 사람에 지팡이 하나. 여러 군데 잘 쓰이는 물건을 가리키는 말.

십목소시(十目所視) : 열 사람이 보고 있다. 곧, 세상의 많은 사람들의 눈을 속일 수 없다는 뜻.

십벌지목(十伐之木) : 열 번 찍어서 안 넘어가는 나무가 없다.

십상팔구(十常八九) : 열 가운데 여덟이나 아홉.

십시일반(十匙一飯) : 여러 사람이 힘을 합하여 한 사람을 돕는 일은 쉽다.

십실구공(十室九空) : 재앙으로 인하여 많은 사람이 죽거나 뿔뿔이 흩어짐.

십양구목(十羊九牧) : 열 마리 양에 아홉 명이나 되는 목자. 백성에 비해 관리가 많음을 비유한 말.

십일지국(十日之菊) : 10일의 국화. 국화는 9월 9일이 절정이므로, 이미 때가 늦었음을 이르는 말.

십행구하(十行俱下) : 열 줄의 글을 한 번에 읽는다. 책 읽는 속도가 빠름을 나타내는 말.

아가사창(我歌查唱) : 내가 부를 노래를 사돈이 부른다. 꾸지람을 들을 사람이 도리어 꾸지람을 친다는 뜻.

아동주졸(兒童走卒) : 철이 없는 아이들과 어리석은 사람들.

아비규환(阿鼻叫喚) : 많은 사람이 고통을 못 이겨 구원을 부르짖는 소리. 극심한 참상.

아사지경(餓死之境) : 굶어서 죽게 된 상황.

아심여칭(我心如秤) : 내 마음은 저울과 같다. 곧, 어느 쪽으로도 기울지 않는다는 뜻.

아유경탈(阿諛傾奪) : 권력이 있는 사람에게 잘 보이려고 알랑거려 남의 지위를 빼앗음.

아유구용(阿諛苟容) : 남에게 잘 보이려고 알랑거리는 모양새.

아전인수(我田引水) : 자기 논에 물대기. 나에게 이롭게 하다.

아전즉극(我戰則克) : 도를 아는 사람이 싸우면 꼭 승리한다. ◈〈禮記의 禮器篇〉

아호지혜(餓虎之蹊) : 산 속의 굶주린 호랑이가 왕래 하는

길. 매우 위험한 길을 일컫는 말. ◈〈史記〉

악목불음(惡木不蔭) : 나쁜 나무는 그늘도 없다. 덕이 없는 사람은 베풀 것도 없다는 뜻.

악발토포(握髮吐哺) : 주공(周公)이 세수를 할 때나, 밥을 먹고 있을 때 손님이 찾아오면 그냥 달려 나가 영접했다는 고사. 인재를 구하는 태도를 일컫는 말.

악사천리(惡事千里) : 나쁜 일은 빨리 세상에 소문이 난다.

악언불출구(惡言不出口) : 남을 나쁘게 하는 말은 입 밖으로 내지 않는다.

악언상대(惡言相待) : 욕설을 주고받으며 서로 다툼.

악역무도(惡逆無道) : 견줄 데 없이 악랄하고 도리가 없음.

악와신마(渥洼神馬) : 악와(강의 이름)에서 한무제(漢武帝) 때 천리마가 나왔다는 고사.

악월담풍(握月擔風) : 풍월을 즐기는 마음.

악전고투(惡戰苦鬪) : 죽을 힘을 다하여 싸움.

안거위사(安居危思) : 편안할 때 어려움을 생각한다. 여유가 있을 때 후일의 어려움을 생각해서 준비를 해두라는 뜻.

안고수비(眼高手卑) : 눈은 높고 재주는 없다. 이상은 높지만 실천이 없음을 비유하는 말.

안도색준(按圖索駿) : 그림을 보고 좋은 말을 찾으려면 좋은 말을 구하지 못한다.

안마지로(鞍馬之勞) : 먼 길을 가는 수고.

안면박대(顔面薄待) : 잘 아는 사람을 푸대접함.

안명수쾌(眼明手快) : 눈썰미가 있어 일을 빨리 처리함.

안목소시(眼目所視) : 다른 사람이 눈을 집중시켜 보고 있는 곳.

안빈낙도(安貧樂道) : 가난하지만 마음을 편히 하고 걱정하지 않으며 도를 즐기다.

안상산설(顔常山舌) : 당나라의 상산(常山) 태수 안진경이 안록산의 난이 일어나 싸우다가 포로가 되었을 때, 안진경이 안록산의 반란의 잘못을 꾸짖자 안록산은 안진경의 혀를 잘랐으나 그래도 꾸짖었다는 고사.

안신입명(安身立命) : 신념에 안주하여 신명(身命)의 안위를 조금도 걱정하지 않다.

안여태산(安如泰山) : 태산처럼 마음의 움직임이 없고 끄떡하지 않음.

안위미정(安危未定) : 안전함과 위태함이 정해지지 않음.

안중유철(眼中有鐵) : 정신까지 완전무장하고 있는 일.

안중지인(眼中之人) : 정든 사람. 또는 눈에 보이지 않아도 평생을 사귄 사람을 일컫기도 한다.

안토중천(安土重遷) : 고향을 떠나기를 싫어한다.

암거천관(巖居川觀) : 바위굴에 살면서 내를 바라본다. 은

거자의 즐거움을 비유한 말.

암전난방(暗箭難防) : 숨어서 쏘는 화살은 막기가 어렵다.

암하고불(岩下古佛) : 바위 아래의 오래 된 불상. 착하기만하여 어리석은 사람을 일컫는 말.

암향부동(暗香浮動) : 그윽한 향기가 은근하게 떠돈다.

암혈지사(巖穴之士) : 속세를 떠나 깊은 산 속에 숨어 사는 선비.

앙관부찰(仰觀俯察) : 하늘을 쳐다보고 천문을 살피고 땅을 굽어보며 지리를 관찰함.

앙불괴천(仰不愧天) : 하늘을 우러러 조금도 부끄러움이 없다.

앙사부육(仰事俯育) : 어버이를 섬기고 처자식을 돌봄.

앙수신미(仰首伸眉) : 머리를 들고 눈섶을 치켜 뜸. 태도가 꼿꼿하여 굽히지 않음을 일컫는 말.

앙앙불락(怏怏不樂) : 마음에 차지 않아서 즐겁지 않다.

앙천대소(仰天大笑) : 하늘을 보며 크게 웃는 웃음.

앙천이타(仰天而唾) : 하늘을 향해 침을 뱉다.

앙천통곡(仰天痛哭) : 하늘을 쳐다보고 크게 울음.

애급옥오(愛及屋烏) : 아내가 귀여우면 처갓집 말뚝보고 절을 한다.

애별리고(愛別離苦) : 한 가족이 서로 사랑하며 단란하게 살다가도 이별의 고통을 겪는 때가 있다. 인생팔

부록

고(人生八苦) 중의 하나.

애이불비(哀而不悲) : 속으로는 말할 수 없이 슬프나 겉으로는 나타내지 않음.

애인이덕(愛人以德) : 사람을 사랑하는 것은 덕으로 해야 한다.

애인휼민(愛人恤民) : 사람을 사랑하고 백성을 불쌍히 여김.

애지중지(愛之重之) : 매우 사랑하여 중히 여기다.

애친경장(愛親敬長) : 부모를 사랑하고 어른을 잘 모심.

야기요단(惹起鬧端) : 시비의 발단을 끌어 일으킴.

야무청초(野無靑草) : 가물어서 들에 푸른 풀이 하나도 없다.

야반무례(夜半無禮) : 밤중에는 예의를 차리지 못함.

야불답백(夜不踏白) : 밤에 길을 갈 때 희게 보이는 것은 물이니 밟지 말고 조심해서 걸어라.

야불폐문(夜不閉門) : 밤에도 문을 닫지 않는다. 태평성대에 인심이 후함을 나타내는 말.

야심(野心) : 이리의 새끼는 사람이 길러도 크면 들과 산을 안 잊고 주인을 해친다는 말에서 유래.

야심만만(野心滿滿) : 야심이 가득 참을 나타내는 말.

야이계주(夜以繼晝) : 밤낮없이 쉬지 않고 일함.

야인(野人) : 시골에 묻혀 있는 사람. 벼슬을 하지 않는 사람. ◈〈論語의 先進篇〉

야행피수(夜行被繡) : 수놓은 비단옷을 입고 밤길을 간다.

높은 지위와 명예를 얻었음에도 알려지지 않았음을 비유한 말.

약득일적국(若得一敵國) : 훌륭한 인재를 구했음을 일컫는 말.

약롱중물(藥籠中物) : 필요한 인물.

약마복중(弱馬卜重) : 맡은 일에 비해서 가진 재주와 능력이 모자람을 비유하는 말.

약불계주(若不繫舟) : 매놓지 않은 배, 상황에 따라서 부침(가라앉고 뜸)을 비유한 말.

약붕궐각(若崩厥角) : 모서리를 허물어뜨리는 것처럼 쉬운 일.

약석지언(藥石之言) : 남의 잘못을 바로 잡는데 도움이 되는 말.

약섭대수(若涉大水) : 큰 내를 건너는 것과 같은 위험함. ◈〈書經의 微子篇〉

약섭연수(若涉淵水) : 깊은 못을 건너는 것과 같은 위험함. ◈〈書經의 大誥篇〉

약섭춘빙(若涉春氷) : 얇은 얼음을 건너는 것과 같은 위험함. ◈〈書經의 君牙篇〉

약육강식(弱肉强食) : 강한 자가 약한 자를 먹음.

약음순료(若飮醇醪) : 좋은 술을 마시듯이 자연히 덕이 높은 사람에게 감화됨을 이르는 말.

약합부절(若合符節) : 꼭 맞아 틀리지 않음. 부절은 옥으로 만든 것인데 글자를 새겨 넣어 둘로 나누어 가지고 있다가 나중에 서로를 확인하는 신표(信表)로 삼았다함. ◈〈孟子〉

양공고심(良工苦心) : 재주가 능한 사람의 가슴에는 고심이 많다.

양구수조(羊裘垂釣) : 양피 옷을 입고 고기를 낚는 은자(隱者)의 한가한 모습을 이르는 말.

양금미옥(良金美玉) : 인격이나 문장이 훌륭함을 비유한 말.

양금택목(良禽擇木) : 좋은 새는 나무를 골라서 앉는다. 사람을 사귈 때는 인격이 좋은 사람을 사귀어야 함을 비유.

양민오착(良民誤捉) : 선량한 백성을 잘못 잡음.

양봉제비(兩鳳齊飛) : 봉황 두 마리가 나란히 날아간다. 형제가 함께 입신양명함을 이름.

양비대언(攘臂大言) : 소매를 걷어 올리고 팔뚝을 내저으며 큰 소리로 뽐냄.

양상도회(梁上塗灰) : 들보 위에 회를 바른다. 여자가 얼굴에 화장을 너무 짙게 함을 비웃는 말.

양수집병(兩手執餠) : 두 손에 든 떡. 가지기도 어렵고 버리기도 어려운 경우.

양시쌍비(兩是雙非) : 양쪽의 시비로 가리기 어려움.

양양자득(揚揚自得) : 뜻을 이루게 되어 뽐내고 거들먹거림을 이르는 말.

양옥부조(良玉不彫) : 아름다운 옥은 인위적인 가공을 하지 않아도 자연적으로 아름답게 되어 있다.

양전옥답(良田沃畓) : 기름진 밭과 논.

양주지학(楊州之鶴) : 세상의 모든 즐거움을 다 가질려는 행동을 비유한 말.

양지양능(良知良能) : 교육이나 경험을 통하지 않고 태어나면서부터 사물을 알 수 있는 마음의 작용.

양질호피(羊質虎皮) : 밑바탕은 엉망이면서 모양만 훌륭함을 일컫는 말.

양청격탁(揚淸激濁) : 풍속의 깨끗함과 더러움.

양탕지비(揚湯止沸) : 일은 그 근본을 다스려야 함.

양호상투(兩虎相鬪) : 두 마리의 호랑이가 싸우다. 두 영웅이나 두 나라가 서로 싸우는 것을 비유한 말.

◈〈史記의 張儀傳〉

양호유환(養虎遺患) : 호랑이를 길러 근심을 산다.

양후지파(陽侯之波) : 바다의 큰 물결. 중국 진나라의 능양국후가 바다에 빠져서 죽었는데, 바다신이 되어 거친 풍랑을 일으키고 배를 뒤집었다는 고사.

어동육서(魚東肉西) : 제사상을 차릴 때 바닷고기는 동쪽에 육류는 서쪽으로 놓는다는 순서.

어두육미(魚頭肉尾) : 생선은 머리 부분이 맛있고 짐승은 꼬리부분이 맛있다.

어망홍리(魚網鴻離) : 고기 그물에 기러기가 걸렸다. 구하고자 하는 것을 얻지 못하고 엉뚱한 것을 얻게 됨을 일컫는 말. ◈〈詩經〉

어목연석(魚目燕石) : 물고기의 눈과 연산의 돌. 거짓을 진실로, 어진 사람을 어리석은 사람으로 혼동함을 비유.

어변성룡(魚變成龍) : 물고기가 변하여 용이 되다.

어부지용(漁父之勇) : 어부는 물속에서는 두려워하지 않는다. 오랜 체험으로 얻은 용기나 결단력을 일컫는 말.

어불성설(語不成說) : 말이 이치에 맞지 않다.

어불택발(語不擇發) : 말을 신중하게 하지 않고 함부로 함.

어수지친(魚水之親) : 임금과 백성이 친밀하다. 부부가 서로 사랑하다.

어숙지제(魚菽之祭) : 물고기와 콩으로 지내는 제사. 제수를 변변하지 못하게 차려놓고 지내는 제사.

어시지혹(魚豕之惑) : 글자를 여러 번 옮겨 쓰다보면 틀린 글자가 생긴다는 뜻.

어언무미(語言無味) : 책을 읽지 않는 사람은 말에도 맛이 없다.

어유부중(魚遊釜中) : 솥 안에서 물고기가 논다. 죽음이 눈앞에 닥친 줄도 모르는 삶을 사는 사람을 비유.

어질용문(魚質龍文) : 용과 같은 모양을 가지고 있으나 실은 물고기다. 곧, 비슷해 보이지만 자세히 보면 전혀 아닌 것을 비유한 말.

어현유감이(魚懸由甘餌) : 물고기는 먹이를 먹으려다 낚시에 걸린다. 이익만 좇다가 화를 당하는 경우를 비유.

억강부약(抑强扶弱) : 강한 자는 누르고 약한 자는 돕는다.

억만지심(億萬之心) : 모든 백성들이 뭉치지 않고 각자 다른 마음을 가지고 있음.

억조창생(億兆蒼生) : 수많은 백성.

언과기실(言過其實) : 말이 행동보다 앞섬.

언과우행과회(言寡尤行寡悔) : 말을 신중하게 하면 과실이 적어지고 행동을 조심하면 후회를 적게 한다. 곧, 말과 행동을 조심하라는 뜻.

◈〈論語의 爲政篇〉

언대비과(言大非誇) : 큰소리라고 해서 전부 과장된 말은 아니다.

언무족이천리(言無足而千里) : 발 없는 말이 천리를 간다. 곧, 소문이 빨리 퍼짐을 이르는 말.

언비천리(言飛千里) : 말이 전하여짐이 매우 빨라서 널리

부록

퍼지다.

언앙굴신(偃仰屈伸) : 몸을 마음대로 움직임.

언어도단(言語道斷) : 어처구니없어 할 말이 없다.

언유소화(言有召禍) : 말 때문에 재앙을 초래하다.

언유재이(言猶在耳) : 말이 아직도 귀에 쟁쟁하다. 들은 말을 잊어버리지 않고 있다는 뜻.

언중유골(言中有骨) : 말 속에 뼈가 있다.

언즉시야(言則是也) : 말이 사리에 맞다.

언청계용(言聽計用) : 남을 깊이 신뢰하여 그의 말을 따름.

언필칭요순(言必稱堯舜) : 말을 할 때마다 요순을 들춘다. 매사에 같은 말만 되풀이하거나, 성현들의 말만 빗대어 혼자 잘난 체 한다는 뜻.

언행상반(言行相反) : 말과 행동이 서로 맞지 않는다.

엄목포작(掩目捕雀) : 무슨 일을 하든지 성실하게 하지 않고 꾀를 쓰면 성취할 수 없다.

엄이도종(掩耳盜鐘) : 나쁜 짓을 하고 비난의 소리를 듣기 싫어서 자신의 귀를 막아도 소용이 없다는 뜻.

엄처시하(嚴妻侍下) : 아내에게 쥐여 사는 남편을 비웃으며 하는 말.

여가탈입(閭家奪入) : 권세 있는 사람들이 여염집을 빼앗음.

여공불급(如恐不及) : 시키는 대로 이루어지지 않을까 하여 마음을 졸임.

여광여취(如狂如醉) : 너무 기뻐서 미친 듯도 하고 취한 듯도 함.

여기소종(沴氣所鍾) : 요사스러운 사람을 일컫는 말.

여덕위린(與德爲隣) : 덕과 함께 하면 모두가 친하다.

여도죄(餘桃罪) : 중국 위나라에 뛰어난 용모로 임금의 깊은 총애를 받고 있는 미자하라는 소년이 있었다. 자기가 먹던 복숭아를 임금에게 바쳐도 칭찬을 듣던 소년이었으나, 임금의 총애가 식게 되자 먹던 복숭아를 바쳤다는 이유로 처형 되었다는 고사.

여도향군(餘桃陷君) : 먹다 남은 복숭아를 임금에게 먹이다.

여리박빙(如履薄氷) : 엷은 얼음을 밟다. 매우 조심하다.

◈〈詩經〉

여만경파(如萬頃陂) : 넓은 못에 물이 가득 고였다.

여무가론(餘無可論) : 의견이 대충 결정되어 왈가왈부할 여지가 없음.

여무소부도(慮無所不到) : 생각이 미치지 않은 곳이 없이 매우 면밀함.

여민동락(與民同樂) : 임금과 백성이 더불어 즐김.

여반장(如反掌) : 손바닥을 뒤집는 것과 같다.

여발통치(如拔痛齒) : 앓던 이가 빠졌다. 고민하던 괴로운 일이 해결됨을 이르는 말.

부록

여백구과극(如白駒過隙) : 백마가 바람벽의 틈을 지난다. 세월이 빠르게 흐름을 비유한 말.

여불승의(如不勝衣) : 몸이 허약하여 옷의 무게를 견디지 못함. ◈〈禮記〉

여비사지(如臂使指) : 모든 일이 마음대로 되지 않는 것이 없이 형통하다.

여사하청(如俟河淸) : 황하의 물이 맑아지길 바라는 것은 공허한 소망이다.

여수투수(如水投水) : 물에 물 탄 듯 술에 술 탄 듯하다. 확실치 않고 어지 중간 하다는 뜻.

여아부화(如蛾赴火) : 나방은 불에 몸을 던져 죽는다. 자신이 망가지는 것은 생각하지 않고 눈앞의 이익만 좇음을 비유.

여액미진(餘厄未盡) : 재앙이 다하지 않고 남아 있음.

여어실수(如魚失水) : 물고기가 물을 떠남과 같다. 곤궁한 사람이 의탁할 곳이 없어 기가 막히다. ◈〈莊子〉

여연화출수(如蓮花出水) : 연꽃이 진흙 속에서도 흙이 묻지 않고 꽃을 피우듯이 세상 풍파에 물들지 않은 사람을 일컫는 말.

여옥기인(如玉其人) : 얼굴이나 마음씨가 옥과 같이 깨끗한 사람.

여월지항(如月之恒) : 달이 차서 만월이 되다. 일이 잘 풀려 새로워진다는 뜻.

여의투질(如蟻偸垤) : 근검절약으로 재산을 많이 모음을 이르는 말.

여자여량(如茨如梁) : 곡식이 무성한 모양.

여정도치(勵精圖治) : 정성을 다해 백성을 다스리는데 힘씀.

여조과목(如鳥過目) : 새가 눈 앞을 지나간다. 세월의 빠름을 비유한 말.

여족여수(如足如手) : 수족처럼 형제간의 정의가 두터움을 비유한 말.

여좌침석(如坐針席) : 바늘방석에 앉았다. 마음이 매우 불안함을 비유한 말.

여중장부(女中丈夫) : 남자에 못지않은 여자.

여천지무궁(與天地無窮) : 천지와 더불어 끝이 없다. 사물이 영구히 변하지 않음을 가리키는 말.

여출일구(如出一口) : 여러 사람의 말이, 한 입에서 나오는 것처럼 한결같다.

여필종부(女必從夫) : 아내는 반드시 남편에게 순종해야 한다.

여합부절(如合符節) : 부절을 맞추듯이 꼭 맞음. 사물이 서로 이치에 맞음을 이르는 말.

역명지전(易名之典) : 임금으로부터 시호(諡號 : 죽은 뒤에 공덕을 칭송하여 주는 칭호)를 받는 은혜.

역발산기개세(力拔山氣蓋世) : 산이라도 빼어던질 만한 세상을 뒤엎을 정도의 기력(기개). ◈〈史記〉

역성혁명(易姓革命) : 왕조가 바뀌는 일.

역이지언(逆耳之言) : 귀에 거슬리는 말.

역의병식(易衣竝食) : 한 벌의 옷을 서로 바꿔 입고 며칠에 한 번씩 끼니를 때운다. 매우 빈곤한 생활을 일컫는 말.

역자교지(易子敎之) : 나의 자식과 남의 자식을 바꾸어서 교육하다. 부자의 사이에는 잘못을 꾸짖기 어렵다.

역지개연(易地皆然) : 사람은 처한 환경에 따라서 행동이 달라진다. ◈〈孟子〉

역지사지(易地思之) : 남이 당한 경우를 바꾸어서 생각하다.

역참기중(亦參其中) : 남의 일을 간섭함.

역천자망(逆天者亡) : 하늘의 명을 거스르는 사람은 망한다.

연년익수(延年益壽) : 나이를 많이 먹고 오래 살다.

연로가봉(年勞加俸) : 오래 일하는 사람에게 봉급을 더 주는 것.

연명차자(聯名箚子) : 두 사람 이상이 합명하여 임금께 올리는 글.

연모지정(戀慕之情) : 사랑하고 그리워하는 마음.

연비어약(鳶飛魚躍) : 솔개가 날고 물속에 고기가 뛰놀다. 천지조화의 오묘함.

연소기예(年小氣銳) : 나이가 어리고 기운이 팔팔함.

연시미행(煙視媚行) : 눈물이 고인 눈으로 아름답게 걷는 신부의 걸음을 나타내는 말.

연안대비(燕雁代飛) : 제비가 날아올 때 기러기는 다른 곳으로 날아간다. 서로 만나기 힘듬을 비유한 말.

연안짐독(宴安酖毒) : 몸을 한가롭게 하고 헛되이 즐기는 것은 독약처럼 사람을 해친다.

연연불망(戀戀不忘) : 그리움이 애틋하여 잊지 못함.

연옹지치(吮癰舐痔) : 종기의 고름을 빨고, 치질 앓는 곳을 핥는다. 못 봐 줄 정도로 아첨이 심함을 비유.

연익지모(燕翼之謀) : 자손을 위한 지략.

연작불생봉(燕雀不生鳳) : 제비가 봉황을 낳을 수 없다. 곧, 못나고 미련한 부모가 잘 나고 현명한 자식을 낳을 수 없다는 뜻.

연작안지 홍곡지지재(燕雀安知 鴻鵠之志哉) : 연작이 어찌 홍곡의 뜻을 알리오.

연파천리(煙波千里) : 헤어져서 서로 만나기 힘들다.

연하고질(煙霞痼疾) : 자연의 경치를 사랑하여 여행을 즐기는 것에 집착하는 질병 같은 성격.

연함호두(燕頷虎頭) : 제비의 턱과 범의 머리. 곧, 귀하게 될 상(相)이라는 뜻.

연홍지탄(燕鴻之歎) : 길이 엇갈려 서로 만나지 못해서 하

부록

는 탄식.

연화왕생(蓮花往生) : 죽은 후에 극락에서 연꽃 위에 태어나는 일.

연화중인(煙火中人) : 불에 익힌 음식을 먹는 사람. 곧, 세속에 사는 사람을 일컬음.

열구지물(悅口之物) : 입에 맞는 음식.

열녀불경이부(烈女不更二夫) : 정렬한 부인은 두 남편을 섬기지 않는다.

열력풍상(閱歷風霜) : 오랜 세월을 거치면서 많은 고생을 겪음.

열혈남아(熱血男兒) : 열정으로 피가 끓어 혈기가 왕성한 사내.

염념불망(念念不忘) : 자꾸 생각이 나서 잊지를 못함.

염량세태(炎涼世態) : 권세가 있을 때에는 아첨하여 좇고, 권세가 떨어지면 푸대접하는 세속의 형편.

염리예토(厭離穢土) : 세상의 더러움과 괴로움으로 속세를 떠남.

염불급타(念不及他) : 다른 생각을 할 겨를이 없다.

염불위괴(恬不爲愧) : 그릇된 일을 하고도 뉘우침이나 부끄러움이 조금도 없음.

염세자살(厭世自殺) : 세상을 비관하여 스스로 목숨을 끊음.

염슬단좌(斂膝端坐) : 무릎을 거두어 옷자락을 가지런히 하고 단정히 앉음.

염이불괴(恬而不怪) : 마음이 편안하여 의심하는 것이 아무것도 없음 ◈〈漢書〉

영고성쇠(榮枯盛衰) : 번영하고 쇠퇴함이 뒤바뀌는 현상.

영구불변(永久不變) : 길고 오래도록 변하지 않음.

영령쇄쇄(零零瑣瑣) : 보잘 것 없고 자질구레한 모양.

영문영무(英文英武) : 학문에도 뛰어나고 무술도 뛰어남.

영불서용(永不敍用) : 죄를 지어 관직에서 쫓겨난 관리는 두 번 다시 채용하지 않는다.

영생불멸(永生不滅) : 영원히 살아서 멸하지 않음.

영설독서(映雪讀書) : 눈의 밝은 빛으로 책을 읽는다.

영설지재(詠雪之才) : 여자의 글재주.

영웅기인(英雄忌人) : 영웅은 공을 세우기 위해서 남을 시기 한다.

영웅미사심(英雄未死心) : 영웅이 뜻을 이루지 못하고 죽었으나 그 마음만은 살아 있다.

영월당종(咏月撞鐘) : 도를 닦던 중이 가을 달 밝은 밤에 시를 짓고 혼자 기뻐했다는 고사.

영위계구 무위우후(寧爲鷄口 無爲牛後) : 닭의 입이 될지언정 소의 꼬리는 되지 않는다.

영출다문(令出多門) : 지휘계통이 질서가 없어 여러 계통

부록

에서 명령이 내림.

영파지목(盈把之木) : 한 주먹에 쥘 수 있는 나무. 아주 작은 나무를 일컬음.

예번즉난(禮煩則亂) : 예의도 지나치게 번잡하면 도리어 혼란하게 된다.

예불가폐(禮不可廢) : 어느 때 어느 장소에서나 예의를 지킨다.

예상왕래(禮尙往來) : 예의는 서로가 오고가며 교제하는 것을 중요하게 여긴다. ◈〈禮記〉

예실즉혼(禮失則婚) : 사람이 예의를 잃으면 뜻을 잃고 혼란해진다.

예의생부족(禮義生富足) : 살림이 넉넉해지면 자연히 예의를 지킨다.

예의염치(禮義廉恥) : 예절 · 의리 · 청렴 · 부끄러움을 아는 태도.

예의지방(禮義之邦) : 예의를 숭상하며 잘 지키는 나라.

예주불설(醴酒不設) : 스승을 기다리는 마음이 줄어들음을 가리키는 말.

오가소립(吾家所立) : 자기가 여러 가지를 돌봐주어 출세를 시켜준 사람을 가리키는 말.

오간지검(吳干之劍) : 오나라 사람 간장(干將)이 만든 검. 명검을 이를 때 쓰는 말.

오거지서(五車之書) : 다섯 수레에 실을 만큼 많은 책.

◈〈莊子의 天下篇〉

오검난명(五劍難名) : 중국 월왕인 구천(句踐)이 설촉(薛燭)에게 칼 다섯 자루를 주면서 그중 하나를 고르라고 하자, 모두가 명검이어서 고를 수가 없었다는 고사. 시비(是非)를 가리기 힘듬을 일컫는 말.

오두백마생각(烏頭白馬生角) : 까마귀의 머리가 희고 말에 뿔이 돋았다. 곧, 존재하지 않는 사물을 일컫는 말.

오경고취(五經鼓吹) : 북을 치고 피리를 불어서 노래나 춤을 돕는 것으로 시경(試經), 서경(書經), 춘추(春秋), 주역(周易), 예기(禮記)의 뜻을 밝힌 문장을 가리키는 말.

오경소지(五經掃地) : 공맹(孔孟)의 가르침이 쇠퇴하여 이루어지지 않음을 일컬음.

오곡불승(五穀不升) : 오곡이 결실을 맺지 못했다는 뜻으로 흉년이 들었음을 의미.

오근피지(吾謹避之) : 자신이 스스로 삼가며 피하다.

오금지희(五禽之戲) : 다섯 종류의 짐승의 자세를 취하여 근육을 부드럽게 하고 혈액을 잘 돌게 하는 양생법. 도가(道歌)의 술법 중의 하나이다.

오동일엽(梧桐一葉) : 오동잎 하나를 보고 가을이 오고 있

부록

음을 안다.

오두발광(五斗發狂) : 매우 방정맞게 날뛰는 것.

오려백복(烏驢白腹) : 몸은 검고 배만 흰 당나귀.

오마작대(五馬作隊) : 말 탄 병사가 행군할 때 오열종대로 군대를 만들어 편성하는 방식.

오만무도(傲慢無道) : 교만하여 사람을 업신여기며 도의가 없음.

오만무례(傲慢無禮) : 교만하여 사람을 업신여기고 예의가 없다.

오만불손(傲慢不遜) : 교만하고 공손하지 않다.

오매불망(寤寐不忘) : 자나 깨나 잊지 않다.

오매사복(寤寐思服) : 자나 깨나 생각하는 것.

오불관언(吾不關焉) : 나는 상관하지 않는다.

오불취(五不取) : 아내로 취해서는 안 되는 다섯 가지. 곧, 역모자를 낸 집, 형을 받은 집, 악질 병이 있는 집, 과부의 맏딸, 멋대로 자란 여자.

오불효(五不孝) : 다섯 가지 불효의 행동. 곧, 게으름, 노름과 술을 즐김, 재물을 좋아하고 자기 처자식만 중하게 여김, 환락을 탐미함, 만용으로 싸우기를 잘함이다.

오비삼척(吾鼻三尺) : 내 코가 석자다. 내 궁핍이 심하여 다른 사람의 곤란함을 돌볼 겨를이 없다.

오비이락(烏飛梨落) : 까마귀 날자 배 떨어진다. 우연한 일치로 남에게 오해를 받게 됨을 비유.

오비일색(烏飛一色) : 날고 있는 까마귀가 모두 한 색깔이다. 모두가 차이 없이 똑같음을 이르는 말.

오비토주(烏飛兎走) : 까마귀의 비상, 토끼의 질주. 빠른 세월을 일컫는 말.

오상고절(傲霜孤節) : 서릿발 날리는 때에도 굴하지 않고 외로이 지키는 절개.

오색무주(五色無主) : 두렵고 무서움으로 안색이 여러 번 바뀜. ◈〈淮南子〉

오색영롱(五色玲瓏) : 여러 가지의 색깔이 섞여 찬란함.

오수부동(五獸不動) : 다섯 동물(닭, 개, 사자, 범, 고양이)이 한곳에 모이면 서로 서로를 꺼려서 움직이지 않는다. 자기 세력 안에서 각자 자기 분수를 지키며 다른 세력을 견제함을 이르는 말.

오시오중(五矢五中) : 화살 다섯 개를 쏘아서 모두 맞힘.

오언성마(烏焉成馬) : 글자의 체가 비슷하여 혼동되어 잘못 씀을 이르는 말.

오언장성(五言長城) : 오언의 시에 능숙함을 일컬음. 곧, 오언시를 써서 만리장성을 이룬다고 함이니 평범한 사람은 바랄 수 없는 일을 비유.

오우천월(吳牛喘月) : 물소가 더위를 무서워해서 밤에 달

부록

을 보고도 숨을 헐떡인다. 공연한 일에 놀라서 허둥지둥 대는 사람을 비유한 말.

오운지진(烏雲之陣) : 까마귀와 구름이 모여든다. 곧, 모이고 흩어짐이 자유로워 변화가 많은 진법을 가리키는 말.

오유반포지효(烏有反哺之孝) : 새끼 까마귀가 자라서 그 어미에게 먹이를 먹여 준다는 뜻으로, 자식이 부모의 은혜에 보답하는 것을 비유.

오유선생(烏有先生) : 실제로는 없는 가공의 인물.

오일경조(五日京兆) : 중국 한나라 사람인 장창(張敞)이 경조윤(京兆尹)이란 관직에 임명된 후 오일 뒤에 면직되었다는 고사. 오랫동안 지속적으로 하지 못 하는 일을 비유한 말.

오자낙서(誤字落書) : 글자를 잘못 쓰거나 빠뜨리고 쓰는 일.

오자등과(五子登科) : 아들 다섯이 모두 과거에 응시하여 급제함. 이런 특별한 경우에는 나라에서 그 부모에게 쌀과 상품을 하사 하였다고 한다.

오자부장(敖者不長) : 오만한 사람은 망한다.

◈〈老子의 第廿五章〉

오자탈주(惡紫奪朱) : 자주색이 붉은색을 망쳐놓았다고 시기한다. 거짓이 참된 것을 욕함을 비유.

오조사정(烏鳥私情) : 까마귀 새끼가 자라서 어미에게 먹이를 물어다 주는 정. 자식이 부모를 공양하는 정(情)을 비유.

오지자웅(烏之雌雄) : 까마귀의 암 · 수를 구별하기 어렵다. 시비와 선악을 분별하기 힘들다는 뜻.

오체투지(五體投地) : 땅에 무릎을 꿇고 두 팔을 대고 머리를 땅에 닿도록 절함.

오탁악세(五濁惡世) : 온갖 죄악으로 가득 찬 세상.

오풍십우(五風十雨) : 매우 순조로운 기후. 태평세월.

오행상생(五行相生) : 오행이 순환하면서 서로 생(生)하는 이치.

옥곤금우(玉昆金友) : 옥 같은 형, 금 같은 아우, 남의 형제를 칭찬할 때 쓰는 말.

옥골선풍(玉骨仙風) : 살빛이 옥과 같이 희고 깨끗하여 신선과 같은 풍채를 가진 사람.

옥량낙월(屋梁落月) : 친구를 생각함이 간절함을 나타내는 말.

옥석구분(玉石俱焚) : 옥과 돌이 같이 불에 탄다. 선인이나 악인 모두 함께 망하는 것을 이르는 말.

옥야천리(沃野千里) : 기름지고 넓은 들.

옥오지애(屋烏之愛) : 사랑하는 사람의 집 위의 까마귀까지 귀여워한다. 지극한 애정을 이르는 말.

옥의옥식(玉衣玉食) : 아름다운 옷을 입고 맛있는 음식을

부록

먹음.

옥치무당(玉卮無當) : 옥으로 만든 잔이라도 밑이 없으면 쓸모가 없다.

옥하가옥(屋下架屋) : 다른 사람이 이미 해 놓은 것을 모방하여 독창성이 없고 진전이 없음을 비웃는 말.

옥하금뢰(玉瑕錦纇) : 옥에 티와 비단에 흠. 훌륭한 것에도 티가 있음을 이르는 말.

옥하사담(屋下私談) : 쓸데없는 개인적인 이야기.

옥해금산(玉海金山) : 고상한 인품을 비유하는 말.

◈〈論語의 爲政篇〉

온고지정(溫故之情) : 옛것을 살피고 생각하는 정서와 회포.

온유겸손(溫柔謙遜) : 성질이 온화하고 점잖고 거만하지 않음.

온유돈후(溫柔敦厚) : 마음은 순하고 온화하며 인정이 많고 두텁다. ◈〈禮記〉

온의미반(溫衣美飯) : 따뜻한 옷을 입고 맛있는 음식을 먹는다.

온후독실(溫厚篤實) : 성질이 유순하고 태도가 부드러움.

옹리혜계(甕裏醯鷄) : 술독 속에 있는 날벌레. 세상 보는 눈이 적음을 비유한 말.

옹산화병(甕算畵餠) : 독장수의 셈과 그림의 떡. 실속이 없음을 비유하는 말.

옹용조처(雍容措處) : 화평하고 즐겁고 조용하게 일을 처리함.

와각지세(蝸角之勢) : 사소한 일로 다투는 형세.

와각지쟁(蝸角之爭) : 하찮은 일로 실랑이를 벌이며 다투는 일.

와명선조(蛙鳴蟬噪) : 개구리와 매미가 시끄럽게 운다. 논설이나 문장이 시끄럽기만하고 아무 쓸모가 없음을 비유.

와부뇌명(瓦釜雷鳴) : 기와로 만든 솥은 소리가 없다. 배우지 못한 사람이 잘 알지도 못하면서 허세를 펴는 것을 비유한 말.

와석종신(臥席終身) : 제 명(命)을 다하고 죽다.

와영귀어(瓦影龜魚) : 남에게 보호를 구하는 것.

와유강산(臥遊江山) : 산수의 그림을 보면서 즐김.

와치천하(臥治天下) : 자면서 천하를 다스림. 곧, 태평시대를 일컫는 말.

와치회양(臥治淮陽) : 정치를 잘하여 백성을 편안하고 안락하게 하는 것. ◈〈史記〉

와해(瓦解) : 지붕의 기와가 무너짐. 뿔뿔이 흩어지고 부서짐을 이르는 말.

와해토붕(瓦解土崩) : 지붕의 기와가 깨지고 흙이 무너짐. 사물이 무너지고 부서져 형체가 없어짐을 이르

부록

는 말.

완구지계(完久之計) : 완전하여 변하지 않는 계략.

완명불령(頑冥不靈) : 완고하고 도리에 어두워 무식함.

완물상지(玩物喪志) : 진귀한 물건을 손에 넣고, 그 물건에 마음을 빼앗겨 뜻을 잃다.

완월장취(玩月長醉) : 달을 벗 삼아 즐기며 술에 취함.

완인상덕(玩人喪德) : 소인을 희롱하면 오히려 자신의 덕을 잃게 됨을 이르는 말. ◈〈書經〉

완호지물(玩好之物) : 신기하고 보기 좋은 물건.

왈가왈부(曰可曰否) : 어떤 일에 대하여 옳다. 틀리다 라고 말함.

왈시왈비(曰是曰非) : 어떤 일에 대하여 시비를 가리는 일.

왈자자식(曰字子息) : 불량한 사람.

왈형왈제(曰兄曰弟) : 형이니 아우니 부름. 서로 친한 사이에 씀.

왕국부민(王國富民) : 왕이 다스리는 나라는 백성을 부유하게 하는 것이 목적이다.

王良造父(왕량조부) : 말을 잘 타고 잘 부리는 사람을 이름 ◈〈荀子〉

왕래부절(往來不絕) : 오고 감이 끊이지 않음.

왕자무외(王者無外) : 왕은 바깥이 없다. 왕이 영토를 넓게 통일함을 이름.

왕자지민(王者之民) : 왕이 덕으로 정치를 하면 백성이 모두 그 덕을 입는다. ◈〈孟子〉

왕조미인(王朝美人) : 품위가 있고 귀족적인 느낌을 주는 아름다운 여인.

왕좌지재(王佐之才) : 임금을 보필해서 큰일을 할 인물.

왕척직심(枉尺直尋) : 짧은 것을 굽히고 긴 것을 편다. 작은 일을 참고 견디어 큰일을 해냄을 비유한 말.

왕후장상(王侯將相) : 임금, 제후(諸侯), 장군, 재상(宰相)을 일컫는 말.

왜자간희(矮者看戲) : 식견이 없는 사람을 일컫는 말. 극장에서 기가 작은 사람이 뒤에 서서 있다가 내용을 잘 보지도 못하고 앞에 사람이 비평하는 소리만 듣고 자기의 의견도 없이 그말 그대로 비평하는 것에서 유래한 말.

외강내유(外剛內柔) : 겉으로는 강하지만 속으로는 부드러움을 나타내는 말.

외부내빈(外富內貧) : 겉은 부자이나 속은 가난함.

외빈내부(外貧內富) : 가난한 차림이나 속은 부자.

외수외미(畏首畏尾) : 다른 사람이 알게 되는 것을 두려워함.

외영오적(畏影惡迹) : 마음을 가다듬어 세파에 젖지 않으려는 심성을 기르는 것이 아니라 미워하는 마음을 일컫는 말.

외제학문(外題學問) : 책의 제목만 많이 알고 실제로 그 내용은 잘 모름을 일컫는 말.

외친내소(外親內疎) : 가까운 체하나 속으로는 멀리하다.

외허내실(外虛內實) : 겉은 허술해 보이나 속은 꽉차있어 충실함.

외의사빙(畏儀辭聘) : 나라를 위하여 목숨을 버릴 각오를 하는 것이 두려운 관리는 사퇴시키는 것을 이름.

요개부득(搖改不得) : 고칠 도리가 전혀 없음.

요고순목(堯鼓舜木) : 요임금은 북을 메달아 놓고, 순임금은 나무를 세워놓고 간(諫)할 것을 알리게 했다는 고사.

요동시(遼東豕) : 요동의 돼지. 하찮은 공을 스스로 자랑하다. 요동에서 어떤 돼지가, 머리가 흰 돼지새끼를 낳았는데 이상히 여겨 주인이 임금께 바치려고 하동으로 가지고 갔다. 그런데 그곳의 돼지는 모두 흰 돼지여서 다시 돌아왔다는 고사.

요두전목(搖頭顚目) : 머리를 흔들고 눈을 굴린다. 곧, 침착하지 않고 불안전한 행동을 일컫는 말.

요령부득(要領不得) : 요령을 얻지 못하다.

요림경수(搖林瓊樹) : 사람의 재질이 뛰어나 보통사람보다 비범함을 나타내는 말.

요미걸련(搖尾乞憐) : 개가 꼬리를 흔들며 얼씬거린다. 아첨을 잘하고 간사한 사람을 비유하는 말.

요불승덕(妖不勝德) : 요사한 것은 덕을 이기지 못한다. 옳지 못한 것이 정의를 이기지 못한다.

요산요수(樂山樂水) : 지혜 있는 자는 사리에 통달하여 물과 같이 막힘이 없으므로 물을 좋아하고, 어진 자는 의리에 밝고 산과 같이 중후하여 변하지 않으므로 산을 좋아한다.

요양미정(擾攘未定) : 정신이 어지러워서 결정하지 못함.

요언불번(要言不煩) : 중요한 말은 긴 이야기를 다 듣지 않아도 그 뜻을 알 수 있다.

요유인흥(妖由人興) : 요사스러움은 사람이 양심을 잃었을 때 일어난다.

요조숙녀(窈窕淑女) : 조신한 여자.

요지부동(搖之不動) : 흔들어도 움직이지 않음.

욕곡봉타(欲哭逢打) : 울려고 마음먹은 아이를 때려서 울린다. 불평불만을 품고 있는 사람을 선동함을 이르는 말.

욕교반졸(欲巧反拙) : 잘 만들려고 너무 공을 들이다가 오히려 졸렬하게 됨.

욕급부형(辱及父兄) : 자식의 잘못이 부모 형제까지 욕되게 한다.

욕기지락(浴沂之樂) : 제자들을 거느리고 교외 냇가에 가

부록

서 놀음.

욕망이난망(欲忘而難忘) : 잊고자 하여도 잊기가 어렵다.

욕사무지(欲死無地) : 죽으려고 해도 죽을 땅이 없다.

욕소필연(欲燒筆硯) : 다른 사람이 지은 문장을 보고 자신의 재주가 그를 따라가지 못함을 탄식하다.

욕속부달(欲速不達) : 일을 급히 서두르면 오히려 되지 않는다.

욕속지심(欲速之心) : 빨리 되길 바라는 마음.

욕식기육(欲食其肉) : 그 사람의 고기를 먹고 싶다. 원수가 뼈에 사무치도록 깊음을 이르는 말.

욕적지색(欲炙之色) : 물건을 탐내는 마음이 얼굴에 표정으로 나타난다. ◈〈晋書〉

욕토미토(欲吐未吐) : 말을 할 듯 말듯 하지 않음.

욕파불능(欲罷不能) : 그만두고 싶어도 그렇게 할 수 없다.

용감무쌍(勇敢無雙) : 용감하기 짝이 없다.

용관규천(用管窺天) : 보는 것이 아주 적다. 견문이 좁음을 이르는 말.

용맹정진(勇猛精進) : 용기가 있어 힘차게 나감.

용무지국(用武之國) : 병사를 일으켜 적을 무찌르기에 좋은 지대.

용무지지(用武之地) : 병사를 일으켜 무력을 쓸 만한 곳.

용미봉탕(龍味鳳湯) : 맛이 좋고 귀한 음식을 가리키는 말.

용반호거(龍盤虎踞) : 용이 서리고 호랑이가 앉은 모양새를 이룬 웅장한 산을 이르는 말.

용병여신(用兵如神) : 군사를 부리는 것이 귀신과 같다.

용봉비간(龍逢比干) : 용봉은 하나라 걸왕의 신하이고, 비간은 은나라 주왕의 신하인데 둘 다 임금께 충고의 말을 하다가 목숨을 잃었다.

용봉지자(龍鳳之姿) : 모습이 보통 사람보다 뛰어나다.

용비봉무(龍飛鳳舞) : 산천이 수려하고 신령한 기세. 천하를 얻는다는 뜻으로 쓰인다.

용사비등(龍蛇飛騰) : 용과 뱀이 날아오르는 것 같은 활기 있고 힘찬 필력(筆力)을 이르는 말.

용사행장(用舍行藏) : 관직에 오르면 배운 바를 베풀고 떠나면 은둔하면서 도를 닦는 군자의 처세를 일컫는 말. ◈〈論語의 述而篇〉

용심처사(用心處事) : 정성스레 마음을 써서 일을 처리함.

용양호박(龍驤虎搏) : 용과 범처럼 맹렬하게 싸우는 모양을 일컫는 말.

용양호시(龍驤虎視) : 용처럼 날뛰고 호랑이 같은 눈으로 본다. 영웅이 세상을 보는 모습을 일컫는 말.

용왕매진(勇往邁進) : 거리낌 없이 용감하게 앞으로 나감.

용장용단(用長用短) : 긴 것과 짧은 것을 같이 사용함. ◈〈晋書〉

부록

용전호쟁(龍戰虎爭) : 용과 호랑이의 싸움. 제후끼리 서로 싸우는 것을 이르는 말.

용지불갈(用之不竭) : 써도 없어지지 않는다.

용지하처(用之何處) : 쓸데가 없다.

용추지지(用錐指地) : 조그만 지식으로 큰 도리를 깊이 연구하려 함을 비유하는 말.

용퇴고답(勇退高踏) : 관직에서 스스로 물러나서 속세를 떠나서 생활함.

용표탈귀(龍標奪歸) : 과거에서 장원급제한 사람을 이르는 말.

용필침웅(用筆沈雄) : 그림이나 글씨가 침착하고 박력이 있다.

용행호보(龍行虎步) : 용이 지나가는 것과 호랑이의 걸음걸이. 귀한 사람의 상(相)을 일컫는 말.

용호지자(龍虎之姿) : 영웅의 타고난 성품.

용혹무괴(容或無怪) : 혹시 그러할지라도 괴이할 것이 없다.

우국진충(憂國盡忠) : 나라 일을 걱정하고 충성을 다함.

우기동조(牛驥同皁) : 걸음이 느린 소와 천리마와 구유는 같다. 어진 사람과 어리석은 사람이 같은 대우를 받는 것을 일컬어 비유한 말.

우답불파(牛踏不破) : 소가 밟아도 부서지지 않는다. 사물의 튼튼함을 이르는 말.

우도할계(牛刀割鷄) : 닭을 잡는 데에 소 잡는 칼을 쓰다. 작은 일을 처리하는데 큰 기구를 사용함을 비유한 말. ◈〈論語〉

우로지택(雨露之澤) : 비와 이슬의 혜택, 임금의 넓고 큰 은혜를 일컫는 말.

우로풍상(雨露風霜) : 온갖 경험.

우맹의관(優孟衣冠) : 초나라 배우 맹(孟)이 재상의 옷차림으로 연극을 했다는 것에서 유래. 겉모양은 비슷하나 속은 전혀 다른 것을 비유한 말.

우문우답(愚問愚答) : 어리석은 질문에 어리석은 대답.

우문현답(愚問賢答) : 어리석은 질문에 현명한 대답.

우수마발(牛溲馬勃) : 소 오줌과 말의 똥. 대수롭지 않은 물건을 일컫는 말.

우수사려(憂愁思慮) : 근심과 걱정과 염려.

우순풍조(雨順風調) : 바람 불고 비오는 것이 시기와 양이 알맞다.

우심경경(憂心京京) : 걱정하는 마음이 떠나지 않음.

우심여취(憂心如醉) : 걱정하는 마음으로 취한 것처럼 정신 상태가 흐리멍텅함.

우양시약(雨暘時若) : 비가 때를 맞추어 오고 햇볕이 골고루 비친다. 날씨가 잘 조화됨을 이르는 말.

우여차축(雨如車軸) : 큰 비가 내리는 모양을 나타내는 말.

우유도일(優遊渡日) : 하는 일 없이 한가롭게 날짜를 보냄.

우유부단(優柔不斷) : 결정을 내리지 못하고 어물어물 함.

우유불박(優遊不迫) : 마음이 부드럽고 여유가 있음.

우음마식(牛飮馬食) : 소처럼 마시고 말처럼 먹는다. 곧, 음식을 많이 먹고 마심을 이르는 말.

우이독경(牛耳讀經) : 쇠귀에 경 읽기. 헛된 일.

우자일득(愚者一得) : 어리석은 사람도 때에 따라 좋은 생각을 낸다.

우적쟁사(遇賊爭死) : 한나라에 조효(趙孝)라는 사람의 동생인 예(禮)가 적군의 포로가 되었다. 형제간의 우애가 깊던 조효는 적진으로 가서 동생 대신에 자신을 죽여 달라고 간청했다. 적장이 그 형제애에 감동하여 풀어주었다는 고사. ◈〈後漢書〉

우천순연(雨天順延) : 모임을 정한 날에 비가 오면, 다음 날로 연기 하는 것.

우행순추(禹行舜趨) : 겉으로만 우임금이나 순임금 같은 흉내를 냄.

우화등선(羽化登仙) : 사람의 몸에 날개가 생겨 하늘로 올라가 신선이 됨.

우후죽순(雨後竹筍) : 비가 온 뒤 무럭무럭 자라는 대나무 순. 일이 한 때에 번성하는 것을 비유한 말.

욱욱청청(郁郁靑靑) : 나무가 높고 푸르러서 향기가 가득함.

욱일승천(旭日昇天) : 아침 해처럼 세력이 왕성함을 이르는 말.

운권천청(雲捲天晴) : 구름이 걷히고 하늘이 맑음. 근심이나 걱정이 없어짐을 일컫는 말.

운니지차(雲泥之差) : 구름과 진흙의 차이란 뜻으로, 사정이 크게 다르다. 차이가 썩 심하다의 의미로 사용함.

운도시래(運到時來) : 행운과 때가 한꺼번에 옴.

운부천부(運否天賦) : 운명의 길함과 흉함은 하늘이 내린다.

운빈화용(雲鬢花容) : 탐스러운 귀밑머리와 아름다운 얼굴을 가진 여자를 이르는 말.

운산조몰(雲散鳥沒) : 구름이 흩어지고 새가 사라진다. 근심·걱정 등의 마음을 괴롭히는 것들이 깨끗하게 해결됨을 비유한 말.

운상기품(雲上氣禀) : 세상의 속됨을 벗어난 고상한 기질과 품성.

운상약견(雲狀若犬) : 세상이 어지러우면 구름의 모양이 여러 가지 형태로 나타난다고 함을 이르는 말.

운수불행(運數不幸) : 인간의 힘을 넘어선 자연의 힘이 좋지가 않다.

운수소관(運數所關) : 운수와 관련되어 사람의 힘으로는 어쩔 수 없다.

부록

운수지회(雲樹之懷) : 친구를 그리는 마음속에 품은 생각.

운심월성(雲心月性) : 마음이 구름처럼 욕심이 없음을 이름.

운야산야(雲耶山耶) : 산인지 구름인지 구별이 안감.

운연과안(雲煙過眼) : 구름과 연기는 오래 보이지 않는다. 한 때의 즐거운 일을 오래도록 마음에 담지 않는다.

운예망(雲霓望) : 가물 때 구름과 무지개를 바라본다. 희망이나 소원이 간절함을 비유한 말. ◈〈孟子〉

운중백학(雲中白鶴) : 구름 속을 나는 백학. 고고한 성품을 가진 사람을 일컫는 말.

운증용변(雲蒸龍變) : 물이 증발하여 구름이 되고 뱀이 용으로 승천한다. 영웅호걸이 때를 만나 기개를 펼치게 됨을 이르는 말. ◈〈史記〉

운증초윤(雲蒸礎潤) : 구름이 비로 내리려면 집의 기둥이 습기가 찬다. 어떤 사건이 일어나기 전에는 그 징조가 있다는 뜻.

운지장상(雲之掌上) : 일을 하기가 쉽다는 것을 이르는 말. ◈〈孟子〉

운집무산(雲集霧散) : 구름처럼 많이 모였다가 흩어지곤 함.

운파월래(雲破月來) : 구름이 흩어진 사이로 달빛이 새어 나온다.

운행우시(雲行雨施) : 구름이 비로 내려 만물을 적신다.

웅경조신(熊經鳥伸) : 곰이 나뭇가지에 올라가고 새가 목을 길게 뺀다. ◈〈莊子〉

웅계야명(雄鷄夜鳴) : 수탉이 밤에 운다. 한 나라가 다른 나라를 정벌하려고 할 때 이런 징조가 생긴다고 함.

웅사굉변(雄辭閎辯) : 뛰어난 문장과 깊이 있고 재치 있는 말솜씨.

웅심아건(雄深雅健) : 문장에 힘이 있고 의미가 내포되어 있어 품위가 있음.

웅재대략(雄材大略) : 영웅의 크고 뛰어난 재능과 큰 지략. ◈〈漢書〉

웅주거목(雄州巨牧) : 땅이 넓고 생산되는 물건이 많은 고을.

웅창자화(雄唱雌和) : 암 · 수의 새가 즐겁게 지저귐.

웅천거벽(雄川巨擘) : 글 잘한다는 이름은 있으나 그가 지은 책은 형편없음을 비웃는 말.

웅탁맹특(雄卓猛特) : 매우 크게 뛰어남.

원규지진(元規之塵) : 자신의 마음에 들지 않는 다른 사람의 행동. ◈〈晋書〉

원로방지(圓顱方趾) : 둥근 머리와 모난 발뒤꿈치. 인류(人類)를 일컫는 말.

원막치지(遠莫致之) : 거리가 먼 곳에 있어서 올 수가 없음을 이르는 말.

원목경침(圓木警枕) : 둥글게 만들어 누워서 잠을 자다가 굴러 잠을 깨도록 만든 목침.

원불실수(原不失手) : 실수하지 않도록 하는 방법.

원비지세(猿臂之勢) : 상황이 좋을 때는 진격하고 불리할 때는 후퇴하는 군대의 운용.

원성실성(圓成實性) : 원만하게 이루어진 진실의 본성.

원성자자(怨聲藉藉) : 원망하는 소리가 사람들의 입에 많이 오르내림.

원시요종(原始要終) : 원인이 되는 이유를 찾아내고 그 결과의 이루어짐을 요약함.

원실돈오(圓實頓悟) : 조금도 결함이 없는 실제의 모양의 이치를 깨달음.

원악대대(元惡大懟) : 매우 악한 죄를 지어 많은 사람들이 미워하고 증오하는 사람.

원악지정배(遠惡地定配) : 거리가 멀고 험한 지역으로 귀양살이를 보냄.

원앙지계(鴛鴦之契) : 원앙의 화합. 부부가 서로 화합함을 비유한 말.

원원본본(元元本本) : 근본을 찾음.

원일조하(元日朝賀) : 정월 초하룻날 문무백관이 조정에 들어가서 임금께 새해 인사를 올리는 것.

원입골수(怨入骨髓) : 원한이 뼈에 사무치도록 깊음.

원전석의(原典釋義) : 기준이 되는 원래의 것을 풀이하다.

원전활탈(圓轉滑脫) : 말이나 일을 하는데 모나지 않고, 매사를 부드럽고 원활하게 처리함.

원정정죄(原情定罪) : 사실을 밝힌 뒤에 처벌을 결정함.

원정흑의(圓頂黑衣) : 머리를 깍고 검은 옷을 입은 중의 모습.

원천우인(怨天尤人) : 하늘을 원망하고 사람을 탓하다.

원철골수(怨徹骨髓) : 원한이 골수에 사무치다.

원청즉유청(源淸則流淸) : 윗물이 맑으면 아랫물도 맑다.

원포수호(猿抱樹號) : 흰 원숭이가 명궁 양유기를 만나자 자신이 죽을 것을 알고 울부짖었다는 고사(故事). ◈〈淮南子〉

원형이정(元亨利貞) : 사물의 근본이 되는 도리.

원화소복(遠禍召福) : 화를 멀리하고 복을 가져 오다.

원후취월(猿猴取月) : 원숭이가 물에 비친 달을 잡으려다 빠진다. 자신의 분수를 모르고 행동하다가 오히려 재앙을 만나는 경우를 비유하는 말.

월견폐설(越犬吠雪) : 어리석은 자가 일을 잘 못한 경우에 이르는 말. 중국의 월나라는 날씨가 따뜻하여 눈이 좀처럼 오지 않았다. 혹시나 눈이 오면 이상해서 개가 짖었다는 이야기.

월광독서(月光讀書) : 달빛으로 책을 읽는다. 고학(苦學)을 말함.

부록

월궁항아(月宮姮娥) : 달에 있는 궁 속의 선녀인 항아. 곧, 절세미인을 일컫는 말.

월락참횡(月落參橫) : 달이 지고 그림자가 가로 세로 있다.

월만즉휴(月滿則虧) : 달이 차면 곧 이지러진다. 흥하면 반드시 쇠하게 됨을 비유한 말.

월반지사(越畔之思) : 자신의 맡은 임무를 다하고 남의 영역을 침범하지 않으려는 생각.

월백풍청(月白風淸) : 달빛은 밝고 바람은 시원하다. 달 밝은 가을밤을 이르는 말.

월석현(越石見) : 좋은 정치가 베풀어짐을 이르는 말. 월왕석(越王石)이란 돌은 항상 구름과 안개에 싸여 보이지 않는데 백성을 진정으로 위하는 관리가 나타나면 보인다고 함.

월영즉식(月盈則食) : 한 번 흥하면 한 번은 쇠한다.

월장성구(月章星句) : 문장이 아름답고 빛남을 이름.

월조대포(越俎代庖) : 제례(祭禮)의 관장자가 자기의 임무를 넘어서 요리사의 일까지 참견하다.

월조소남지(越鳥巢南枝) : 월나라에서 온 새는 언제나 남쪽 가지에 앉는다. 월나라는 남쪽 나라.

월조지혐(越俎之嫌) : 자신의 권리나 직분을 넘어 다른 사람의 일을 간섭하는 것.

월진승선(越津乘船) : 대상자를 제쳐 놓고, 다른 사람과 싸움을 시키는 것을 이르는 말.

월태화용(月態花容) : 달 같은 태도와 꽃 같은 얼굴.

위계훈등(位階勳等) : 공을 세운 사람에게 상으로 주는 지위와 훈장.

위고금다(位高金多) : 지위가 높고 재산이 넉넉함을 이르는 말.

위고망중(位高望重) : 지위가 높고 명망이 높다.

위고포피(韋袴布被) : 가죽바지에 베옷을 입는다. 가난한 선비의 차림새를 이르는 말.

위관택인(爲官擇人) : 관직을 위하여 인재를 선택함.

위국충절(爲國忠節) : 나라를 위하는 충성스러운 절개.

위귀소소(爲鬼所笑) : 귀신이 비웃는다. 가난함을 벗어나지 못함을 비유하는 말.

위극인신(位極人臣) : 신하로서 오를 수 있는 최고로 높은 관직에 오름.

위기일발(危機一髮) : 절박한 순간.

위다안소(危多安少) : 나라의 형세나 병세가 매우 위급하여 안심할 수 없음.

위륜위탄(爲輪爲彈) : 마차도 되고 탄환도 된다. 하늘이 정한대로 이루어지도록 맡겨둠을 이르는 말.

위미부진(萎靡不振) : 시들고 느른해서 떨치지 못함.

위민부모(爲民父母) : 임금은 그 나라 백성의 어버이가 된다.

위방불입(危邦不入) : 위험한 곳에는 들어가지 않는다.

위부불인(爲富不仁) : 재산을 모으려면 남을 불쌍히 여기지 않게 된다. 부자가 되는 것과 어진 일을 함께 하는 것이 힘들다는 것을 이르는 말.

위불기교(位不其驕) : 높은 관직이나 명예를 얻게 되면 교만한 마음이 생긴다.

위비언고(位卑言高) : 낮은 지위에 있으면서 높은 사람의 정치를 비판함.

위선지도(爲先之道) : 조상을 위하는 도리.

위선최락(爲善最樂) : 착한 일을 하는 것은 인생에서 최고의 즐거움이다.

위수강운(渭樹江雲) : 친한 친구가 멀리 떨어져 있어 서로 그리워함을 이르는 말.

위수자명(爲豎子名) : 사람을 멸시할 때 쓰는 말.

위연구어(爲淵驅魚) : 물고기를 깊은 물속으로 넣는다.

◈〈孟子〉

위이불맹(威而不猛) : 위엄이 있으면서 무섭지 않고 부드럽다.

위이화세장(爲梨花洗妝) : 배나무 아래에서 베푸는 잔치. 배꽃을 술로 씻어 더욱 아름답게 한다.

위인모충(爲人謀忠) : 다른 사람을 위하여 충성으로 계략을 꾸밈.

위인설관(爲人設官) : 남을 위하여 벼슬자리를 마련함.

위장자절지(爲長者折枝) : 하기 쉬운 일을 비유하는 말.

위재조석(危在朝夕) : 매우 위험하여 하루를 보내기도 어려운 형편을 이르는 말.

위지협지(威之脅之) : 여러 가지의 방법으로 위협함.

위초비위조(爲楚非爲趙) : 초나라를 위하는 척하면서 사실은 조나라를 위한다. 겉과 속마음이 다름을 나타내는 말.

위총구작(爲叢驅雀) : 자신의 이익을 구하려다 오히려 남을 돕게 되는 일을 이르는 말.

위친지도(爲親之道) : 부모를 섬기는 도리.

위편삼절(韋編三絕) : 독서에 힘쓰다. 옛날에 대조각에 글씨를 써서 가죽 끈으로 엮었는데, 공자가 가죽으로 엮은 주역을 끈이 세 번이나 끊어질 때까지 읽었다는데서 나온 고사.

유각양춘(有脚陽春) : 봄이 만물을 따뜻하게 하는 것처럼 은혜를 베푸는 사람을 비유한 말.

유공불급(猶恐不及) : 두려워함이 못 됨.

유구무언(有口無言) : 입이 있지만 말이 없다. 변명할 말이 없음을 이르는 말.

유구불언(有口不言) : 입이 있지만 말을 하지 않는다. 자기의 사정과 맞지 않아서 말을 하지 않음을 이르

부록

는 말.

유난무난(有難無難) : 있어도 곤란하고 없어도 곤란하다.

유녀회춘(有女懷春) : 여자가 봄에 춘정을 품음.

유능불능(有能不能) : 재주가 있고 없음.

유능제강(柔能制剛) : 부드러운 것이 강한 것을 이긴다.

유대지신(有待之身) : 훗날을 기약하면서 기다리고 있는 몸.

유두분면(油頭粉面) : 기름을 바른 머리와 분을 바른 얼굴. 아녀자가 화장함을 이르는 말.

유랑생활(流浪生活) : 한 곳에 머물지 않고 떠돌면서 사는 삶.

유래지풍(由來之風) : 옛날부터 전해져 내려오는 풍습.

유력자부지(有力者負之) : 힘이 센 사람이 무거운 짐을 진다.

유련황락(流連荒樂) : 놀기를 즐겨 집에도 들어오지 않고 주색에 빠짐.

유록화홍(柳綠花紅) : 자연에다 사람의 힘을 가하지 않고 그대로 임을 이르는 말.

유리개걸(流離丐乞) : 이리저리 돌아다니면서 빌어먹고 삶.

유리시시(惟利是視) : 의리는 따지지 않고 서로의 이익만 관심을 갖는 것.

유만부동(類萬不同) : 모든 것이 서로 같지 않다.

유명무실(有名無實) : 명목뿐이고 실질이 없다. ◈〈漢書〉

유명시청(惟命是聽) : 무슨 일이든지 자신의 분수에 맞게 따르겠다는 의미.

유무상생(有無相生) : 있는 것은 없는 것에서 나온다.

유무상통(有無相通) : 있는 것과 없는 것은 서로 통한다.

유방백세(流芳百世) : 꽃다운 이름이 후세까지 전해짐. 곧, 명예가 후세까지 남는다는 뜻.

유복지인(有福之人) : 복이 있는 사람.

유복지친(有服之親) : 상복을 입는 가까운 친척.

유불여무(有不如無) : 있지만 없는 것만 못하다.

유불여불(唯佛與佛) : 오직 부처님과 부처님. 곧, 큰 깨달음의 경지는 부처님만이 알 수 있으며 범인은 미칠 수 없다는 뜻.

유비군자(有匪君子) : 학문과 인품을 골고루 갖추어 훌륭한 사람.

유사불여무사(有事不如無事) : 말썽의 소지가 있는 일은 오히려 없는 것만 못하다.

유사이전(有史以前) : 인류의 역사가 생기기 전의 시대.

유사입검(由奢入儉) : 사치를 멀리하고 검소함에 힘쓰다.

유사지추(有事之秋) : 갑작스럽게 일이 생겼을 때.

유상무상(有象無象) : 우주 공간에 있는 모든 것.

유색완용(愉色婉容) : 평화스럽고 편안한 모습의 얼굴 빛.

유성시헌(惟聖時憲) : 어진 임금은 하늘을 법으로 삼는다. ◈〈書經〉

유수불부(流水不腐) : 흐르는 물은 썩지 않는다. 항상 멈

부록

추지 않고 변화하는 것은 발전이 있다는 뜻.

유수일인(唯授一人) : 비밀히 내려오는 어떤 방법이나 기능 등을 오직 한 사람에게만 전하는 것.

유수존언(有數存焉) : 무슨 일이든지 하늘이 주는 행운이 따라야 한다.

유시무종(有始無終) : 지조가 굳지 못하다. 시작은 좋으나 끝마무리가 없다.

유시유종(有始有終) : 처음 시작부터 끝까지 한결 같다.

유시필유종(有始必有終) : 시작이 있으면 꼭 끝이 있게 마련이다.

유식지민(遊食之民) : 아무 일도 하지 않고 놀고먹는 백성.

유식지신(有識之哂) : 견문과 학식이 있는 사람을 비웃는 말.

유실난봉(有實難捧) : 빚을 갚을 사람이 재산이 있어도 받아내기 어려움.

유실무실(有實無實) : 물체가 있는 것과 없는 것.

유아독존(唯我獨尊) : 이 세상에 나보다 더 높은 것이 없다.

유아지탄(由我之歎) : 자신의 잘못으로 남에게 피해를 준 것을 탄식하다.

유야무야(有耶無耶) : 우물쭈물. 어물어물.

유어유수(猶魚有水) : 임금과 신하, 부부가 서로 친밀함이 물과 물고기의 관계 같다는 뜻.

유어출청(游魚出聽) : 거문고 소리가 아름다워 물고기가 올라와서 듣는다.

유언양자(遺言養子) : 임종할 때 부탁하는 말에 의해서 인연을 맺은 양자.

유언유설(流言流說) : 근거 없이 떠도는 말.

유연노장(幽燕老將) : 싸움에 경험이 많은 늙은 장수를 일컫는 말.

유연전술(柔軟戰術) : 부드러움으로 정면 돌파를 피하면서 옆으로 진격하여 싸우는 일.

유용지용(有用之用) : 세상에 소용이 되는 것.

유우지병(幽憂之病) : 마음에 상처가 있어서 쉽게 얻는 병.

유운경룡(遊雲驚龍) : 용이 구름 속을 날듯이 잘 쓴 글씨를 이르는 말.

유월이장(踰月而葬) : 죽은 뒤 달을 넘겨 장사를 지내는 일.

유위전변(有爲轉變) : 세상일은 인연으로 얽혀서 있기 때문에 항상 변한다.

유유상종(類類相從) : 같은 성질을 가진 종류끼리 서로 오고가며 사귐.

유의막수(有意莫遂) : 마음은 있어도 뜻대로 되지 않음.

유일부족(惟日不足) : 바쁘고 일이 많아서 시간이 모자라다.

유장천혈(窬墻穿穴) : 담에 구멍을 뚫는다. 남의 집 여자에게 흑심을 품고 몰래 담을 넘어감을 이르는 말.

유절쾌절(愉絕快絕) : 더 바랄 것이 없이 유쾌하다.

유종지미(有終之美) : 끝까지 일의 마무리를 잘하여 결과를 좋게 끝냄을 이르는 말.

유주지탄(遺珠之歎) : 당연히 인재로 선택되어야 할 사람이 빠져서 하는 한탄.

유진무퇴(有進無退) : 나아가기만 하고 물러섬이 없다.

유출유괴(愈出愈怪) : 점점 더욱 괴이하다.

유필유방(遊必有方) : 부모가 살아계시면 그 슬하에서 모셔야 하며 멀리 공부를 떠나도 한 곳에서 늘 소식을 전할 수 있게 머물러야 한다.

유하면목견지호(有何面目見之乎) : 무슨 면목으로 보겠는가.

육단견양(肉袒牽羊) : 옷의 한쪽을 벗고 양을 끌고 간다. 옛날 중국에서 죄를 빌거나 항복의 표시를 나타낼 때 했다고 전해짐.

육도풍월(肉跳風月) : 뜻을 잘못 알고 지은 가치 없는 시(詩)를 일컬음.

육력동심(戮力同心) : 마음을 합하여 힘을 하나로 하다. 동심협력(同心協力)과 같은 의미.

윤언여한(綸言如汗) : 임금이 한번 한 말은, 땀이 다시 몸속으로 들어갈 수 없음과 같다.

융마생교(戎馬生郊) : 군마(軍馬)는 국경지방에서 태어난다. 근접 국가와 전쟁이 계속되고 있음을 이르는 말.

은감불원(殷鑑不遠) : 멸망의 선례는 멀지 않다는 말로,

은(殷)나라 사람은 전대의 하(夏)나라가 망한 것을 거울삼아 경계하라는 뜻이다. 이전의 실패를 자신의 거울로 삼아 주의하라는 말이다.

◈〈詩經의 大雅 蕩篇〉

은거방언(隱居放言) : 세상을 피하여 혼자 살면서, 품고 있는 생각을 거리낌 없이 말한다. ◈〈論語〉

은근무례(慇懃無禮) : 대접하는 태도가 지나치게 겸손하여 오히려 결례가 되는 것.

은반위구(恩反位仇) : 은혜가 도리어 원수가 되다.

은심원생(恩甚怨生) : 은혜를 베푸는 것이 지나치면 오히려 원망을 받는다.

은인자중(隱忍自重) : 마음 속으로 참으며 조심하다.

음담패설(淫談悖說) : 음탕하고 상스러운 말.

음덕양보(陰德陽報) : 몰래 덕을 닦고 베푸는 사람은 모르듯이 하늘이 주는 복을 받는다.

음마투전(飮馬投錢) : 말에게 물을 먹일 때 돈을 던져 물값을 준다. 행동의 결벽함을 나타내는 말.

음아질타(暗啞叱咤) : 분한 마음이 한꺼번에 일어나서 몹시 꾸짖다.

음우회명(陰雨晦冥) : 매우 흐린 날씨인데도 비가 내려 더욱 어둡다. 어지러운 세상을 비유한 말.

음풍농월(吟風弄月) : 맑은 바람과 밝은 달에 관한 시를

부록

짓고 즐겁게 놀다.

읍견군폐(邑犬群吠) : 고을 개가 많이 모여 짖는다. 많은 소인이 남을 비방하다.

읍참마속(泣斬馬謖) : 눈물을 머금고 마속의 목을 베다. 제갈량이 마속이 법을 어기자 가장 아끼는 부하였지만 울면서 그를 베었다는 고사.

응구첩대(應口輒對) : 묻는 대로 지체 없이 대답하다.

응문지동(應門之童) : 문 앞에서 손님을 맞이하는 아이.

응천순인(應天順人) : 하늘의 뜻에 따르고 백성의 뜻에 순종함.

의관열파(衣冠裂破) : 옷과 갓을 찢고 부수다. 점잖은 체면을 버리고 서로 싸우는 것을 이르는 말.

의금야행(衣錦夜行) : 입신출세하고도 고향에 돌아가지 않기 때문에 사람들에게 알려지지 않다.

의금환향(衣錦還鄕) : 입신출세하여 고향에 돌아가다.

의기양양(意氣揚揚) : 뜻대로 되어 으쓱거리는 기상이 펄펄하다. 득의한 마음이 얼굴에 나타나다.

의려지망(倚閭之望) : 마을 입구의 문을 바라본다. 곧, 자식을 기다리는 어머니의 마음을 이르는 말.

의문지망(倚門之望) : 어머니가 멀리 간 아들을 고대하는 정.

의봉혈우(蟻封穴雨) : 개미가 구멍을 막을 때는 비가 올 징조이다.

의사무공(疑事無功) : 의심을 하고 하는 일은 성공하기가 힘들다. ◈〈史記〉

의수야행(衣繡夜行) : 비단 옷을 입고 밤길을 가다.

의중지인(義中之人) : 의리가 많고 말과 행동을 삼가 조심하는 사람.

이고위감(以古爲鑑) : 옛 것을 거울로 한다.

이관규천(以管窺天) : 대롱으로 하늘을 보다. 식견이 매우 좁다.

이구동성(異口同聲) : 말과 의견이 일치하다.

이덕보원(以德報怨) : 원수에게 은혜를 베풀다.

이란투석(以卵投石) : 계란으로 바위를 친다.

이력가인(以力假人) : 힘으로 일을 하는데 진심으로 하는 척 가장하여 하는 일.

이로동귀(異路同歸) : 가는 길은 달라도 도달하는 곳은 같다.

이모상마(以毛相馬) : 털을 보고 말을 고른다. 사물의 겉만 알고 깊은 속은 모른다는 뜻.

이모취인(以貌取人) : 사람이 어질고 어질지 않은 것을 보는데 다만 용모만 보고 정하다.

이목지욕(耳目之慾) : 듣고 싶고 보고 싶은 욕망. 곧, 물질을 향한 욕망을 일컫는 말.

이문회우(以文會友) : 학문으로 친구를 사귀다.

이발지시(已發之矢) : 이미 쏘아진 화살. 곧, 이미 시작된

부록

일을 중간에서 멈추기 어려움을 비유한 말.

이사위한(以死爲限) : 죽음에 임하는 정신으로 일을 한다는 뜻.

이상동몽(異床同夢) : 다른 침상에서 자면서 같은 꿈을 꾼다. 서로 다른 상황에서 같은 뜻을 가진다는 뜻.

이석격석(以石擊石) : 돌로써 돌을 친다. 대립하는 두 힘이 비슷함을 이르는 말.

이석추호(利析秋毫) : 털끝만한 이해라도 따진다. 매우 인색함을 나타내는 말.

이성지호(二姓之好) : 신랑 집과 신부 집 사이의 두터운 정의.

이소석교(離疏釋蹻) : 거친 식사를 버리고 낡은 짚신을 벗는다. 천한 생활에서 벗어나 고상한 생활을 하게 됨을 이르는 말.

이소능장(以少凌長) : 어른에게 무례한 행동을 하다.

이승양석(以升量石) : 어리석은 사람이 현명한 사람의 마음을 헤아리기 어려움을 비유한 말.

이식위천(以食爲天) : 음식은 사람이 살아가는 데 근본이 된다. 먹는 것이 가장 중요하다.

이신순리(以身殉利) : 이익을 위하여 목숨을 버리다.

이실직고(以實直告) : 사실대로 고하다.

이양역우(以羊易牛) : 작은 것을 가지고 큰 것 대신 쓰다.

이언취인(以言取人) : 사람이 말만을 듣고 그 사람이 어질다고 판단하는 것. ◈〈史記〉

이열치열(以熱治熱) : 열은 열로 다스린다.

이율배반(二律背反) : 서로 반대(모순)가 되는 일이 한 행동 속에서 존재하는 것.

이이제이(以夷制夷) : 한 나라의 힘을 이용하여 다른 나라를 제압함.

이인투어(以蚓投魚) : 지렁이는 물고기가 좋아한다. 곧, 아무리 작고 보잘 것 없는 것이라도 다 쓸모가 있다.

이일경백(以一警百) : 한 사람으로 백 사람을 경계한다. 한 사람을 본보기로 처벌하여 많은 사람들에게 경고함을 이르는 말.

이일지만(以一知萬) : 한 가지 이치로써 만 가지 이치를 알다. ◈〈荀子의 非常篇〉

이장격단(以長擊短) : 내 장점으로 남의 단점을 친다.

이주탄작(以珠彈雀) : 구슬로 참새를 맞힌다. 얻는 것보다 잃는 것이 많음을 비유한 말.

이지기사(頤指氣使) : 턱으로 가리키고 얼굴 색깔로 부린다. 사람을 마음대로 부리는 것을 가리키는 말.

이현령 비현령(耳懸鈴 鼻懸鈴) : 귀에 걸면 귀걸이요, 코에 걸면 코걸이.

부록

이혈세혈(以血洗血) : 피로 피를 씻는다. 악을 악으로 갚음으로 해서 거듭 나쁜 일을 하게 된다는 뜻.

이화구화(以火救火) : 구해 주려다가 도리어 폐해를 더하다.

이효상효(李孝傷孝) : 효심이 지극하여 어버이의 죽음을 슬퍼하다가 병이 남.

익자삼우(益者三友) : 자기에게 유익한 세 벗. 곧, 정직한 사람, 신의가 있는 사람, 학식이 있는 사람.

인과응보(因果應報) : 지은 죄와 베풀은 선에 의해 앙갚음을 받는 것.

인귀상반(人鬼相半) : 죽을병에 걸려서 죽음의 선을 왔다 갔다 하는 모습.

인금구망(人琴俱亡) : 중국 진나라의 왕헌지라는 사람은 거문고를 아주 잘 탔는데 그가 죽고 다른 사람이 그 거문고를 타자 가락이 맞지 않았다는 고사. 사람의 죽음을 매우 슬퍼함을 비유하는 말.

인면수심(人面獸心) : 겉모양은 사람이나 속마음은 짐승과 같다. ◈〈史記〉

인명재천(人命在天) : 사람의 일이 다 하늘에 달려 있다.

인비목석(人非木石) : 사람은 모두 희로애락의 감정을 가진 탓에 목석처럼 무정하지 않다.

인생여조로(人生如朝露) : 인생은 아침 이슬처럼 짧고 덧없다.

인생재근(人生在勤) : 사람의 근본은 부지런함에 있다.

인생칠십고래희(人生七十古來稀) : 사람이 칠십을 살기란 고래로 드물다.

인순고식(因循姑息) : 구습을 고치지 않고 목전의 편안만을 취하다.

인심난측(人心難測) : 사람의 마음은 헤아리기 어렵다 ◈〈史記〉

인자무적(仁者無敵) : 어진 사람은 모든 사람을 사랑하므로 천하에 적이 없다 ◈〈孟子〉

인자요산(仁者樂山) : 어진 사람은 산을 좋아한다. 행동이 신중하고 태산과 같으므로 산을 즐긴다.

인자지용(仁者之勇) : 정의를 위해서 나서는 어진 사람의 용기.

인중지말(人中之末) : 사람 중에서 제일 못난 사람을 일컫는 말.

인지위덕(忍之爲德) : 참는 것이 덕이다.

인추자자(引錐自刺) : 송곳으로 자기 몸을 찌른다. 잠을 쫓으며 공부하려는 노력을 가리키는 말.

일간망찬(日旰望餐) : 임금이 정사를 돌보느라고 저녁 수라를 잊음.

일간풍월(一竿風月) : 낚시를 드리우고 세상의 모든 일을 잊고 살며 풍월을 즐김.

부록

일검지임(一劍之任) : 한 번의 칼질로 임무를 다한다.

일견여구(一見如舊) : 처음 만났는데 오래 사귄 사람처럼 정이 두터움.

일겸사익(一謙四益) : 한 번의 겸손이 네 가지 이익(天, 地, 神, 人)을 얻는다.

일경지유(一經之儒) : 한 분야의 경서에만 능통하여 융통성이 없는 학자를 이르는 말.

일경지훈(一經之訓) : 자식들에게는 황금을 유산으로 물려주기보다는 한 권의 경서를 가르치는 것이 낫다.

일구난설(一口難說) : 하나의 말로 다 설명할 수 없는 어려움.

일구월심(日久月深) : 날이 오래 지나고 달이 깊어지다. 한 가지 소원이 이루어지기를 간절히 바람.

일구일갈(一裘一葛) : 매우 어렵고 가난한 살림을 이르는 말.

일구지학(一丘之貉) : 분리하여 구분하기 어려운 같은 종류를 이르는 말.

일금일학(一琴一鶴) : 가야금 하나와 학 한 마리. 관리의 청렴결백한 생활을 이르는 말.

일기당천(一騎當千) : 한 사람이 천 사람의 적을 당하다. 무예가 매우 뛰어난 사람이나 보통사람보다 힘이나 기술이 매우 뛰어난 사람을 가리킴.

일낙천금(一諾千金) : 한번 허락은 천금처럼 귀하다. 약속은 중요하게 여겨 잘 지키라는 뜻.

일념통천(一念通天) : 오직 한 마음으로 모이면 하늘도 열린다.

일람불망(一覽不忘) : 한번 훑어보기만 해도 잊어버리지 않음.

일로매진(一路邁進) : 한 길로 씩씩하게 나감.

일로영일(一勞永逸) : 한번 고생하고 오랫동안 평안하게 안락을 누림.

일룡일사(一龍一蛇) : 용이 되거나, 뱀이 된다. 사람이 출세를 하거나 때를 못 만나 숨어 있음을 나타내는 말.

일룡일저(一龍一猪) : 하나는 용이 되고 하나는 돼지가 된다. 학문이 있고 없음에 따라 현명함과 어리석음의 차이가 생긴다.

일망무제(一望無際) : 한없이 넓다.

일맥상통(一脈相通) : 성격이나 행동하는 것이 서로 통함.

일면여구(一面如舊) : 단 한 번 만나 사귀어서 옛 친구처럼 친해지다.

일명경인(一鳴驚人) : 한 번 울면 사람이 놀란다. 무슨 일을 한 번 시작하면 사람이 놀랠 정도로 크게 이룩한다. ◈〈史記〉

일명불시(一瞑不視) : 죽으면 사물을 보지 못한다.

부록

일모도궁(日暮途窮) : 날은 어두워지고 길은 막힌다. 늙어서 힘이 쇠약해짐을 비유.

일모불발(一毛不拔) : 털 하나라도 뽑지 않는다. 남을 위하여 한 가지 일도 하지 않겠다는 인색하고 이기적인 사람을 비유하는 말.

일목삼악발(一沐三握髮) : 한 번 머리를 감는데 찾아오는 손님이 세 사람이 있어 머리를 쥔 채 맞이했다는 고사. 어진 임금이나 어진사람을 잘 대접하는 것을 비유.

일목요연(一目瞭然) : 한 번 보면 훤하게 알 수 있다.

일무가관(一無可觀) : 하나도 볼 것이 없다.

일무가취(一無可取) : 하나도 취할 것이 없다.

일무차착(一無差錯) : 성격이 침착하고 치밀하여 어려운 일을 처리함에도 빈틈이 없다.

일문백홀(一門百笏) : 권력이 높은 사람을 많이 배출한 권문세가를 이르는 말.

일반삼토포(一飯三吐哺) : 중국의 주공(周公)이 현인을 구함에 있어, 한 끼의 식사에 세 번이나 입에 넣은 밥을 도로 입에서 내고 일어나 객(客)을 영접한 일. 현인을 맞아들이기에 힘쓰다.

일반지은(一飯之恩) : 한 번 밥을 얻어먹은 만큼의 작은 은혜를 이르는 말.

일벽만경(一碧萬頃) : 푸른 물이 끝없이 펼쳐 있음.

일보불양(一步不讓) : 한 걸음도 양보하지 않음.

일불현형(一不現形) : 한 번도 나타나지 않는다.

일사불란(一絲不亂) : 질서가 잘 세워져 있어 조금도 어지러움이 없다.

일사천리(一瀉千里) : 일이 지체 없이 진행되다.

일세구천(一歲九遷) : 한 해에 아홉 번 관직에 오른다. 군주의 총애를 두텁게 받고 있음을 비유.

일소월원(日疏月遠) : 사귐이 세월이 흐르면서 멀어짐.

일시동인(一視同仁) : 인정 많은 마음씨로 사람이나 짐승을 다 같이 사랑하다.

일식만전(一食萬錢) : 한 번 식사하는데 많은 돈을 들인다. 생활이 매우 사치스러움을 이르는 말.

일신천금(一身千金) : 몸 하나가 천금이다. 사람의 몸이 귀중함을 비유하는 말.

일심불란(一心不亂) : 오직 한 가지 일에만 마음을 쓰다.

일어탁수(一魚濁水) : 한 마리 고기가 물을 흐린다. 한 사람의 잘못된 행동으로 여러 사람이 피해를 입게 됨을 이르는 말.

일언이폐지(一言以蔽之) : 한 마디로 말하면.

일우명지(一牛鳴地) : 소의 울음소리가 들릴 정도로 매우 가까운 거리라는 뜻.

부록

일월삼주(一月三舟) : 하나의 달이 정지하고 있는 배에서 보면 세 개로 보인다. 부처를 보는 사람의 마음이 각각 다름을 비유하는 말.

일위도강(一葦渡江) : 중국의 달마대사가 가랑잎 하나를 타고 양자강을 건너갔다는 고사.

일의고행(一意孤行) : 다른 사람의 간섭을 마음에 두지 않고 혼자 일을 해 나감.

일의대수(一衣帶水) : 띠 같은 좁은 냇물.

일일삼추(一日三秋) : 무척 애태우며 기다리다. ◈〈詩經〉

일장일이(一張一弛) : 한 때 일을 시키면 한 때 쉬게 한다.

일장춘몽(一場春夢) : 한마당 봄날의 꿈처럼 헛된 영화.

일재지수(逸材之獸) : 많은 짐승에서 뛰어나게 사나운 짐승.

일중불결(日中不決) : 아침부터 회의를 시작했으나 정오에 이르러서도 결정되지 않음.

일촌간장(一寸肝腸) : 한 토막의 간과 창자. 매우 애가 타는 심정을 형용하는 말.

일취월장(日就月將) : 나날이 다달이 진보하다.

일편단심(一片丹心) : 진심에서 나오는 충성된 오직 하나의 마음.

일폭십한(一曝十寒) : 하루 볕을 쪼이고 열흘은 응달에 둔다. 일이나 공부하는 것을 게을리 함을 이르는 말.

일필휘지(一筆揮之) : 글씨나 그림을 한숨에 죽 쓰거나 그리다.

일허일영(一虛一盈) : 있는 듯 하면 없고 없는 듯 하면 있다. 변화가 심해서 헤아리기가 어렵다.

일확천금(一攫千金) : 한꺼번에 많은 돈을 얻다.

일훈일유(一薰一蕕) : 향초와 냄새나는 풀. 좋은 냄새 나는 풀과 고약한 냄새 나는 풀을 같이 놓으면 악취만 난다. 선행은 지키기 힘들고 악행은 제거되기 힘들다는 것을 비유.

일희일비(一喜一悲) : 기쁜 일과 슬픈 일이 번갈아 일어나다.

임갈굴정(臨渴掘井) : 목이 말라서야 우물을 파다.

임기응변(臨機應變) : 그때그때의 변화되는 사정에 따라 적당히 처리하다.

임난주병(臨難鑄兵) : 난리가 일어난 후에 무기를 만든다. 곧, 때가 늦었음을 비유하는 말.

임농탈경(臨農奪耕) : 농사를 지을 시기가 왔는데 지을 사람을 바꾸는 일. 곧, 이미 다 되어 가는 것을 빼앗아 감을 비유하는 말.

임시졸판(臨時猝辦) : 느닷없이 당한 일을 임시로 처리함.

임전무퇴(臨戰無退) : 싸움에 임해서는 물러서지 않는다.

임중도원(任重道遠) : 맡은 일의 책임은 무겁고 길은 멀다.

임진역장(臨陣易將) : 싸움을 시작할 때 장수를 바꾼다. 일을 시작해서 숙달된 사람을 서투른 사람으로 바꾼다는 뜻.

입각착래(立刻捉來) : 곧 잡아들임.

입경문금(入境問禁) : 다른 나라의 국경에 들어서면 그 나라에서 금지하는 것을 물어본다.

입불실용(立不失容) : 선 채로 몸가짐을 바로하고 자세를 변하지 않음을 이르는 말.

입신양명(立身揚名) : 출세하여 이름을 세상에 널리 날림.

입이불번(入耳不煩) : 귀로 듣기에 싫지 않은 말. 곧, 듣기 좋게 아첨하는 것을 비유하는 말.

입이착심(入耳著心) : 들을 바를 잊지 않고 가슴에 새겨둔다.

입애유친(立愛惟親) : 사랑은 먼저 친밀함에서 시작하여 정분이 멀어지는 사이까지 미친다.

입추지지(立錐之地) : 송곳하나 세울 땅. 너무 좁아서 여유가 조금도 없음을 이르는 말.

입화습률(入火拾栗) : 불 속으로 들어가 밤을 줍는다. 작은 이익을 위해서 위험한 모험을 하는 어리석음을 비유하는 말.

ㅈ

자가당착(自家撞着) : 말과 행동이 서로 맞지 않거나 문장의 앞뒤가 맞지 않아 모순되는 일.

자객간인(刺客奸人) : 마음이 몹시 악랄하고 모진 사람.

자격지심(自激之心) : 어떤 일에 대하여 스스로 모자르다고 생각하는 마음.

자고능용(慈故能勇) : 자애심이 두터우면 자연히 용기가 생긴다.

자고현량(刺股懸梁) : 중국의 소진이란 사람은 공부할 때 졸음이 오면 송곳으로 허벅지를 찌르고, 초나라의 손경이란 사람은 머리를 대들보에 매달어 졸음은 쫓으면서 공부했다는 고사. 열심히 학문에 열중함을 비유하는 말.

자곡지심(自曲之心) : 허물을 가진 사람이 스스로 고깝게 여기는 마음.

자괴지심(自愧之心) : 스스로 부끄러움을 느끼는 마음.

자두연기(煮豆燃萁) : 콩을 삶는데 콩깍지를 태운다. 곧, 형제끼리 서로 시기하고 싸우다.

부록

자로부미(子路負米) : 공자의 제자 자로(子路)는 매우 가난하여 쌀을 등짐으로 져서 나른 운임으로 부모를 공양했다는 것에서 유래한 말.

자린고비(玼吝考妣) : 매우 인색한 사람을 가리키는 말.

자막집중(子莫執中) : 중국의 자막이란 사람은 항상 중용만 강조하며 지켰다는 데서 유래한 고사. 융통성이 없이 막힌 사람을 이르는 말.

자부월족(自斧刖足) : 자신의 도끼에 발등 찍힌다. 잘 알고 있다고 덤벙거리다가 큰일을 당함을 비유.

자성제인(子誠齊人) : 자신의 생각과 견해가 제일 좋은 것으로 믿는 견문이 좁고 고루한 사람을 가리키는 말.

자수삭발(自手削髮) : 자기 손으로 머리를 깎다. 어려운 일을 남의 도움 없이 스스로 감당함을 비유.

자수성가(自手成家) : 물려받은 재산 없이 스스로 재산을 모아 살림을 이루다.

자숙자계(自肅自戒) : 삼가 경계하다.

자승자박(自繩自縛) : 자기의 행동으로 말미암아 자기가 괴로움을 받는다는 말.

자시지벽(自是之癖) : 자기의 의견만이 옳다고 여기는 나쁜 버릇.

자업자득(自業自得) : 자기가 저지른 일의 업을 자기가 받다.

자유지정(自由之情) : 태어나면서부터 가지고 있는 정(인,

의, 예, 지 등).

자은무명(自隱無名) : 스스로 은거하여 이름이 세상에 알려지지 않음.

자이이조(自詒伊阻) : 사람들과의 관계를 사이를 두고 멀리함.

자자주옥(字字珠玉) : 글자마다 주옥이다. 필법의 뛰어남을 이르는 말.

자작자수(自作自受) : 자기가 저지른 죄로 인해 그 죄과를 자신이 받게 되는 것.

자중지란(自中之亂) : 같은 패거리 속에서 일어나는 싸움질.

자지자영(自知者英) : 자신을 아는 사람은 똑똑한 사람이다.

자책내송(自責內訟) : 자기 스스로 자신의 잘못을 꾸짖음.

자초지신(刺草之臣) : 풀을 베는 신하. 평민이 임금 앞에서 자신을 낮추어 부르는 말.

자초지종(自初至終) : 처음부터 끝까지의 사정.

자취부귀(自取富貴) : 자기가 노력하여 부귀를 누리게 됨.

자칭천자(自稱天子) : 스스로 칭찬하는 자를 비웃는 말.

자화자찬(自畵自讚) : 자기가 한 일을 스스로 자랑하다.

작심삼일(作心三日) : 결심이 사흘을 못 가다.

작약지증(芍藥之贈) : 함박꽃을 보내어 남녀 간의 정을 두텁게 한다는 뜻. ◈〈詩經〉

작취미성(昨醉未醒) : 저녁에 먹은 술이 아직 깨지 않음.

부록

잔두지련(棧豆之戀) : 말이 조금 있는 콩을 탐내 외양간을 떠나지 않는다. 사소한 이익에 미련을 버리지 못함을 비유.

잔배냉갱(殘杯冷羹) : 잔에 마시다 남은 술과 찬 국. 손님을 푸대접함을 이르는 말.

잔배냉효(殘杯冷肴) : 잔에 마시다 남은 술과 찬 구이. 잘 차리지 못한 주안상으로 손님을 푸대접함을 이르는말.

잔산잉수(殘山剩水) : 산수의 경치가 변변치 않은 것.

잔월효성(殘月曉星) : 새벽녘의 달과 별.

잔질지인(殘疾之人) : 병치레를 하고 나서 쇠약해진 사람.

잠사우모(蠶絲牛毛) : 일이 지저분하고 어수선함을 비유하는 말.

잡시방약(雜施方藥) : 병을 고치기 위해서 여러 가지 약을 시험삼아 처방하여 본다.

잡영선비(雜營繕費) : 자질구레한 물건을 고치는 데 필요한 비용.

장계취계(將計就計) : 상대방의 계략을 미리 알아내어 그것을 역이용하는 것.

장공절죄(將功切罪) : 쌓은 공적과 지은 죄를 서로 절충하여 죄를 정함.

장두은미(藏頭隱尾) : 일의 끝을 확실하게 밝히지 아니함.

장등시주(長燈施主) : 불을 켜는 기름으로 부처 앞에 하는 시주.

장립대령(長立待令) : 오래서서 분부를 기다린다. 세도가 높은 집안에 드나들며 이익을 얻으려는 사람을 조롱하여 비웃는 말.

장명부귀(長命富貴) : 수명이 길고 재산이 많고 지위가 높다.

장벽무의(墻壁無依) : 의지할 곳이 전혀 없다.

장부일언 중천금(丈夫一言 重千金) : 남자가 한 번 한 말은 천금의 무게가 있다.

장부일언 천년불개(丈夫一言 千年不改) : 남자가 한 번 말한 것은 천 년이 가도 변하지 않는다.

장삼이사(張三李四) : 장 서방의 셋째 아들, 이 서방의 넷째 아들. 평범한 인물을 가리키는 말.

장수선무(長袖善舞) : 소매가 길면 춤을 잘 춘다. 자본이 튼튼하면 성공하기가 쉽다는 뜻.

장야지음(長夜之飮) : 날이 새어도 창을 가리고 불을 켜놓은 채 계속하는 주연.

장우단탄(長吁短歎) : 긴 한숨과 짧은 탄식.

장자만등(長者萬燈) : 부자가 부처를 위해 만 개의 등불을 달아도 참뜻이 없으면 가난한 사람이 다는 등불 하나만도 못하다.

장주지몽(莊周之夢) : 장자가 꿈에 나비가 되었는데, 깨어

난 후 장자가 나비가 되었는지 나비가 장자가 되었는지 의심하였다는 고사. ◈〈莊子〉

장중보옥(掌中寶玉) : 손바닥 안의 보물. 매우 아끼는 보석이나 자식을 이르는 말.

장협귀래호(長鋏歸來乎) : 장검아, 돌아가지 않으려는가.

재가무일(在家無日) : 밖에 나가서 바삐 돌아다니느라고 집에 있는 날이 없다.

재승덕박(才勝德薄) : 재주는 뛰어났지만 덕이 부족하다.

재임조고(在任遭故) : 관직에 있는 중에 어버이의 돌아가심을 당함.

재조지은(再造之恩) : 거의 망하게 된 것을 구원하여 준 은혜.

재하자 유구무언(在下者 有口無言) : 아랫사람은 어른에게 대하여 논쟁하지 못한다는 뜻.

저두평신(低頭平身) : 머리를 숙이고 몸을 낮춰 절함.

저양촉번(羝羊觸藩) : 숫양이 울타리에 부딪쳤다. 앞으로 나가지도 못하고 뒤로 물러서지도 못함을 이르는 말.

저창천작(低唱淺酌) : 주연을 베풀면서 낮은 음성으로 노래를 부른다.

적년신고(積年辛苦) : 여러 해에 걸쳐 하는 고생과 괴로움.

적반하장(賊反荷杖) : 도둑이 도리어 매를 든다.

적소성대(積小成大) : 작은 것을 모아서 큰 것을 이루다.

적수공권(赤手空拳) : 맨손 맨주먹. 가진 것이 아무 것도 없다.

적연부동(寂然不動) : 조용하고 쓸쓸하여 움직임이 없다.

적우침주(積羽沈舟) : 새털도 많이 쌓이면 배도 침몰된다. 보잘 것 없는 것이라도 많이 모임면 큰 힘이 된다.

적토성산(積土成山) : 적은 흙도 쌓이고 쌓이면 산이 된다.

적훼소골(積毁銷骨) : 거짓으로 꾸며서 하는 말을 자꾸하면 뼈도 녹는다. 곧, 남들이 헐뜯는 말의 무서움을 이르는 말.

전가지보(傳家之寶) : 대대로 집안에 내려오는 귀한 물건.

전감소연(前鑑昭然) : 거울을 보는 것처럼 앞날의 일이 훤히 보임.

전거지복철 후거지계(前車之覆徹 後車之戒) : 앞 수레가 지나간 바퀴 자국은 뒤에 오는 수레의 좋은 경계가 된다는 뜻으로, 맨 처음에 좋은 본보기를 보여야 뒤에 따르는 사람도 옳게 행하게 된다는 말이다. ◈〈漢書의 賈誼傳〉

전공가석(前功可惜) : 하던 일을 중간에 그만두었을 때 그때까지 들인 공이 아깝다.

전광석화(電光石火) : 매우 빠르다.

전귀전수(全歸全受) : 몸을 부모로부터 받았을 때는 완전하게 받았으니 죽을 때도 훼손없이 되돌려 주어야 한다.

전도유망(前途有望) : 앞길에 희망이 많다.

전무후무(前無後無) : 전에도 없고 앞으로도 없다. 오직 유일하다.

전본분토(錢本糞土) : 돈은 똥과 흙과 같은 근본이다. 돈이란 원래가 천하고 보잘 것 없는 것이다.

전생지단(傳生之端) : 사형을 받아야 할 처지인 죄인의 죄에 의심스러운 점이 있어 그것을 밝히고자 살려두고 감형시키게 되는 일의 실마리.

전심치지(全心致志) : 한 가지 일에만 오로지 마음을 쓰고 전념함.

전인미답(前人未踏) : 아직까지 아무도 도착한 사람이 없다. 아무리 그것을 하거나 도달한 사람이 없다.

전정만리(前程萬里) : 앞길이 유망하다.

전지도지(顚之倒之) : 엎어지고 자빠지며 급히 도망가는 모습.

전패위공(轉敗爲功) : 실패를 거울 삼아 성공의 계기로 삼는다. ◈〈史記〉

전화위복(轉禍爲福) : 화가 바뀌어 복이 되다.

절장보단(絕長補短) : 긴 것을 잘라 짧은 것에 보탠다. 곧, 잘된 부분에서 잘못된 것을 보충함.

절지지이(折枝之易) : 나무의 가지를 꺾는 것같이 쉬운 일. ◈〈孟子〉

절차탁마(切磋琢磨) : 학문과 덕행을 수행하다.

절충어모(折衝禦侮) : 쳐들어 오는 적을 무찔러 적을 두렵게 한다. ◈〈詩經〉

절치부심(切齒腐心) : 몹시 분하여 이를 갈고 속을 썩이다.

절효정문(節孝旌門) : 충신, 효자, 열녀 등을 표창하기 위하여 세우는 붉은 문.

점불가장(漸不可長) : 일의 잘못이 커지기 전에 미리 막음.

점입가경(漸入佳境) : 점점 더 좋은 경지로 들어가다.

점적천석(點滴穿石) : 한 방울씩 떨어지는 물방울이 돌을 뚫다.

점철성금(點鐵成金) : 쇳덩어리로 황금을 만든다. 나쁜 것을 고치고 다듬어서 좋은 것으로 만드는 것을 비유한 말.

정구지역(井臼之役) : 물을 긷고 절구질을 하는 살림살이의 수고로움을 가리키는 말.

정대고명(正大高明) : 현인의 마음.

정례겸도(情禮兼到) : 정리와 예의가 두루 미치다.

정문구진(情文俱盡) : 정리와 문장을 다같이 온전히 갖추다.

정문금추(頂門金椎) : 정수리를 쇠망치로 친다. 정신을 차리도록 깨우침으로 주는 말.

정문일침(頂門一鍼) : 정수리에 침을 주다.

정신일도 하사불성(精神一到 何事不成) : 정신을 집중하여 노력하면 어떤 어려운 일이라도 성취할 수 있다.

정의투합(情意投合) : 정과 뜻이 잘 맞음.

정족지세(鼎足之勢) : 솥발처럼 셋이 맞서 대립한 형세.

정중시성(井中視星) : 우물 안에서 별을 보면 몇 개밖에 보이지 않는다. 개인의 욕심으로 견해를 밝히면 편견이 되기 쉽다는 뜻.

정출다문(政出多門) : 정치에 대하여 알지도 못하면서 아는 체 하는 사람이 많다.

제동야인(齊東野人) : 중국 제나라의 사람인 동비는 사람됨이 어리석어 모두 그의 말을 믿지 않았다. 시골사람으로 사리 분별을 할 줄 모르는 사람을 일컫는 말.

제문동벽(諸門洞闢) : 송(宋)의 태조가 궁궐을 지어놓고 모든 문을 다 열어 놓게 한 뒤 내 마음도 이와 같다고한 고사. 총명하고 마음이 넓은 사람을 일컫는 말.

제산항해(梯山航海) : 험한 산과 바다를 건너 다른 나라에 사신으로 감.

제세지재(濟世之才) : 세상을 구제하고 다스릴 만한 재주.

제영구부(緹縈救父) : 한나라의 순우공(淳于公)이 형벌을 받아 사형을 당하게 되었다. 그에게 제영이란 딸이 있었는데 자신이 노비가 되어도 좋으니 아버지의 죄를 면해 달라고 간청하여 그 뜻을 가상히 여긴 임금이 사형을 감해 주었다는 고사. ◈〈史記〉

제이면명(提耳面命) : 귀를 당겨 얼굴에서 명령을 한다. 사리를 깨닫도록 간곡하게 타이름을 이르는 말.

제자백가(諸子百家) : 중국 춘추시대의 여러 학자.

제제다사(濟濟多士) : 인재가 많다.

제포연연(綈袍戀戀) : 중국 위나라 사람 수가(須賈)가 진나라에 사신으로 왔는데 그때 진나라의 재상은 범저(范雎)였다. 범저는 그전에 아무 잘못 없이 수가에게 내쫓김을 당한적이 있었다. 이에 범저는 거지 옷차림으로 사신 수가를 찾았다. 수가는 그 거지가 범저인줄도 모르면서 불쌍해서 옷을 벗어 주었다. 그래서 범저는 수가를 용서했다는 고사. 우정의 두터움을 비유하는 말.

제하분주(濟河焚舟) : 적군을 공격하러 배를 타고 물을 건너서는 그 배를 태워 버린다는 뜻.

제행무상(諸行無常) : 인생의 덧없음.

조가야현(朝歌夜絃) : 아침에는 노래하고 저녁에는 거문고를 탄다. 종일 즐겁게 노는 모양을 이르는 말.

부록

조궁즉탁(鳥窮則啄) : 새도 궁지에 몰리면 상대방을 부리로 쫀다. ◈〈荀子〉

조동모서(朝東暮西) : 정한 곳 없이 이리저리 옮아다니다.

조득모실(朝得暮失) : 얻은지 얼마 안 가서 곧 잃어버리다.

조령모개(朝令暮改) : 변덕이 심하여 종잡을 수 없다.

조로인생(朝露人生) : 인생이 허무하고 덧없다.

조명시리(朝名市利) : 명성을 원하는 자는 조정에서 놀고, 이익을 원하는 자는 시장에서 논다.

조반석죽(朝飯夕粥) : 아침에는 밥을, 저녁에는 죽을 먹을 만큼 가난한 생활.

조불급석(朝不及夕) : 사태가 매우 급하여 아침에 일이 저녁에 어떻게 될 지 모른다.

조불모석(朝不謀夕) : 아침에 저녁 일을 꾀하지 못하다.

조생모사(朝生暮死) : 아침에 나서 저녁에 죽다. 생명이 극히 짧음을 이르는 말.

조승모문(朝蠅暮蚊) : 아침에는 파리가 모이고 저녁에는 모기가 들끓는다. 소인배가 발호함을 이르는 말.

조아지사(爪牙之士) : 발톱이나 이빨이 짐승의 몸을 보호하듯이 보필하는 신하.

조언지형(造言之刑) : 거짓말로 다른 사람을 속여 자신의 이익과 이름을 꾀하는 사람에게 주는 형벌.

조운모우(朝雲暮雨) : 아침에는 구름이 되고 저녁에는 비가 된다. 남녀의 친밀한 교제를 비유하는 말.

조운지진(鳥雲之陣) : 새가 모여들고 구름이 변화하듯이 군사(軍士)를 자유자재로 부리도록 친 진.

조율이시(棗栗梨柿) : 제사의 제물을 차릴 때 왼쪽부터 대추, 밤, 배, 감의 순서대로 놓는 격식.

조제모염(朝薺暮鹽) : 아침에는 냉이를 먹고 저녁에는 소금을 반찬으로 먹는다. 매우 가난한 생활을 비유하는 말.

조족지혈(鳥足之血) : 새 발의 피. 매우 적은 분량을 가리키는 말.

조진모초(朝秦暮楚) : 아침은 진나라에서 저녁은 초나라에서 보낸다. 줏대 없이 이리저리 옮겨다니는 것을 비유한 말.

족반거상(足反居上) : 밑이 될 것이 위가 되어 거꾸로 됨.

존양지의(存羊之義) : 가식된 예의와 구습의 예의를 버리지 않고 보존하고 있는 일.

종과득과(種瓜得瓜) : 오이를 심으면 오이가 난다. 원인이 있으면 반드시 결과가 있다는 뜻.

종명누진(鐘鳴漏盡) : 종이 울고 물이 세어 밤이 다 지나갔다. 벼슬아치가 물러날 때가 되었음을 가리키는 말.

종천지통(終天之痛) : 슬픔이 하늘 끝까지 이른다.

좌고우면(左顧右眄) : 이것저것 생각하며 결정을 짓지 못한다.

좌불수당(坐不垂堂) : 마루 끝에 앉는 것은 위험하다. 위험한 일에는 가까이 하지 않음을 이르는 말.

좌불안석(坐不安席) : 침착하지 못하여 한 군데에 오래 앉아 있지 못하다.

좌정관천(坐井觀天) : 우물 속에 앉아 하늘을 보다. 견문이 좁음을 이르는 말.

좌지우지(左之右之) : 마음대로 하다.

좌충우돌(左衝右突) : 사방으로 치고 받다.

주객전도(主客顚倒) : 주인과 손님의 위치가 바뀌다. 사물의 앞뒤, 무겁고 가벼움 등이 바뀜을 이르는 말.

주경야독(晝耕夜讀) : 낮에 일하고 밤에 공부하다.

주마가편(走馬加鞭) : 달리는 말에 채찍을 더하다. 부지런하고 성실하게 일하는 사람을 격려함.

주마간산(走馬看山) : 달리는 말 위에서 산천을 구경하다.

주유성현(酒有聖賢) : 좋은 술을 성인이라고 부르고 좋지 않은 술을 현인이라고 불렀다는 고사.

주유천하(周遊天下) : 세상 곳곳을 돌아다니면서 구경하고 즐김.

주중적국(舟中敵國) : 자기 편 속에 적이 있다.

준민고택(浚民膏澤) : 백성의 재물을 착취하여 백성의 힘을 뺌.

준조절충(樽俎折衝) : 주석에서의 온화한 외교 교섭으로 유리하게 일을 맺다.

중과부적(衆寡不敵) : 적은 수로써 많은 무리를 대적하지 못한다.

중구삭금(衆口鑠金) : 여러사람의 말은 무쇠라도 녹인다.

중노난범(衆怒難犯) : 많은 사람의 분노를 함부로 건드리면 안 된다.

중망소귀(衆望所歸) : 많은 사람들의 신망이 한 사람에게 쏠리다.

중석몰촉(中石沒鏃) : 돌에 박힌 화살.

중심성성(衆心成城) : 많은 사람의 뜻이 뭉치면 성과 같이 굳다.

중언부언(重言復言) : 같은 말을 반복하다.

중환치사(中丸致死) : 탄환이 명중되어 죽다.

중흥지주(中興之主) : 쇠퇴하던 나라를 일으켜 세운 임금.

즐풍목우(櫛風沐雨) : 바람으로 머리를 빗질하고 비로 얼굴을 씻는다. 오랜 세월을 객지에서 온갖 풍상을 겪으며 고생을 함을 비유.

증이파의(甑已破矣) : 이미 엎질러 잘못된 일을 뉘우쳐도 소용이 없다.

증중생진(甑中生塵) : 밥을 짓는 시루를 오래도록 쓰지 않아

먼지가 앉았다. 매우 가난한 생활을 비유하는 말.

지강급미(舐糠及米) : 겨를 핥다가 쌀을 먹는다. 작은 욕심이 점점 커지게 됨을 비유하는 말.

지공무사(至公無私) : 매우 공평하여 개인의 이익이 없다.

지기지우(知己之友) : 마음이 서로 잘 맞는 친구.

지독지애(舐犢之愛) : 어미소가 송아지를 핥아서 귀여워하다. 어버이가 자식을 사랑하는 마음을 나타낸 말.

지동지서(指東指西) : 근본적인 것은 파악하지 못하고, 다른 것을 가지고 왈가왈부 하는 것.

지만(持滿) : 활을 당긴 채 화살을 놓지 않다.

지만의득(志滿意得) : 바라는 대로 일이 되어서 만족함.

지명지년(知命之年) : 나이 오십 세.

지모웅략(智謀雄略) : 슬기로운 계책과 웅대한 계략.

지성감천(至誠感天) : 정성이 지극하면 하늘도 감동한다.

지소모대(智小謨大) : 꾸며 놓은 일을 행할 능력이 없다.

지어농조(池魚籠鳥) : 몸이 부자유하다.

지어지앙(池魚之殃) : 연못 속 고기의 재앙. 송나라의 성문이 타서 근처에 있는 연못의 물을 사용하여 불을 끄니 연못에 있는 고기가 말라 죽었다는 고사. 뜻하지 않은 재난을 당함을 이르는 말.

지자불혹(知者不惑) : 지자는 사물의 도리에 밝으므로 일을 당하여 의혹하는 바 없다.

지자요수(知者樂水) : 지혜로운 사람은 물을 좋아한다. 지혜로운 사람은 명철하여 사리가 막힘이 없이 물 흐르듯 하니 물과 친하다는 의미.

지족불욕(知足不辱) : 모든 일에 분수를 알고 만족하게 생각하면 모욕을 받지 않는다.

지족자부(知足者富) : 족한 것을 알고 현재에 만족하는 사람은 부자다.

지척지지(咫尺之地) : 매우 가까운 곳.

지천사어(指天射魚) : 하늘을 보고 고기를 쏘다. 불가능한 일을 하려고 함을 비유.

지피지기(知彼知己) : 상대를 알고 나를 알다.

지호지간(指呼之間) : 가리키면 보이고, 부르면 들릴 정도로 가까운 곳.

직궁증부(直躬證父) : 초나라 사람 궁은 너무 정직하여 자기 아버지가 양을 훔친 것을 관가에 고발하고 증인이 되었다는 고사. 정직이 너무 지나쳐서 부자의 도리를 깨뜨리게 됨을 이르는 말.

◈〈論語의 子路篇〉

직장곡로(直壯曲老) : 사리가 바르면 사기가 일어나고 사리가 옳지 못하면 사기가 떨어진다.

직정경행(直情經行) : 자기의 뜻대로 곧 행하다.

진금부도(眞金不鍍) : 진짜 금은 도금을 하지 않는다. 진

부록

짜 실력이 있는 사람은 꾸밀 필요가 없다.

진선진미(盡善盡美) : 완전 무결하다.

진수성찬(珍羞盛饌) : 맛 좋고 많이 차린 음식.

진인사 대천명(盡人事 待天命) : 노력을 다한 후에 천명을 기다린다.

진적위산(塵積爲山) : 티끌이 모여 태산이 되다.

진정지곡(秦庭之哭) : 초나라의 신포서가 진나라에 가서 원군을 청할 때 담에 기대어 울면서 간청하기를 일주일 만에 허락을 받았다는 고사. 남에게 구원을 청하는 것을 비유하는 말.

진촌퇴척(進寸退尺) : 얻은 것은 적고 잃은 것이 더 많음을 이르는 말.

진충보국(盡忠報國) : 충성을 다하여 나라에 보답하다.

진퇴양난(進退兩難) : 나아갈 수도 없고 물러설 수도 없는 형편.

진퇴유곡(進退維谷) : 진퇴양난.

진평재육(陣平宰肉) : 진평이란 사람이 고기를 파는데 손님에게 공평하게 나누어 주면서, 나에게 재상을 주면 나라를 이와 같이 다스리겠다고 한 고사. 뒤에 진평은 한나라의 재상이 되었다.

진혼귀신(鎭魂歸神) : 정신을 가다듬어 무념무상의 경지에 이르러 모든 것을 신에게 의지한다.

질축배척(嫉逐排斥) : 시기하고 미워하며 물리치다.

질풍경초(疾風勁草) : 굉장하게 부는 바람에도 흔들리지 않는 풀. 어려운 일에도 뜻이 흔들리지 않는 사람을 비유하는 말.

질풍노도(疾風怒濤) : 매우 빠른 바람과 무섭게 소용돌이치는 큰 물결.

질풍심우(疾風甚雨) : 센 바람과 몹시 쏟아지는 비.

집열불탁(執熱不濯) : 뜨거운 물건을 집어도 물로 씻지 않는다. 고생을 하지 않는다면 큰 일을 이룰 수 없음을 비유.

부록

ㅊ

차신차의(且信且疑) : 믿음이 가기도 하고 의심이 가기도 함.
차여유수(車如流水) : 수레가 흐르는 물과 같다.
차일피일(此日彼日) : 일을 핑계하고 자꾸 기한을 늦추다.
차철마적(車轍馬跡) : 마차로 천하를 주유한 주나라 목왕에 관한 고사.
차청입실(借廳入室) : 대청을 빌리고 안방까지 든다. 남의 힘에 조금 의지하였다가 차츰차츰 그의 권리까지 빼앗음을 이르는 말.
차형손설(車螢孫雪) : 고학(苦學).
차호위호(借虎威狐) : 윗사람의 세력을 믿고 공갈을 하는 자.
착족무처(着足無處) : 발을 붙이고 설 자리가 없다.
참불가언(慘不可言) : 너무 참혹하여 말할 수 없다.
참불인견(慘不忍見) : 너무 참혹하여 눈으로 볼 수 없다.
참정절철(斬釘截鐵) : 의심이 없이 딱 잘라 일을 처리함.
창가책례(娼家責禮) : 창기의 집에서 예의를 따지다.
창랑자취(滄浪自取) : 좋은 말이나 나쁜 말을 듣는 것은 모두 자신에게 문제가 있는 것이다.

창상지변(滄桑之變) : 푸른 바다가 변하여 뽕나무 밭이 된다.

창왕찰래(彰往察來) : 지난 일을 돌아보며 앞으로의 잃고 얻음을 살핀다.

창졸지간(倉卒之間) : 어떻게 할 수 없이 급작스런 동안.

창해유주(滄海遺珠) : 세상에 알려지지 않은 어진 사람이나 뛰어난 작품을 이르는 말.

창해일속(滄海一粟) : 큰 바다 속에 있는 한 알의 좁쌀. 대자연에 있는 인간의 하찮은 존재를 비유한 말.

채색부정(采色不定) : 기쁨과 슬픔, 노함이 얼굴에 나타나는 모습을 이르는 말. ◈〈莊子〉

척구폐요(跖狗吠堯) : 도둑이 기르는 개가 요 임금을 보고 짖는다 함이니 사람은 누구나 상전에게 충실한 법이다.

천금지자(千金之子) : 부잣집 아들.

천년일청(千年一淸) : 중국의 황하의 탁류가 맑아지기를 바란다. 이루기 가능하지 않은 일을 바라는 것을 비유.

천도부도(天道不謟) : 하늘이 나쁜 사람에게는 벌을 내리고 좋은 사람에게는 복을 주는 것은 순리이다.

천도불용(天道不容) : 하늘의 도는 공정하여 악인을 용서하지 않는다.

천려일득(千慮一得) : 바보도 한 가지쯤은 좋은 생각이 있다.

부록

천리동풍(千里同風) : 천리에 같은 바람이 분다.

천무음우(天無淫雨) : 하늘에서 궂은 비가 내리지 않는다. 세상이 평안함을 이르는 말.

천방지축(天方地軸) : 너무 바빠서 두서를 잡지 못하고 허둥대다.

천변만화(千變萬化) : 심한 변화.

천병만마(千兵萬馬) : 수없이 많은 군사와 말.

천불생 무록지인(天不生 無祿之人) : 하늘은 녹 없는 사람을 낳지 않는다.

천산만수(千山萬水) : 그윽한 깊은 산 속.

천석고황(泉石膏肓) : 자연을 사랑함이 고치지 못할 병처럼 크다.

천신만고(千辛萬苦) : 한없이 수고하고 애를 쓰다.

천원지방(天圓地方) : 하늘은 둥글고 땅은 네모지다.

천인공노(天人共怒) : 하늘과 사람이 같이 분노한다. 모든 사람이 분노하여 도저히 용서할 수 없는 것을 이르는 말.

천인단애(千刃斷崖) : 깎아지른 듯한 천길 낭떠러지.

천자만홍(千紫萬紅) : 가지가지 빛깔로 만발한 꽃.

천장지구(天長地久) : 천지는 영원히 변함이 없다.

천지지지 자지아지(天知地知 子知我知) : 하늘이 알고, 땅이 알고, 자네가 알고, 내가 안다.

천진난만(天眞爛漫) : 가식이 없는 말과 행동.

천추만세(千秋萬歲) : 오래 살기를 축수하는 말.

천편일률(千篇一律) : 똑같이 변함이 없다.

천하무쌍(天下無雙) : 천하 제일로 비길 만한 것이 없다.

철부지급(轍鮒之急) : 수레바퀴 자국 안의 붕어의 급박함. 매우 긴박한 상태를 이르는 말.

철심석장(鐵心石腸) : 지조가 칠석같아 어떠한 일에도 움직이지 않는 마음을 이르는 말.

철천지원(徹天之寃) : 하늘에 사무치는 원한.

철환천하(轍環天下) : 천하를 두루 돌아다니다.

첩부지도(妾婦之道) : 옳고 그름을 가리지 않고 남의 말에 무조건 따르는 일.

초로인생(草露人生) : 풀 끝에 맺힌 이슬 같은 인생.

초목노생(草木怒生) : 초목이 봄을 맞아서 싱싱하게 싹트다.

초목황락(草木黃落) : 늦가을에 초목이 누렇게 시들어 낙엽지다.

초왕실궁 초인득지(楚王失弓 楚人得之) : 좁은 도량, 초나라 왕이 잃은 활을 초나라 사람이 줍다.

촉견폐일(蜀犬吠日) : 촉나라는 사방에 높은 산뿐이어서, 해가 늦게 뜨고 빨리 지기 때문에, 해를 보는 시간이 짧아 개들이 해를 보면 이상히 여겨 짖는다.

촌선척마(寸善尺魔) : 세상 일은 좋고 순조로운 일보다 좋지 않은 일이 더 많다.

촌진척퇴(寸進尺退) : 진보는 적고 퇴보가 많다.

추풍낙엽(秋風落葉) : 가을 바람에 떨어지는 잎처럼 이리저리 떨어져 흩어짐과 같이 권력이나 세력이 무너져 내림을 이르는 말.

축록자불고토(逐鹿者不顧兎) : 사슴을 얻고자 하면 토끼를 돌보지 않는다.

춘인추사(春蚓秋蛇) : 봄의 지렁이와 가을의 뱀. 글씨가 지렁이 가는 것처럼 아직 미숙함을 비유하는 말.

춘일지지(春日遲遲) : 봄날이 화창하고 조용하다.

춘치자명(春雉自鳴) : 봄의 꿩이 스스로 운다. 시키거나 강요하지 않아도 스스로 함을 이르는 말.

출두부득(出頭不得) : 세상에 얼굴을 내밀기가 부끄러움을 이르는 말.

출장입상(出將入相) : 나가서는 장수요, 들어와서는 재상이 되다. 문예와 학문을 모두 갖추어 벼슬을 지내는 것을 이르는 말.

충신불사이군(忠臣不事二君) : 충신은 두 임금을 섬기지 않는다.

충신애명(忠臣愛名) : 충신은 명예를 아낀다.

충언역이(忠言逆耳) : 충고하는 말은 귀에 거슬린다.

충효양전(忠孝兩全) : 충성과 효도를 겸하다.

취생몽사(醉生夢死) : 일생을 흐리멍텅하게 마치다. 일생을 한일도 없이 헛되게 보냄을 이르는 말.

치란존망(治亂存亡) : 천하의 태평함과 어지러움과 존재함과 망함.

치지도외(置之度外) : 내버려 두고 상대하지 않다.

칠거지악(七去之惡) : 아내를 내쫓는 이유가 되는 일곱 가지 경우. 곧, 시어머니의 말을 따르지 않는 것, 자식을 못 낳는 것, 음란한 행동, 질투, 고약한 병, 남의 입에 오르내리는 것, 도적질 하는 것.

칠신탄회(漆身呑灰) : 복수를 위하여 몸을 괴롭히다.

칠실지우(漆室之憂) : 노나라의 어떤 천한부인이 어두컴컴한 방에서 나라 일을 걱정하였다는 고사. 제분수에 넘치는 쓸데없는 걱정을 하는 것을 비유하는 말.

칠전팔기(七顚八起) : 일곱 번 넘어졌다가 여덟 번 일어나다.

침류수석(枕流漱石) : 시냇물을 베개 삼고, 돌로 양치질하다.

침소봉대(針小棒大) : 작은 일을 크게 허풍 떨어 말함.

침어낙안(沈魚落雁) : 아름다운 여인의 고운 얼굴.

ㅌ

타초경사(打草驚蛇) : 풀을 쳐서 뱀을 놀라게 한다. 일을 치밀하게 준비하지 못하여 상대 편이 미리 대비할 여유를 주게 됨을 비유.

탁상공론(卓上空論) : 실현성이 희박한 공상론.

탐관오리(貪官汚吏) : 재물을 탐내며 마음이 깨끗하지 못한 관리.

탐소리실대리(貪小利失大利) : 작은 이익을 탐내다가 도리어 큰 이익을 잃다.

탐재호색(貪財好色) : 재물을 탐하고 여색을 즐기다.

탐화봉접(探花蜂蝶) : 꽃을 찾아다니는 벌과 나비.

탕진가산(蕩盡家産) : 집안 살림이나 재산을 다 써서 없애다.

탕탕평평(蕩蕩平平) : 어느 쪽에도 치우치지 않다.

태산불양토양(泰山不讓土壤) : 태산은 흙 한 줌을 사양하지 않는다. 대인은 도량이 넓어서 뭇 사람을 다 포용한다.

태산압란(泰山壓卵) : 태산처럼 무거운 것으로 달걀을 깨뜨리다. 아주 쉬운 일.

태연자약(泰然自若) : 마음에 충동을 받고도 동요하지 않고 천연스러움.

태평연월(太平烟月) : 세상이 평화롭고 안락한 때.

택급고골(擇及枯骨) : 은택이 죽은 이에까지 미치다.

택급만세(擇及萬世) : 혜택이 오래 오래 미치다.

토각귀모(兎角龜毛) : 토끼에 뿔이 나고 거북이에 털이 나다. 세상에 있을 수 없는 것을 비유하는 말.

토매인우(土昧人遇) : 미개하고 어리석은 사람으로 대우하다.

토반성봉(吐飯成蜂) : 갈선공(曷仙公)이란 사람이 기이한 술법을 가지고 있어 입안에 있는 밥알을 뱉으면 벌이 되어 날아갔다는 고사.

토붕와해(土崩瓦解) : 흙이 무너지고 기와가 깨어진다.

토사구팽(兎死狗烹) : 사냥꾼이 개를 데리고 사냥을 나가서 토끼를 다 잡은 후에는 개를 삶아 먹는다. 곧, 필요할 때는 사용하고 필요가 없어지면 버림을 비유하는 말.

토영삼굴(兎營三窟) : 토끼가 급한 위기를 피할 때를 대비해서 굴을 세 개 만든다. 위급한 때를 대비하여 여러 가지 방안을 강구해 놓음을 비유하는 말.

토적성산(土積成山) : 작은 것이 쌓여 큰 것이 되다.

투서기기(投鼠忌器) : 쥐를 잡으려 하니 그 옆에 있는 그릇을 깨뜨릴까 염려된다.

특립독행(特立獨行) : 소신을 관철하여 일세에 독행하다.

ㅍ

파락호(破落戶) : 방탕하여 가산을 잃은 사람. 일정한 직업이 없는 무뢰한.

파란중첩(波瀾重疊) : 어려운 일이 복잡하게 겹치다.

파부침선(破釜沈船) : 솥을 깨뜨리고, 배를 가라앉히다. 결사적으로 전쟁에 임하다.

파사현정(破邪顯正) : 그릇된 것을 깨뜨리고 올바르게 바로잡다.

파옥수간(破屋數間) : 허물어지고 협소한 집.

파천황(破天荒) : 아무도 하지 못했던 일을 이루다.

팔두재(八斗才) : 시문을 짓는 재주가 풍부하다.

팔방미인(八方美人) : 누구에게나 잘 보이도록 처세하는 사람. 여러 방면에 능통한 사람.

패군지장(敗軍之將) : 싸움에 패한 장수. 실패하여 면목 없게 된 사람.

편언척사(片言隻辭) : 일언반구.

평기허심(平氣虛心) : 마음을 조용하게 가져 잡념을 없애다.

평수상봉(萍水相逢) : 개구리밥이 바람 부는 대로 떠다니

부록

다가 우연히 서로 만나다. 여행 중에 우연히 만나다.

평이정직(平易正直) : 성질이 평탄하고, 단순하고, 바르고, 곧다.

평지낙상(平地落傷) : 평평한 땅에서 넘어져 다치다.

폐포파립(敝袍破笠) : 해진 옷과 부서진 갓. 구차한 차림새.

폐호선생(閉戶先生) : 문을 닫고 학문에만 열중하는 선생.

포복절도(抱腹絕倒) : 배를 잡고 몸을 가누지 못할 정도로 몹시 웃다.

포식난의(飽食暖衣) : 배불리 먹고 따뜻하게 입다.

포의지교(布衣之交) : 선비일 때에 사귄 벗.

포호빙하(暴虎馮河) : 맨주먹으로 범을 잡고 걸어서 강을 건넌다는 뜻으로, 어떤 계획이나 준비 없이 그저 만용(蠻勇)만을 믿고 마구 행동하는 것을 가리킨다. ◈〈詩經의 小雅 小旻篇, 論語의 述而篇〉

표사유피 인사유명(豹死留皮 人死留名) : 표범은 죽어서 가죽을 남기고 사람은 죽어서 이름을 남긴다는 뜻으로 짐승도 가죽을 남겨 세상에 이익을 주는데 하물며 사람은 더욱 더 훌륭한 일을 해 좋은 이름을 남겨야 한다는 성어이다.

◈〈五代史의 王彦章傳〉

풍류죄과(風流罪過) : 죄가 되지 않는 죄.

풍마우 불상급(風馬牛 不相及) : 암수 말이나 소가 서로 찾으면서도 미치지 못하다.

풍마우세(風磨雨洗) : 바람에 갈리고 비에 씻기다.

풍목지비(風木之悲) : 풍수지탄.

풍비박산(風飛雹散) : 사방으로 날려서 흩어지다.

풍성학려(風聲鶴唳) : 바람소리와 학의 울음소리란 뜻으로, 아무것도 아닌 소리에 공연히 놀라 겁을 먹는다는 말. ◈〈晋書의 謝玄傳〉

풍소지사(風騷之士) : 풍류가 있는 선비.

풍수지탄(風樹之嘆) : 효도할 기회를 잃은 것을 한탄하다.

풍운지회(風雲之會) : 구름과 용이 만나고 바람과 범이 서로 만나다.

풍월주인(風月主人) : 바람과 달을 벗하여 노는 한가한 사람.

풍의포식(豊衣飽食) : 의식이 풍족하다.

풍전등화(風前燈火) : 바람 앞의 등불. 매우 위급한 사태를 이르는 말.

풍진지변(風塵之變) : 전쟁.

풍찬노숙(風餐露宿) : 큰 뜻을 이루려는 사람이 겪는 고초.

풍파지민(風波之民) : 마음이 쉬 흔들리는 사람.

풍화설월(風花雪月) : 네 계절의 좋은 경치.

피상지사(皮相之士) : 겉만 보고 속을 알지 못하는 사람.

피일시 차일시(彼一時 此一時) : 그때나 지금이나 마찬가지.

필부지용(匹夫之勇) : 필부(匹夫)란 소인배와 같은 의미로 좁은 소견을 가지고 어떤 계획이나 방법도 없이 혈기만을 믿고 마구 날뛰는 자를 말한다.

◈〈孟子의 梁惠王下. 史記의 淮陰侯列傳〉

필부필부(匹夫匹婦) : 평범한 남자와 여자.

ㅎ

하관부직(下官不職) : 관리가 그 직책을 감당하지 못하다.

하로동선(夏爐冬扇) : 여름의 화로와 겨울의 부채. 쓸모없는 재능.

하우불이(下愚不移) : 몹시 어리석은 사람.

하필성장(下筆成章) : 붓을 대면 바로 문장이 되다.

하학상달(下學上達) : 아래로 사람에 관한 일을 배워, 위로 천리를 깨닫다.

하한기언(河漢其言) : 뜻이 심원하여서 용이하게 헤아리기 어렵다.

학립계군(鶴立鷄群) : 닭의 무리 속에 있는 학.

학수고대(鶴首苦待) : 몹시 기다리다.

학여불급(學如不及) : 학업을 언제나 모자란 듯이 여기다.

학우고훈(學于古訓) : 옛 성왕의 가르침을 배우다.

한마지로(汗馬之勞) : 말을 달려 싸움터에서 힘쓴 공로.

한식상묘(寒食上墓) : 한식날의 성묘.

한언어(閑言語) : 쓸데없는 말.

한왕서래(寒往署來) : 세월이 흐르다.

부록

한운야학(閑雲野鶴) : 구름 아래 한가로이 노는, 들의 학.

한우충동(汗牛充棟) : 많은 책.

한출첨배(汗出沾背) : 땀이 등에 배다.

할육충복(割肉充腹) : 제 살을 베어서 배를 채우다. 혈족의 재물을 빼앗다.

함구불언(緘口不言) : 입을 다물고 말하지 않다.

함분축원(含憤蓄怨) : 분함을 머금고 원한을 쌓다.

함소입지(含笑入地) : 안심하고 죽다.

함포고복(含哺鼓腹) : 음식을 먹고 배를 두드리다. 태평한 세월을 즐기다.

함흥차사(咸興差使) : 심부름을 간 뒤에 아무 소식이 없다.

항다반사(恒茶飯事) : 늘 먹는 밥이나 차처럼 예사로운 일.

항룡유회(亢龍有悔) : 사람은 전성기에 몸을 삼가지 않으면 멸망의 후회가 온다.

해내기사(海內奇士) : 국내에서 비교할 사람이 없을 만큼 뛰어난 인물.

해불양파(海不揚波) : 파도가 일지 않다. 성군이 있어 천하가 잘 다스려지다.

해어화(解語花) : 말이 통하는 꽃. 미인.

해의추식(解義推食) : 밥과 옷을 남에게 주다.

해타성주(咳唾成珠) : 주옥같은 문장을 쓰다.

해활천공(海闊天空) : 광활한 바다와 끝없는 하늘.

행도지지(行道遲遲) : 근심이 있어서 느릿느릿한 걸음걸이.

행백리자 반구십(行百里者 半九十) : 백 리 길을 가려면, 구십 리를 가도 오십 리도 못 간 것으로 생각하여야 한다.

행불승의(行不勝衣) : 키가 작고 여위어서 옷맵시가 나지 않는다.

행상대경(行常帶經) : 외출할 때에 항시 경서를 휴대하다.

행시주육(行尸走肉) : 송장의 움직임처럼 동작뿐이고 아무 소용없다.

행운유수(行雲流水) : 각양각색으로 변화하다.

행유여력학문(行有餘力學文) : 일을 마치고 남은 시간에 글을 배우다.

행화우(杏花雨) : 청명절에 오는 비.

향양화목(向陽花木) : 해를 향한 꽃과 나무.

향우지탄(向隅之歎) : 많은 사람들이 즐거워하지만 혼자 구석을 향하여 한탄하다.

허기평심(虛氣平心) : 기운을 가라앉히고 마음을 편안하게하다.

허심탄회(虛心坦懷) : 거리끼지 않고 숨김이 없는 마음.

허심평의(虛心平意) : 아무것도 생각지 않고 조용히 있다.

허연세월(虛延歲月) : 쓸데없이 세월을 보내다.

허장성세(虛張盛勢) : 허세를 부리다.

혁혁지명(赫赫之名) : 널리 알려진 빛나는 명예.

현두자고(懸頭刺股) : 머리를 끈으로 묶어 높이 걸어 잠을 깨고, 허벅다리를 찔러 잠을 깨다.

현하지변(懸河之辯) : 거침없이 잘하는 말.

현호지신(懸弧之辰) : 남자의 탄생. 남자 아이가 태어나면 활을 문 왼쪽에 걸어서, 활 잘 쏘기를 바란 데서 유래.

혈유생령(孑遺生靈) : 외롭게 살아남은 목숨.

혈혈단신(孑孑單身) : 의지할 곳 없는 홀몸.

형명지학(刑名之學) : 법으로써 나라를 다스려야 한다는 학설.

형영상조(形影相弔) : 몸과 그림자가 서로 위로하다.

형용고고(形容枯槁) : 초췌한 모습.

형창설안(螢窓雪案) : 고학.

혜이불비(惠而不費) : 위정자는 백성에게 은혜를 베풀되 재물을 낭비하지 말아야 한다.

호구지책(糊口之策) : 먹고 살아갈 대책.

호내호외(好內好外) : 여색을 좋아함과 현인을 좋아함.

호령여한(號令如汗) : 한 번 내린 명령은 취소하기 어렵다.

호리건곤(壺裏乾坤) : 항상 술에 취하다.

호사다마(好事多魔) : 좋은 일에는 방해가 되는 일이 많다.

호사유피 인사유명(虎死留皮 人死留名) : 호랑이는 죽어서 가죽을 남기고 사람은 죽어서 이름을 남긴다.

호생지덕(好生之德) : 인애하고 살상하지 않는 덕

호시탐탐(虎視眈眈) : 호랑이가 눈을 부릅뜨고 노려보다.

혹세무민(惑世誣民) : 세상 사람을 속여 마음을 어지럽히다.

혼비백산(魂飛魄散) : 몹시 놀라 정신이 없다.

홀현홀몰(忽顯忽沒) : 문득 나타났다가 문득 없어지다.

홍로점설(紅爐點雪) : 벌겋게 단 화로에 떨어진 눈.

화룡점정(畵龍點睛) : 용을 그리고 마지막으로 눈동자를 그려 넣는다는 뜻으로 사물의 안목(眼目)이 되는 곳이나, 최후의 손질을 해서 완성시키는 것을 가리키는 말이다. ◈〈水衡記〉

화무십일홍(花無十日紅) : 열흘 붉은 꽃이 없다.

하민성속(化民成俗) : 백성을 교화하여 좋은 풍속을 이루다.

화복동문(禍福同門) : 화와 복은 모두 자신이 불러들인다.

화복유기(禍福由己) : 화나 복은 스스로 초래하는 것이다.

화사첨족(畵蛇添足) : 쓸데없는 일을 하다.

화생부덕(禍生不德) : 재앙을 겪는 것은 모두 본인의 덕이 없는 탓이다.

화서지몽(華胥之夢) : 꿈에 화서국(華胥國)에서 놀았다는 뜻으로, 무심코 꾼 꿈에서 큰 뜻을 깨달았다는 고사인데 선몽(善夢)이나 길몽(吉夢)을 일컫는다. ◈〈列子의 黃帝篇〉

부록

화이부실(華而不實) : 꽃뿐이요, 열매가 없다.

화조월석(花朝月夕) : 꽃 핀 아침과 달 밝은 저녁.

화종구생(禍從口生) : 입이 재앙을 낳는다.

화중군자(花中君子) : 연꽃.

화중신선(花中神仙) : 해당화.

화중지병(畵中之餠) : 그림의 떡.

화호유구(畵虎類狗) : 호랑이를 그리려다가 개 비슷하게 되다.

환골탈태(換骨奪胎) : 뼈를 바꿔놓고 탈을 쓴다는 뜻으로, 용모가 전혀 몰라볼 정도로 아름다워지거나 시나 문장이 다른 사람의 손을 거침으로써 완전히 새로운 뜻과 미(美)를 지니게 되는 것을 말한다.

◈〈惠洪의 冷齊夜說〉

환과고독(鰥寡孤獨) : 홀아비, 과부, 고아, 자식 없는 사람.

환득환실(患得患失) : 물건을 얻기 전에는 그것을 얻으려고 걱정하고, 얻은 후에는 잃지 않으려고 걱정하다.

황공무지(惶恐無地) : 매우 죄송하여 몸둘 바를 모르다.

황구소아(黃口小兒) : 어린 아이. 참새 새끼의 황색 주둥이에서 연유.

황당무계(荒唐無稽) : 터무니없고 근거가 없다.

황하천년일청(黃河千年一淸) : 황하가 천 년에 한 번 맑다.

회계지치(會稽之恥) : 전쟁에 진 치욕.

회인불권(誨人不倦) : 사람을 가르치고 깨우침에 조금도 권태를 느끼지 않다.

회자인구(膾炙人口) : 날고기와 구운 고기. 맛있는 음식처럼, 시문 등이 사람들의 입에 많이 오르내리고 찬양을 받다.

회자정리(會者定離) : 만나면 반드시 헤어진다.

횡목지민(橫目之民) : 백성.

횡설수설(橫說竪說) : 조리 없는 말을 함부로 지껄이다.

효빈(效顰) : '빈'은 눈살을 찌푸리는 것. '효빈'은 눈살을 찌푸리는 것을 흉내 낸다는 말. 사물의 좋고 나쁨을 생각지 않고 무턱대고 흉내를 내는 것. 또한, 상대를 추켜세우고 그 흉내를 내는 경우에도 사용된다. ◈〈莊子의 天運〉

효시(嚆矢) : 소리 나는 화살이란 뜻인데, 옛날 중국에서는 이 우는 화살을 적진에 쏘아 보내는 방법으로써 개전(開戰) 신호를 삼았다. 그래서 모든 사물의 시초나 선례(先例)를 가리키는 말로 쓰이게 되었다. ◈〈莊子의 在宥篇〉

후생가외(後生可畏) : '후생'을 두려워하다. '후생'은 후배.

흑백분명(黑白分明) : 흑백이 분명하다. 선악이 분명하다.

부록

고사성어 大 백과

2011년 6월 01일 1쇄 인쇄
2025년 9월 01일 5쇄 인쇄
편집자 : 편집부
발행처 : 가나북스
등　록 : 제300-2002-153호
(구: 제18-27)
등록일 : 1997년 1월 08일
주　소 : 경기도 파주시 율곡로 1406
전　화 : 031-955-8833
*잘못된 책은 교환해 드립니다

정가 28,000원